B 人口健康蓝皮书

本报告为湖北省人口学会、湖北省卫生健康委信息中心、中南财经政法大学人口与健康研究中心、武汉开普伟业科技有限公司合作研究成果。

相关研究受到国家社科基金重大项目"流动人口二代成年后面临问题研究"（项目编号：22&ZD196）的资助。

湖北人口与健康发展报告

（2022）

石智雷 等 著

武汉大学出版社

图书在版编目(CIP)数据

湖北人口与健康发展报告.2022/石智雷等著.—武汉:武汉大学出版社,2023.2
人口健康蓝皮书
ISBN 978-7-307-23432-1

Ⅰ.湖… Ⅱ.石… Ⅲ.①人口—研究报告—湖北—2022 ②健康—研究报告—湖北—2022 Ⅳ.①C924.24 ②R161

中国版本图书馆 CIP 数据核字(2022)第 211742 号

责任编辑:李晶晶　　　责任校对:李孟潇　　　版式设计:马　佳

出版发行:**武汉大学出版社**　（430072　武昌　珞珈山）
（电子邮箱:cbs22@whu.edu.cn　网址:www.wdp.com.cn）
印刷:武汉科源印刷设计有限公司
开本:720×1000　1/16　印张:27.25　字数:456 千字　插页:1
版次:2023 年 2 月第 1 版　　　2023 年 2 月第 1 次印刷
ISBN 978-7-307-23432-1　　　定价:76.00 元

版权所有,不得翻印;凡购我社的图书,如有质量问题,请与当地图书销售部门联系调换。

《湖北人口与健康发展报告(2022)》编委会

中南财经政法大学人口与健康研究中心课题组

组长　石智雷　肖兴政　张小兵
成员（按姓氏笔画顺序排序）
　　　王　璋　王　赟　龙　瑶　冯志娟　宁桃丽　吕　婕
　　　向　楠　刘二鹏　刘凤立　刘进忠　孙诗瑶　李　英
　　　李婕妤　杨宇涵　杨雨辰　吴　菁　何　晔　张继元
　　　邵　玺　芦梦雅　郑州丽　周小强　饶　健　贺宜畅
　　　涂雪倩　程广帅　雷志炜　谭金华　滕聪波

前　言

人口问题始终是我国面临的全局性、长期性、战略性问题。当前，我国人口发展进入重大转折期，人口问题的复杂性与日俱增。从人口规模上看，随着长期累积的人口负增长势能逐步释放，我国总人口增速明显放缓，"十四五"期间将进入人口负增长阶段。从人口生育来看，我国总和生育率已降至1.3以下，进入极低生育水平阶段，低生育率成为制约我国人口长期均衡发展的最主要风险。从年龄结构来看，随着"60后""婴儿潮"群体在"十四五"期间逐步迈入老年阶段，我国老龄化程度不断加深，预计将于2035年前后进入重度老龄化社会。人口规模和人口结构的重大转变同时到来，意味着将对我国社会经济发展产生一定冲击。面对人口发展出现的新问题、新挑战，我们需要更加重视人口发展战略研究工作，立足基本国情，以更为广阔的研究视野、更具前瞻性的研究理念，为中华民族永续发展做前瞻性思考。

湖北省是我国中部大省，人口因素是湖北省实现"中部崛起"和推动长江经济带高质量发展的重要推动力。进入新发展阶段，湖北省的人口发展既有全国的共性，又表现出自身的特点。第一，各地区人口总量变动不均衡，县域地区人口流失严重。2010年到2020年，除武汉城市圈人口总量在稳步增长，"襄十随神"和"宜荆荆恩"城市群均呈现人口总量减少态势，且"襄十随神"城市群所有县域地区均处于人口流失状态。第二，湖北省整体处于极低生育水平社会，武汉市总和生育率仅为0.917。湖北省2020年育龄妇女总和生育率为1.17，不仅远低于自然更替水平，还低于全国的平均水平。同时，各地区生育状况有较大差异，既有总和生育率低于1的武汉市，也有总和生育率超过1.5的咸宁市和黄石市。第三，湖北省人口老龄化处于加速推进阶段，荆州、宜昌等地区将于2024年率先进入重度老龄化社会。湖北省2020年常住人口中60岁及以上人口占比超

20.4%，老龄化程度在中部六省中排名第一。同时，在生育水平不断下行、人口加速流出的背景下，老年人口空间分布重心不断向"宜荆荆恩"区块滑动，严重制约湖北省区域高质量协调发展。

本书是"人口健康蓝皮书"系列的第一册，立足于湖北省努力建设全国构建新发展格局先行区的发展目标，在三孩生育政策和人口老龄化背景下，运用全国历次人口普查和全国1%人口抽样调查数据、湖北省人民政府及统计局、民政局等相关部门发布的统计年鉴和统计公报数据，分析湖北省人口规模、结构、素质、分布状况和变化特征，开展湖北省人口与健康研究，研判湖北省人口发展新变化与新格局。今后将按照湖北省"建成支点、走在前列、谱写新篇"的区域发展战略任务要求，围绕湖北省人口与健康发展中出现的突出问题，设定不同主题，每个年度出版一本。

围绕人口生育、婚姻与家庭、人力资本与就业、人口迁移与城镇化、人口老龄化与老年健康等主题，本书结合中南财经政法大学人口与健康研究中心先后开展的湖北省百县生育调查、湖北老龄化发展状况调查、湖北托育服务发展状况调查等具有代表性的专题调查及政策文本资料，采用定量分析和质性研究相结合的研究方法，聚焦"一老一小"、家庭结构变迁、县域城镇化发展和城市群协调发展等议题进行深入研究，全方位呈现了湖北省人口发展的趋势及突出问题，探讨了相关的政策，为湖北省人口发展建言献策。

研究结果发现，从2020年至2050年的人口规模长期变动趋势来看，湖北省0—14岁人口规模到2050年将下降至324万人，相较于2020年，下降了618万人。15—64岁人口规模呈现加速下降趋势，2030年、2040年以及2050年人口规模分别降至3579万人、2888万人以及2262万人。65岁及以上人口在2020—2040年呈现加速上升趋势，并于2040年达到峰值，此后老年人口规模略有下降。

从人口生育来看，湖北省一孩家庭的二孩生育意愿比例为10.13%，平均理想子女数为1.57个。二孩家庭的三孩生育意愿比例为2.75%，平均理想子女数为2.07个。随着育龄妇女年龄的增长，一孩家庭的二孩生育意愿和二孩家庭的三孩生育意愿都在快速下降。25岁以下的育龄妇女所在家庭的二孩生育意愿比例为24.12%，三孩生育意愿比例为4.76%。

从人力资本状况来看，湖北省人口数量红利逐渐消退，但人口质量红利在不断上升。湖北省就业人口数量2014年达到峰值(3408万人)后开始下降,随着各种学历层次教育规模的扩大,就业人口平均受教育年限逐步提高,"90后"就业人口的人均受教育年限达12.87年。但目前仍存在人才集中分布在省会城市、农村劳动力受教育水平低、高素质女性劳动参与率低等主要问题。

从人口老龄化来看,"十四五"期间,我省老年人口比重将由当前的21.85%增至25.13%,增加3.32%,老年人口总数增加167万。到"婴儿潮"一代全部进入老年阶段的2033年,我省老年人口比重将增至33.73%,增加11.88%,老年人口总数增加544万。对比来看,"十四五"期间老年人口比重增幅是"十三五"期间的1.73倍,未来十年是过去十年的1.83倍。快速老龄化导致湖北省劳动群体数量锐减,湖北省劳动人口数将在"十四五"期间累计减少255万,在未来十年减少629万,劳动人口比重将由当前的62.04%降至2033年的55.08%。

总体而言,湖北省人口长期均衡发展面临诸多挑战,但在激发人才创新活力,推动基本公共服务均等化,推进人口城镇化并助力稳增长、稳就业等方面取得了显著成效。"十四五"时期,是湖北省全面建设社会主义现代化强省新征程的开局五年,湖北省仍需从人口发展战略研究、建设生育友好型社会、推动人力资本提升和积极应对人口老龄化等方面,系统应对风险和挑战,推动人口和经济社会相协调的高质量发展。

作者

2022年10月

目　录

第一部分　生育与人口变动趋势 ……………………………………………… 1
　报告一　"十四五"期间湖北省生育水平及变动趋势 ……………………… 3
　报告二　三孩政策下湖北城乡居民生育意愿 ……………………………… 22
　报告三　湖北省未来人口发展形势预测 …………………………………… 50
　报告四　湖北省托育服务发展现状、困境及对策建议 …………………… 71
　附录：指标体系及测度方法 ………………………………………………… 93

第二部分　婚姻与家庭 ………………………………………………………… 95
　报告一　湖北省婚姻迁移的特征及变迁趋势 ……………………………… 97
　报告二　湖北省一人户家庭的变迁与构成 ………………………………… 108
　报告三　湖北省城市人户分离现状及原因分析 …………………………… 120
　报告四　2000年以来湖北省各民族交往交流交融研究 …………………… 130

第三部分　人力资本与就业 …………………………………………………… 149
　报告一　湖北省就业人口受教育程度分析 ………………………………… 151
　报告二　湖北省城乡居民就业现状、趋势及对策研究 …………………… 166
　报告三　湖北省服务业就业结构特征及其演变 …………………………… 188

第四部分　人口迁移与城镇化 ………………………………………………… 197
　报告一　湖北省县域人口流失与生产方式变动 …………………………… 199
　报告二　湖北省人口流动现状及趋势分析 ………………………………… 217

目 录

报告三 湖北省县域城镇化多维评估及发展趋势……………………………… 235
报告四 "襄十随神""宜荆荆恩"城市群人口聚集与经济协同发展研究 … 268
报告五 湖北省城镇家庭居住质量的时空格局研究………………………… 282

第五部分 人口老龄化与老年健康 …………………………………………… 303
  报告一 湖北省人口老龄化现状、趋势及应对策略研究………………… 305
  报告二 湖北省城乡空巢老人生活现状研究………………………………… 330
  报告三 湖北省城乡老年群体生活来源及变化趋势研究………………… 338
  报告四 湖北省城市老人健康问题研究……………………………………… 357
  报告五 湖北省农村老人健康问题研究……………………………………… 367
  报告六 湖北省老年残疾人与残障老年人福利整合研究………………… 378
  报告七 湖北省人口预期寿命现状及预测研究…………………………… 385

第一部分
生育与人口变动趋势

报告一 "十四五"期间湖北省生育水平及变动趋势

社会经济发展与人口态势的变动密不可分。"十四五"时期,是我们国家面临百年未有之大变局的时期,也是湖北省人口出现大转变的关键时期。准确把握湖北省人口发展格局,了解居民的生育现状以及变动趋势,分析影响居民生育意愿的多重影响因素,不仅有助于湖北省在"十四五"期间调整优化生育政策,提高政策包容性与优生优育服务水平,而且是做好湖北省未来产业布局、资源配置、福利安排等的基本依据。

本报告分为三部分,首先,基于湖北省第七次人口普查(以下简称"七普")数据库,采用存活倒推法、年龄移算方程对2010—2020年中国生育水平进行模拟推算,重建湖北省过去十年生育水平变动过程。其次,基于当前的人口状况以及居民的生育意愿,利用PADIS-INT软件预测湖北省"十四五"期间的生育变动趋势。最后,基于以上两个部分的分析结果提出具体的政策建议,为构建让人们"生得出、生得起、生得好"的生育支持体系提供理论及现实支撑。

一、基于"七普"数据测算湖北省生育水平现状

(一)主要指标和分析方法

一个国家或地区生育率的高低,是衡量和评价居民生育水平的主要指标。由于生育主体(育龄妇女及其配偶)、生育行为(生育事件数)与生育结果(活产婴儿数)涉及不同人群,且生育意愿和行为可能存在偏离,增加了生育水平测算的复杂性。在生育分析中常用的指标有:出生人口规模、出生性别比、一般出生率、

总和生育率、累计生育率、终生生育率、年龄别生育率和孩次递进生育率等。本研究中使用的主要包括：出生人口规模、出生率、一般生育率、年龄别生育率、总和生育率。

其中，出生人口规模是指具有生命现象的活产婴儿数，反映一定时期的生育量，是一个时期指标，一般以一年为单位来统计；出生率（又称粗出生率）指一定时期内，出生人数与同期内平均人数（或期中人数）之比，用千分率表示；一般生育率是指育龄妇女整体的时期生育水平，是一定时期内活产婴儿数与育龄妇女数的比值，用千分率表示；年龄别生育率是指按每一年龄分别计算的妇女生育率，用千分率表示，反映各年龄妇女的生育水平；总和生育率是基于时期数据，利用假定队列方法构建出来的指标，表述为在假设有一批同时出生的妇女按照某时期的年龄别生育率度过整个育龄期，且育龄期没有死亡的情况下，平均每个妇女所生的孩子数量，在时期长度为 1 年，年龄为单岁组的情况下，总和生育率等于年龄别生育率之和。

（二）总体生育水平分析

1. 湖北省总和生育率为 1.170，低于全国平均水平的 1.300

根据"七普"数据测算，湖北省 2020 年的育龄妇女总和生育率仅为 1.170，不仅远低于自然更替水平，还低于全国平均水平。从纵向变化看，与 2010 年湖北省第六次人口普查（以下简称"六普"）的 1.340 相比，湖北省总和生育率下降了 0.170。横向对比看，湖北总和生育率在江西、湖南、安徽等中部六省中最低，排在全国所有省级行政单位的第 21 位。可见，湖北省当前正面临着严峻的持续低生育形势。

2. 近年出生人口下降趋势明显，"七普"人口粗出生率仅为 8.45‰

2020 年"七普"数据表明：湖北省 2019 年 11 月 1 日至 2020 年 10 月 31 日的出生人口规模为 48.77 万人，比"六普"数据降低了 4.80 万人。在 2000 年至 2013 年，湖北省人口出生率基本保持平稳，略有上升。从 2014 年开始，出生率的下降趋势开始凸显，由 2014 年的 11.86‰下降为 2015 年的 10.74‰。随后两年，在全面二孩政策的刺激下，出生率经历了短暂的回升，但于 2018 年再次进入下降轨道，并且下降速度非常快。根据"七普"数据测算，湖北省2019年11月1日至2020年10月31日的人口出生率仅为8.45‰(见图1-1-1)。可见，随着现代化和市场经济的不断发展，人们的生育观念与行为逐渐发生转变，湖北省进入持续低生育水平的人口发展阶段。

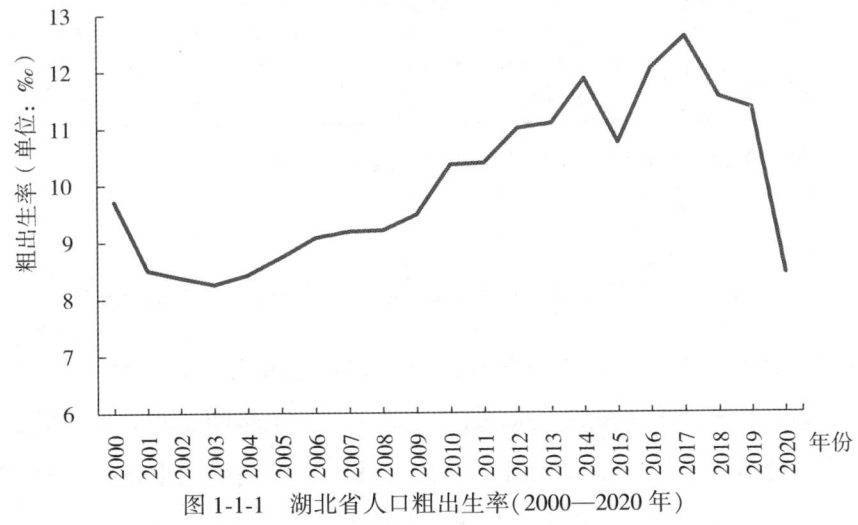

图1-1-1　湖北省人口粗出生率(2000—2020年)

数据来源：2000—2019年数据来源于《湖北统计年鉴(2020)》；2020年数据根据"七普"数据计算所得。

3. 一孩一般生育率较"六普"下降7.42‰，是生育水平下降的主要原因

据"七普"数据资料(见表1-1-1)，2020年湖北省的一般生育率为35.20‰，比2010年降低了1.14个千分点，基本保持平稳。但当进一步分孩次细化计算一般生育率时，发现不同孩次的一般生育率变化非常明显。其中，一孩的一般生育率在过去十年间大幅下降，从"六普"的24.69‰下降到17.27‰；而二孩与三孩及以上的一般生育率在"单独二孩""全面二孩"政策的刺激下，过去十年均有所回升，分别上升5.64、0.64个千分点。可见，当前的持续低生育水平，主要来自一孩生育率的快速下降。生育政策的放开，尽管一定程度上放缓了总生育水平的降低，但并未扭转一孩生育率的下降趋势。

5

表 1-1-1　湖北省育龄妇女一般生育率比较

(单位:‰)

孩次别	"五普"(2000 年)	"六普"(2010 年)	"七普"(2020 年)
总计	27.68	36.34	35.20
一孩	20.81	24.69	17.27
二孩	6.35	10.27	15.91
三孩及以上	0.51	1.38	2.02

数据来源：数据分别由第五、六、七次湖北省人口普查数据整理。

4. 育龄妇女生育高峰年龄为 25—29 岁，较"五普""六普"明显推迟

通过对 2000 年以来三次人口普查中育龄妇女年龄别生育率的比较，可以反映出育龄妇女的年龄生育模式。从图 1-1-2 看出，二十年间，湖北省育龄妇女的生育高峰年龄不断推迟。在 2000 年，育龄女性的生育高峰集中在 20~24 岁。但

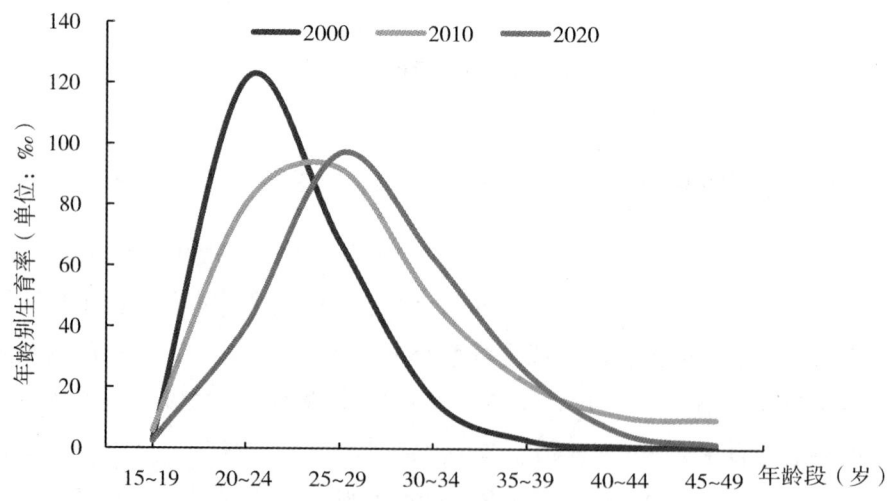

图 1-1-2　湖北省育龄妇女年龄别生育率变化(2000 年、2010 年、2020 年)

数据来源：根据第五、六、七次湖北省人口普查数据整理绘制。

随着社会变迁与发展,在2010年时,便出现生育高峰由20~24岁向25~29岁过渡的趋势,育龄妇女在这两个年龄阶段的生育率非常接近。而到2020年,育龄妇女的生育高峰已经推迟到25~29岁,该年龄段的生育率显著高于其他年龄阶段的生育率。同时,从图1-1-2中还能发现,在25~29岁之前的年龄段,"七普"的年龄别生育率是最低的,但在25~29岁及以后的年龄段,"七普"的年龄别生育率要高于"五普""六普",表明近年来,大龄女性生育率越来越高,进一步佐证了生育推迟的事实。

5. 育龄妇女峰值生育率大幅下降,比"五普"时期低24.48‰

在育龄妇女生育高峰不断推迟的同时,峰值生育率也在下降。从表1-1-2可看出,2000年,20~24岁的育龄妇女生育率最高,峰值生育率为121.46‰,且明显高于其他各个年龄阶段,说明在当时,育龄女性往往集中在20~24岁生育孩子。而在2020年,25~29岁的女性生育率最高,生育率为96.98‰,较2000年下降24.48‰。这其中有两方面原因:一是生育水平的整体降低;二是部分育龄女性推迟生育时间。

表1-1-2　湖北省育龄妇女年龄别生育率比较

(单位:‰)

年龄别生育率	2000年	2010年	2020年
15~19岁	2.81	5.75	2.35
20~24岁	121.46	80.31	40.01
25~29岁	67.65	91.88	96.98
30~34岁	16.28	48.32	62.64
35~39岁	2.93	21.62	25.01
40~44岁	0.90	10.72	5.33
45~49岁	0.58	9.55	1.59

数据来源:根据第五、六、七次湖北省人口普查数据整理。

(三) 市、镇、乡的生育水平分析

1. 乡村生育水平骤降,总和生育率与"六普"相比下降 0.265

通过对城乡地区的对比分析,发现十年来乡村地区生育水平下降最快,城镇地区生育水平在生育政策调整的作用下有小幅回升。从表 1-1-3 可以看出,与"六普"相比,城镇地区的总和生育率基本保持平稳。但乡村生育水平降幅明显,从"六普"的 1.606 下降到"七普"的 1.341,已和城镇地区的生育水平非常接近。这其中有三方面原因:一是生育成本的日益攀升制约了乡村居民的生育潜力。二是大范围的人口流动让越来越多的年轻人在城市常住。三是现代生育文化由城市向农村扩散,城乡居民的生育、养育观念逐渐趋同。

表 1-1-3　湖北省市、镇、乡总和生育率比较

总和生育率	市	镇	乡
2020	1.035	1.275	1.341
2010	1.026	1.256	1.606

数据来源:根据第六、七次湖北省人口普查数据整理。

2. 乡村一孩一般生育率仅为 17.01‰,比城市一孩生育水平更低

根据"七普"数据测算结果,尽管市、镇、乡的一般生育率仍呈现乡村略高于城镇的规律,但乡村地区的一孩生育水平已经低于城镇地区。从表 1-1-4 可以看出,乡村的一孩一般生育率仅为 17.01‰,低于城市地区的 17.61‰。对比"六普"数据发现,乡村地区的一孩一般生育率在十年间降低 9.82‰,而在城、镇区域中,该数据的降幅分别为 5.34‰、5.26‰。同时,对比一孩、二孩一般生育率发现,只有城市地区的一孩一般生育率高于二孩,在镇和乡村地区,二孩一般生育率均略高于一孩一般生育率。可见,在经济社会快速发展和人口大流动的背景下,农村生育水平高于城市的规律已开始逆转,农村地区的一孩生育面临更严峻的形势,需要更多的研究和关注。

表 1-1-4　湖北省市、镇、乡分孩次一般生育率比较

(单位:‰)

	市	镇	乡
一般生育率	31.67	37.12	39.24
一孩一般生育率	17.61	16.88	17.01
二孩一般生育率	13.00	17.89	18.97
三孩及以上的一般生育率	1.06	2.34	3.26

数据来源:根据第七次湖北省人口普查数据整理。

3. 镇、乡地区女性生育旺盛期缩短,城乡育龄妇女生育模式逐渐趋同

基于育龄妇女的年龄别生育率,通过对比"六普"和"七普"数据发现,城、镇、乡村三类区域育龄妇女的生育模式正在不断趋同,不论是生育高峰期还是峰值生育率,三类区域间的差异都在迅速缩小。从图 1-1-3(1)可以看出,在 2010 年,镇、乡村育龄女性的生育旺盛期相对较长,从 20 岁到 29 岁年龄别生育率均维持在较高水平,且峰值生育率基本呈现乡村、镇、城市递减的规律。但从"七普"数据结果可以看出,十年来,镇和乡村地区育龄女性的生育旺盛期缩短,当前主要集中在 25~29 岁,且三类区域育龄妇女的年龄别生育率曲线在形状和高度上都非常接近,差距很小。这进一步佐证了在社会经济快速发展、脱贫攻坚、乡村振兴的推动下,乡村育龄女性的生活生产方式、生育观念越来越现代化。城乡之间原有的生育差异正在逐渐消失。

(四)不同城市群、地市的生育水平分析

1. 湖北省生育水平呈"盆地状"分布态势,周边山区高,中心平原低

从"七普"数据总和生育率的空间分布看,湖北省生育水平整体呈现"盆地状"分布态势,宜昌、荆州、潜江、天门、仙桃与武汉呈低生育地区连片地带,鄂东、鄂西南、鄂西北生育水平相对较高,整体呈现周边山区高、中心平原低的分布格局。同时,从图 1-1-4 还可以发现,各地市的市辖区生育水平普遍低于当地其他县

域，宜昌、襄阳、荆州、荆门、武汉等地区的市辖区均为低生育水平地区。

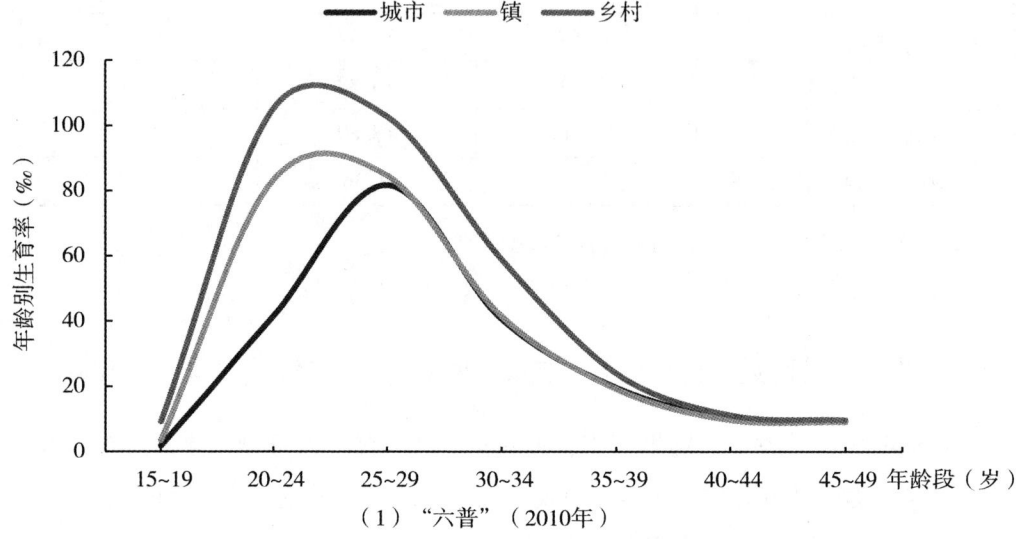
（1）"六普"（2010年）

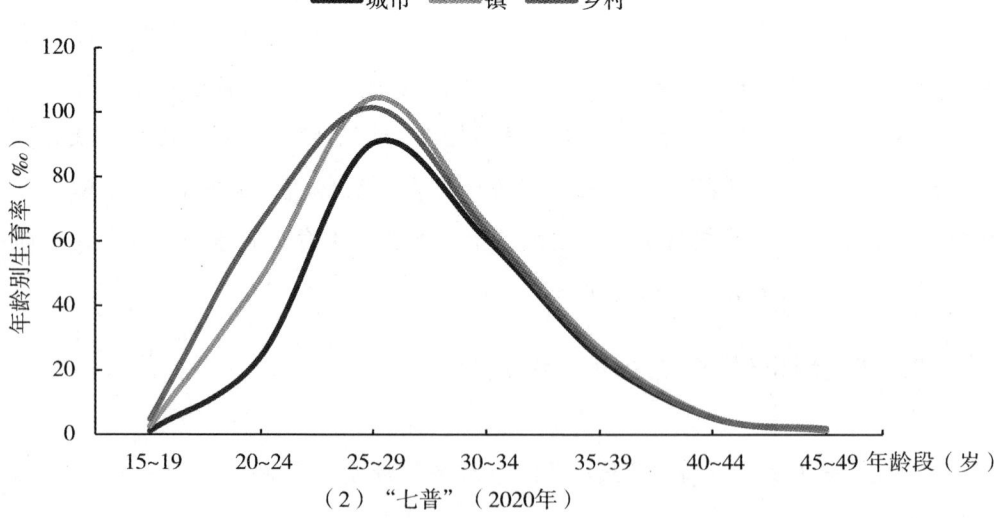
（2）"七普"（2020年）

图1-1-3 湖北省城、镇、乡地区育龄妇女年龄别生育率变化(2010年、2020年)

数据来源：根据第六、七次湖北省人口普查数据整理绘制。

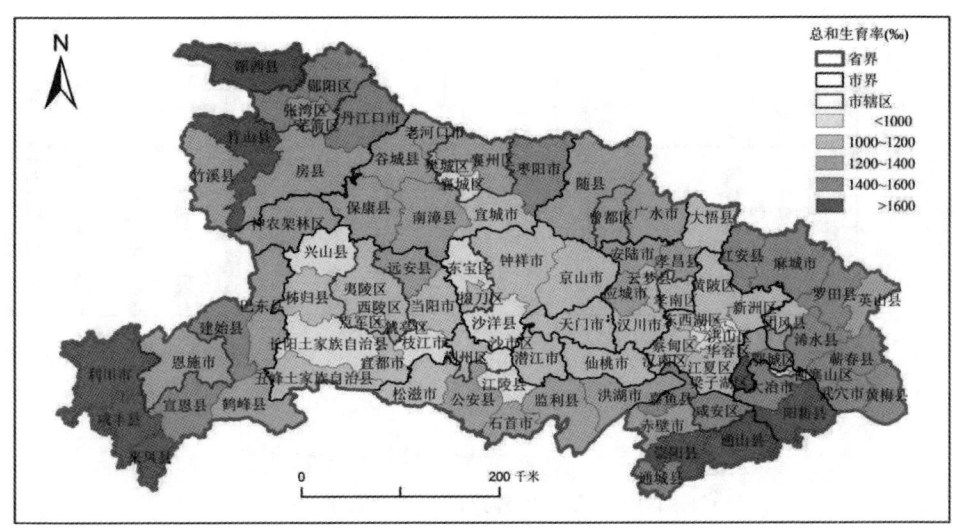

图 1-1-4　湖北省育龄妇女总和生育率的空间分布（2020 年）
数据来源：根据第七次湖北省人口普查数据整理绘制。

2. 武汉市总和生育率全省最低，仅为 0.917

对比不同地市发现（见图 1-1-5），湖北省共有 8 个地区总和生育率超过全国平均水平。其中，咸宁市生育水平最高，总和生育率为 1.564，随后分别是黄石、恩施、黄冈、鄂州等市、州。生育形势较为严峻的地区主要有武汉、宜昌、荆门、仙桃、潜江 5 个地区，与湖北省平均水平都存在不小的差距。其中，总和生育率最低的是武汉市，仅为 0.917，是湖北省唯一一个总和生育率低于 1 的城市。

3. 武汉"1+8"城市圈与"宜荆荆恩"城市群生育水平较低，"襄十随神"城市群相对较高

在湖北省三大城市群中，武汉"1+8"城市圈的生育水平最低，总和生育率仅为 1.123，低于全省平均水平。在武汉城市圈中，生育水平呈现出"中心—外围"的分布格局，作为中心的武汉市生育水平最低，东部的咸宁、黄石、鄂州、黄冈生育水平较高，西部的孝感、天门、潜江、仙桃相对较低，但仍高于武汉市。"宜荆荆恩"城市群生育水平略高于武汉城市圈，但也面临着较为严峻的生育形势，其总和生育率为 1.190。但除恩施州以外，宜昌、荆门、荆州三地市生育水

第一部分　生育与人口变动趋势

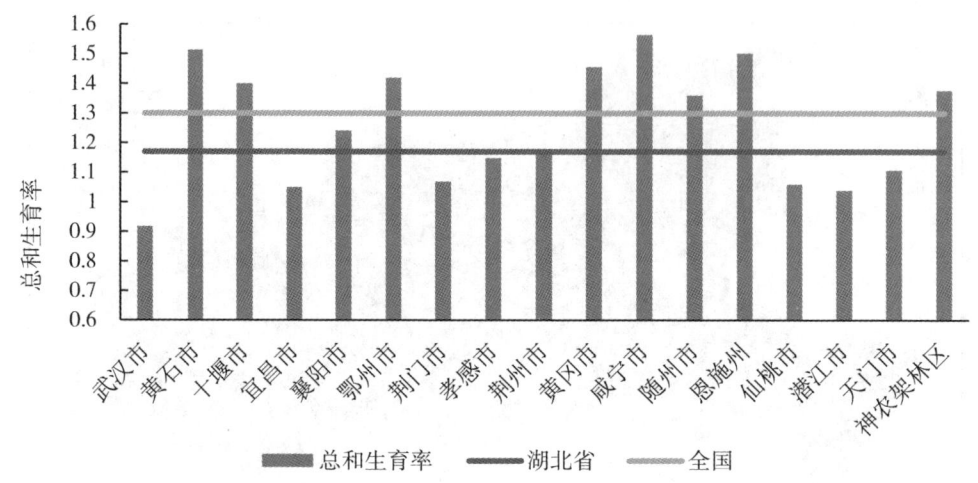

图 1-1-5　湖北省各地市总和生育率比较

数据来源：根据第七次湖北省人口普查数据整理绘制。

平均低于全省平均的 1.170。"襄十随神"城市群的生育水平相对较高，总和生育率为 1.313，除襄阳以外，十堰、随州与神农架林区的总和生育率均在 1.300 以上。湖北省各地市总和生育率的空间分布见图 1-1-6。

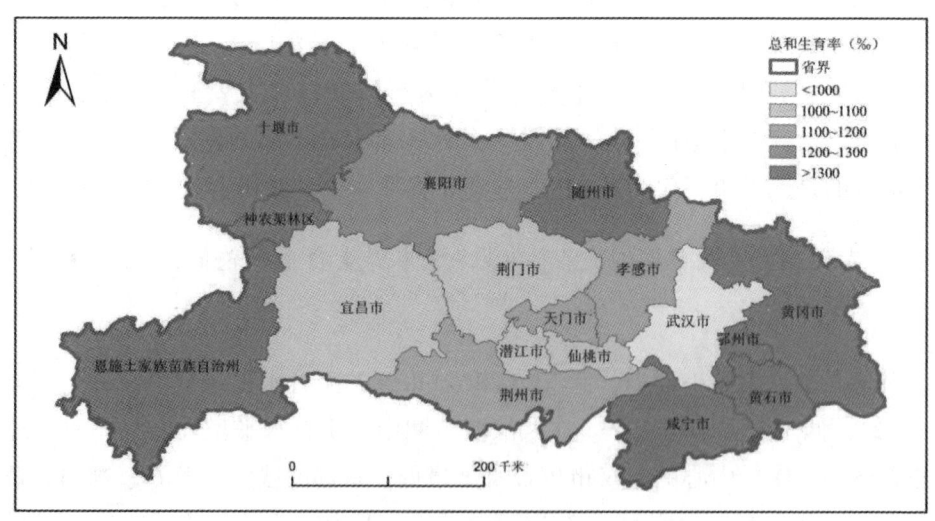

图 1-1-6　湖北省各地市总和生育率的空间分布

数据来源：根据第七次湖北省人口普查数据整理绘制。

二、"十四五"期间湖北省生育水平及变动趋势预测

(一) 数据与预测方法

第七次全国人口普查是到目前为止中国人口普查历史上漏报率最低,质量最高的一次普查。与其他年份的普查数据相比,"七普"全面启用电子化方式采集数据,首次增设普查对象互联网自主填报通道,充分利用多部门行政记录校验数据,极大程度降低了"七普"数据漏报率,提高了数据质量。此外,2020年严格的新冠肺炎疫情防控工作也为"七普"数据质量的提高带来了一定的正向效应,以此作为测算基础数据库为我们了解当前湖北省人口状况提供了更精确的度量。本研究选择主要以国际上主流的人口预测方法——队列要素法,借助PADIS-INT人口预测软件对我国人口发展态势进行预测。PADIS-INT基于中国国情开发,具有功能强大、技术先进、方便快捷、准确率高的优点,相比同类预测软件,该软件在单岁组起始人口录入、模型生命表版本更新以及参数设置和图表的呈现方式方面都更具有优势。

(二) 预测参数设置

1. 起始人口

研究将人口预测的起始年份设定为2020年,起始人口数据来源于湖北省2020年第七次人口普查的分年龄分性别人口数。

2. 平均预期寿命与死亡模式

本报告对于平均预期寿命主要依据联合国平均寿命增长的预测来进行,男性预期寿命从2020年的74.59岁递增至2030年的76.50岁,女性预期寿命从2020年的80.32岁递增至2030年的82.10岁。使用PADIS-INT进行预测时,选择自定义生命表,其中死亡模式导入的是2020年时期年龄别死亡率。结合期初的死亡模式以及预测年的平均预期寿命,软件可以测算出预测年的年龄别死亡率。

3. 生育水平和模式

"七普"数据的测算结果显示,新冠肺炎疫情影响导致2020年湖北省出生人口规模相较2019年减少了10万人左右,总和生育率下降为1.17左右。在人口转型的大背景下,当前湖北省的政策生育率已大大高于实际生育率,低迷的三孩生育意愿以及疫情的持续冲击,2021年的总和生育率将不会有显著波动,这部分生育堆积将在2022—2025年间逐步释放。参考其他学者对总和生育率的预估,以及此前全面二孩政策下总和生育率,在总和生育率的参数设置上,我们设定低、中、高3个预测方案。低方案将2021年的总和生育率设置为1.2,将2022年的总和生育率设置为1.6,将2023—2030年的总和生育率设置为按1.6~1.5递减。中方案将2021年的总和生育率设置为1.3,将2022年的总和生育率设置为1.77,将2023—2030年期间的总和生育率设置为1.6左右。高方案将2021年的总和生育率设置为1.4,将2022年的总和生育率设置为1.77,将2023—2030年期间的总和生育率设置为按1.77~1.6递减。另外,在生育模式的设定上,本报告选取2015年1%人口抽样调查的年龄别生育率作为预测期间的生育模式。

4. 其他预测参数

考虑到湖北省一直以来的人口外流现状,在本研究的低方案中,假设湖北省的人口外流为每年80万人;在中方案中,假设湖北省的人口外流为每年50万人;在高方案中,假设湖北省的人口外流为每年20万人。关于出生性别比,一般而言,在没有人为干扰的情况下,出生性别比的正常水平为103~107。最近两次普查数据显示,湖北省的出生性别比由2015年的116.4下降到了2020年的114.3,表明随着生育政策的不断调整和人们生育观念的不断转化,湖北省的出生性别比将会到正常水平。在低方案中,2021—2030年出生性别比维持在114;在中方案中,2021—2030年出生性别比从114逐渐下降到110;在高方案中,2021—2030年出生性别比从114逐渐下降到107。

(三)预测结果

1. 湖北省育龄妇女数逐年下降,而生育旺盛期妇女规模呈现"U"型变动趋势

未来十年,湖北省育龄妇女数逐年下降,而生育旺盛期妇女数呈现出先降后升的"U"型变动趋势。对比高、中、低三种方案的预测结果,不同方案的预测年育龄妇女数量、生育旺盛期妇女数差异较小,数量变动控制在数千人左右,因此下文主要汇报中方案的预测结果。受到计划生育政策的影响,人口结构变动会使未来十年湖北省育龄妇女规模不断缩小,从2021年的1234万人下降至2030年的1124万人,下降了8.9个百分点,如图1-1-7(1)所示。生育旺盛期的妇女人数呈现先下降后上升的变动趋势,"十四五"期间逐年递减,并在2026年达到了最低点,约为260万人。2026年后,虽然总的育龄妇女规模仍在缩小,但是生育旺盛期人数开始逐步上升,并在2030年达到约278万人,如图1-1-7(下)所示。

2. 湖北省出生人口规模呈现先升后降的变动趋势

受新冠肺炎疫情的影响,湖北省未来十年的出生人口规模呈现先上升后下降的变动趋势。疫情冲击下,2020年的出生人口断崖式下降,这部分堆积的生育势预计会在"十四五"期间进行释放。与此同时,湖北省未来的生育规模还受到两个关键因素的影响:育龄妇女人数与居民生育意愿。一方面,由于湖北省目前年龄结构的扭曲,育龄妇女数量不断下降;另一方面,生育意愿调查显示,无论是一孩家庭的二孩生育意愿还是二孩家庭的三孩生育意愿都非常低。当疫情堆积的生育势能消失,湖北省的出生人口规模将缓慢下降。

如图1-1-8所示,在"十四五"期间,湖北省的出生人口数在前两年(2021—2022)快速增长,中方案下,从2021年的42万,增长到2022年的51.29万,同比增长21%,达到"十四五"期间最高出生人口规模;高、低方案与中方案走势基本一致,2021—2022年分别同比增长26%和19%。2022年后,堆积的生育势能逐步释放,但受育龄妇女规模递减与较低生育意愿的影响,湖北省出生人口数

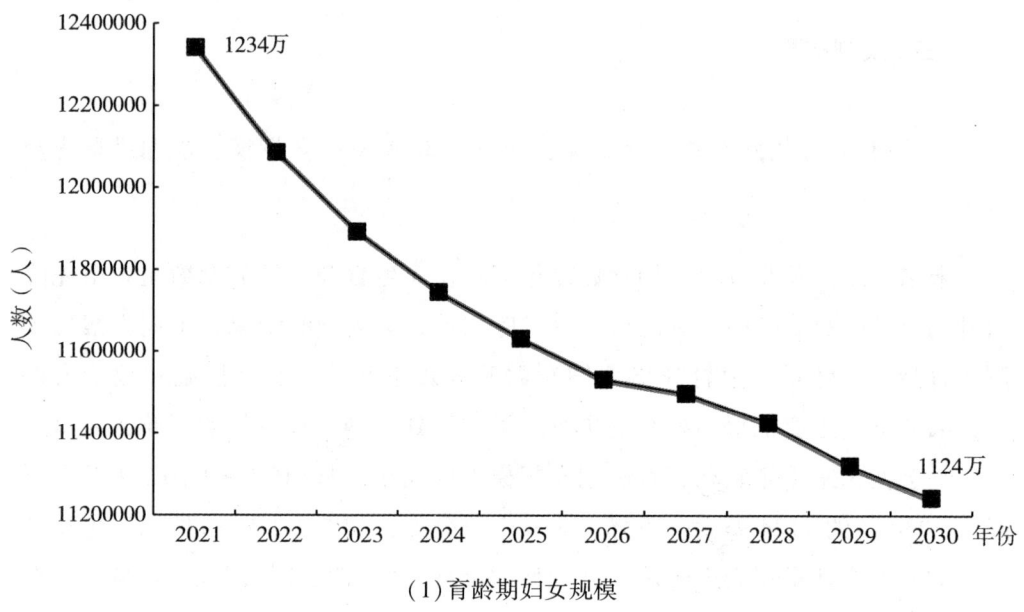

(1)育龄期妇女规模

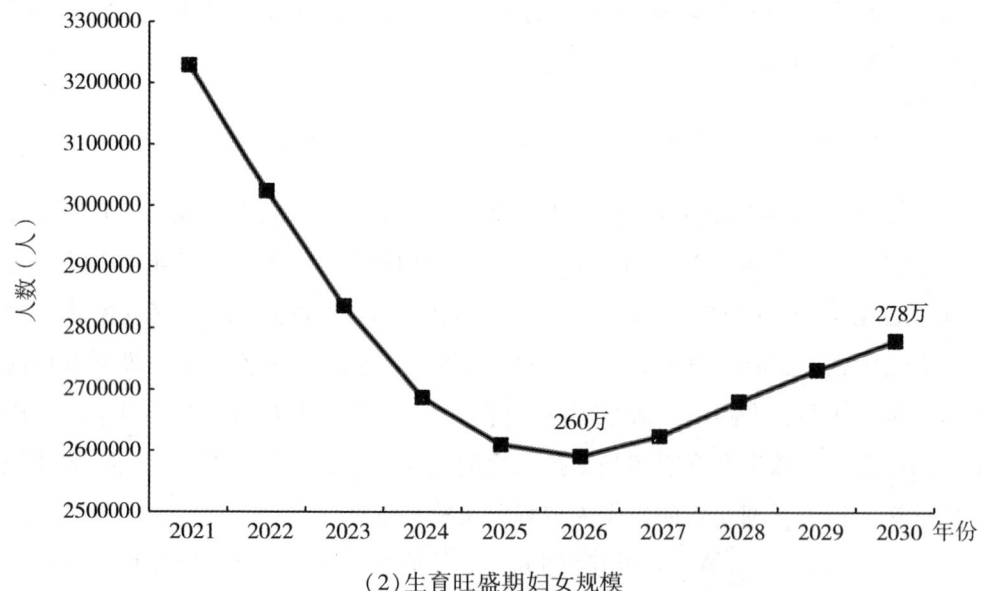

(2)生育旺盛期妇女规模

图 1-1-7　2021—2030 年湖北省育龄妇女规模与生育旺盛期妇女规模(中方案)

数据来源：根据第七次湖北省人口普查数据整理绘制。

从峰值回落。其中,与高方案相比,中、低方案的出生人口下降相对快速。2025年高方案出生人口下降至49万,中、低方案的出生人口分别下降至44万与43万。2030年,高方案出生人口下降至46万,仍略高于2021年的45.6万,中、低方案分别下降至42万与39万,与2021年出生人口数基本持平,但略低于2021年。

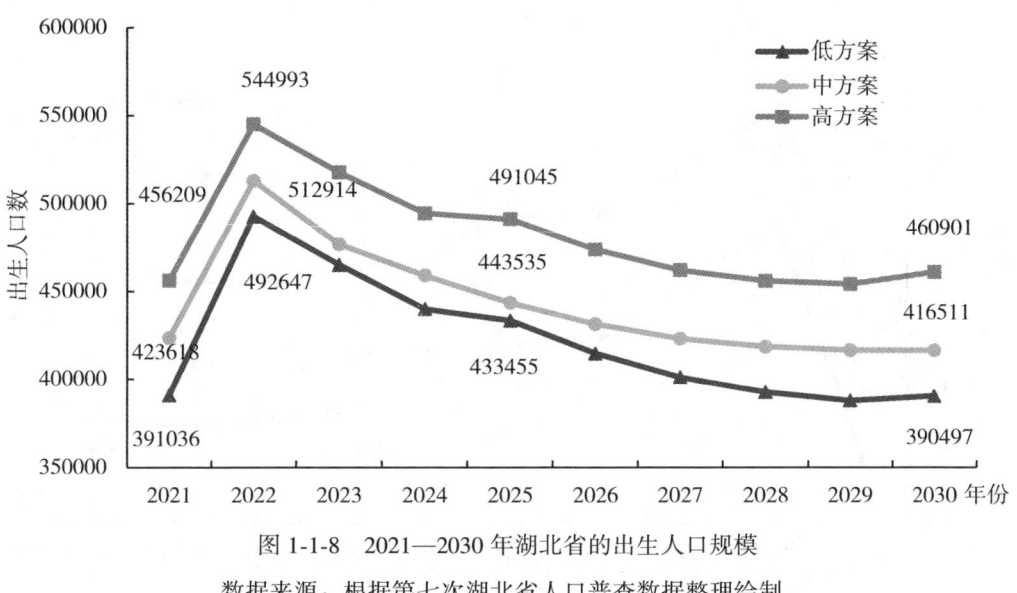

图 1-1-8　2021—2030 年湖北省的出生人口规模

数据来源:根据第七次湖北省人口普查数据整理绘制。

3. 湖北省总和生育率先上升后下降,在 2022 年达到峰值 1.56(中方案)

我们以 2020 年第七次全国人口普查相关统计数据为依据,首先通过人口预测软件(PADIS-INT)估算出的 2021—2030 年的出生人口规模和历年人口数计算出粗出生率;然后通过构建粗出生率和总和生育率之间的关系函数,推算出总和生育率基础值;最后根据软件估算出的各年龄别人口数及已知的死亡率与生育模式数据,对总和生育率基础值进行修正,最终得到 2021—2030 年历年总和生育率。

从图 1-1-9 可以看出,湖北省未来十年的总和生育率呈现先上升后下降的缓慢变动趋势。受新冠肺炎疫情冲击,2020 年、2021 年湖北省的出生人口规模较往年有大幅下降，总和生育率约为1.2。疫情期间堆积的生育势能释放会使总和生育率在2022年出现一个小高峰，高、中方案中分别达到1.67和1.56；即使低方案，也回升至1.50。此后，总和生育率逐年下降，高方案下，2025年湖北省的总和生育率为1.52，中、低方案下湖北省的总和生育率处于1.36左右。在2026—2030年，湖北省的总和生育率较为稳定，高方案下，整体保持在1.4以上；中方案下，始终保持在1.3以上；低方案下，在1.25上下波动。

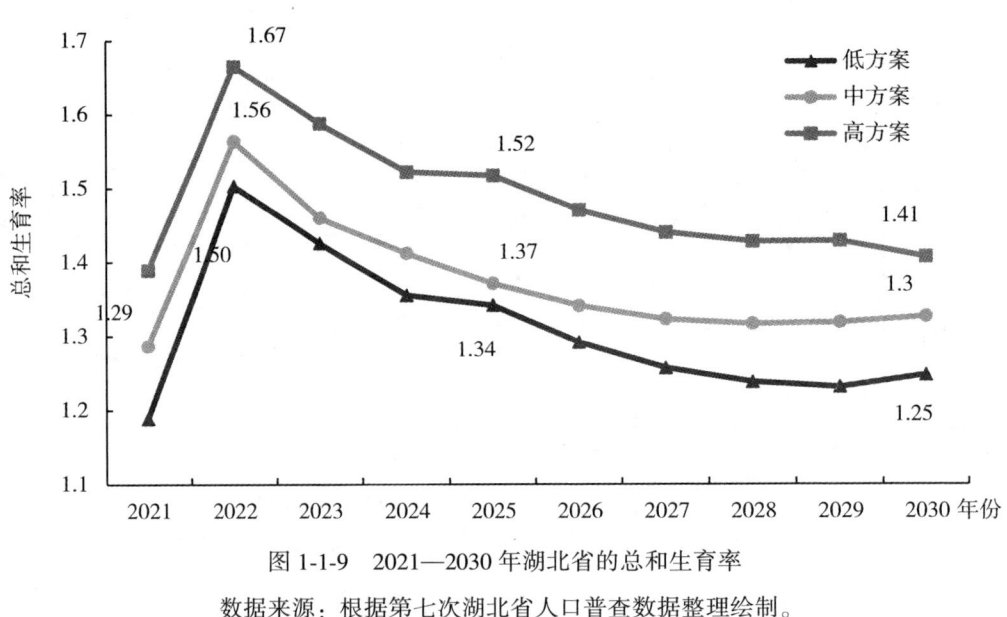

图1-1-9　2021—2030年湖北省的总和生育率

数据来源：根据第七次湖北省人口普查数据整理绘制。

三、构建让人们"生得出、生得起、生得好"的生育支持体系

(一) 适当放低法定婚龄，延长育龄妇女生育年限

根据文中调查显示湖北省育龄妇女数在不断下降，这和我国受教育程度不断上升及我国法定结婚年龄(男22周岁，女20周岁)的设置有较大关系。建议可将男女适婚年龄适当降低1~2岁，这样对于有结婚、生育意愿的育龄男女可以尽

早生育，避免错过生育最佳时间，而导致生育水平下降。同时，降低法定婚龄，也可以给女性生育后更多的缓冲和恢复时间，增加女性生育后的职场竞争力，让女性减少生育顾虑。

（二）营造生育友好型环境，保障妇女合法权益

我国一直以来注重对女性劳动者的权益保护，随着经济社会的发展，我国的生育政策也在不断地调整，而对女性权益保护的相关法律法规和应对策略存在滞后性。三孩政策实施之后，女性求职难度更大，在职母亲由于照顾家庭使得精力分散，被动失去晋升的可能性也会增加。在职场上，即使是高学历女性也会遭受生育后待遇和地位下降的处境。因此，从就业环境上看，"职—家"之间的矛盾激化会是三孩政策加剧女性就业难的根本原因，国家应对企业实行更加优惠的生育税收政策，加快构建生育成本在国家、企业、家庭之间合理有效的分担机制。而企业作为女性就业的载体，应使得职工大会成为在体制外协助政府执行女性就业保障监管的角色，并且应为有家庭责任的男女职工提供弹性工作制，同时适当放宽女性晋升时的年龄限制等，使政策的天平多向女性倾斜。在家庭育儿方面，我国应在新媒体环境下建立"家庭—社区—企业—国家"良性互动的子女教养专责机构，这样方能营造女性包容型的就业环境。

（三）建立相关帮扶机制，加强产妇心理疏导

三孩政策施行，三胎孕产妇的平均年龄将偏大，甚至可能成为高龄产妇，这让三胎孕产妇面临来自自身、社会以及家庭等多个方面的压力，导致其情绪不佳、焦虑，严重的可能会出现抑郁症或者精神疾病，这样又会使得家庭矛盾的发生率上升，人们的幸福指数下降。因此，政府要在关爱三胎孕产妇女心理健康帮助方面发挥重要的作用，通过政府购买，建立健全关于三胎孕产妇女心理健康疏导的帮扶机制。家庭及医院也要重点加强孕产妇女在孕期和产前产后的心理干预和身体护理。

（四）改进男性产假制度，倡导夫妻共担生育责任

在我国，根据2012年通过的《女职工劳动保护特别规定》，基础产假时长为

98天，可根据具体情况进行适当延长。而大多数省份的男方陪产假时长一般为7天，也有多达30天的陪产假，与女性产假时长差异悬殊。第一，建立男性陪产假是男性的合理需求及合法权益，尽管许多男性有请假照料妻儿的愿望，但是由于缺乏法律政策和规定导致其无法实现。第二，建立男性陪产假是生育女性的需求，由于产妇分娩后身心虚弱，无法很好地照顾婴儿，容易出现产后抑郁症，因此男性陪产可以更好地陪伴和照顾妻儿。第三，夫妻双方共休育儿假可以使男性更多地参与生育过程、促进家庭和谐，还可以在认知、全面发展教育等方面多维度促进孩子成长。

目前，男性生育休假制度还有待改进，存在男性不愿休、单位不让休、休假时间过短等问题。建议建立男性带薪陪产假，从而分担女性照顾子女的负担并确保男性享有生育保险的权益，同时将男性陪产假延长为2~3周。用政策引导用人单位支持男性职工生育休假，并建立惩罚机制，防止单位不给男性生育护理假，却不会承担任何不利的法律后果的情况。

（五）加强住房支持政策，重视生活基础设施

家庭住房极大程度影响家庭成员的幸福感和生活质量。目前，我国的房地产还在使用传统的"90平方米以下小户型、90~144平方米中户型、144平方米以上大户型"的户型分类格局。且过去住房方面比较强调"70/90"政策，即90平方米的户型需要占到小区楼盘的70%。但对于三孩家庭，90平方米的户型显然太小了，而中户型和大户型由于数量稀缺，随着三孩家庭数量增多，供需不平衡，价格必然水涨船高，更进一步增加育龄男女的经济压力，导致生育意愿的下降。建议可逐渐放松"新建商品住房套型建筑面积90平方米以下住房面积所占比重必须达到开发建设总面积的70%以上"的规定。增加中、大型户型的比例，满足三孩家庭的住房需求。

（六）降低早期抚育成本，提升义务教育公平

三孩的抚育和教育支出对三孩生育政策的推进造成重要影响。建议从怀孕保健到0—3岁婴幼儿时期的医疗、早期抚育费用全部可以抵扣，并且对于怀孕和需要抚育孩子的妇女，进行全方位的补贴，包括但不限于孕期保健补助、住院分

娩补助、托育津贴等。

而义务教育公平的推进也可大幅度降低择校费、补课费、学区房等不必要的家庭教育支出。建议可以大力推进中小学教师定期轮岗,教育资源平均分配,由教育局统一规划教育资源等。确保义务教育各校、各班的师资、教学环境水平均等化,从而减少义务教育支出,打消育龄妇女对于儿童教育支出的顾虑。

报告二　三孩政策下湖北城乡居民生育意愿

一、引言

在我们实现社会主义现代化国家"百年目标"的征程中，同时面临着中国人口的重大转变。从 2000 年开始，我国进入持续低生育水平阶段。针对当前高度复杂和不确定的生育环境，我国采取了渐进式的生育政策调整策略，从取消生育间隔限制到实行单独两孩、全面两孩政策，再到实施三孩政策，为满足不同人群多样化的生育需求提供了空间。生育政策调整后，中国的出生率依然呈现波动下降趋势。第七次全国人口普查数据显示，育龄妇女总和生育率为 1.3，中国进入极低生育水平时期。2020 年新生人口数为 1200 万，相比 2017 年下降 523 万人。三孩政策作为国家对当前人口形势的最新回应，学者们对政策预期效果进行了一系列研究。一些学者结合育龄女性年龄结构和以往的生育调查预测，居民生育意愿不会受到政策调整的刺激，依然有继续下行风险。但也有学者认为，中国的低生育率是高成本约束型的假性低生育率，少数人口仍有多孩生育意愿，只要改变低生育的条件，生育率可能存在一定幅度的上升空间。以上讨论为我们理解此次政策调整提供了启示，但相关看法或者进行理论层面的定性分析或者基于三孩政策实施前数据的估计与预测，政策放开后的实际效果以及可能存在的差异化影响仍需要我们结合现实情况加以调查和分析，这种研究也将为未来的政策认知提供实践基础。

相比于以往的生育政策调整，三孩政策下的生育意愿研究有以下三个特点：第一，二孩政策以前，由于计划生育政策的严格执行，居民的生育意愿普遍受到政策限制，二孩政策放开后的生育反弹问题受到学者们的普遍关注。与之前的政策调整不同，三孩政策实施前的居民实际生育水平已明显低于政策生育水平，再次提高政策生育水平的效果有待研究。第二，我国幅员辽阔，不同地区的生育文化有较大差别，二孩政策实施后，不同地区、不同类型人群间的生育意愿已表现出明显的分化趋势，三孩政策的实施是否会进一步加剧人群间的生育分化将决定我国未来能否实现人口的长期均衡发展。第三，不同于二孩政策仅关注独生子女家庭的再生育意愿，随着生育政策的逐步调整，我国已由独生子女家庭占主导转变为一孩、二孩家庭并存的育龄家庭格局，政策实施环境的复杂程度进一步加剧。在此背景下，三孩政策将如何影响不同类型家庭的生育意愿，对于构建包容性生育政策体系有重要启示意义。

本报告首先基于湖北省全员人口数据库随机提取的 50000 个样本家庭数据，刻画了二孩政策下的生育格局，然后对湖北省 125 个区县 12014 个育龄妇女家庭进行随机抽样调查，对不同类型家庭的二孩、三孩生育意愿及其影响因素进行了深入分析，最后是研究结论和讨论。

二、文献综述

2013 年后，我国陆续实施了单独二孩、全面二孩以及三孩政策，生育政策的快速调整反映了国家对新时期下人口问题的判断与把握，而政策调整对居民生育意愿和整体生育形势的影响也成为学界关注的焦点。单独二孩政策实施以后，中南财经政法大学人口与健康研究中心基于湖北省的实践调查数据展开了一系列的研究与评估，石智雷、杨云彦（2014）的研究结果显示，符合政策人群主要位于城市地区，农村地区相对较少，但城市居民的再生育意愿要低于农村居民，政策调整很难达到预期效果，并可能导致生育堆积和区域差异扩大风险。杨云彦等（2014）则从人口红利的角度论证了单独二孩政策的效果，认为政策调整将对人口结构红利和人口素质红利产生正向影响。张勇等（2014）着重分析了城镇居民二孩生育意愿的影响因素，结果发现妻子的年龄、学历、职业、一孩的年龄以及夫妻二人的迁移经历等都是影响家庭二孩生育意愿的重要因素。此后，学者们陆续检验了单独二孩政策对全国和其他地区居民生育意愿的影响。杨菊华（2015）基于 2014 年全国流动人口卫生计生动态监测调查数据的研究发现，只有不足 15% 的流动人口有明确的二孩生育意愿，政策调整能够释放一定的生育潜能，但难以使生育意愿出现较强反弹。彭希哲等(2015)使用上海市2014年再生育申请数据的研究发现，尽管单独二孩政策覆盖了上海市90%的家庭，但实际申请二孩生育的比例不到5%，并未出现受政策刺激而剧烈补偿性生育反弹现象。

全面二孩政策放开后，学者们着重关注政策释放后的长期人口发展趋势以及政策对总体生育格局的影响等方面。对于长期人口发展趋势，学者们的研究分歧较大，王金营等(2019)利用2017年全国生育状况抽样调查数据对北方七省市居民生育意愿进行研究，结果显示妇女平均意愿生育数为1.65人，20~29岁育龄妇女意愿终身生育率高达2.16，并认为未来几年我国的生育率还会持续上升，不会落入低生育陷阱中。卿石松等(2021)则持相反观点，他们利用2010—2018年的CFPS数据进行分析，发现政策调整使得二孩总和生育率从下降趋势扭转为上升趋势，短期内产生了一定的积极效果，但城镇家庭二孩生育率低，女性初婚年龄推迟等因素预示着政策调整的长期效果不容乐观。在政策调整对总体生育格局的影响研究中，钟晓华(2016)对全面二孩政策下广东省居民再生育意愿的研究发现，政策放开将提高社会经济地位群体和偏远山区家庭的生育意愿，但其他群体仍维持低生育水平，从而导致生育率失衡状态。石智雷、吕婕(2021)基于2011—2018年全国流动人口动态监测调查数据进行分析，发现二孩政策效果的逐步释放导致不同社会经济地位流动人口的二孩生育意愿发生了逆转，由以往的"越穷越生"转变为了"富者多生"。贾志科等(2021)使用2017年生育状况抽样数据进行研究，发现全面二孩政策仅提升了"双非"夫妇的生育意愿，其他类型夫妇的生育意愿较低。"性别偏好"对生育意愿的影响也受到学者们的广泛关注，靳永爱等(2016)利用2016年全国6省12市生育调查数据分析发现，男孩偏好是影响二孩生育意愿的重要因素，一胎为女孩的家庭更可能生育二孩。庄亚儿等(2021)进一步分析了男性偏好对生育意愿的双重影响，认为性别选择下的人工流产抑制了生育意愿并减少了生育数量，但家庭在没有达到"至少生育1个男孩"的情况下，男孩偏好起到了强化生育意愿和增加生育数量的作用。此外，还有学者结合社会发展中出现的新特征，分析了社会养老保障、互联网使用以及女性加班等因素对生育意愿的影响，进一步丰富了学界对生育问题的认识。

全面放开三孩生育作为我国生育政策的最新重大调整，目前未见相关研究对政策调整的效果进行评价与分析。本报告将以湖北省125个区县育龄妇女家庭生育意愿调查数据为基础，对三孩政策下湖北省城乡家庭的二孩、三孩生育意愿及影响因素进行描述和分析，旨在描绘政策覆盖家庭生育意愿的总体格局，比较不同人群、不同地区二孩、三孩生育意愿的差异。作为三孩政策下首个基于大样本实践调查数据的居民生育意愿研究，相关结果不仅能够反映人民群众多元化的生育行为和生育意愿，检验生育政策调整效果，还将为我国积极应对人口问题，完善生育支持政策提供理论和实践支撑。

三、调查设计与样本分析

为了解全面三孩政策放开后城乡居民生育意愿及其影响因素，为"十四五"期间我国"生育友好型社会"建设提供理论及实证支持，2021年8月15日—8月31日，中南财经政法大学人口与健康研究中心开展了"第三期湖北省百县生育意愿调查"。本调查选择湖北省为调研区域主要基于以下考虑：第一，湖北省各地区经济发展差异大，省内既有经济总量全国排名前十的城市（武汉），也有2020年完成"深度贫困县"摘帽工作的县区（巴东县、丹江口市等）。第二，湖北省地处我国中部，素有"九省通衢"之称，不仅兼容了南方和北方的文化特色，也是东部地区和西部地区分界的重要节点。第三，湖北省地形地貌丰富，从东至西依次分布着大别山地区的丘陵地形，江汉平原的平原湖区地形以及秦巴山脉的山地地形。此外，湖北省民族多样化特征明显，少数民族占总人口比重的4.80%，是全国少数既有自治州又有自治县，还有民族乡的省份之一，民族自治区域占全省总面积的1/6。综上所述，湖北省可作为我国全面三孩政策放开后的代表性研究区域。

本研究所使用的数据来源于湖北省全员人口数据库，调查的目标群体是截至2021年7月31日湖北省常住人口中妇女年龄在15～45岁的未生育家庭、一孩家庭和二孩家庭。调查采用分层、两阶段、等规模的随机抽样方法，避免了按规模大小成比例抽样方法所导致的部分地区样本量过少的情况，使样本具有全域代表性。调查抽样分两步进行。首先确定初步抽样框，我们从湖北省全员人口数据库中筛选出目标群体，之后在湖北省全部125个县区进行随机抽样，每个县区抽取400个家庭作为初步抽样框。初步抽样框共有50000个样本家庭数据，反映了湖北省育龄家庭的整体生育行为（见表1-2-1），其中未生育家庭、一孩家庭和二孩家庭数量分别为1821个、27704个和20475个，占比为3.64%、55.41%和40.95%。育龄妇女年龄在25岁以下家庭有662个（1.32%），25～29岁家庭有

6080个(12.16%),30~34岁家庭有16813个(33.63%),35~39岁家庭有14018个(28.03%),40岁及以上家庭有12427个(24.85%)。

表1-2-1 湖北省育龄家庭的基本情况

变量	类别	初步抽样框 比例(%)	实际有效样本 比例(%)
家庭类型	未生育家庭	3.64	1.50
	一孩家庭	55.09	55.46
	二孩家庭	41.27	43.04
年龄	25岁以下	1.32	1.88
	25~29岁	12.16	14.99
	30~34岁	33.62	37.76
	35~39岁	28.04	25.78
	40岁以及上	24.85	19.59
受教育程度	小学及以下	3.24	2.30
	初中	57.77	50.82
	高中及同等学历	23.59	26.42
	大专及以上	15.40	20.46
户口性质	夫妻均为农业户口	65.24	60.39
	一方农业户口一方非农业户口	12.67	14.05
	夫妻均为非农业户口	22.09	25.56
民族	汉族	96.09	96.29
	土家族	3.14	2.96
	苗族	0.28	0.32
	其他	0.50	0.43

注:初步抽样框共有50000个样本,问卷调查有效样本共有12014个。

第二步在初步抽样框中进行调查抽样,我们在125个县区的400个样本中,分别随机抽取100个样本,并进行电话调研。调查实际抽取样本12500个,最终获得有效样本12014个,样本分布情况与初步抽样框基本一致(见表1-2-1),其中，农村样本占比47.35%，城市样本占比52.65%；受访者中的男女比例分别为41.41%和58.95%；三孩政策的总体知晓比为95.39%。在样本家庭类型上，未生育家庭、一孩家庭和二孩家庭分别有180户、6663户和5171户。

调查数据库信息包含两部分：一是全员人口数据库中的信息，包括被调查家庭夫妻的地区、出生日期、受教育程度、现住地、户籍地、户口性质、民族、孩子数量、孩子出生日期和孩子性别等；二是通过电话调查获取的信息，包括家庭的三孩政策知晓情况、生育意愿、理想子女数、不想生育的主要原因、自评家庭社会经济地位等。我们通过询问"您理想中的孩子数量"获取理想子女数信息，询问"您是否打算再生一个小孩"获取生育意愿信息。

相较于以往的研究，本次调查有以下三个特点。第一，本调查基于湖北省全员人口数据库，不仅使抽样结果更具有总体代表性，还能精准识别被抽样家庭的子女结构并进行针对性调查。第二，本调查抽样覆盖湖北省全部125个县区级行政单位，这使得我们能够获取全省每个区域育龄家庭的生育意愿情况，最终的调查结果具有全域代表性。第三，结合全员数据库中的个人联系方式，本调查使用电话调研的方式，使拒访率降到最低。

四、三孩政策下城乡居民生育格局和生育意愿

（一）二孩政策时期的生育格局以一孩家庭为主，二孩家庭占比超四成

由于从全员人口数据库中提取数据的时间是2021年7月，这时三孩政策刚刚实施。初步抽样框数据统计结果，反映的是二孩政策时期湖北省育龄家庭生育格局（见表1-2-2）。数据分析结果显示，二孩政策覆盖下的育龄家庭，未生育家庭、一孩家庭和二孩家庭的比重分别为1.5%、55.46%和43.03%。从育龄妇女年龄来看，未生育家庭、一孩家庭和二孩家庭妇女平均年龄分别为32.67岁、35.16岁和35.47岁，同时，随着妇女年龄增加，二孩家庭占比呈现先上升后下降的趋势，35~39岁年龄组二孩家庭比例达到最高的47.30%。从妇女受教育程度来看，随着受教育程度的提升，未生育家庭和一孩家庭比例均呈上升趋势，二孩家庭比例则呈下降趋势，但在小学和初中组中，二孩家庭比重超过其他两类家

庭。从户籍性质来看,随着夫妻双方非农户口数的增加,一孩家庭占比逐渐上升,二孩家庭占比逐渐下降。当夫妻均为农业户口时,一孩家庭和二孩家庭比重分别为50.97%和45.87%;夫妻均为非农户口时,一孩家庭和二孩家庭比重分别为69.46%和26.74%。从民族来看,少数民族二孩生育水平普遍高于汉族。

表1-2-2 三孩政策覆盖下湖北省育龄家庭格局

变量	类别	未生育家庭占比(%)	一孩家庭占比(%)	二孩家庭占比(%)
年龄	25岁以下	15.26	66.92	17.82
	25~29岁	7.61	64.02	28.37
	30~34岁	3.90	55.58	40.52
	35~39岁	2.42	50.29	47.30
	40岁以及上	2.11	56.13	41.76
受教育程度	小学及以下	2.02	43.84	54.14
	初中	2.54	48.62	48.84
	高中及同等学历	4.62	62.88	32.50
	大专及以上	6.20	70.55	23.25
户口性质	双方均为农业户口	3.17	50.97	45.87
	一方农业户口另一方非农业户口	4.11	61.71	34.17
	双方均为非农业户口	3.81	69.46	26.74
民族	汉族	3.62	55.54	40.84
	土家族	4.33	42.70	52.96
	苗族	3.60	48.92	47.48
	其他	4.42	48.59	46.99
各类家庭总数量		1820户	27705户	18945户

数据来源:根据湖北省全员人口数据库管理。

注:育龄未生育家庭、一孩家庭和二孩家庭妇女平均年龄分别为32.67岁、35.16岁和35.47岁。

(二) 一孩家庭的二孩生育意愿比例为 10.13%，二孩家庭的三孩生育意愿比例为 2.75%

我们通过询问"是否打算再生一个小孩"识别家庭生育意愿，表 1-2-3 分别展示了一孩家庭的二孩生育意愿以及二孩家庭的三孩生育意愿。在 6567 个一孩家庭样本中，有 10.13% 的人明确回答"是"，有 75.30% 的人回答"否"，有 14.57% 的人回答"没想好"。

对于三孩生育意愿，在 5131 个二孩家庭样本中，仅有 2.75% 的人回答"是"，有 4.85% 的人回答"没想好"，高达 92.40% 的人明确回答"否"。本调查结果和中国社科院 2019 年的 CSS 调查结果比较接近，他们的调查分别询问一孩家庭和二孩家庭"希望再要几个子女"，其中一孩家庭再要一个的比例为 15.66%，二孩家庭再要一个的比例为 3.03%。由于我国近年来生育率持续下降，并且全国的社会经济发展在 2020 年受到新冠肺炎疫情的强烈冲击，因此居民生育意愿可能有一定幅度的降低。此外，一孩家庭和二孩家庭再生育意愿的巨大差别也说明不同胎次的生育决策有较大差异，仅有政策上的放开无法满足居民的三孩生育意愿，无法释放居民的生育潜能。

表 1-2-3 育龄家庭二孩、三孩生育意愿情况

生育意愿 家庭类型	一孩家庭的 二孩生育意愿		二孩家庭的 三孩生育意愿		全部样本	
	样本(人)	占比(%)	样本(人)	占比(%)	样本(人)	占比(%)
生育	665	10.13	141	2.75	806	6.89
不生育	4945	75.30	4741	92.40	9686	82.80
没想好	957	14.57	249	4.85	1206	10.31
合计	6567	100	5131	100	11698	100

数据来源：根据第三期湖北百县生育调查(2021)整理。

(三) 一孩、二孩家庭平均理想子女数分别为 1.57 个和 2.07 个

本调查用"您理想中的孩子数量是多少"分别考察各类家庭的理想子女数情

况。表1-2-4展示了不同类型家庭理想子女数情况,未生育家庭、一孩家庭和二孩家庭的平均理想子女数分别为1.46、1.57和2.07个。三类家庭中,理想子女数大于现有子女数的家庭所占比重分别为94.67%、51.50%和11.11%。由于理想子女数反映了家庭不受条件约束的生育理想,这意味着当国家出台一系列政策缓解居民的生育约束后,整体生育水平将有一定幅度的提升。

表1-2-4 不同类型家庭理想子女数情况

家庭类型	理想子女数					各类家庭数量(户)
	0个	1个	2个	3个及以上	平均值	
未生育家庭	5.33%	46.75%	44.97%	2.96%	1.46	169
一孩家庭	0.90%	47.60%	47.04%	4.46%	1.57	6564
二孩家庭	0.76%	7.56%	80.57%	11.11%	2.07	5131

数据来源:根据第三期湖北百县生育调查(2021)整理。

(四)城镇化进程冲击了居民二孩生育意愿,对三孩生育意愿有U型影响

表1-2-5展示了夫妻户籍对二孩、三孩生育意愿的影响。随着夫妻双方非农户口数的增加,家庭二孩生育意愿逐渐下降。夫妻双方均为农业户口的家庭二孩生育意愿比例为11.90%,均为非农户口的家庭二孩生育意愿比例为7.13%。在区分城乡后,城市家庭中,只有当双方均为非农户口时才会明显影响家庭生育决策,该类家庭二孩生育意愿比例比其他两类家庭低2%以上。在农村家庭中,户口对生育意愿的影响更为明显,夫妻双方均为非农户口家庭的二孩生育意愿比例仅为5.36%。

对于二孩家庭,夫妻双方均为农业户口(3%)或非农户口(2.27%)家庭的三孩生育意愿比例要高于一方为农业户口一方为非农户口的家庭(1.89%),城市地区也有类似的趋势。农村地区家庭的三孩生育意愿比例则随着夫妻双方非农户口数的增加而降低。这意味着当夫妻双方在城市地区均有非农户口时,由此享受的社会保障和公共服务资源将提升家庭三孩生育意愿。

表 1-2-5　按夫妻户籍划分的城乡家庭二孩、三孩生育意愿

夫妻户籍类型	一孩家庭想要二孩的比例(%)			二孩家庭想要三孩的比例(%)			各类家庭数量(户)
	整体	城市	农村	整体	城市	农村	
双方均为农业户口	11.90	9.35	13.11	3.00	2.59	3.22	7243
一方农业户口一方非农业户口	9.96	9.45	11.01	1.89	1.76	2.12	1685
双方均为非农业户口	7.13	7.28	5.36	2.27	2.30	2.00	3066

数据来源：根据第三期湖北百县生育调查(2021)整理。

(五) 女性的二孩、三孩生育意愿及理想子女数明显低于男性

图 1-2-1 展示了男女受访者的二孩、三孩生育意愿情况。对于二孩生育意愿，男性比女性高 3.16%。对于三孩生育意愿，男性比女性高 1.47%。

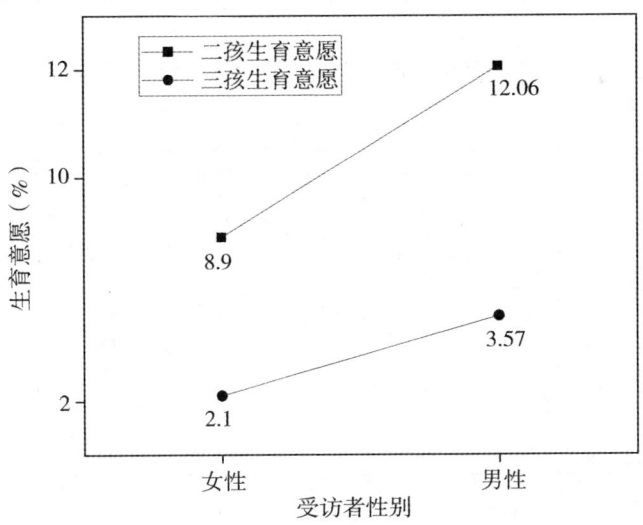

图 1-2-1　按受访者性别划分的二孩、三孩生育意愿

数据来源：根据第三期湖北百县生育调查(2021)整理。

此外，在育龄未生育家庭、一孩家庭和二孩家庭中，女性受访者的理性子女数分别为 1.36、1.50 和 2.01 个，男性受访者的理性子女数分别为 1.55、1.7 和

2.16个。各类家庭中,女性受访者的理想子女数均低于男性受访者。

(六)现有子女性别是影响城乡家庭二孩、三孩生育意愿的重要因素

表1-2-6展示了按子女性别划分的城乡家庭二孩、三孩生育意愿。对于一孩家庭,一胎为女孩的家庭二孩生育意愿比例(11.83%)高于一胎为男孩的家庭(8.51%),在区分城乡后保持着相似的规律。这说明在三孩政策背景下,"男性偏好"仍是影响生育意愿的重要因素。

对于二孩家庭,两个孩子均为女孩的家庭三孩生育意愿比例明显高于其他两类家庭,为5.22%。区分城乡后,城市地区两个孩子均为男孩的家庭生育意愿比例(0.83%)最低,但农村地区两个孩子均为男孩的家庭生育意愿比例(2.25%)要高于一男一女家庭(2.06%),这说明农村家庭更愿意追求儿女双全的子女结构。

表1-2-6 按现有子女性别划分的城乡家庭二孩、三孩生育意愿

现有孩子性别	一孩家庭想要二孩的比例(%)			二孩家庭想要三孩的比例(%)			各类家庭数量(户)
	整体	城市	农村	整体	城市	农村	
一孩:女孩	11.83	10.10	14.20				2858
一孩:男孩	8.51	6.85	10.64				3569
二孩:两个女孩				5.22	4.19	6.20	1073
二孩:一男一女				1.84	1.61	2.06	2602
二孩:两个男孩				1.60	0.83	2.25	1061

数据来源:根据第三期湖北百县生育调查(2021)整理。

(七)随着育龄妇女年龄的增长,一孩家庭二孩生育意愿和二孩家庭三孩生育意愿都在快速下降

表1-2-7展示了按妇女年龄划分的城乡家庭二孩、三孩生育意愿。可以发现,

育龄妇女年龄是影响城乡家庭二孩生育意愿的重要因素。随着育龄妇女年龄增长，家庭二孩生育意愿逐步降低。育龄妇女年龄在25岁以下的家庭二孩生育意愿的比例为24.12%，25~29岁的家庭下降为15.46%，35~39岁的家庭为7.20%，40岁及以上的家庭仅为3.14%。对于三孩生育意愿，同样有育龄妇女年龄越大，该家庭三孩生育意愿越低的规律。

相比城市地区，随着育龄妇女年龄增长，农村地区家庭二孩和三孩生育意愿下降幅度更大。育龄妇女年龄在25岁以下的农村家庭二孩生育意愿的比例为25.36%，在城市地区该比例为18.75%。不论二孩还是三孩生育意愿，城市地区40岁以上妇女的生育意愿都要高于农村地区，这可能是由于城市地区生育及医疗条件要明显优于农村地区，高龄产妇的再生育风险能够得到保障，因此有更高的生育意愿。所以未来应加强农村地区生育技术保障，降低高龄妇女对生育安全的担忧。

表1-2-7 按妇女年龄划分的城乡家庭二孩、三孩生育意愿

母亲年龄	一孩家庭想要二孩的比例(%)			二孩家庭想要三孩的比例(%)			各类家庭数量(户)
	整体	城市	农村	整体	城市	农村	
25岁以下	24.12	18.75	25.36	4.76	0.00	5.88	212
25~29岁	15.46	13.67	16.64	4.68	2.87	5.51	1712
30~34岁	12.09	10.87	13.56	2.97	2.78	3.11	4428
35~39岁	7.20	6.50	8.45	2.15	2.02	2.31	3036
40岁及以上	3.14	3.47	2.34	2.10	2.25	1.89	2308

数据来源：根据第三期湖北百县生育调查(2021)整理。

(八)随着育龄妇女受教育程度的提升，城乡家庭二孩生育意愿趋于收敛，而三孩生育意愿的城乡差距在扩大

图1-2-2展示了按妇女受教育程度划分的城乡家庭二孩、三孩生育意愿。对

于二孩生育意愿,农村地区普遍高于城市地区,随着妇女受教育程度的提升,农村家庭二孩生育意愿逐渐降低,其中妇女受教育程度在大专及以上家庭的生育意愿比例最低(10.63%)。与之相反,城市地区的高学历人群二孩生育意愿比例最高,为8.55%。

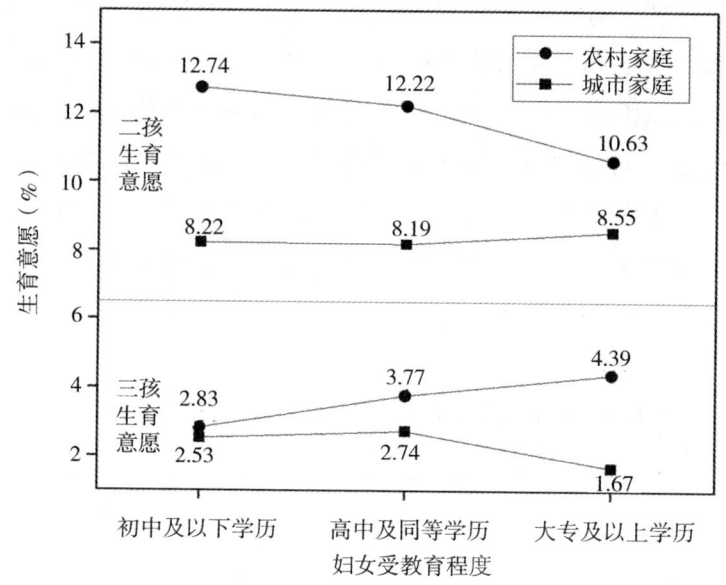

图1-2-2 按妇女受教育程度划分的城乡家庭二孩、三孩生育意愿

数据来源:根据第三期湖北百县生育调查(2021)整理。

对于三孩生育意愿,妇女受教育程度的提升对城乡家庭生育意愿有反向影响,随着妇女受教育程度的提升,农村家庭三孩生育意愿逐渐增加,妇女学历在大专及以上的家庭三孩生育意愿比例最高,达到4.39%。相反的是,城市地区妇女学历在大专及以上的家庭三孩生育意愿比例最低,仅为1.67%。

(九)社会经济地位越高的家庭,二孩生育意愿越高,而中层家庭三孩生育意愿最高

表1-2-8展示了按自评社会经济地位划分的城乡家庭二孩、三孩生育意愿。

随着社会经济地位的提升,家庭二孩生育意愿逐渐上升。下层家庭二孩生育意愿比例为8.57%,中层家庭为11.10%,上层家庭为12.53%。在区分城乡后,农村地区保持着相似的规律,且上层家庭生育意愿比例高达18.03%,城市地区的中层家庭和上层家庭之间的生育意愿比例差距不大。对于三孩生育意愿,并不再是"越有钱,越想生",反而是中层家庭有着最高的三孩生育意愿比例(3.35%)。在城市地区,上层家庭与中层家庭的生育意愿比例相近(2.76%和2.80%),都明显高于下层家庭(1.85%)。

表1-2-8 按自评社会经济地位划分的城乡家庭二孩、三孩生育意愿

自评社会经济地位等级	一孩家庭想要二孩的比例(%)			二孩家庭想要三孩的比例(%)			各类家庭数量(户)
	整体	城市	农村	整体	城市	农村	
下层	8.57	6.43	10.98	2.22	1.85	2.50	5586
中层	11.10	9.48	13.37	3.35	2.80	3.95	5295
上层	12.53	9.88	18.03	2.48	2.76	2.06	619

数据来源:根据第三期湖北百县生育调查(2021)整理。

注:本研究将回答为"最底层""中下层"的家庭合并为"下层",将回答为"中上层""上层"的家庭合并为"上层"。

(十)在高经济发展水平地区,城乡家庭二孩生育意愿最低,三孩生育意愿最高

图1-2-3展示了按地区经济发展水平划分的家庭二孩、三孩生育意愿。随地区经济发展水平的上升,城乡家庭的二孩生育意愿逐渐降低,从低经济水平地区的14.96%,一直降至高经济水平地区的8.49%。对于三孩生育意愿,随着地区经济发展水平上升,城乡家庭的三孩生育意愿呈现先下降后上升的"U"型变化趋势。比较来看,高经济发展水平地区的家庭三孩生育意愿比例最高,为3.43%。

可以发现，随着地区经济发展水平的上升，城乡家庭二孩生育意愿和三孩生育意愿呈现相反的变动趋势。

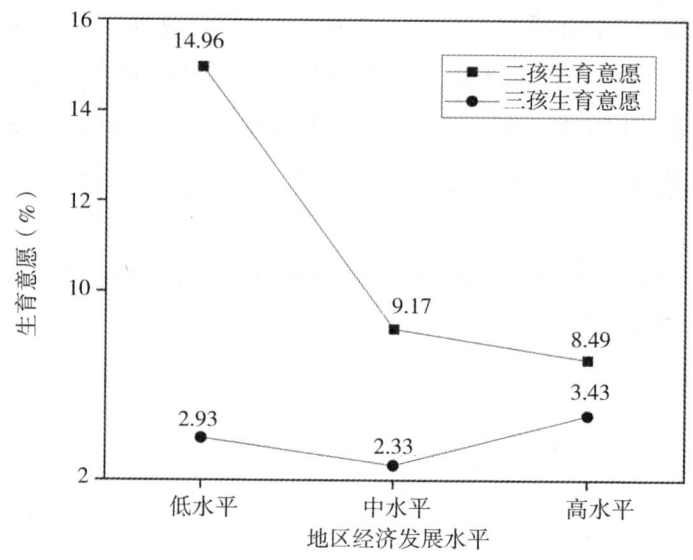

图 1-2-3 按地区经济发展水平划分的家庭二孩、三孩生育意愿
数据来源：根据第三期湖北百县生育调查（2021）整理。

（十一）湖北省二孩、三孩生育意愿呈现盆地化分布状况

图 1-2-4 展示了各县区二孩生育意愿水平的空间分布情况，主要有以下几个特征。一是生育意愿整体呈"盆地状"分布态势，中部的宜昌、荆州、荆门以及仙桃、天门和潜江三个省管县呈现低生育意愿连片地带，鄂东、鄂西以及襄阳和随州的部分地区为中高生育意愿地区，对低生育地区形成环抱态势。二是各地级市市辖区二孩生育意愿普遍较低，宜昌、襄阳、十堰等 8 个地区的市辖区均为低生育意愿地区。三是高生育意愿地区集中分布在鄂东，咸宁、黄石、黄冈三个在"六普"中表现为高生育率地区的地级市，目前仍保持着高水平的二孩生育意愿。

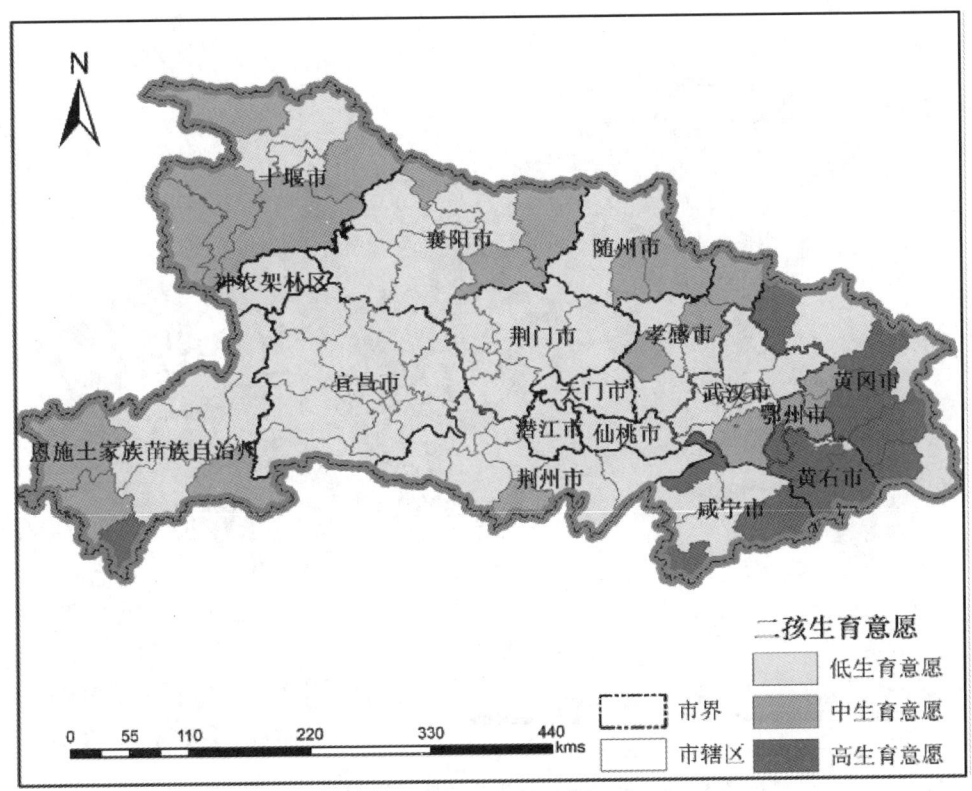

图 1-2-4 湖北省二孩生育意愿的空间分布特征

数据来源：根据第三期湖北百县生育调查（2021）整理。

注：上图基于三孩政策下湖北省城乡居民生育意愿调查数据，使用 ArcGIS10.2 软件绘制。地图比例为 1∶550 万。

图 1-2-5 展示了各县区三孩生育意愿水平的空间分布情况。相比二孩生育意愿的空间分布，中、高三孩生育意愿地区分布较为零散，中高生育意愿地区集中在鄂东以及恩施州的部分地区。

第一部分　生育与人口变动趋势

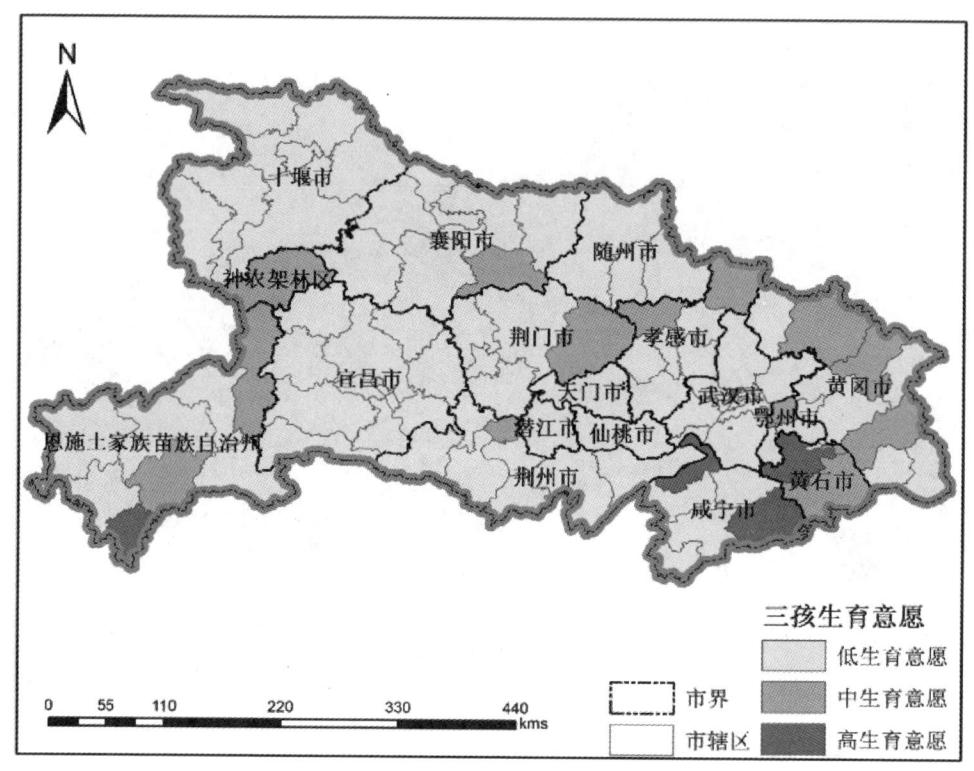

图 1-2-5　湖北省三孩生育意愿的空间分布特征

数据来源：根据第三期湖北百县生育调查(2021)整理。

注：上图基于三孩政策下湖北省城乡居民生育意愿调查数据，使用 ArcGIS10.2 软件绘制。地图比例为 1∶550 万。

五、三孩政策下城乡居民生育意愿影响因素分析

(一) 实证策略

本研究的被解释变量为生育意愿。本研究将生育意愿分为了两个层次，分别询问了受访者"理想中的子女数量"与"是否再打算再生育一个孩子"。其中，前

者反映了不受条件约束的生育意愿,可视为群体有可能达到的最高终身生育水平,后者则反映了考虑各种现实因素后的生育意愿,更可能在短期内转化为生育行为。具体的变量处理见表1-2-9。

表1-2-9 变量处理情况

变量类型	代理指标	具体操作
被解释变量	理想子女数	区分为1个及以下、2个、3个、4个及以上
	生育意愿	想再生1个孩子=1;不想再生孩子或没想好=0
家庭社会经济地位	自评社会经济地位	最底层=1;中下层=2;中层=3;中上层=4;上层=5
	受教育程度	区分为初中及以下、高中/中专/技校、大专及以上三类,构建虚拟变量
受访者个人及家庭特征	性别	0=女;1=男
	年龄	区分为30岁以下、30~34岁、35~39岁和40岁以上四类
	户口	农业户口=0;非农业户口=1
	民族	区分为汉族、苗族与土家族和其他民族三类
	一孩年龄	数值(岁)
	一孩家庭孩子性别	男孩=1;女孩=0
	二孩家庭孩子性别	区分为两个男孩、两个女孩和一男一女三类,构建虚拟变量
空间特征	流动类型	区分为未流动、省内流动和省外流动三类,构建虚拟变量
	人均地区生产总值	对人均地区生产总值取自然对数
	执业医师数量	数值(每万人)
	小学教育规模	小学生在校人数/地方总人口数

家庭生育意愿是多重因素综合作用的结果。Ajzen和Klobas的行为计划理论指出,态度(attitude)、主观规范(subjective norm)和知觉行为控制(perceived behavioral control)形成生育意愿,生育意愿与实际控制感(actual control,通常由知觉行为控制作为代理)决定最终的生育行为,而个人特征(包括人格、情感、智力等)、人口学特征(包括教育、年龄、性别、民族等)和社会特征(包括社会

规范、文化和经济发展水平等)等背景因素则通过影响产生态度、主观规范和知觉行为控制的信念,进而影响生育意愿和生育行为。本研究以行为计划理论为分析框架,同时结合我国的城镇化进程、人口流动和传统生育偏好等特点,从家庭社会经济地位、受访者个人及家庭特征以及空间特征三方面选取解释变量进行计量分析。具体的变量选取及处理情况见表1-2-9。

我们在回归模型中设计了三个主要模块,分别以理想子女数、一孩家庭的二孩生育意愿、二孩家庭的三孩生育意愿为被解释变量构建了三组Logit模型,以求清晰、全面地识别不同孩次的家庭生育意愿的主要影响因素。其中,理想子女数因为是多元序次变量,需要采用有序Logit模型。同时,我国城乡分割的基本现实导致城乡家庭生育决策存在较大差异。为了细致地识别城乡情景下家庭生育意愿的影响因素,进一步在理想子女数模型中引入了城乡与核心解释变量的交互项,在一孩、二孩生育意愿模型中进行城乡区分的分组回归。

(二) 结果分析

表1-2-10展示了以理想子女数为被解释变量的回归结果。其中,模型(1)、(4)是基于全样本的估计结果,模型(2)、(5)是基于一孩家庭样本的估计结果,模型(3)、(6)是二孩家庭样本的估计结果。与模型(1)、(2)、(3)相比,在模型(4)、(5)、(6)中引入了城乡变量与自评社会经济地位的交互项,研究自评社会经济地位对理想子女数的影响是否会受到居住在城市或农村的调节作用。

由表1-2-10结果可知,受访者自评社会经济地位与理想子女数正相关,即自评社会经济地位越高,理想子女数越多。与一孩家庭相比,二孩家庭自评社会经济地位的回归系数更大。进一步地,在引入城市居民与自评社会经济地位的交互项后,自评社会经济地位的回归结果仍然稳健,但交互项的回归结果并不显著。这表明不论受访者家庭在城市还是在农村,其自评社会经济地位对理想子女数的影响是一致的。与受教育程度为初中及以下的受访者相比,随着受教育程度的提高,受访者理想子女数越低。

表 1-2-10 理想子女数的影响因素分析

变量类型		(1)	(2)	(3)	(4)	(5)	(6)
		全样本	一孩家庭	二孩家庭	全样本	一孩家庭	二孩家庭
家庭社会经济地位	自评社会经济地位	0.055**	0.072**	0.110**			
		(0.026)	(0.034)	(0.051)			
	自评社会经济地位（中心化）				0.055**	0.073**	0.110**
					(0.026)	(0.034)	(0.052)
	城市居民(中心化)（参照组：农村居民）				0.012	0.071	0.025
					(0.047)	(0.062)	(0.087)
	城市居民#自评社会经济地位				-0.007	-0.070	-0.006
					(0.052)	(0.067)	(0.102)
	受访者受教育程度（参照组：初中及以下）						
	高中/中专/技校	-0.116**	0.032	0.023	-0.117**	0.025	0.020
		(0.049)	(0.063)	(0.096)	(0.049)	(0.064)	(0.097)
	大专及以上	-0.242***	-0.041	0.076	-0.244***	-0.051	0.070
		(0.061)	(0.078)	(0.130)	(0.062)	(0.079)	(0.133)
受访者个人及家庭特征	受访者性别（参照组：女性）						
	男性	0.401***	0.479***	0.475***	0.402***	0.482***	0.475***
		(0.041)	(0.054)	(0.078)	(0.041)	(0.054)	(0.078)
	受访者年龄(参照组：30岁以下)						
	30-34岁	0.168***	-0.035	-0.188	0.167***	-0.037	-0.189
		(0.061)	(0.078)	(0.142)	(0.061)	(0.078)	(0.143)
	35-39岁	0.294***	-0.109	-0.228	0.292***	-0.112	-0.230
		(0.065)	(0.098)	(0.170)	(0.066)	(0.098)	(0.170)

续表

变量类型		(1)全样本	(2)一孩家庭	(3)二孩家庭	(4)全样本	(5)一孩家庭	(6)二孩家庭
	40岁以上	0.320***	-0.043	-0.181	0.318***	-0.045	-0.182
		(0.068)	(0.122)	(0.202)	(0.069)	(0.123)	(0.202)
	非农业户口(参照组：农业户口)	-0.307***	-0.165**	-0.117	-0.312***	-0.192***	-0.126
		(0.052)	(0.065)	(0.108)	(0.056)	(0.070)	(0.114)
民族(参照组：汉族)							
	土家族、苗族	0.005	0.064	-0.161	0.001	0.044	-0.171
		(0.069)	(0.087)	(0.145)	(0.070)	(0.089)	(0.150)
	其他少数民族	0.216***	0.157**	0.213**	0.212***	0.136*	0.203**
		(0.052)	(0.072)	(0.089)	(0.055)	(0.074)	(0.095)
一孩年龄							
	一孩年龄		-0.014	0.013		-0.015	0.013
			(0.017)	(0.036)		(0.017)	(0.036)
	一孩年龄的平方		0.001	-0.000		0.001	-0.000
			(0.001)	(0.001)		(0.001)	(0.001)
一孩家庭孩子性别(参照组：女孩)							
	男孩		-0.117**			-0.117**	
			(0.051)			(0.051)	
二孩家庭孩子性别(参照组：一个男孩，一个女孩)							
	只有男孩			-0.276***			-0.276***
				(0.095)			(0.095)
	只有女孩			0.269***			0.269***
				(0.093)			(0.093)

续表

变量类型		(1)全样本	(2)一孩家庭	(3)二孩家庭	(4)全样本	(5)一孩家庭	(6)二孩家庭
空间特征	流动人口流动特征（参照组：未流动）						
	省内流动	0.005	0.064	-0.161	0.001	0.044	-0.171
		(0.069)	(0.087)	(0.145)	(0.070)	(0.089)	(0.150)
	省外流动	0.216***	0.157**	0.213**	0.212***	0.136*	0.203**
		(0.052)	(0.072)	(0.089)	(0.055)	(0.074)	(0.095)
	区域特征						
	人均地区生产总值（对数）	-0.414***	-0.243***	-0.276***	-0.415***	-0.249***	-0.278***
		(0.036)	(0.046)	(0.067)	(0.036)	(0.046)	(0.068)
	执业医师数量（每万人）	0.000	0.001***	-0.001	0.000	0.001***	-0.001
		(0.000)	(0.000)	(0.000)	(0.000)	(0.000)	(0.000)
	小学教育规模	10.591***	1.888	5.596**	10.593***	1.911	5.597**
		(1.231)	(1.664)	(2.341)	(1.231)	(1.667)	(2.341)
/cut1		-8.431***	-7.023***	-7.267***	-8.577***	-7.287***	-7.561***
/cut2		-4.431***	-2.370***	-4.805***	-4.578***	-2.634***	-5.099***
/cut3		-0.950**	0.813	-0.214	-1.096***	0.550	-0.508
/cut4		0.619	2.370***	1.373*	0.472	2.107***	1.078
Observations		11,172	6,164	4,939	11,172	6,164	4,939
Log pseudolikelihood		-10105.84	-5540.17	-3457.50	-10105.80	-5538.97	-3457.45
Wald chi^2		574.64	207.36	103.14	575.97	209.72	103.37
Pseudo R2		0.029	0.019	0.016	0.029	0.019	0.016

注：括号内数据为标准误；＊＊＊代表$p<0.1$，＊＊代表$p<0.05$，＊代表$p<0.01$。

受访者个人及家庭特征对理想子女数也存在显著影响，这表明尽管理想子女数表现的是一种相对稳定的生育态度，但也会随着外部环境的变动而发生动态变化。从回归结果可以看出，男性的理想子女数更多。理想子女数会随着受访者年龄提高而逐渐增加。与农业户口受访者相比，拥有非农户口的受访者理想子女数更少。与汉族相比,除苗族、土家族之外的少数民族受访者有更多的理想子女数。值得注意的是,不论在一孩还是二孩家庭中,生育有男孩的受访者理想子女数更少,而只有女孩的二孩家庭受访者理想子女数最多。

空间特征方面,与未流动和省内流动的受访者相比,省外流动的受访者有更多的理想子女数,且在1%水平下显著。地区经济发展特征方面,人均地区生产总值越高的地区,受访者理想子女数越少,小学教育规模越大的地区,受访者理想子女数越多,地区每万人执业医师数量仅在城市区域与受访者理想子女数呈正相关,且影响系数较小。

表1-2-11展示了被解释变量为生育意愿的回归结果。由于居住在城市和农村面临着不同的生育压力,在一孩家庭、二孩家庭分组的基础上进一步区分城市一孩、城市二孩、农村一孩和农村二孩家庭。其中,(7)、(8)、(9)为一孩家庭样本的分析结果,(10)、(11)、(12)为二孩家庭样本的分析结果。模型(8)、(11)为城市样本,(9)、(12)为农村样本。

表1-2-11 生育意愿的影响因素分析

变量类型		(7)	(8)	(9)	(10)	(11)	(12)
		二孩生育意愿			三孩生育意愿		
		总样本	城市家庭	乡/村样本	总样本	城市家庭	乡/村样本
家庭社会经济地位	自评社会经济地位	0.244***	0.276***	0.226***	0.225*	0.332*	0.161
		(0.058)	(0.087)	(0.080)	(0.116)	(0.185)	(0.152)
	受访者受教育程度(参照组:初中及以下)						
	高中/中专/技校	-0.170	-0.104	-0.199	0.142	0.001	0.262
		(0.112)	(0.182)	(0.146)	(0.224)	(0.383)	(0.285)
	大专及以上	-0.210	-0.092	-0.361	-0.116	-0.337	0.275
		(0.133)	(0.189)	(0.222)	(0.341)	(0.504)	(0.463)

续表

变量类型		(7)	(8)	(9)	(10)	(11)	(12)
		二孩生育意愿			三孩生育意愿		
		总样本	城市家庭	乡/村样本	总样本	城市家庭	乡/村样本
受访者个人及家庭特征	受访者性别（参照组：女性）						
	男性	0.450***	0.472***	0.398***	0.630***	0.706**	0.548**
		(0.090)	(0.131)	(0.127)	(0.193)	(0.293)	(0.254)
	受访者年龄（参照组：30岁以下）						
	30~34岁	-0.058	0.047	-0.081	-0.488*	-0.359	-0.470
		(0.123)	(0.203)	(0.156)	(0.295)	(0.593)	(0.349)
	35~39岁	-0.405**	-0.176	-0.545**	-0.545	-0.602	-0.353
		(0.161)	(0.245)	(0.223)	(0.375)	(0.660)	(0.476)
	40岁以上	-0.894***	-0.815**	-0.890**	-1.067**	-1.103	-0.954
		(0.231)	(0.322)	(0.353)	(0.481)	(0.773)	(0.631)
	非农业户口（参照组：农业户口）	-0.227*	-0.061	-0.490*	-0.214	0.050	-0.092
		(0.118)	(0.162)	(0.260)	(0.275)	(0.383)	(0.462)
	民族（参照组：汉族）						
	土家族、苗族	0.232*	0.343*	0.184	-0.454	-0.325	-0.415
		(0.141)	(0.182)	(0.250)	(0.375)	(0.469)	(0.744)
	其他少数民族	0.197	0.164	0.398**	0.170	0.306	0.221
		(0.123)	(0.181)	(0.178)	(0.218)	(0.347)	(0.339)
	一孩年龄						
	一孩年龄	-0.020	-0.084*	0.057	-0.160**	-0.078	-0.187*
		(0.033)	(0.047)	(0.047)	(0.068)	(0.109)	(0.100)
	一孩年龄的平方	-0.001	0.002	-0.006**	0.007***	0.005*	0.007**
		(0.002)	(0.002)	(0.003)	(0.002)	(0.003)	(0.004)
	一孩家庭孩子性别（参照组：女孩）						

续表

变量类型		(7)	(8)	(9)	(10)	(11)	(12)
		二孩生育意愿			三孩生育意愿		
		总样本	城市家庭	乡/村样本	总样本	城市家庭	乡/村样本
空间特征	男孩	-0.424***	-0.457***	-0.401***			
		(0.088)	(0.126)	(0.125)			
	二孩家庭孩子性别（参照组：一个男孩，一个女孩）						
	只有男孩				-0.397	-0.989*	-0.107
					(0.279)	(0.536)	(0.336)
	只有女孩				0.944***	0.772***	1.106***
					(0.190)	(0.291)	(0.252)
	流动人口流动特征（参照组：未流动）						
	省内流动	0.232*	0.343*	0.184	-0.454	-0.325	-0.415
		(0.141)	(0.182)	(0.250)	(0.375)	(0.469)	(0.744)
	省外流动	0.197	0.164	0.398**	0.170	0.306	0.221
		(0.123)	(0.181)	(0.178)	(0.218)	(0.347)	(0.339)
	区域特征						
	人均地区生产总值（对数）	-0.333***	-0.500***	-0.185*	-0.098	0.129	-0.207
		(0.081)	(0.119)	(0.110)	(0.160)	(0.246)	(0.200)
	执业医师数量（每万人）	0.001	-0.001	0.002**	0.001	0.001	0.000
		(0.001)	(0.001)	(0.001)	(0.001)	(0.001)	(0.001)
	小学教育规模	18.068***	18.230***	18.247***	21.764***	10.286	29.395***
		(2.952)	(4.346)	(4.045)	(5.827)	(9.037)	(7.587)
	Constant	0.419	2.037	-1.293	-3.675*	-6.478**	-2.886
	Observations	6,131	3,505	2,626	4,917	2,378	2,530
	Log pseudolikelihood	-1843.97	-934.84	-898.14	-583.44	-248.78	-329.21
	Wald chi^2	245.75	117.04	128.22	103.07	48.84	70.64
	Pseudo R2	0.070	0.063	0.075	0.068	0.063	0.083

注：括号内数据为标准误；*** 表示 p<0.1，** 表示 p<0.05，* 表示 p<0.01。

社会经济地位越高,受访者生育意愿越强烈。其中,自评社会经济地位每增加一个等级,一孩家庭有二孩生育意愿的概率提升27.63%,二孩家庭有三孩生育意愿的概率提升25.23%。分城乡来看,城市家庭的回归系数显著高于农村家庭,这意味着城市低社会经济地位家庭面临着更强的生育成本约束。二孩家庭自评社会经济地位对生育意愿的影响不如一孩家庭显著,且农村地区二孩家庭自评社会经济地位对生育意愿的影响不显著。此外,受教育程度对一孩家庭和二孩家庭受访者的再生育意愿影响均不显著。

从性别来看,与女性相比,男性有更强烈的生育意愿,其概率在一孩、二孩家庭中分别比女性高56.83%、87.76%,这种差距在农村地区更为明显。随着受访者年龄的增加,其生育意愿逐渐降低,该趋势主要表现在农村家庭二孩生育意愿中。从民族来看,一孩家庭中,受访者民族对二孩生育意愿存在显著影响,与汉族相比,城市地区少数民族家庭有更高的二孩生育意愿。从现有孩子年龄来看,第一个孩子的年龄越大,受访者生育意愿越弱。但在二孩家庭中,受访者的生育意愿与一孩年龄呈现倒"U"型关系。从现有孩子性别来看,没有生育男孩的受访者有更强的生育意愿。一孩家庭中,育有女孩的受访者二孩生育意愿概率比育有男孩的受访者高52.81%,且在1%水平下显著。进一步分城乡看,城市、农村女孩家庭再生育意愿概率比男孩家庭高57.93%、49.33%。二孩家庭中,有两个男孩的城市家庭三孩生育意愿最低,其三孩生育意愿的概率较一男一女孩子性别结构的家庭低168.85%,且在1%水平下显著。而只有女孩的二孩家庭再生育意愿概率最高,城市和农村家庭分别比参照组高128.87%和208.33%。

除小学教育规模以外,空间特征主要影响二孩生育意愿,对三孩生育意愿的影响并不显著。从流动特征来看,省内流动的城市家庭有更高的二孩生育意愿概率,较未流动家庭高40.92%。与之相反,省外流动的农村家庭二孩生育意愿更高,其二孩生育意愿的概率较未流动家庭提升48.84%。其原因可能在于,省外流动的农村家庭多前往广东、江苏、上海等沿海地区,收入水平比未流动及省内流动的农村家庭更高,故拥有更高的生育意愿。从地区发展特征来看,人均地区生产总值越高的地区,受访者生育意愿越弱,但主要表现在城市地区一孩家庭中。每万人执业医师人数与农村地区受访者的二孩生育意愿正相关,但其系数较小。在除城市二孩家庭外的分组中,小学教育规模越大的地区,受访者再生育意愿越强。

六、结论与讨论

目前，我国已进入居民实际生育水平明显低于政策生育水平阶段，在此背景下，三孩政策实施后的生育意愿调查将明显不同于以往研究。本研究基于湖北省125个区县12014个育龄妇女家庭生育意愿调查数据，对三孩政策背景下城乡家庭二孩、三孩生育意愿及影响因素进行调查和分析。得到以下几点主要结论。

第一，二孩政策覆盖下的家庭中，二孩家庭占比已超过四成，主要集中在农业户口中30岁以上、初中及以下受教育程度的育龄妇女群体，其中35~39岁妇女的二孩生育水平最高。这意味着2016年全面二孩政策放开后，当时年龄在30~34岁的妇女（2021年为35~39岁妇女）存在明显的"抢生"行为，年龄小于该组别的妇女尽管享受二孩政策但不急于生育，年龄大于该组别的妇女由于年龄限制，实际再生育水平较低。这进一步说明实际再生育行为主要发生在34岁及以下妇女群体，该群体的生育意愿更能反映未来的生育水平。

第二，三孩政策背景下，一孩家庭的二孩生育意愿比例为10.13%，平均理想子女数为1.57个。二孩家庭的三孩生育意愿比例为2.75%，平均理想子女数为2.07个。随着育龄妇女年龄的增长，一孩家庭的二孩生育意愿和二孩家庭的三孩生育意愿都在快速下降。育龄妇女在25岁以下的家庭二孩生育意愿比例为24.12%，三孩生育意愿比例为4.76%。

第三，家庭社会经济地位和地区经济发展水平对生育意愿的影响存在一种悖论关系。在一个区域内，社会经济地位越高的群体报告的二孩生育意愿越高，但进行跨区域比较发现，经济发展水平越高的地区，居住在其中的家庭二孩生育意愿越低。对于三孩生育意愿，个人社会经济地位与地区经济发展水平对生育意愿的影响也表现出相背离的特征，只是这种悖论关系表现形式有所差别。随着社会经济地位的提升，城乡家庭三孩生育意愿呈现倒"U"形变动趋势；从跨区域的比较来看，随着地区经济发展水平的提高，三孩生育意愿呈现正"U"形变动趋势。也就是说，中层社会经济地位群体的三孩生育意愿最高，而中等经济发展水平地区的家庭三孩生育意愿最低。

第四，三孩政策背景下，居民二孩生育意愿和三孩生育意愿的影响因素存在明显差异。随着育龄妇女受教育程度的提升，城乡家庭二孩生育意愿趋于收敛，而三孩生育意愿的城乡差距在扩大。农业户口、少数民族以及发生就业流动的家庭有着更高的二孩生育意愿，但是这些因素对三孩生育意愿影响并不显著。在空间分布上，偏远地区的二孩生育意愿更高，但是三孩生育意愿边缘分布特征并不明显。

可以发现，二孩家庭在育龄家庭中已占有较大比重，三孩政策的放开解除了该群体面临的政策限制。然而，现阶段生育政策已不是居民生育决策的主要影响因素，三孩政策的放开能够满足少数人群的再生育意愿，对总体生育意愿的提升作用有限。其中，生育意愿在性别之间的差异、在不同社会阶层群体间的差异以及在不同经济发展水平地区间的差异已成为制约整体生育水平回升的重要因素。此外，三孩政策放开后不同胎次生育意愿的影响因素也更为复杂，个人家庭特征、地区特征等对二孩、三孩生育意愿的效应存在明显差异。因此，未来要进一步理清生育意愿的影响机制，充分考虑我国不同区域经济文化发展的差异性，以及人口转变的不平衡性，制定差异化的生育支持政策以满足不同地区、不同家庭以及男女不同的生育需求。

报告三　湖北省未来人口发展形势预测

社会经济发展与人口态势的变动密不可分。"十四五"及可预见的未来十年，将是我们国家面临百年未有之大变局的时期，也是湖北省人口出现大转变的关键时期。站在历史转折关键点上，最为重要的就是精准把握湖北省人口发展新格局，利用科学的方法预测人口规模、结构的动态变化趋势，识别其中存在的问题与机遇，为湖北省未来产业布局、资源配置、福利安排提供基本依据。本报告分为三部分，首先，介绍湖北省人口发展预测方法选择与参数设定情况；其次，报告湖北省及其各地市人口预测结果；最后，基于上述预测结果总结出湖北省人口未来发展趋势的主要特征。

一、湖北省人口发展预测方法选择与参数设定

(一)预测方法与数据来源

在预测的基础数据上，本报告使用的是湖北省第七次人口普查数据，其中在出生与迁移两方面的参数设置上，辅以2015年湖北省1%人口抽样调查数据以及中南财经政法大学人口与健康研究中心2021年湖北省百县生育意愿调查数据。第七次全国人口普查(以下简称"七普")是到目前为止中国人口普查历史上漏报率最低，质量最高的一次普查。与其他年份的普查数据相比，"七普"全面启用电子化方式采集数据，首次增设普查对象互联网自主填报通道，充分利用多部门行政记录校验数据，极大程度降低了"七普"数据漏报率，提高了数据质量。此外，2020年新冠肺炎疫情防控工作也为"七普"数据质量的提高带来了一定的正向效应，以此作为测算基础数据库为我们了解当前湖北省人口的状况情况提供了

更精确的度量。在预测方法上,本报告主要以国际上主流的人口预测方法——队列要素法,借助 PADIS-INT 人口预测软件对湖北省人口发展态势进行预测。PADIS-INT 基于中国国情开发,具有功能强大、技术先进、方便快捷、准确率高的优点①,相比同类预测软件,该软件在单岁组起始人口录入、模型生命表版本更新以及参数设置和图表的呈现方式都更具有优势②。

(二)预测参数设定

1. 起始年份人口数

研究将人口预测的起始年份设定为 2020 年,起始人口数据来源于湖北省 2020 年第七次人口普查的分年龄分性别人口数(如图 1-3-1)。

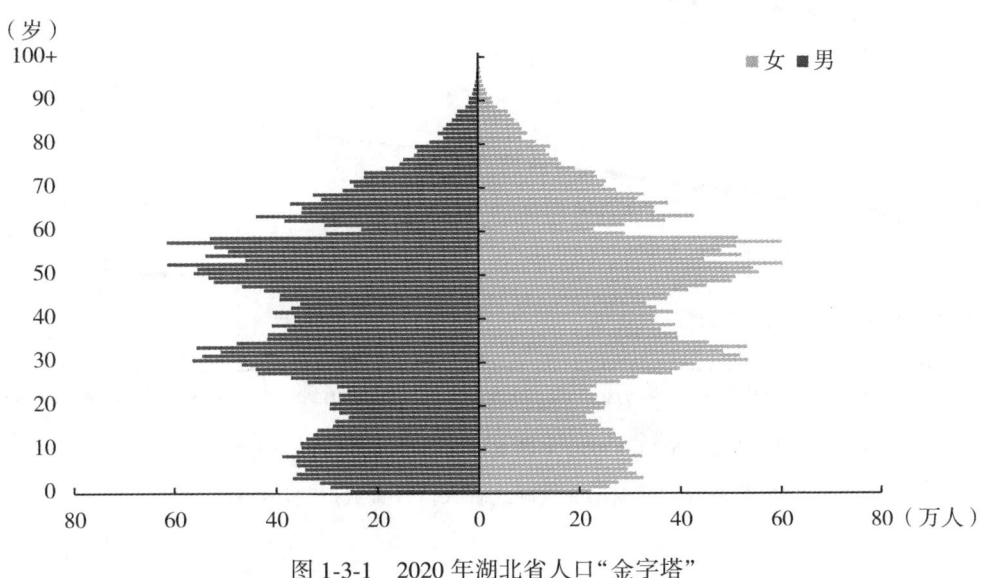

图 1-3-1　2020 年湖北省人口"金字塔"

数据来源:根据第七次湖北省人口普查数据整理绘制。

---

① 于昊淼,郑筠,修金月. 基于 PADIS-INT 的湖南省人口预测研究[J]. 现代商业,2014(13):82-84.

② 翟振武,李龙,陈佳鞠,陈卫. 人口预测在 PADIS-INT 软件中的应用——MORTPAK、Spectrum 和 PADIS-INT 比较分析[J]. 人口研究,2017,41(6):84-97.

2. 平均预期寿命

得益于医疗技术进步与卫健体系完善，人民的身体素质得到大幅提高，湖北省人口平均预期寿命不断延长。据统计，1990 年、2000 年、2010 年，湖北省人口的平均预期寿命分别为 67.9 岁、72.63 岁以及 74.87 岁，预期寿命呈现稳步增长趋势，但变动速度有所放缓。本报告采用第七次全国人口普查湖北省的死亡数据编制生命表计算预期寿命，然后按照 PADIS-INT 内置的参数估计模式得到预测时间段内的平均预期寿命，估算结果见图 1-3-2。

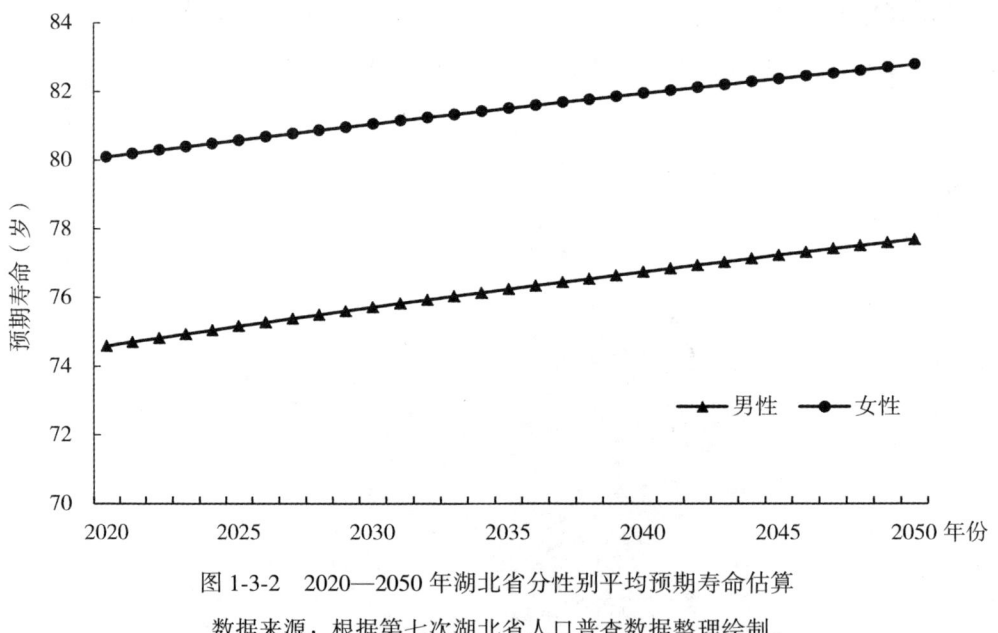

图 1-3-2　2020—2050 年湖北省分性别平均预期寿命估算

数据来源：根据第七次湖北省人口普查数据整理绘制。

3. 死亡模式

本预测采用寇尔-德曼区域模型生命表中的西区模式。其绘制基础为除去中欧、南欧以及斯堪的纳维亚国家的其余国家实际生命表，死亡模式最接近中国的一般情况。

4. 总和生育率

在总和生育率部分，本报告基于湖北省第七次人口普查数据结果，采用存活倒推法、年龄移算方程对2010—2020年中国生育水平进行模拟推算，重建湖北省过去十年生育水平变动过程（见图1-3-3）。2010—2017年湖北省的总和生育率呈现缓慢上升趋势，受单独2013年的二孩政策和2016年的全面二孩政策影响，在2014年和2017分别出现了生育峰值，其中2014年达到了1.672，2017年达到1.777。政策导致的短期生育水平上升，随着生育堆积的释放完成，2017年后生育水平快速下降，2018年和2019年的总和生育率稳定维持在1.6左右。2020年受新冠肺炎疫情影响，2020年湖北省总和生育率急速下降至1.169。

图1-3-3　2010—2020年湖北省总和生育率变化趋势

数据来源：根据第七次湖北省人口普查数据整理绘制。

2021年三孩政策的提出以及新冠肺炎疫情的反复使得总和生育率的预测变得更加复杂，为了获取该背景下最为真实的湖北省居民生育意愿，2021年8月，湖北省卫建委联合中南财经政法大学在湖北省125个县区组织开展了育龄夫妇生育意愿及影响因素抽样调查①。根据调查结果，考虑到当前湖北省的政策生育率已大大高于实际生育率，低迷的三孩生育意愿以及疫情的持续冲击，2021—2022年的总和生育率将不会有显著波动，这部分生育堆积将在2023—2025年逐步释放。本预测将2020—2022年湖北省的总和生育率设定为1.1，将2023—2025年的总和生育率设置为1.1~1.3，在2026年之后总和生育率回落并保持在1.1水平长期不变。

5. 出生性别比

关于出生性别比，一般而言，在没有人为干扰的情况下，出生性别比的正常水平为103~107。最近两次普查数据显示，湖北省的出生性别比由2015年的116.4下降到了2020年的114.3，表明随着生育政策的不断调整和人们生育观念的不断转化，湖北省的出生性别比将会到正常水平。本预测假定2021—2050年出生性别比将从114逐渐下降到105。

6. 年龄别生育率

在生育模式的设定上，本报告选取第七次人口普查湖北省的年龄别生育率作为预测期间的生育模式，并假设预测期间生育模式不发生变化。

7. 净流出人数

"七普"数据显示，相较"六普"湖北省常住人口增加了51.48万人，但结合湖北省过去十年的出生人口规模以及死亡人口规模可知，湖北省人口外流现象显著。在本报告根据过去十年湖北省的人口流动格局设置了三个方案。低方案，假设湖北省的人口外流为每年50万人；中方案，假设湖北省的人口外流为每年20万人；高方案，假设湖北省的人口外流为每年10万人。

8. 年龄别迁移模式

我们根据2015年1%人口抽样调查数据以及2020年的"七普"数据，绘制出了2015—2020年湖北省常住人口的年龄别迁移模式(见图1-3-4)。湖北省是人口

---

① 调查结果显示湖北省一孩家庭的二孩生育意愿为10.13%，二孩家庭的三孩生育意愿为2.75%，在生育政策放松背景下，居民的生育意愿并没有大幅上升。

净流出的大省,外流人口以25~35岁的青壮年劳动力为主,青少年以及老年人口流动性较弱,符合一般的迁移流动规律。

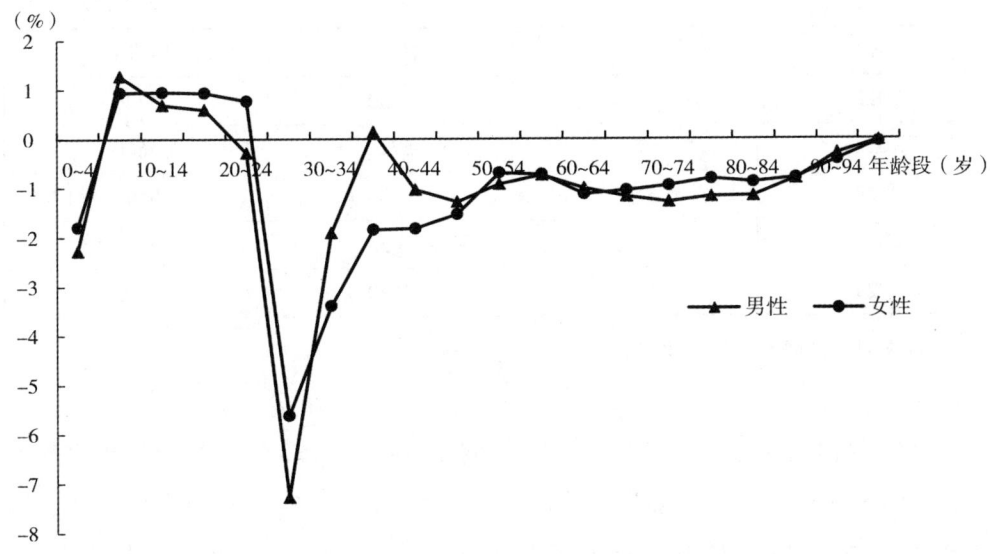

图 1-3-4 湖北省年龄别迁移模式

数据来源:根据2015年湖北省1%人口抽样调查数据和第七次湖北省人口普查数据整理绘制。

以上为湖北省整体预测结果参数设置,本报告为了进一步分析湖北省地级市层面的人口变动趋势,以各个地级市的"七普"数据为基础,参考上述参数设定重新进行了第二次人口预测。

二、湖北省人口预测结果

(一) 湖北省整体人口发展趋势

1. 人口规模变动

"十四五"期间,湖北省常住人口规模呈现缓慢下降趋势。预测结果(见表1-3-1)显示,到2025年,湖北省常住人口规模在高、中、低方案下分别下降至

5672 万人、5620 万人以及 5470 万人。

表 1-3-1　不同方案下湖北省"十四五"时期人口规模预测结果

（单位：万人）

年份	高方案	中方案	低方案
2021	5760	5750	5720
2022	5741	5721	5660
2023	5718	5688	5597
2024	5696	5655	5532
2025	5672	5620	5465

数据来源：根据第七次湖北省人口普查数据预测。

分年龄结构来看，湖北省"十四五"期间 0~14 岁、15~64 岁人口规模呈现下降趋势，65 岁及以上人口规模呈现上升趋势。从表 1-3-2 可知，到 2025 年，湖北省 0~14 岁人口在高、中、低方案下分别下降至 815 万人、803 万人以及 768 万人；15~64 岁人口在高、中、低方案下分别下降至 3876 万人、3838 万人以及 3726 万人；95 岁及以上人口在高、中、低方案下分别上升至 981 万人、978 万人以及 972 万人。

表 1-3-2　湖北省"十四五"时期不同年龄人口规模预测结果

（单位：万人）

年份	0~14 岁人口			15~64 岁人口			65 岁及以上人口		
	高方案	中方案	低方案	高方案	中方案	低方案	高方案	中方案	低方案
2021	922	920	913	3961	3954	3932	877	876	875
2022	899	894	880	3917	3902	3858	925	924	922
2023	871	864	843	3887	3865	3799	960	959	955
2024	843	833	805	3876	3846	3756	978	976	970
2025	815	803	768	3876	3838	3726	981	978	972

数据来源：根据第七次湖北省人口普查数据整理预测。

从 2020 年至 2050 年的人口规模长期变动趋势来看，0~14 岁人口规模呈现快速下降趋势，但 2035 年后下降速度有所放缓，具体见图 1-3-5。根据中方案测算结果，2020—2050 年，湖北省 0~14 岁人口规模呈现下降趋势，截至 2050 年，将下降至 324 万人，相较于 2020 年，下降了 618 万人，降幅高达 65.6%。15~64 岁人口规模将呈现加速下降趋势，具体见图 1-3-6。2030 年、2040 年以及 2050 年人口规模将分别降至 3579 万人、2888 万人以及 2262 万人。截至本世纪中叶，人口规模共将下降 1726 万人，降幅达到了 43.3%。湖北省 65 岁及以上人口在 2020—2040 年呈现加速上升趋势，并于 2040 年达到峰值，此后老年人口规模略有下降，具体见图 1-3-7。具体而言，15~64 岁人口规模将于 2030 年达到 1202 万人，2040 年达到峰值 1517 万人，此后开始缓慢下降至 2050 年的 1470 万人。

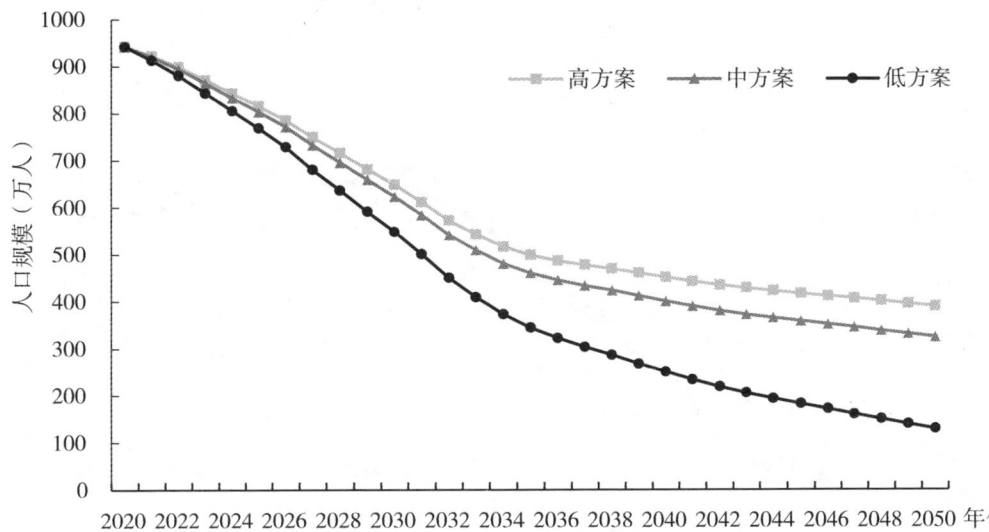

图 1-3-5　2020—2050 年湖北省 0~14 岁人口规模预测结果

数据来源：根据第七次湖北省人口普查数据预测。

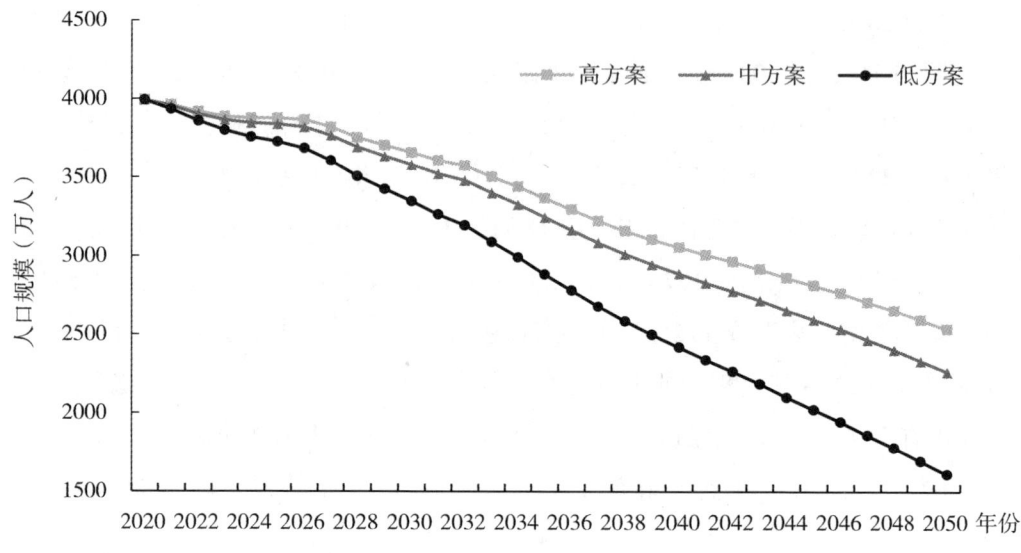

图 1-3-6　2020—2050 年湖北省 15~64 岁人口规模预测结果

数据来源：根据第七次湖北省人口普查数据预测。

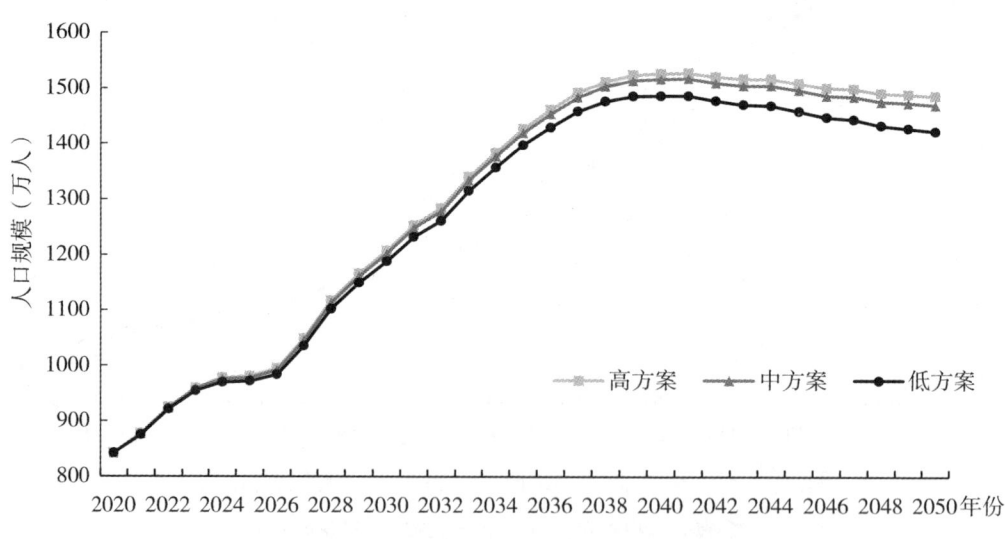

图 1-3-7　2020—2050 年湖北省 65 岁及以上人口规模预测结果

数据来源：根据第七次湖北省人口普查数据预测。

2. 人口结构变动

如表 1-3-3 所示,"十四五"时期,从总体上看,湖北省的人口年龄结构表现为 0~14 岁人口占比下降、15~64 岁人口占比先下降后上升、65 岁及以上人口占比上升的变动趋势。具体而言,相较 2021 年,截至 2025 年,0~14 岁人口占比下降了 1.64~1.91 个百分点;15~64 岁人口占比上升了约 0.5 个百分点;65 岁及以上人口占比上升了 2.07~2.49 个百分点。

表 1-3-3　湖北省"十四五"时期不同年龄人口结构预测结果

(单位:%)

年份	0~14 岁人口			15~64 岁人口			65 岁及以上人口		
	高方案	中方案	低方案	高方案	中方案	低方案	高方案	中方案	低方案
2021	16.01	16.00	15.96	68.77	68.77	68.74	15.23	15.23	15.30
2022	15.66	15.63	15.55	68.23	68.22	68.16	16.11	16.15	16.29
2023	15.23	15.19	15.06	67.98	67.95	67.88	16.79	16.86	17.06
2024	14.80	14.73	14.55	68.04	68.01	67.91	17.17	17.26	17.54
2025	14.37	14.29	14.05	68.34	68.30	68.17	17.30	17.41	17.78

数据来源:根据第七次湖北省人口普查数据预测。

从长期预测结果(见图 1-3-8)来看,以中方案为例,2020—2050 年 0~14 岁人口占比呈现持续下降趋势,从 2020 年的 16.31%下降至 2050 年的 7.99%,降幅达到 50%以上;15~64 岁人口占比长期也呈现持续下降趋势,从 2020 年的 69.11%下降至 2050 年的 55.77%,下降了 13.3 个百分点;65 岁及以上人口占比持续上升,从 2020 年 14.58%上升纸 2050 年的 36.24%,涨幅高达 149%。2025 年和 2050 年湖北省年龄结构金字塔见图 1-3-9。

第一部分 生育与人口变动趋势

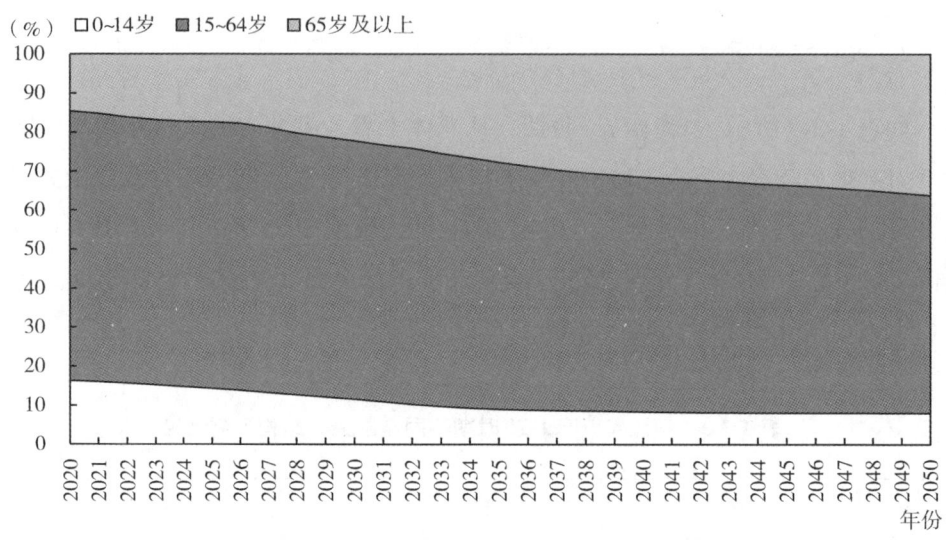

图 1-3-8 2020—2050 年湖北省各年龄段人口占比变动

数据来源：根据第七次湖北省人口普查数据预测。

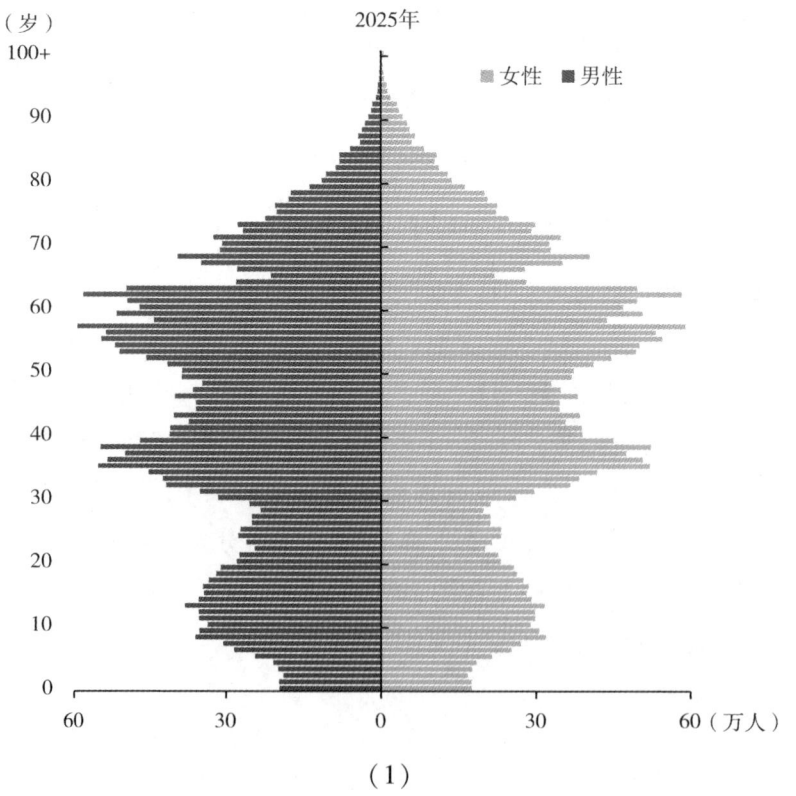

（1）

60

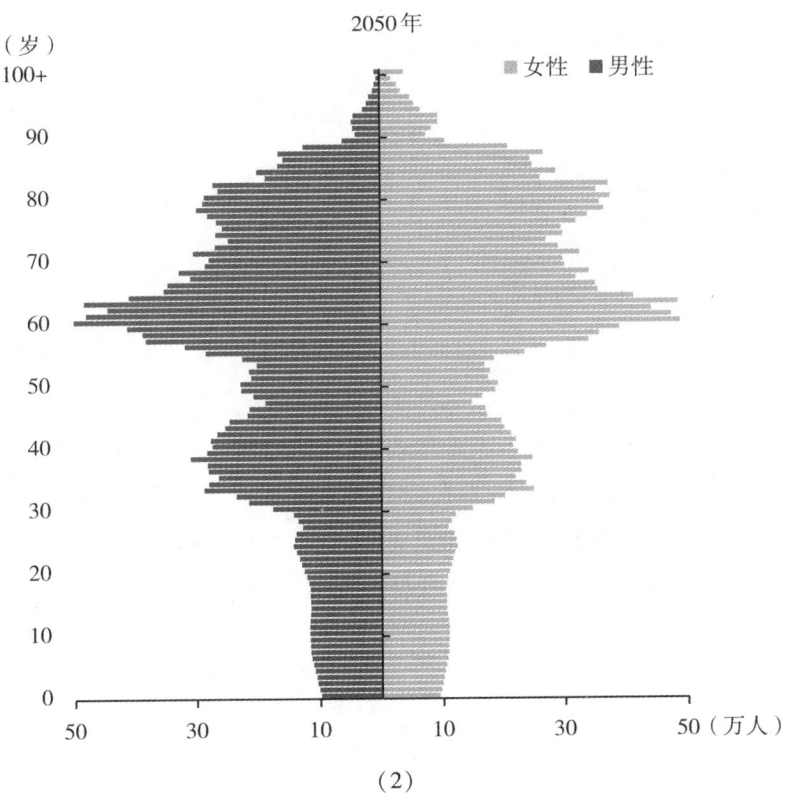

(2)

图 1-3-9 2025 年和 2050 年湖北省年龄结构金字塔

数据来源：根据第七次湖北省人口普查数据预测。

3. 人口自然变动

从"十四五"到本世纪中叶，湖北省出生人口规模、粗出生率持续下降，死亡人口规模、粗死亡率快速增加，人口自然增长率持续为负。以中方案为例，湖北省出生人口由 2021 年的 41.90 万人下降至 2050 年的 19.80 万人，平均每年下降 0.74 万人。粗出生率从 2021 年的 7.71‰下降至 2050 年的 4.84‰，平均每年下降 0.1‰。湖北省死亡人口由 2021 年 47.46 万人上升至 2050 年的 81.09 万人，平均每年增加 1.12 万人。粗死亡率从 2021 年的 8.24‰上升至 2050 年的 19.8‰，平均每年增加 0.4‰。（见图 1-3-10、图 1-3-11）

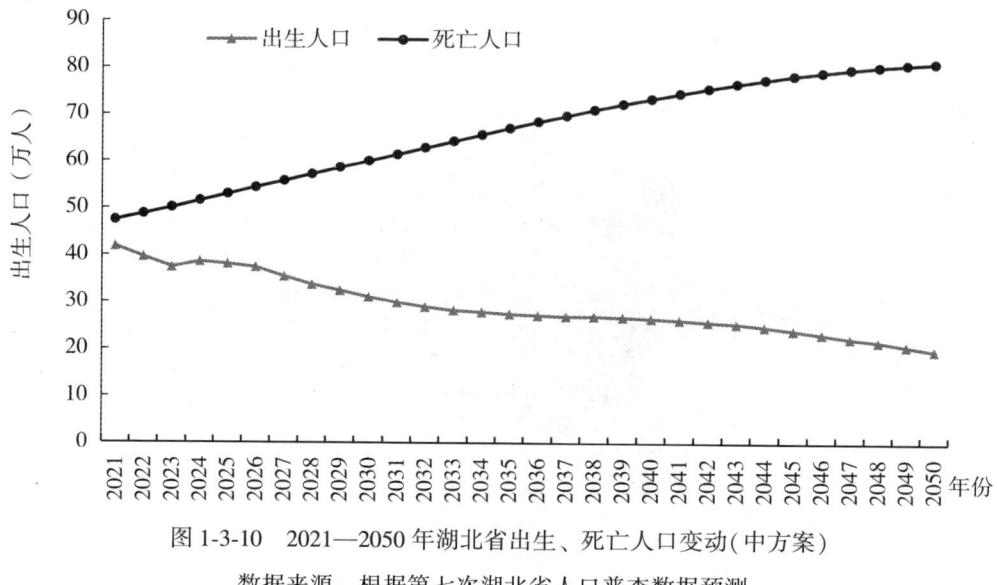

图 1-3-10　2021—2050 年湖北省出生、死亡人口变动(中方案)

数据来源：根据第七次湖北省人口普查数据预测。

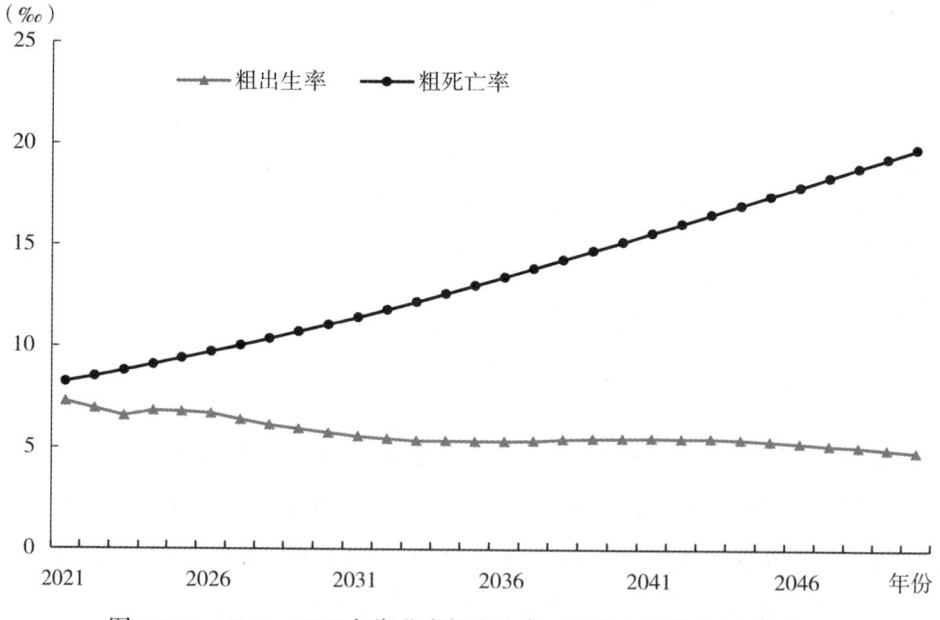

图 1-3-11　2021—2050 年湖北省粗出生率、粗死亡率变动(中方案)

数据来源：根据第七次湖北省人口普查数据预测。

(二) 分地市的人口变动趋势

1. 人口规模变动趋势

受湖北省整体人口外流格局影响,"十四五"及未来更长时期,各地区中只有武汉市和咸宁市人口规模呈现上升趋势,其余地市人口规模均大幅下降。从表1-3-4可知,2025年,武汉市和咸宁市的人口规模分为别1405万人以及275万人,预计到2050年,武汉市的人口将达到2097万人,咸宁市的人口达到300万人。在人口规模下降的地区中,宜昌市、襄阳市、孝感市、荆州市、黄冈市人口规模减少超过200万人。就降幅而言,十堰市、宜昌市、荆门市、孝感市、荆州市、黄冈市、随州市、仙桃市、天门市、潜江市人口规模下降幅度均超过了50%,降幅最大的地区为随州市。

表1-3-4 湖北省各地市人口规模变动(中方案)

(单位:万人)

地区	2025	2030	2035	2040	2045	2050
武汉市	1405	1563	1710	1847	1975	2097
黄石市	243	235	226	216	204	190
十堰市	300	273	241	208	173	137
宜昌市	364	332	296	257	215	173
襄阳市	501	467	428	386	341	292
鄂州市	103	96	87	78	69	58
荆门市	244	225	202	178	152	124
孝感市	360	298	241	194	163	133
荆州市	487	445	396	343	286	228
黄冈市	541	483	419	353	284	225
咸宁市	275	282	288	293	298	300
随州市	187	167	145	120	96	76

续表

地区	2025	2030	2035	2040	2045	2050
恩施州	349	349	348	345	340	334
仙桃市	99	84	70	57	46	38
潜江市	83	75	67	58	48	39
天门市	108	97	86	75	62	51
神农架林区	7	6	6	6	5	5

数据来源：根据第七次湖北省人口普查数据预测。

2. 人口结构变动

表1-3-5为中方案下湖北省各地市0~14岁人口占比变动趋势。数据显示，所有地区的0~14岁人口规模占比均呈现下降的变动趋势，平均降幅达到38%。其中，下降幅度最大的地区为孝感市，2025年0~14岁人口规模占比为15%，这一比例在2050年下降至5%，降幅超过了68%；下降幅度最小的地区为恩施州，2025年0~14岁人口规模占比为15%，这一比例在2050年为12%，降幅约为20%。

表1-3-5　湖北省各地市0~14岁人口占比变动（中方案）

（单位:%）

地区	2025	2030	2035	2040	2045	2050
武汉市	13	13	12	11	9	8
黄石市	19	14	11	11	11	12
十堰市	16	13	9	9	10	11
宜昌市	11	8	6	5	5	6
襄阳市	15	11	9	9	9	10
鄂州市	16	12	10	9	10	11
荆门市	12	9	7	6	7	8
孝感市	15	9	4	3	3	5

续表

地区	2025	2030	2035	2040	2045	2050
荆州市	13	11	8	8	8	9
黄冈市	17	12	8	8	9	11
咸宁市	18	13	11	11	12	12
随州市	16	12	7	7	8	10
恩施州	15	13	12	12	12	12
仙桃市	14	8	4	4	5	7
潜江市	12	9	6	6	7	7
天门市	14	9	5	5	7	8
神农架林区	14	12	9	8	8	9

数据来源：根据第七次湖北省人口普查数据预测。

表1-3-6为中方案下湖北省各地市15~64岁人口占比变动趋势。数据显示，所有地区的15~64岁的劳动年龄人口规模占比均呈现下降的变动趋势，平均降幅达到20%。其中，下降幅度最大的地区为宜昌市，2025年15~64岁人口规模占比为68%，这一比例在2050年下降至46%，降幅达到了32%；下降幅度较小的地区为武汉市和咸宁市，2025年15~64岁人口规模占比分别为72%、67%，这一比例在2050年为67%、61%，降幅约为7%和9%。

表1-3-6 湖北省各地市15~64岁人口占比变动（中方案）

（单位:%）

地区	2025	2030	2035	2040	2045	2050
武汉市	72	69	67	67	68	67
黄石市	67	69	67	64	62	60
十堰市	68	68	65	60	56	53
宜昌市	68	64	59	54	50	46
襄阳市	68	66	63	59	57	54
鄂州市	69	68	66	62	60	57
荆门市	69	65	60	55	52	49

续表

地区	2025	2030	2035	2040	2045	2050
孝感市	68	68	66	59	53	46
荆州市	67	64	59	54	52	51
黄冈市	66	65	62	58	56	53
咸宁市	67	68	66	63	62	61
随州市	67	65	62	58	55	51
恩施州	68	66	62	60	59	59
仙桃市	67	68	64	58	53	47
潜江市	68	66	62	56	53	51
天门市	64	62	60	58	57	55
神农架林区	68	67	64	59	55	53

数据来源：根据第七次湖北省人口普查数据预测。

表1-3-7为中方案下湖北省各地市65岁及以上人口占比变动趋势。数据显示，所有地区的65岁及以上的老年人口规模占比均呈现上升的变动趋势，平均涨幅达到110%。其中，老年人口比重上升最快的地区为孝感市，2025年65岁及以上人口规模占比为17%，这一比例在2050年上升至50%，这意味到本世纪中叶，孝感市有一半的常住人口为老年人。上升幅度较小的地区为武汉市和天门市，2025年65岁及以上人口规模占比分别为15%、22%，这一比例在2050年为25%、37%。以65岁作为老年人口的标准，率先进入重度老龄化社会的三个城市分别是荆门、宜昌和天门，将分别在2032年、2033年步入重度老龄化社会。黄石市、武汉市、咸宁市以及恩施州在2050年前不会进入重度老龄化。

表1-3-7　湖北省各地市65岁及以上人口占比变动（中方案）

（单位:%）

地区	2025	2030	2035	2040	2045	2050
武汉市	15	18	21	22	23	25
黄石市	14	17	22	25	27	28

续表

地区	2025	2030	2035	2040	2045	2050
十堰市	16	20	26	31	34	36
宜昌市	21	28	35	41	45	48
襄阳市	17	23	28	32	34	36
鄂州市	15	19	25	29	30	32
荆门市	19	26	34	39	41	43
孝感市	17	22	30	38	43	50
荆州市	20	26	33	38	39	41
黄冈市	18	23	30	34	35	36
咸宁市	15	19	23	26	26	27
随州市	17	24	31	35	37	40
恩施州	17	21	26	29	29	29
仙桃市	19	24	32	38	41	46
潜江市	19	25	32	38	41	41
天门市	22	28	35	37	37	37
神农架林区	18	22	28	33	37	39

数据来源：根据第七次湖北省人口普查数据预测。

3. 人口自然变动

表1-3-8为中方案下湖北省各地市粗出生率。"十四五"期间，湖北省各地市粗出生率呈现上升趋势的有武汉市、荆州市，其余地市粗出生率呈现下降趋势，其中孝感市、随州市以及天门市下降幅度最大，均超过了30%。截至2025年，湖北省各地市中粗出生率超过8‰的仅有武汉市；粗出生率在5‰~8‰之间的城市有随州市、黄冈市、神农架林区、襄阳市、荆州市、咸宁市、十堰市、鄂州市、黄石市；粗出生率低于5‰的城市有荆门市、孝感市、宜昌市、潜江市、天门市以及仙桃市。截至2050年，湖北省各地市中粗出生率最高的三个城市为黄冈市、恩施州以及咸宁市，粗出生率分别为7.61‰、7.21‰以及7.1‰；粗出生

率最低的三个城市为宜昌市、孝感市以及潜江市,粗出生率分别为 3.71‰、4.29‰以及 4.54‰。

表 1-3-8　湖北省各地市粗出生率(中方案)

(单位:‰)

地区	2025	2030	2035	2040	2045	2050
武汉市	8.61	7.44	5.95	5.1	4.66	4.6
黄石市	7.73	6.84	7.33	7.82	7.77	7.06
十堰市	6.74	5.75	6.04	7.32	7.43	6.99
宜昌市	4.52	3.45	3.32	3.67	3.89	3.71
襄阳市	6.12	5.26	5.82	6.67	7.05	6.54
鄂州市	6.86	6.2	6.26	6.97	7.19	6.85
荆门市	4.83	4.06	4.28	4.87	5.26	5.07
孝感市	4.54	3.15	3.65	4.47	4.94	4.29
荆州市	6.63	5.29	5.31	5.66	5.64	4.98
黄冈市	5.71	4.89	5.64	7.12	8.04	7.61
咸宁市	6.77	6.57	7.25	7.76	7.77	7.1
随州市	5.52	4.27	4.95	6.02	7.15	6.97
恩施州	7.67	7.47	7.99	7.66	7.66	7.21
仙桃市	3.49	3.01	3.85	5.22	5.74	4.99
潜江市	4.43	3.79	4	4.59	4.84	4.54
天门市	3.62	3.02	3.71	4.69	5.25	4.9
神农架林区	5.92	4.65	4.81	5.02	5.78	5.83

数据来源:根据第七次湖北省人口普查数据预测。

表 1-3-9 为中方案下湖北省各地市粗死亡率。"十四五"期间,湖北省各地市粗死亡率均呈现上升趋势,其中武汉市、咸宁市以及天门市的粗死亡率涨幅最大,分别达到了 22%、15%以及 14%。截至 2025 年,湖北省各地市中粗死亡率超过 10‰的城市有宜昌市、天门市、荆州市、神农架林区、潜江市以及荆门市;粗死亡率在 8‰~10‰之间的城市有仙桃市、恩施州、黄冈市、襄阳市、随州市、

孝感市、十堰市、武汉市、鄂州市、咸宁市；粗死亡率低于8‰的城市仅有黄石市。截至2050年，湖北省各地市中粗死亡率最高的三个城市为宜昌市、孝感市以及仙桃市，粗死亡率分别为26.41‰、25.13‰以及24.75‰；粗死亡率最低的三个城市为武汉市、黄石市以及咸宁市，粗死亡率分别为13.95‰、14.64‰以及14.68‰。

表1-3-9 湖北省各地市粗死亡率(中方案)

(单位:‰)

地区	2025	2030	2035	2040	2045	2050
武汉市	8.3	9.74	10.97	12.08	13.08	13.95
黄石市	7.77	8.88	10.2	11.61	13.08	14.64
十堰市	8.31	9.69	11.57	13.68	15.91	18.33
宜昌市	11.16	13.13	15.77	18.95	22.55	26.41
襄阳市	9.09	10.62	12.61	14.8	17.05	19.2
鄂州市	8.17	9.43	11.1	12.99	14.96	16.98
荆门市	10.11	12.04	14.58	17.54	20.77	24.04
孝感市	8.86	9.98	12.15	15.29	19.54	25.13
荆州市	10.49	12.2	14.41	17.02	19.86	22.7
黄冈市	9.33	10.84	12.86	15.13	17.51	19.9
咸宁市	8.15	9.59	11.07	12.44	13.66	14.68
随州市	9.06	10.58	12.8	15.5	18.49	21.43
恩施州	9.74	11.15	12.53	13.78	14.98	16.1
仙桃市	9.79	11.24	13.45	16.43	20.16	24.75
潜江市	10.17	11.96	14.28	16.96	19.83	22.68
天门市	10.73	12.93	15.57	18.3	20.75	22.64
神农架林区	10.28	11.92	13.76	15.65	17.62	19.67

数据来源：根据第七次湖北省人口普查数据预测。

三、结论

人口是地区发展的基础性、全局性、长期性以及战略性要素。本报告利用队列要素预测法,结合"七普"数据,综合考虑湖北省未来的人口出生、死亡、迁移等情况。预测结果显示,"十四五"及未来更长时间,湖北省的人口数量缓慢下降,0~14岁年龄人口和15~64岁年龄人口规模和比例呈现下降趋势;65岁及以上人口规模和比例快速上升;出生人口规模以及粗出生率持续下降;死亡人口规模以及粗死亡率快速上升。针对当前的人口发展形势,湖北省要积极转变人口调控理念,在借鉴和反思过去人口变动趋势的基础上,明确各维度人口发展的阶段性目标与长期目标,以渐进有序的方式制定人口发展思路,协调好人口系统内部的状况,创新人口发展与管理模式,进而实现湖北省经济社会的高质量发展。

报告四　湖北省托育服务发展现状、困境及对策建议

0~3岁婴幼儿托育服务是顺应人口政策变化、缓解女性家庭与工作压力、提升生育意愿、科学开发婴幼儿早期智力与潜能的关键举措。十九大报告强调，要坚持在发展中保障和改善民生，在"幼有所育"上不断取得新进展。在2021年《关于优化生育政策促进人口长期均衡发展的决定》中，将托育服务作为三孩政策配套措施的重要组成部分，明确要建立健全支持政策和标准规范体系，大力发展多种形式的普惠服务。国务院总理李克强在2022年政府工作报告中指出，要"多渠道发展普惠托育服务，减轻家庭生育、养育、教育负担"。

为深入贯彻落实中央关于0-3岁婴幼儿照护服务系列决策部署，推进普惠、规范、公平的托育服务体系建设，湖北省出台《省人民政府办公厅关于促进3岁以下婴幼儿照护服务发展的实施意见》《湖北省卫生健康委关于开展促进3岁以下婴幼儿照护服务发展示范试点工作的通知》等系列文件，提出了我省的发展目标、要求与规划。在各地政府的大力支持下，我省0~3岁托育服务在2019年后发展迅速，但仍存在供需失衡、服务质量缺乏保障等问题，尤其在新冠肺炎疫情之后，托育机构的生存与发展面临着严重困境。为深入了解湖北省托育服务供给发展现状与主要问题，受湖北省卫生健康委的委托，中南财经政法大学人口与健康研究中心课题组对我省2167家托育机构的普查数据进行深入分析。旨在廓清我省0~3岁托育服务发展的现状与特征，分析托育服务发展中面临的主要问题，提出培育和发展婴幼儿照护服务的建议，为省政府决策提供参考，推进我省3岁以下婴幼儿照护服务的健康发展。

一、湖北省托育服务发展现状与特征

（一）湖北省现有托育机构数量为 2167 家，每百婴儿托位数 6.53 个

湖北省现有托育机构数量为 2167 家。从托育机构类型看，幼儿园-托育班①最多，占 63.31%，主要分布在社区内（27.92%）或商业场地（40.96%），其次为早教机构（13.43%）和独立托儿所（12.87%）。从托位数看，湖北省每百婴儿设计托位数 6.53 个，每千婴儿设计托位数 1.84 个，与全国平均水平（1.80 个）几乎持平。其中幼儿园-托育班提供的托位数最多（52732 个），在全省总托位数中占比 55.96%，家庭托育点提供的托位数最少（1313 个），在全省总托位数中占比 1.40%。农村地区的托育服务也取得一定发展，共有 333 家机构位于农村地区，占比为 15.37%。

（二）湖北省托育服务发展在空间分布上呈"山脊状"分布，江汉平原发展较好，东西山区相对滞后

湖北省托育服务发展②最好的是武汉市、荆门市和随州市，托育服务发展较差的地区主要分布在武汉周边和东西部的山区。在武汉城市圈，呈现明显的以武汉为中心的"中心—外围"结构，除武汉市托育服务发展较好以外，周边地区的托育服务发展都处于较低水平，说明武汉市对托育资源聚集的能力较强，抑制了周边地区的托育产业发展。但这种集聚作用到孝感市、仙桃市之后逐渐弱化并消失，并在江汉平原形成托育服务发展的新高地。从地形地貌看，湖北省西北、西南、东南分别环绕秦巴山区、武陵山区和幕阜山区，限于当地发展条件，东西山区的托育服务发展相对较差，明显滞后于中部平原地区。湖北省托育服务发展空间分布特征如图 1-4-1 所示。

---

① 即幼儿园向 2~3 岁延伸，开设托育班。
② 托育服务发展综合指数由指标体系法测度所得，具体指标体系与测度方法见附录。

报告四　湖北省托育服务发展现状、困境及对策建议

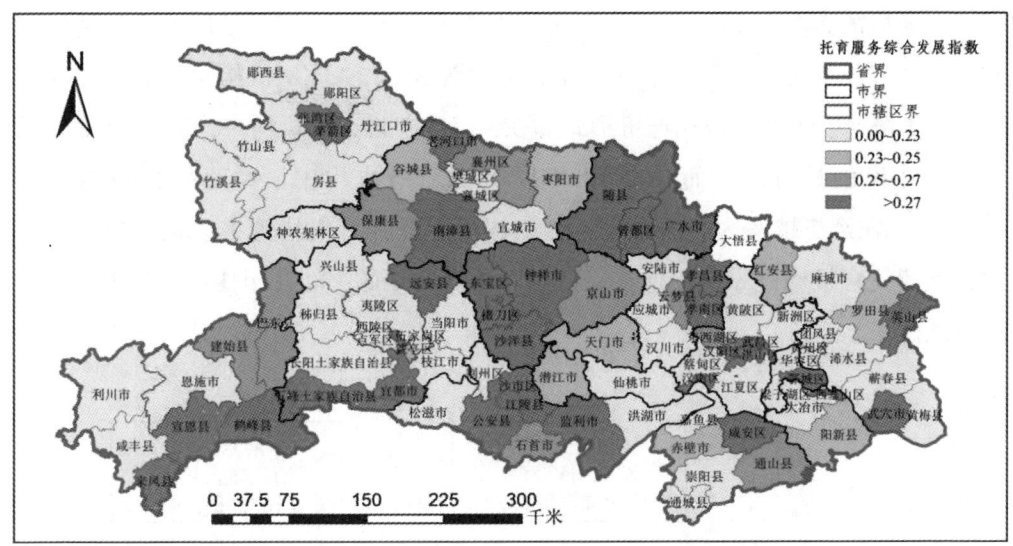

图 1-4-1　湖北省托育服务发展空间分布特征
数据来源：根据湖北省托育机构普查数据整理绘制。

(三)"民办公助"机构占比超过90%，成为托育机构发展的主要模式

"民办公助"是指以企业或社会组织为主体进行机构的投资建设，国家和地方政府部门按政策给予一定政策支持的模式。在湖北省现有的2018家①机构中，以该模式建设的机构为1888家，占比93.56%。宜昌、十堰支持力度最大，95%以上的托育机构属于"民办公助"的发展模式。在2019年后新增的489家民办机构中，478家受到政策支持，占比97.75%。这既说明在政策支持鼓励作用下，托育机构市场化取得了一定进步，民办机构占比提升，也说明当前民办托育机构的发展仍需要政府的支持和补充。

(四)2019年是重要转折点，托育机构在国家政策引导下快速增长

在《关于促进3岁以下婴幼儿照护服务发展的指导意见》出台后，湖北省托育

---

① 处于筹建中的机构尚未正式运营，故不予以计入。

机构进入快速增长期。从图1-4-2可知，在2016年前，湖北省共有托育机构1028家，在随后的2016—2018年，增加机构458家。而2019年后，即使在疫情的限制下，全省托育机构也新增了532家，增速为32.52%。从机构类型看，专业托育机构①增速大于幼儿园托育班形式。在经营5年以上的机构中，89.49%是在幼儿园中开设的托育班。而在2019年以来的新增机构中，专业托育机构已占48.13%。在经济越发达的地方，新增机构以专业托育机构为主，宜昌新增机构中，专业托育机构占80%。而在经济相对落后的地区，幼儿园托育班是主要的发展形式。

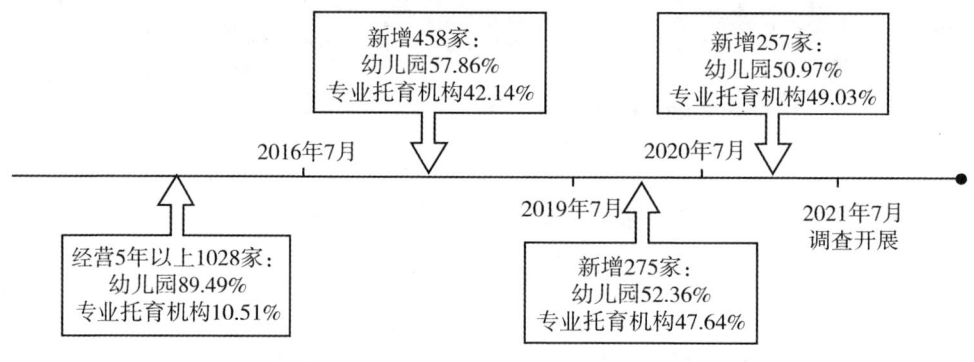

图1-4-2　近年来湖北省托育服务机构发展的时间轴

数据来源：根据湖北省托育机构普查数据整理绘制。

（五）经济发展水平越高的地区，托育服务发展情况越好

经济较发达的地区人口与生产要素较为集中，托育服务产业的培育与发展能力明显强于经济较为滞后的区域。地区经济水平与托育服务发展情况见图1-4-3。根据县域层面的分析结果，高经济发展水平②的县(市、区)托育服务发展明显好于中低经济发展水平区域。一是每百婴儿托位数量更多。高经济发展水平的县

---

① 即非幼儿园托育班，只针对0~3岁婴幼儿的早教机构、独立托儿所与家庭托育点。
② 将地区人均GDP排前1/3、中1/3和后1/3的县(市、区)分别划分为高经济发展水平、中经济发展水平和低经济发展水平区域。

(市、区)每百婴儿托位数为 10.209 个,而低经济发展水平的县(市、区)仅为 6.047 个。二是托育机构数量更多。高发展水平的县(市、区)平均有 23.486 家机构,比低发展水平县(市、区)多 4.122 家。三是每百婴儿保育人员数更多。高经济发展水平县域每百婴儿保育人员数量平均有 2.185 人,低发展水平县域仅有 1.623 人。

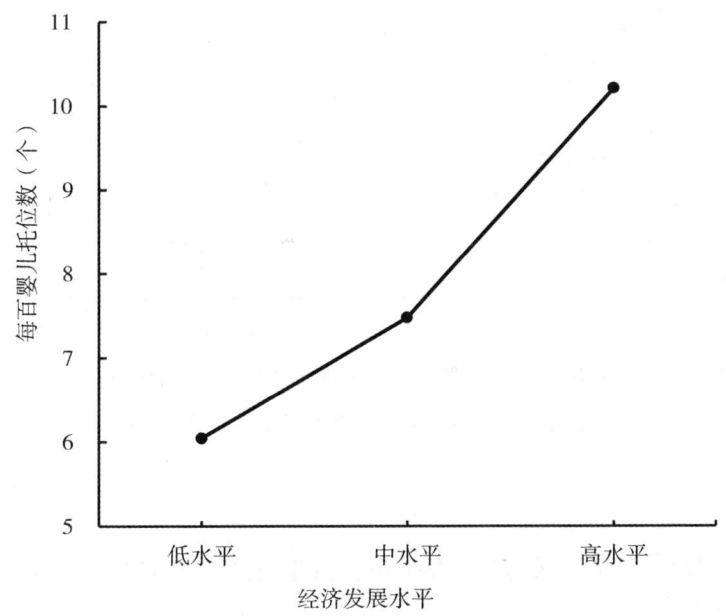

图 1-4-3　地区经济发展水平与托育服务发展情况

数据来源:根据湖北省托育机构普查数据整理绘制。

注:经济发展水平按人均地区生产总值等量划分为低水平、中水平与高水平三类区域。

(六)中心城区平均每百婴儿托位数是其他县域的两倍以上

一市的中心城区往往是市域的政治、经济、文化中心,其发展基础和资源条件大大优于其他县域。各市中心城区的托育服务发展明显领先于其他县域。首先,从每百婴儿托位数看,中心城区平均有 13.117 个托位,比其他县域(6.431 个)的两倍还多(见图 1-4-4)。其次,湖北省中心城区共有 0~3 岁婴儿 24.727

万,占全省0~3岁婴幼儿总数的15.284%,但共有558家托育机构分布在中心城区,超过全省的四分之一。可见,现有托育机构较多的集中于中心城区,相对落后的县域托育服务发展相对滞后。

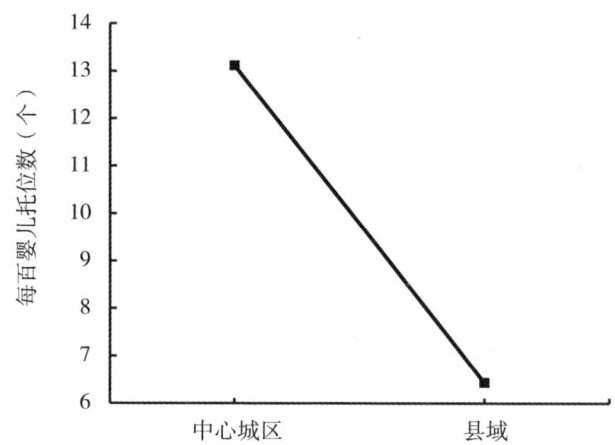

图1-4-4 中心城区与非中心城区的每百婴儿托位数
数据来源:根据湖北省托育机构普查数据整理绘制。

(七)托育服务是家庭功能的补充,家庭规模越小的地方托育服务发展越好

家庭规模的小型化、核心化发展不断抬升着婴幼儿养育压力,在平均家庭规模越小的地区,托育需求越旺盛,托育服务发展情况越好。家庭规模与托育服务发展情况见图1-4-5。从县(市、区)层面的统计分析看,家庭规模越小的地区,托育服务供给越多。首先,小规模家庭县(市、区)每百婴儿托位数(10.94)高于较小家庭规模县(市、区),较大家庭规模的县(市、区)每百婴儿托位数不足家庭规模较小县(市、区)的1/2。其次,小规模家庭县(市、区)每百婴儿机构数为0.199,高于较小规模0.135和较大规模家庭县(市、区)0.117。最后,持有育婴师证占保育服务人员的比重按家庭规模的逐渐增加而逐渐降低。

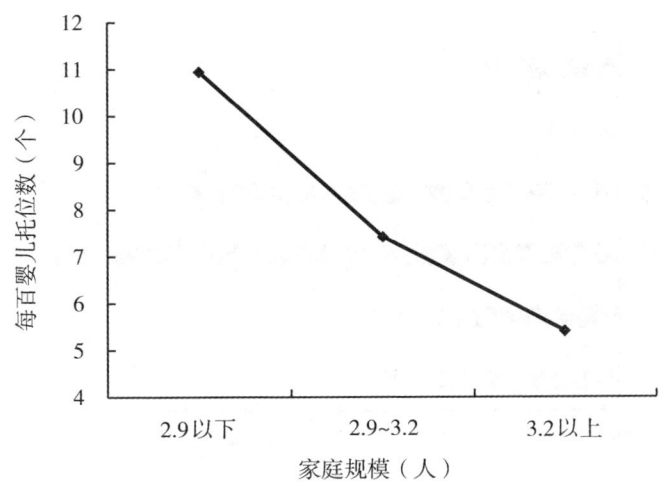

图 1-4-5　家庭规模与托育服务发展情况

数据来源：根据湖北省托育机构普查数据整理绘制。

(八) 政策支持可以显著促进托育服务的发展，税收优惠政策作用最明显

我省为促进托育服务发展实施了包括保障用地、租金减免、托位建设、运营补贴等一系列相关政策①，其中武汉、宜昌、襄阳、咸宁四市实施的政策相对较多而仙桃市和天门市仅实施了托位建设补贴政策。从政策支持力度来看，享受政策越多的县(市、区)要比享受政策较少的县(市、区)②托育服务发展得更好。享受政策较多的县(市、区)平均每百婴儿托位数为 10.16 个，而享受政策较少的县(市、区)平均每百婴儿托位数为 5.04 个，不足其 1/2。从享受政策内容来看，税费减免的优惠政策在县(市、区)的覆盖范围最广(35%)，且享受税收减免优惠的县(市、区)每百婴儿托位数比未享受政策此政策的县(市、区)高 2 倍多(见图 1-4-6)。

---

①　截至 2021 年 7 月，我省托育支持政策主要有：保障用地政策、租金减免政策、税收优惠政策、优惠贷款政策、托位建设补贴、运营补贴政策、产休假政策、育儿假政策和其他。

②　将 102 个县按照享受政策多少分享受政策较多地区和享受政策较少地区。

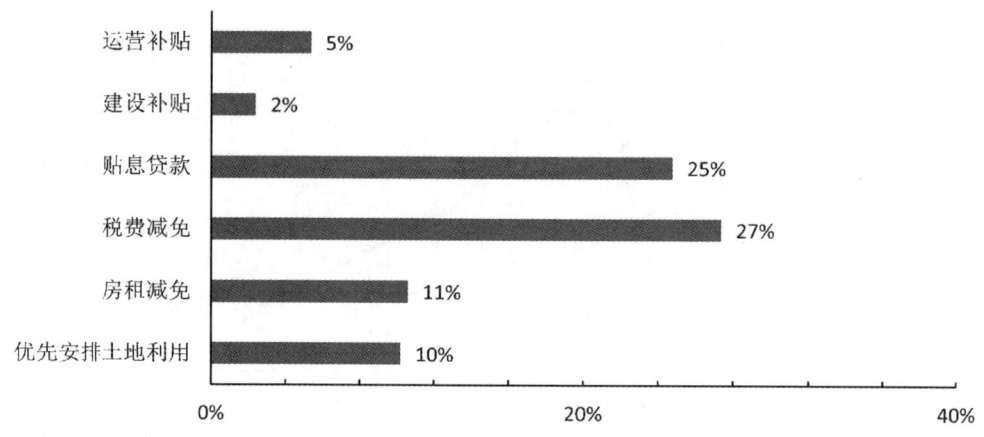

图 1-4-6　湖北省普惠性托育优惠政策覆盖情况
数据来源：根据湖北省托育机构普查数据整理绘制。

（九）湖北省现有普惠性托育机构 501 家，幼儿园办的托育班占 3/4

在大力发展普惠性托育服务的背景下，我省普惠性托育机构有 501 家，占总数量的 23.12%。从区域分布看，普惠性托育机构主要分布在大中型城市的市辖区，如武汉市的武昌区、襄阳市的襄州区等。从机构类别看，普惠性托育机构大多是幼儿园将招生范围向下延伸到 2~3 岁的托育班，共计 378 家，占普惠性机构总数的 75.45%。从规范发展看，普惠性托育机构的发展普遍优于非普惠性托育机构。普惠托育机构购买机构责任险的占比为 75.65%，而非普惠性机构占比仅为 34.98%，不足普惠性机构的 1/2；普惠托育机构在卫健部门备案的比例为 36.73% 而非普惠托育机构仅为 11.86%。湖北省各县域每百婴儿普惠托位数如图 1-4-7 所示。

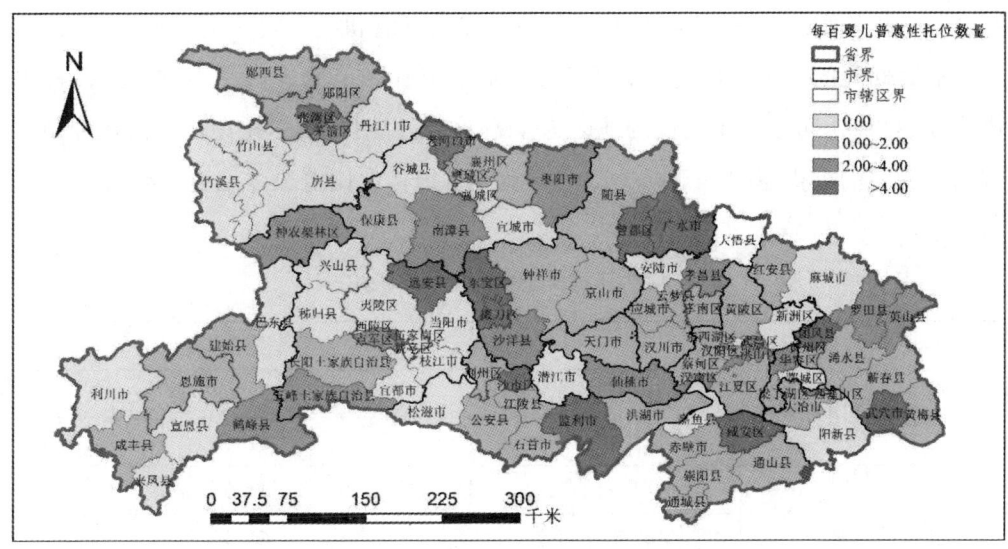

图 1-4-7 湖北省各县域每百婴儿普惠托位数

数据来源：根据湖北省托育机构普查数据整理绘制。

二、湖北省托育服务发展面临的困境

(一) 托育机构空置率高，托育服务需要有序发展

1. 湖北省近一半机构空置率在50%以上

在未达到每千人6个托位的规划目标背景下，湖北省托育机构出现大量空置的情况，高空置率机构①占比高达43.9%。其中，鄂州、宜昌高空置率机构最多，占当地机构总数的65%以上。在早教机构、独立托儿所、家庭托育点等专业托育机构中，空置情况更为严重，有52.15%的专业托育机构空置率在50%以上。与之相比，幼儿园向下延伸的托育班空置率较低，仅有39.69%的机构空置率在

---

① 空置率达到50%以上的托育机构。

50%以上。采用单一托育和早教托育相结合的托育机构空置率明显高于"医保育"结合托育机构①,仅有32.47%的"医保育"结合托育机构空置率高于50%。可见,人们对婴幼儿的健康、保健最为重视。在托育费用较高的地区,高空置率机构占比为54.68%,而在费用较低的地区为41.48%,说明高昂的托育费用仍是抑制家庭送托意愿的重要原因。不同类型的高空置率机构占比情况详见表1-4-1。

表1-4-1 不同类型的高空置率机构占比

机构类型		高空置率机构占比(%)
托育费用	托育费用较高的地区	54.68
	托育费用较低的地区	41.48
托育服务模式	单一托育	43.66
	早教托育结合	46.54
	医保育结合	32.47
机构类别	早教机构	45.02
	独立托儿所	59.32
	幼托班	39.70
	家庭托育点	56.86
	独立幼儿园	50.00
城乡分布	农村	39.69
	城市	44.70

数据来源:根据湖北省托育机构普查数据整理。

2. 现行托育服务仅覆盖2~3岁婴幼儿,77.70%的机构存在"招生难"问题

现行托育服务主要针对2~3岁的婴幼儿,具有受众面窄、基数小、服务周期短等特征。近年来托育机构的扩张快速加剧了市场竞争,"招生难"成为托育

---

① 医保育结合指医疗、保健结合开展托育服务。

机构普遍面临的生存性问题。在湖北省 2018 家正在运营的机构中，1568 家机构认为"生源不稳定，招生难"是最主要的经营困境。根据团队在多家机构的调研，多位负责人反映："托育服务不像幼儿园是刚需，时间很短、基数也很小，孩子年龄到了就去上幼儿园了，大多数只托育 3~6 个月。""越来越多的幼儿园向下延伸开设托班，对我们冲击很大，尤其是公办幼儿园，在居民信任和价格上，我们都没有优势。"

3. 生育率的持续下行与托育机构的不断扩张可能将导致供需不平衡进一步加剧

未来一段时期，随着人们生育意愿和育龄妇女规模的双重下降，湖北省生育水平面临持续下行压力。通过人口预测发现，2020 年我省出生婴儿总数为 46.1 万，这一数据在 2030 年将降至 37.7 万，降幅达 18.21%。但湖北省托育服务发展仍处于快速增长期，2019 年以来，托育机构在两年内增长 32.52%，并还有大批托育机构正在筹建。尽管托育机构增加可能能够派生新的托育需求，但按目前的发展趋势，托育需求增速明显低于托位数增速，未来托育服务可能出现供过于求的结构性矛盾，不仅加剧企业经营压力，还造成巨大的资源浪费。以研究团队对武汉市托育需求调研测算为例，武汉市托位需求数为每千人 3.42 个，低于国家每千人 6 个的标准。

(二) 新冠肺炎疫情对托育服务发展产生了较大冲击

2020 年初新冠肺炎疫情暴发，使托育行业在发展势头最猛的时候被迫按下了暂停键，至今也未能完全恢复。对托育机构而言，新冠肺炎疫情的冲击主要体现在两个方面：一是疫情防控期间被迫停业造成的运营压力。在停业期间，托育机构的租赁、物业、薪资等支出无法避免，且很多托育的孩子在停业期间成长到 3 岁以上，可以送入幼儿园，机构面临着这部分家庭的退费压力。二是社会信任程度降低，送托需求进一步减少。在疫情冲击下，不少家长对把孩子放到托育机构更"不放心"，担心孩子面临感染风险。根据团队在多家机构的调研，多位负责人表示："疫情对我们(托育机构)的冲击很大，停业期间我们同样要付租金、发工资，有一些孩子停业期间到 3 岁上幼儿园了，我们也需要退费。""我们停业了,很多家长就把孩子放回老家农村带了,因为他们要上班呀,等疫情缓和我们重新开业,小的孩子可能还会回我们这儿来,但大一些的很多干脆就直接上幼儿园了。"从2019—2020年托育机构经营数据(见图1-4-8)看,托育机构月均收入从2019年的5.04万元下降到4.65万元。而在疫情相对缓和的2021年,托育月均收入出现回升,重新回到5万元以上。

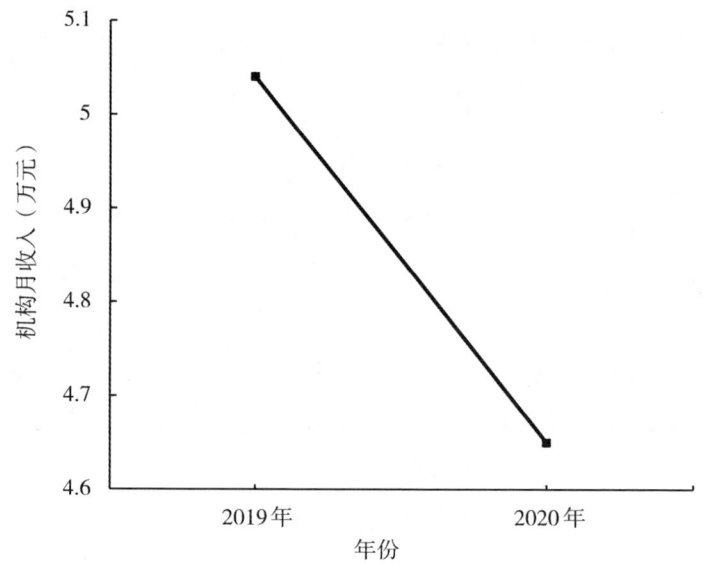

图1-4-8 疫情对托育机构月收入的冲击
数据来源:根据湖北省托育机构普查数据整理绘制。

(三) 在山区、偏远县区政府的强力推动下,托育机构盲目扩张严重

自2019年国务院办公厅下发《关于促进3岁以下婴幼儿照护服务发展的指导意见》之后,我省东部山区和偏远县区加强托育服务建设,支持力度很大。例如,咸宁市每百婴儿设计托位数为7.9个,高出全省平均水平20.98%,但该市机构空置率高达59.65%,全省排名第二。另外,咸宁市还存在托育服务队伍不规范、场所及硬件设备配备不完善等问题。在2019年之后新增的托育机构中,平均每家机构仅有1.11名员工持有育婴师证,购置户外活动设备的机构占比仅为 15.56%。这说明在政府的大力推动下，部分地区出现托位数提升较快，但整体服务质量改善较慢等现象，这可能是由于部分机构为获取高昂托位补贴而不计质量的扩张托位规模。东部山区和偏远县区的托育服务发展仍处于起步阶段，但在庞大的行政压力下，盲目投入资金、人员和基础设施，由于受到公共资源和经济发展的制约，难以快速做到专业化人员队伍建设和规范化托育服务发展。

（四）仅有 18.3%的机构提供非全日托，托育服务多样化发展相对滞后

湖北省当前托育服务类型以全日托为主，缺乏半日托、计时托与临时托等多样化的服务模式。全省有 1714 家机构只提供全日托服务，占比 79.1%。仅有 366 家机构至少提供一种非全日托服务，占比 18.3%。武汉市托育服务多样化发展较好，但其他城市与武汉市差距明显。以半日托为例，武汉市共有 112 家机构提供半日托，占市内机构总数的 25.9%，占全省提供半日托机构总数的 31%。而鄂州、仙桃、天门等市的多样化发展情况较差，市内提供半日托服务的机构占比不到 5%。受代际支持、父母职业与工作性质等因素的影响，不同家庭对托育服务形式的需求趋于多元化。以全日托为主的服务模式缺乏灵活性，难以满足不同家庭的托育需求，这也是影响居民送托意愿的重要因素。

（五）46.48%的机构无照经营，托育经营规范需严加整顿

湖北省托育服务市场监管不严，规范性较差。在民办或民办公助的 1916 家机构中，有 851 家机构未按规办理营业执照，占比为 44.42%。其中，有 482 家已无证经营 5 年以上，676 家经营时间超过 3 年。大部分无证经营 5 年以上的机构是民办幼儿园开设的托育班，占比 88.54%。在卫健部门进行医疗备案的机构比重更低，在 2018 家运营机构中，仅有 388 家按规进行备案，占比 19.23%。托育机构成立之初，相关部门缺乏规范性条例，机构负责人法律意识欠缺。而今，随着托育服务的不断发展与完善，托育向高质量、合规化、合法化发展，如若不加以重视，托育市场将难以持续发展。

(六)专业从业人员比重低,部分地区育婴人才流失严重

1. 持育婴师证的保育人员比重仅 9.98%,从业人员专业化程度有待提升

保育人员专业化是每个托育机构实现托育服务供给的"最后一公里"。2021年我省所有从事托育服务的保育人员中仅有 9.98% 的人员持有育婴师资格证,而早在 2018 年上海市的托育机构持育婴师证的保育人员占比达到 35%,远高于湖北省当前平均水平。从区域分布来看,荆州市持育婴师证的从业人员共计 265 人,占保育人员的 16.62%,位居全省第一。其次为武汉、宜昌和黄冈三市,其持育婴师证人员占比分别为 15.08%、14.93% 和 14.17%,高于全省平均水平 5.10、4.94 和 4.19 个百分点。而黄石和恩施市保育人员专业化情况相对较差,持有育婴师资格证的从业人员仅有 47 和 66 人,占比低至 4.47% 和 3.84%。此外,在经营规范性上,按规办理营业执照和在卫健部门备案的托育机构占比也较小,分别为 45.45% 和 18.83%。

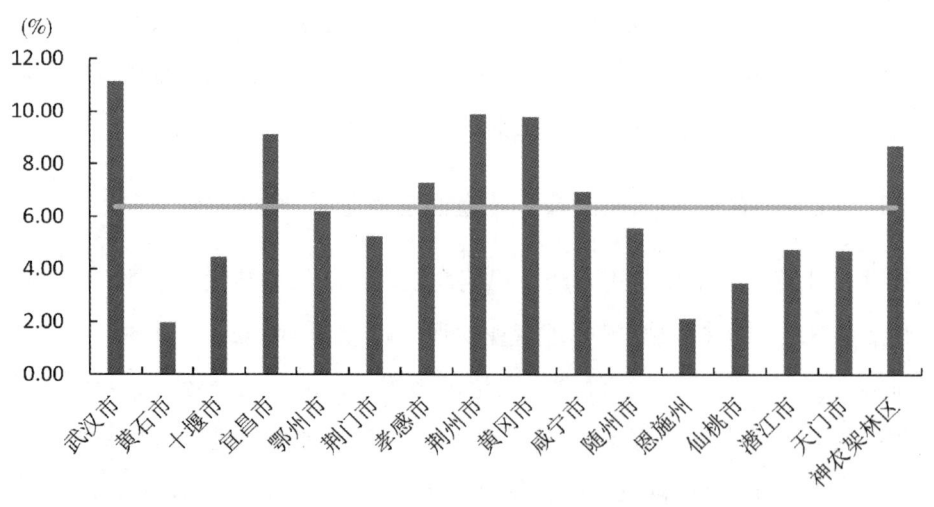

图 1-4-9 持育婴师证的保育人员比重

数据来源:根据湖北省托育机构普查数据整理绘制。

2. 49.65%的托育机构师资配备不合规

根据湖北省《婴幼儿日间照料托育机构服务规范》规定0~6个月的保教人员与婴幼儿的师生比最低为1:1、6~12个月为1:3、12~24个月为1:5、24~36个月为1:7,但目前全省不达标的托育机构接近半数。截至2021年7月,全省2 167家托育机构中1 067家托育机构的保教人员与婴幼儿的师生比不合规范,占比高达49.24%。0~3岁孩童的照料尤其特殊性,即缺乏基本的识别能力、对抗能力和表达能力等,需要更为细致地观察和引导,基本人员配备的不合规将不利于托育机构的长远发展。

3. 大量育婴人才进行"梯度转移",尤其是武汉城市圈外围城市向武汉的转移

我省持证的专业育婴人才总量少、稀缺性高,由于不同经济发展水平地区工资存在明显差异,大量育婴人才从武汉城市圈外围城市向武汉的转移,呈现一种"梯度转移"特征。全省1 292家托育机构将招工难、留不住高水平专业人员作为制约托育机构发展的重要因素①,其中,武汉城市圈外围城市占比43.65%。以咸宁市为例,78.76%的机构认为育婴人才招工难制约了托育发展。根据研究团队在咸宁市的调研,多家机构负责人表示:"我们这儿很难招到有育婴师证的年轻人,有育婴师证的都到武汉去找工作了,基本不会在当地机构工作,而外地有证的就更不会到我们这儿来了。"

(七)政策补贴具有短视性,缺乏长效运转机制

国家发展改革委印发的《支持社会力量发展普惠托育服务专项行动实施方案(试行)的通知》中有关托位建设政策,给予普惠性托育机构一个托位1万元的一次性补贴。优惠性补贴意味着最高限价的制约,以武汉市为例,普惠托育机构定价不得超过2 800元/月/生。然而因托育服务行业所服务群体的特殊性,其对环

---

① 219家托育机构将招工难、留不住高水平专业人员作为制约托育机构发展的首要因素,1073家机构将其纳入制约托育机构发展的第二大因素。

境的要求、人员的配备相对更加严格，从而造就了其高昂的成本。根据团队实地调研发现，武汉东湖开发区一个托位平均每月的房租和人工成本在4 262元左右，这间接说明普惠性托育机构面临着每个托位每月亏损1 000~1 500元。普惠性托育机构除了一个托位1万元的一次性补贴外，没有任何长期有效的政策补贴。一家40个托位的普惠托育机构，40万元的一次性补贴仅能维持托育机构1年左右的收支平衡，之后普惠性托育机构将长期处于亏损状态，加上民水民电、建筑用地补贴等政策难以落实，成本难收回，经营困难的普惠性托育机构十分常见，导致现行的政策补贴具有短视性，缺乏长效运转机制。表1-4-2是武汉市普惠托育机构营利情况。

表1-4-2　武汉市普惠托育机构营利情况

项目	金额				
	单价	数量	单位	月累计(元)	年累计(元)
营业收入				136 000	1 632 000
托育服务收费	2 800元/生/月	40	生	112 000	1 344 000
餐费	600元/生/月	40	生	24 000	288 000
营业成本				170 500	2 046 000
房租	160元/m²/月	500	m²	80 000	960 000
水电物业	50元/天	30	天	1 500	18 000
职工基础工资	3 500元/人/月	20	人	70 000	840 000
职工保险	950元/人/月	20	人	19 000	228 000
营业收支				-34 500	-414 000
政府补贴	10 000元/托位	40	托位	33 333	400 000
可持续时间		11.59	月		

数据来源：根据湖北省托育机构普查数据整理。

(八)机构经营管理经验不足，难以实现健康有序地发展

目前，我省大多数托育机构因缺乏良好的管理经验，在行业中步履维艰。根

据研究团队在武汉市的调研,大多数机构负责人表示:"我们这里工资水平同其他机构相比较高,但由于生源流动性太强,保育老师也不停地流动,加之高昂的租金、水电,每个月都入不敷出,更不用谈收回投资了。"也有少数机构负责人表示:"我们的工资水平不是很高,在生源不停流动的情况下,近一年我们机构没有人员流动,工资不是决定员工去留的唯一标准,在这里我们的员工能获得幸福感,同样可以留得住人。"成功的管理经验是团队的核心,是企业处于劣势仍能逆势翻盘的关键。但成功的管理经验往往难以被复制,托育服务作为近几年新兴的行业,其良好的管理经验还需要不断摸索。

三、湖北省托育服务发展的对策建议

(一)加强顶层设计,建立多部门协同的托育服务治理体系

1. 建立"1+X"的托育服务管理机制,完善多部门协同治理体系

为提升托育服务治理工作的运行效率,应该建立"1(卫健部门)+X(其他相关部门)"的托育服务管理机制,形成政府领导、牵头部门协调、各部门分工合作的联动格局。托育服务治理体系建设涉及卫健、发改、教育、公安、民政、财政、住建、市场监管等多个政府部门,这些部门既要各司其职,又要做到信息共享、工作流程整合、合理治理。具体内容应该包括:定期协商机制(如横向部门间的联席会议制度或协调小组,纵向的市—区—街道三级联动机制);信息共享机制(如建立托育机构信息管理平台;送托婴幼儿信息登记平台等);定期督查机制(如"看+走访+电话"的日常监督机制,定期查看监控,电话收集家长反馈等)。

2. 完善健全托育行业相关标准,推动托育机构规范化建设

第一,各级政府应明确托育机构准入门槛,消除监管盲点,对无证照经营或打着早教牌子,违规从事托育行业的机构给予引导整改,对逾期不整改的机构坚决取缔,逐渐建立规范的行业标准体系。第二,加强对托育行业的动态监管,对托育机构的开办资质进行年审,年审不合格者按年审结果进行整改、处罚或吊销

登记注册资格；第三，集中开展托育机构卫生监督指导，对场地、硬件设施、人员资质、设备安全等进行摸底排查。积极引导符合条件的托育机构完成备案，并要求不合规机构限期整改，逐步推动托育机构规范化建设、管理。

（二）健全优惠政策实施规范，促进普惠性托育机构发展

1. 通过租金减免、补贴等各种优惠性政策，降低托育机构运营压力

第一，为普惠性托育服务提供免费公租房、租金减免和租金补贴等优惠政策，以缓解当前托育机构面临的高昂租金压力。第二，对托育服务行业统一执行民用电、民用水、民用气等居民生活类价格，并通过采取物业费减免、运营补贴、职业培训补贴和生均补贴等优惠政策鼓励普惠性托育机构在初创期健康有序地发展。第三，充分发挥担保增信机构作用，为托育机构提供增信支持并进一步协调方金融机构，对资金流动困难的托育机构提供免息贷款、贴息贷款等信贷支持，降低企业融资成本，减少信用风险和流动性风险。

2. 采取保险、补贴等方式缓解新冠疫情的冲击，实现托育机构长期可持续发展

第一，开发保险产品以提高防范风险的能力。鼓励保险机构开发托育服务机构责任保险、意外伤害保险、突发事故停课险等产品，以保障托育机构防范风险的能力，并适当减免相关保险手续费、评估费、承诺费、资金管理费，提供办保便利等。第二，通过多种方式缓解新冠肺炎疫情所造成的停业损失。如为托育机构提供稳岗补贴、支持延期缴税，阶段性减免托育服务从业者的社保、延期缴纳五险一金等。第三，线上线下拓展疫情期间的授课方式。鼓励疫情停课期间托育机构借助线上信息化工具的支持，远程协助家长安全科学的照护，疫情结束后加大宣传力度，提高婴幼儿家庭送托意识。

（三）探索优化托育机构运营模式，积极筹建托育服务指导中心

1. 积极筹建托育服务指导中心，为托育机构建设提供技术指导和专业咨询

积极筹建托育服务指导中心，主要负责区域内托育机构预约登记、申办咨

询、备案等工作，组织协调对区域内托育机构的事中事后监管和对区域内婴幼儿家庭科学育儿指导工作；为区域内托育机构提供技术指导和专业咨询并对其开展定期与不定期的评估检查。承担政府与社会公众在托育服务领域的沟通交流，了解家庭的多元化托育需求与期望、将文化和传统观念因素融入托育服务等方式，创新托育服务运作机制，因地制宜地构建符合我省地方特色的小型化、规范化、普惠化的创新运营模式。

2. 新建住宅区须配套规划托育机构，提高托育服务便利性

第一，重视社区托育服务规划。对新建住宅区政府按标准和规范规划托育服务机构，并与住宅同步规划、同步建设、同步验收、同步交付使用；对老城区和已建成居住区无托育服务机构的，要限期通过购置、置换、租赁等方式建设。第二，鼓励托育服务进入社区。对新建托育服务设施项目符合《划拨用地目录》的，采用划拨方式供地，降低托育服务地用成本，激励托育机构提供服务、时间、经济三方组合发力的便利化服务。第三，加大对农村地区婴幼儿照护服务的支持。适度向农村地区、贫困地区给予政策和扶助资金倾斜，完善农村地区婴幼儿照护服务功能。

（四）推动托育服务提质扩面，激发内生性托育需求

1. 普及多样化托育服务，满足家庭差异化需求

出台政策按机构提供半日托、临时托、计时托多样化服务占比给予补贴或以奖代补。政府可与企业联合，在企业内部将计时托、临时托、半日托券作为女性员工可选择的福利进行发放，扩大多种服务类型的需求。服务设计将计时托、临时托、半日托、全日托作为组合项目经营，作为新入托婴幼儿的适应期训练。将开展更加灵活的个性化服务模式的机构作为示范，鼓励托育机构建立家庭互助式照护服务、寄宿制、上门照护、延时服务、节假日托服务，满足群众差异化服务需求，形成多样化服务新业态。同时，对半日托、临时托和计时托的普惠收费标准作出明确规定，防止多样化服务成为托育机构规避普惠性价格的工具。

2. 积极探索 2 岁以下早龄托育，鼓励分年龄专业细致化服务

补充法律法规，要求根据婴幼儿发展阶段提高个性化服务。针对 6~11 个月、12 个月、18 个月、24 个月不同年龄差异及特征，为入托婴儿分别提供差异化的生活料理、习惯养成、安全保障等服务，保障入托婴幼儿健康成长。根据婴幼儿发展阶段，提供个性化的课程，帮助婴幼儿早期的心智及身体发育锻炼。单独推出针对 6 个月到 2 岁托育保障的责任险，以保障此阶段婴幼儿的特殊个性化问题。鼓励托育机构服务的专业性服务，逐步发展成托育一体化机构，主要提供 2~3 岁婴幼儿的托育服务，全职托育机构主要提供 6 个月到 2 岁的托育服务，形成家庭-托育机构-幼儿园的有序衔接。

(五) 创新婴幼儿照护人才培养体系，强化托育服务队伍能力建设

1. 师范类和职业技术学院开设相关专业培养专业人才

整合多方资源，推动高校婴幼儿护理专业不断发展。第一，将婴幼儿照护服务人才作为急需紧缺人才纳入培养目录，支持有条件的师范类院校和中高职院校开设与婴幼儿照护相关的育婴、保育、保健及托幼管理等专业，通过中高贯通、中本贯通、高本贯通等方式，培养相关专业人才。第二，加强托育相关专业建设，逐步建立和完善专业教学标准，推动婴幼儿照护课程与教材建设，积极开展实习实训，不断提高人才培养质量。第三，政府可以通过给予选择该专业学生一定的学费减免与生活补贴，在专业培育初期吸引生源，不断扩大招生规模。

2. 健全婴幼儿照护职业资格准入制度，落实托育从业人员持证上岗制度

不断加强托育人员从业规范，提升托育人才队伍的专业素质。第一，尽快明确托育服务专业人才与幼儿教师、保育员、保姆等社会上其他育儿相关角色的异同，明确专业育婴师国家职业技能等级认定标准，使队伍建设有标准可依。第二，严格落实托育机构从业人员持证上岗制度，切实推进队伍管理工作有序规范，提升婴幼儿托育服务人员队伍的专业素质。第三，推进实行职业资格证书定期登记制度，建议有效期为 5 年，有效期满前，应按有关规定办理再次登记。第四,通过"校企合作"等方式在师范类院校和职业技术院校定期开展托育机构服务人员岗前培训、创业培训和岗位技能提升培训,切实推进托育队伍综合素质的提升。

(六)强化家庭托育指导和服务,推动社会育儿观念上的转变

1. 综合利用集中宣传、媒体宣传等多种形式,提高家庭托育政策知晓率

政府应作为托育机构与家庭间沟通宣传的桥梁,选派专业人才通过集中宣传、媒体宣传等形式落实社区公众托育政策宣传工作。如开展政策标准规范宣讲促进活动,向家庭普及国家、省、市关于促进婴幼儿照护服务的政府政策和标准规范等内容,引导家长重视孩子早期的教育方式,提高家庭托育政策知晓率,增强家长对托育机构的信任感,从而激发托育服务的潜在需求。积极吸纳全国托育服务推广优秀案例,全国试点城市在探索实践的过程中涌现了不同的做法,如河南省卫生健康委和省计生协开展"规范托育服务中原行"活动,在河南各地进行培训、督察和宣传,普及和落实托育机构建设标准和管理规范,同时开展家庭婴幼儿照护支持指导活动,营造了托育服务良性发展的浓厚氛围。

2. 鼓励示范性托育机构进社区,开展多样化托育宣教活动

鼓励和支持规范、标准、高品质的示范性托育机构与社区、居委会联动。以示范性机构为依托,通过个体咨询、上门服务、现场指导、分发宣传页等多种方式,开展"托育开放日"、家庭婴幼儿照护支持指导等活动。首先,结合婴幼儿宝宝的年龄特点讲解婴幼儿成长发育、早期发展、膳食营养、疾病预防等优生优育健康知识,将"科学育儿"和"科学喂养"的专业知识向大众普及,引导家长们高度重视早期照护和教育;其次,将宣传引导与体验活动相结合,通过免费的托育体验活动,让家长对3岁以下的婴幼儿照护服务初步了解,改善家长对机构式的集体照护形态的接受程度;再者,将主题宣传活动与婴幼儿照护服务的政策宣传相结合,大力宣传国家对托育服务的支持措施和相关优惠政策,推动社会育儿观念上的转变。

(七)完善法律法规体系,保障婴幼儿托育服务的健康发展

提升婴幼儿托育、照护服务的法律地位,通过法律手段使托育服务从"边缘"地位转向"战略"地位,使托育服务的投资主体和社会公众共同明确做好0~3岁婴幼儿托育工作的重要性。其一,加快推行单行婴幼儿托育服务法律的出台,构建以法律为供给主体的婴幼儿照护政策法规体系,推进照护事业发展的各方力量整合,避免婴幼儿照护事业的法理不足、方向不明、权责不清和政策不稳问题,提高其法律约束性和效力;其二,规定严格、完善、详细的托育准入、管理、运营和专业标准,详细规定各责任主体的法律义务,确保各责任主体不越位、不缺位,避免出现责任主体明晰与归口管理模糊、高质量托育愿景与低质量托育现状之间的矛盾;其三,在婴幼儿照护服务政策中应重视对婴幼儿照护事业发展的中长期规划,对0~3岁照护服务的性质、地位、特点进行科学的定位,明确0~3岁照护服务与3~6岁幼儿园教育的衔接问题。

附录：指标体系及测度方法

一、托育服务发展综合评价指标体系

附表1 县域托育服务发展评价指标体系

一级指标	二级指标	三级指标	计算方式	指标方向
县域托育服务发展评价指标体系	托育服务供给	设计托位数量	每百婴儿设计托位数（个）	正向
		托育机构数量	每百婴儿的机构数量（个）	正向
	场所及硬件设备	建筑面积	每百婴儿平均托育场地面积（平方米）	正向
		有无户外场地	有户外场地的机构占比（%）	正向
		托育教学、教具设备总价值	总价值均值（元）	正向
		是否有监控报警类设备	有监控报警类设备的机构占比（%）	正向
	人员配备	托育服务人员数	每百婴儿托育人员数量（人）	正向
		持有育婴证占持证人员比重	持有育婴证占持证从业人员比重（%）	正向
	托育机构规范性	是否取得营业执照	取得营业执照的机构占比（%）	正向
		是否在卫健部门备案	在卫健部门备案的机构占比（%）	正向
		是否购买机构责任险	购买机构责任险的机构占比（%）	正向
	托育机构普惠性	普惠性托育机构数量	普惠性托育机构数量（个）	正向
		普惠性托位数量	普惠性托位数量（个）	正向
		托育服务经济可及性	托育费用/县（市、区）平均可支配收入（%）	负向

续表

一级指标	二级指标	三级指标	计算方式	指标方向
托育机构运营情况	营收情况①	县(市、区)内机构2019—2021月收入均值(元)		正向
	运营时长	运营时长在3年以上的机构占比(%)		正向

二、指数测算方法：熵权法

熵权法是一种使用广泛的客观赋权法，能够很好地克服指标间的信息重叠。其基本思路是根据指标变异性的大小来确定客观权重。一般来说，若某个指标的信息熵越小，表明指标值的变异程度越大，提供的信息量越多，在综合评价中所能起到的作用也越大，其权重也就越大。相反，某个指标的信息熵越大，表明指标值的变异程度越小，提供的信息量也越少，在综合评价中所起到的作用也越小，其权重也就越小。

具体计算步骤如下：

1. 数据标准化。对各个维度的指标进行标准化处理。

正向指标：
$$Y_{ij} = \frac{X_{ij} - \min(X_i)}{\max(X_i) - \min(X_i)} \tag{1}$$

负向指标：
$$Y_{ij} = \frac{\max(X_i) - X_{ij}}{\max(X_i) - \min(X_i)} \tag{2}$$

2. 计算各项指标的信息熵。

$$E_j = -\frac{1}{\ln n} \sum_{i=1}^{n} p_{ij} \ln p_{ij} \tag{3}$$

3. 计算各维度指标的权重。

$$W_i = \frac{1 - E_i}{k - \sum E_i} \tag{4}$$

4. 通过加权求和获得托育服务综合发展指数。

---

① 每一家机构每年的运营月份不同。

第二部分
婚姻与家庭

报告一 湖北省婚姻迁移的特征及变迁趋势

改革开放以来，中国的经济社会转型带来国内人口流动性的显著增强，区域间人口迁移流动日趋频繁。婚姻迁移是一种关键的人口迁移的现象，其是指十五周岁及以上通过婚姻途径离开户口登记地的人。婚姻迁移不仅促进了婚姻市场的扩展，使婚姻市场的信息容量和作用范围得到扩充，而且婚姻迁移在保持人口婚配平衡的同时，促进了地区间的劳动力交流、文化与社会融合。第五次全国人口普查的数据资料显示，在迁移人口中，婚姻迁移人口有180万人，根据第六次全国人口普查的数据资料，婚姻迁移人口有219.8万人，婚姻迁移绝对数量在不断增加，由此可见，婚姻嫁娶仍然是驱动当代中国本土人口区域流动的重要因素。

不同时期的婚姻迁移人口具有不同的社会背景，由于结婚实现迁移后身处迥异的生活场景中，这种社会情境的差异既构成了他们婚姻迁移决策的决定性因素，也是其表现出代际差异显著的来源，亦即同辈效应。20世纪八九十年代时期，婚姻迁移频繁，一方面源于婚姻迁移是贫困地区人口向上流动的主要方式之一，通过婚姻迁移脱离贫困，以改善家庭生活条件和生存环境；另一方面贫困地区男性结婚难的问题致使他们通过非常规手段结婚，进而引起女性婚姻迁移。随着社会经济的发展，婚姻迁移的特征和原因均发生变更。处在不同时空境地的婚姻迁移个体，其由于生活习惯、受教育程度、社会经历、价值观等的不同导致其对婚姻的认知和理解迥然不同，因此，是否不同时空婚姻迁移具有不同的特征？本报告主要采用湖北省2000年、2010年和2020年的人口普查数据，立足于不同时空背景下婚姻迁移的转变以及影响其婚姻迁移的原因，以动态的视角探析婚姻迁移的发展决策。

一、湖北省婚姻迁移人口变迁的总特征

(一)婚姻迁移人口占比虽不断减少,但其绝对规模却在逐渐扩大。

湖北省迁移人口中通过婚姻形式迁移的人口比例下降明显,从2000年的9.96%下降到第七次人口普查数据的4.57%(见表2-1-1),表明随着流动人口中从事经济活动的人数大幅度增加,总迁移人口中采取婚姻的方式迁移已不占主流。尽管占比在逐渐下降,但婚姻迁移人口绝对数量却在快速增加,与第五次和第六次人口普查相比,湖北省第七次人口普查中婚姻迁移人口绝对数量的增加值分别为492 952万人和304 181万人。

(二)婚姻迁移的主体表现出明显的性别差异

湖北省第七次人口普查数据女性婚姻迁移占比虽有所下降但仍然远超于男性比例,从2000年的85.38%减少到2020年的83.74%(见表2-1-1),但湖北省第七次人口普查相较于第六次人口普查数据却稍有上升,这可能是由于随着我国城镇化进程的不断加快和传统思想观念的转变,女性劳动力迁移流动会更加频繁和自由,我国女性婚姻移民的规模将会保持增长的态势。

(三)男性婚姻迁移的比例有所增加

男性婚姻迁移的比例从第五次人口普查的14.62%上升到第七次人口普查的16.26%。数据表明随着我国流动迁移人口数量的不断增加,女性虽然仍然是婚姻迁移这一社会现象的主体,但在目前婚姻市场匹配严重失衡的情形下,加之外出务工人员规模日益扩大,不论是否主动选择,婚姻移民也不再囿于女性,男性也逐渐开始接受婚姻迁移。

表 2-1-1　湖北省 2000 年、2010 年、2020 年人口普查婚姻迁移人口对比

普查时间	婚姻迁移人口（人）	婚姻迁移人口占比（%）	女性人数（人）	女性占比（%）
2000 年	46 707	9.96	39 877	85.38
2010 年	539 659	5.83	451 176	83.6
2020 年	843 840	4.57	706 619	83.74

数据来源：根据第五、六、七次湖北省人口普查数据整理。

二、湖北省婚姻迁移时空分布演变

由于湖北省第五次人口普查数据只有婚姻迁移分年龄、性别的总人口数，故以下主要采用湖北省第六、七次人口普查数据观察婚姻迁移的时空分布变迁。

（一）女性婚姻迁移以城市主城区为主，恩施州女性婚姻迁入数量高

2010 年至 2020 年，女性婚姻迁移人口绝对数量整体呈增长趋势，在空间上迁入地主要集中于鄂中和鄂西的经济发达地区，且表现为向各县市扩散的趋势，另外，恩施州女性婚姻迁入数量在两次人口普查中均位居高位。

湖北省第五次人口普查期间，武汉市是女性婚姻迁移最主要的目的地，且分散于各个地级市主城区，从 2010 年到 2020 年，从空间分布变迁特征中可以看出，女性婚姻迁移的目的地主要是经济较为发达的省会以及地级市主城区，且向周边县市扩散（见图 2-1-1）。主要是因为女性为寻求更优越的自身发展机会，向经济较为发达的地区迁移、集聚的同时在当地结识伴侣，形成婚姻迁移，或者其通过婚姻迁移将自身的居住地迁至生活条件更好、基础设施更完善、居住幸福感更高的地区，以求提高自身的生活质量。需要提及的是，恩施州在两次人口普查中，迁入数量均较高。分析其背后原因可能在于恩施州与湖南湘西、重庆等地区接壤，山水相连，属于苗族、土家族聚居区，周边各地区聚居大量苗族、土家族人口。由于少数民族文化认同感较强，具有很强的文化归属，跨地区婚姻更加常见，婚姻跨省迁移更频繁，因此，恩施州女性婚姻迁入规模较大。

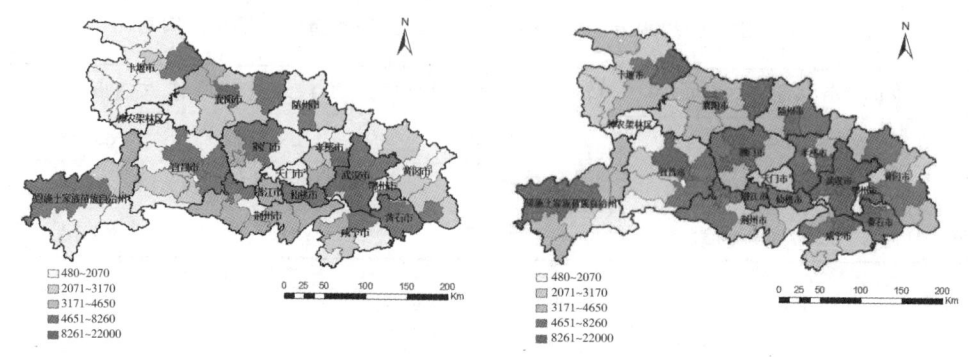

图 2-1-1　湖北省女性婚姻迁移的时空分布变迁
数据来源：根据第六、七次湖北省人口普查数据整理绘制。

（二）男性婚姻迁移人口分布更为广泛，鄂东较低

2010 年到 2020 年，男性迁入地仍以省会及地级市主城区为主；恩施州在男性婚姻迁移数量上仍处于高位。且到第七次人口普查期间，男性婚姻迁移人口空间分布更为广泛，以鄂中和鄂西为主，鄂东主要集中在武汉市（见图 2-1-2）。

男性婚姻迁移空间分布特征的形成原因可能为婚姻中更多要求男性具有房产，男性在购房时会考虑比自身当前居住地经济更发达的地区，如乡镇、郊县迁至主城区；地级市迁往省会城市等。为婚姻购置房产导致常住地发生改变，形成婚姻迁移。

值得一提的是，恩施州在湖北省内不属于经济发达地区，而男性婚姻迁移数量仍位居高位，恩施州男性婚姻迁移目的地以利川市、恩施主城区为主。其主要原因可能为恩施其他县域经济不发达，产业落后，发展机会较少，恩施州内其他县域男性人口为提高自身收入水平，选择利川市、恩施主城区定居、结婚，从而形成人口迁移。另外，恩施州女性家庭归属感强烈，为满足女性不离家过远的意愿，不少外地男性因婚姻主动移居至恩施地区。并且恩施州为吸引人才，提高经济发展水平，恩施州政府发布了包括安排家属工作在内的人才引进优惠政策，不少外来人员因配合家属工作调动迁移至恩施。恩施人口归家意愿强烈外加优惠的人才吸引政策，双重因素叠加是形成恩施州男女婚姻迁移数量均位居高位的重要原因。

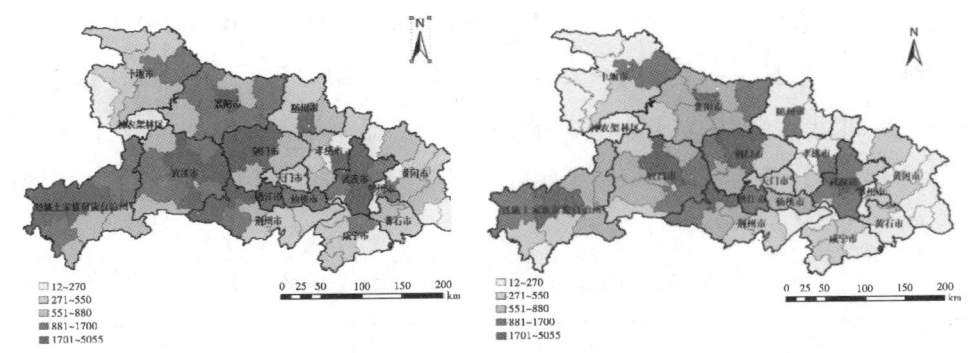

图 2-1-2　湖北省男性婚姻迁移的时空分布变迁
数据来源：根据第六、七次湖北省人口普查数据整理绘制。

三、湖北省婚姻迁移个人特征变迁

(一) 女性仍然是婚姻迁移主体力量，迁移人口数量占据大多数。

从性别角度来看，女性仍然是婚姻迁移主体，在三次人口普查中，女性婚姻迁移人口数量分别占总迁移人口数量的 85.38%、83.6% 和 83.74%，且女性婚姻迁移人口数量在各个年龄阶段均显著高于男性。这一现象说明目前女性仍然是婚姻迁移的主体人群，在婚姻关系中，大部分仍然以女性跟随男性生活，迁移至男性居住地为主。

(二) 中青年年龄阶段是婚姻迁移的主要时段，婚姻迁移人数峰值在不断延后。

从年龄角度来看，20~29 岁、30~39 岁、40~49 岁三个年龄阶段是婚姻迁移的主要年龄阶段(见表 2-1-2)。20~49 岁婚姻迁移人口数量合计占第五、六、七次人口普查婚姻迁移总人口数的 97%、91%、86%。在第五次人口普查中，男女性婚姻迁移数量的峰值均在 20~29 岁出现；在第六次人口普查中女性迁移峰值仍然在 20~29 岁出现而男性迁移峰值出现在 30~39 岁(见图 2-1-3、图 2-1-4)；

第七次人口普查中,男女性婚姻迁移数量的峰值出现在了30~39岁。从峰值出现的时间阶段来看,二十年间,人口结婚年龄不断后移导致人口婚姻迁移年龄的后移,20世纪80年代我国提出的"晚婚、晚育"婚姻政策以及21世纪以来生活成本的不断攀升都是导致人口结婚年龄后移以及婚姻迁移年龄后移的重要因素。

表2-1-2 湖北省分年龄、分性别婚姻迁移的变迁

2000年			2010年			2020年		
年龄	女(人)	男(人)	年龄	女(人)	男(人)	年龄	女(人)	男(人)
15~19岁	191	6	15~19岁	7 890	184	15~19岁	2220	175
20~29岁	32 312	3 595	20~29岁	221 627	14 064	20~29岁	184 294	11 449
30~39岁	5141	2 262	30~39岁	139 581	33 367	30~39岁	330 139	48 671
40~49岁	1 225	581	40~49岁	50 450	23 019	40~49岁	114 095	37 047
50~59岁	645	261	50~59岁	19 787	10 840	50~59岁	49 630	23 083
60岁及以上	363	125	60岁及以上	11 841	7 009	60岁及以上	26 235	16 788

数据来源:根据第五、六、七次湖北省人口普查数据整理。

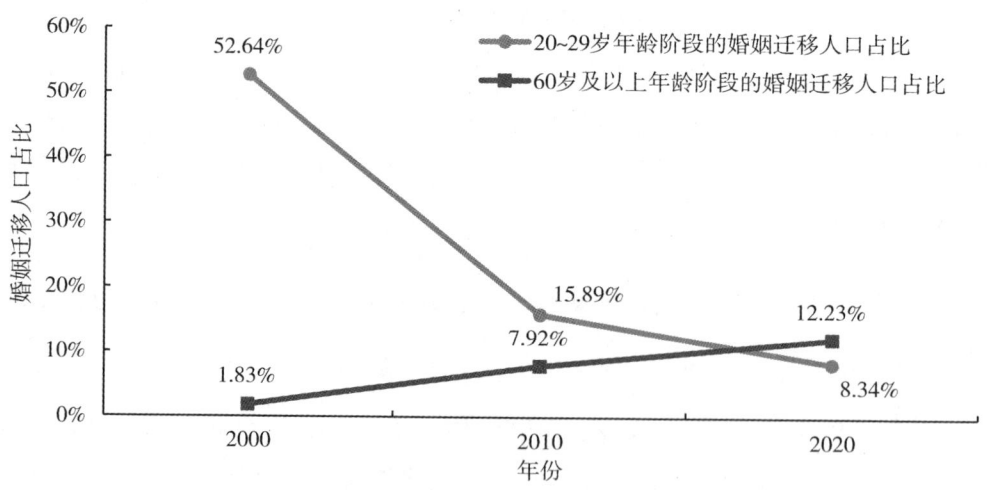

图2-1-3 湖北省男性分年龄婚姻迁移人口占比变迁

数据来源:根据第五、六、七次湖北省人口普查数据整理绘制。

报告一　湖北省婚姻迁移的特征及变迁趋势

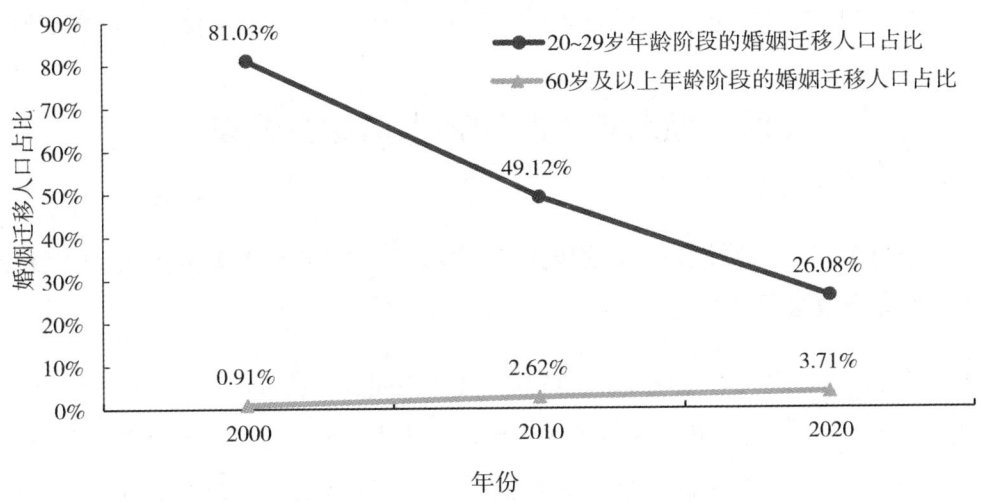

图 2-1-4　湖北省女性分年龄婚姻迁移人口占比变迁
数据来源：根据第五、六、七次湖北省人口普查数据整理绘制。

（三）60 岁以上年龄阶段婚姻迁移人口数量增长态势明显

三次人口普查中，60 岁及以上年龄阶段的婚姻迁移人口数量呈现显著增长。这可能是由于婚姻观念的不断改变所导致，越来越多的 60 岁及以上老年人开始关注自己的晚年感情生活，再婚、再迁移人口数量增长明显。这一趋势的出现有利于解决我国人口老龄化所带来的"空巢老人"问题，有利于提高老年人生活幸福感。

随着社会思潮的涌动，老年人这一思想更趋保守的群体开始接受新的婚姻观念，越来越多的老年人开始追求自己的晚年幸福，老年人再婚率不断攀升，这也促进了老年人的婚姻迁移规模不断扩大。此外，新的家庭模式开始占据多数，老年人群体更加弱势，在生活上、精神上更加需要伴侣的陪伴。随着大的家族制家庭模式的逐渐瓦解，以夫妻为核心的"小家庭"模式占据主流地位，"重幼轻老"现象日益严重，这导致老年人在生活和精神上更需要伴侣的慰藉。据"七普"数据显示，湖北省老年人未婚、丧偶、离婚比率合计占老年人口的。这一部分老年人在生活和精神上可能处于无人照顾、无人陪伴的状态，更加需要在晚年寻找到生活上的伴侣和精神上的寄托。所以，60 岁以上老年人结婚之后更倾向于一起居住，彼此照顾，这也导致了60岁以上年龄阶段的人口婚姻迁移规模逐渐增加。

四、湖北省婚姻迁移人口城乡分布

（一）城市人口婚姻迁移目的地以省会城市、地级市主城区为主，女性迁移城市集聚效应更明显

湖北省第七次人口普查城市人口婚姻迁移空间分布特征有以下几个特点：迁移目的地主要以省会城市以及各地级市主城区为主；女性迁移人口数量较男性更多且城市集中效应更明显；湖北省中部、中东部地区男性人口婚姻迁移分布密集，女性全省分布较为平均（见图2-1-5）。这一特征形成原因主要考虑城市人口由于习惯于城市居住，所以在婚姻迁移时会更倾向于考虑生活基础设施更加完善的地级市主城区以及省会城市。湖北省中部、中东部男性婚姻迁移频繁可能是因为当地地级市辖区范围较小、地处平原。相邻城市之间往来便利，沟通密切所以会有更多的跨市婚姻产生，婚姻跨市迁移也就更加密切。女性婚姻迁移全省分布较为平均，以城市为主且向周围区县扩散。主要是因为女性主动向经济较为发达的地区迁移、集聚并在当地结婚形成婚姻迁移，或者通过婚姻迁移至生活条件更好、基础设施更完善、居住幸福感更高的地区，以求提高自身的生活质量。

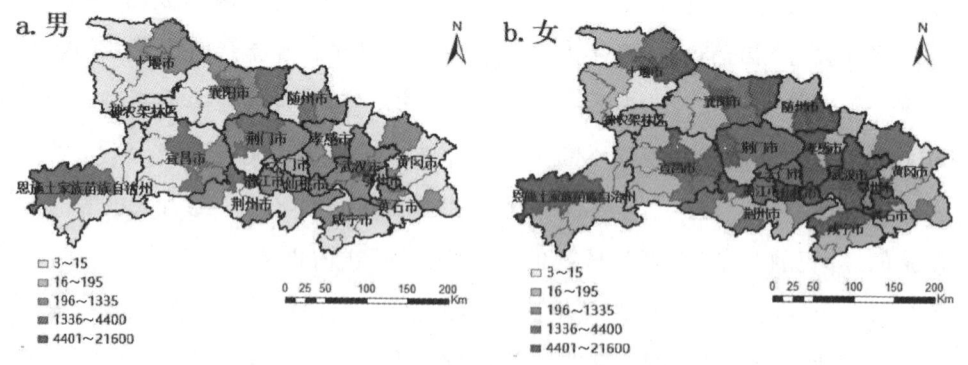

图2-1-5　湖北省第七次人口普查城市男性、女性婚姻迁移人口分布
数据来源：根据第七次湖北省人口普查数据整理绘制。

(二) 镇人口婚姻迁移以邻近地区小范围迁移为主

湖北省第七次人口普查镇人口婚姻迁移空间分布特征有：迁移目的以各地级市周边郊县为主，向城市集聚效应不明显（见图 2-1-6）。长期于乡镇生活，社交活动局限于乡镇地区是该特征形成的重要原因。

镇男性婚姻迁移分布特征成因可能为：（1）生活区域限制于本镇或本地区，所结识伴侣大多也为本地区人口或邻近地区人口，婚姻迁移以小范围居多；（2）镇及周边郊县男性经济收入水平受到当地经济发展所限。于城市购买房产进行定居的经济压力过大，多数镇地区男性经济收入水平无法在城市购买房产遂选择地级市周边郊县进行定居，形成婚姻迁移。

镇女性婚姻迁移空间分布特征主要有以下几点：全省迁移目的地分布较平均，主要分布于各市郊县乡镇；省会武汉以及各地级市主城区集聚效应不明显；这一特征可能是因为乡镇地区女性生活范围小，社交网络局限，结婚对象大多也为本乡镇或邻近乡镇男性，婚姻迁移仅小范围迁移。另外，乡镇思想较为保守，家庭观念的根深蒂固导致适婚女性不愿远嫁。

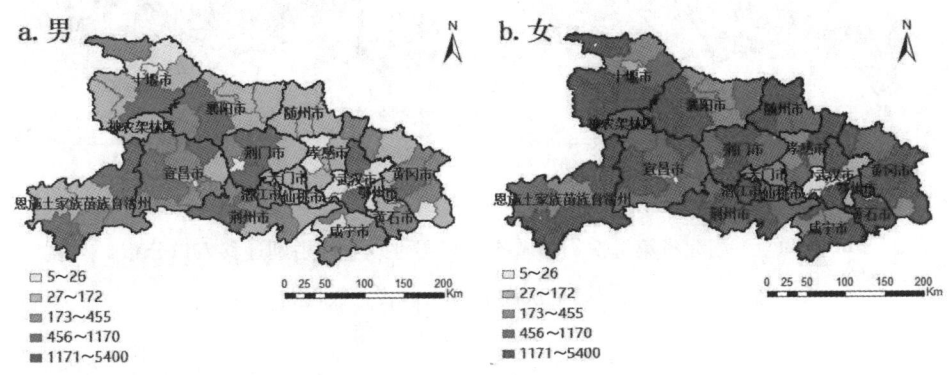

图 2-1-6　湖北省第七次人口普查镇男性、女性婚姻迁移人口分布
数据来源：根据第七次湖北省人口普查数据整理绘制。

(三) 乡村人口婚姻迁移规模大，分布较分散

湖北省第七次人口普查乡村人口婚姻迁移空间分布具有以下特征：全省分布

较为均匀；女性迁移规模较大；男性迁移主要集中于以鄂西、鄂西南地区（见图2-1-7）。乡村人口婚姻迁移规模较大的主要原因为：乡村地区经济发展水平落后，生活条件相较城市仍有很大差距，所以，乡村适婚人口为寻求更好的发展资源以及提升自身生活质量水平，通过婚姻向城镇地区进行迁移。随着我国城镇化进程的不断加快，越来越多的乡村人口向城市以及新建城镇地区聚集，这也是导致湖北省第七次人口普查中，乡村人口迁移规模数量庞大的重要原因。

湖北省第七次人口普查中乡村女性婚姻迁移人口规模较大，主要考虑有以下因素：乡村地区，思想观念较为传统，婚后大多数家庭仍然是以丈夫为主，女性迁往男性居住地，跟随男性共同生活，这也导致了湖北省乡村女性人口婚姻迁移规模大、分布分散；鄂西、鄂西南地区乡村男性婚姻迁移较为频繁。主要考虑当地女性不愿远嫁，婚后希望居住于离家较近的地方，所以为满足伴侣意愿，不少当地男性主动进行婚姻迁移。

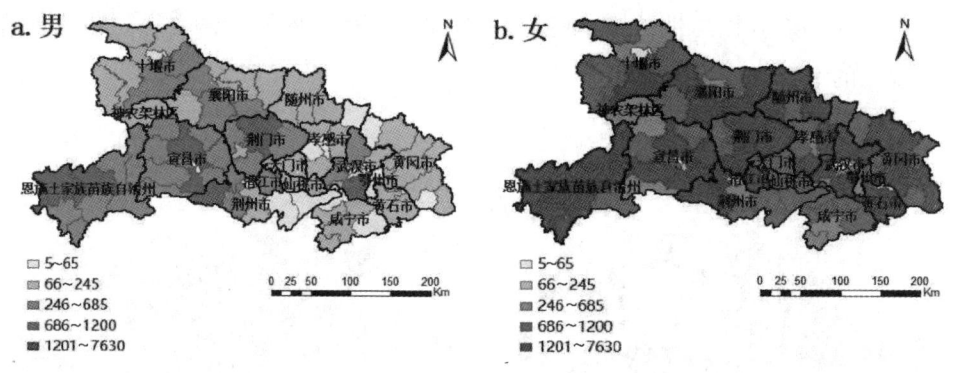

图 2-1-7　湖北省第七次人口普查乡村男性、女性婚姻迁移人口分布

数据来源：根据第七次湖北省人口普查数据整理绘制。

五、结论与讨论

本报告利用最近三次湖北省人口普查数据对婚姻迁移模式变迁及其可能的影响因素进行了较为系统的研究，湖北省婚姻迁移人口特征呈现出如下几个方面的变化：

第一，湖北省婚姻迁移人口占比虽不断减少，但其绝对规模却在逐渐扩大，其中男性婚姻迁移人口数量逐渐增长，但女性仍然是婚姻迁移的主体力量。

第二，从空间角度来看，婚姻迁移人口的目的地以省会城市以及各地级市主城区等经济更发达，发展资源更集中的地区为主，但恩施州的婚姻迁移发生频率尤其频繁，超过其他省内地级市的水平；

第三，从年龄角度来看，中青年阶段是婚姻人口迁移的主要阶段，但60岁以上老年人群婚姻迁移规模增长态势明显。

第四，分城乡角度来看，城市人口在进行婚姻迁移时更多地会考虑以省会城市、地级市主城区为主要目的地；而乡镇人口在进行婚姻迁移时，大多选择邻近郊县或乡镇的短距离迁移，向城市集聚效应不明显。

20世纪80年代早期，区域社会发展严重不均衡导致向上流动的动机显著，婚姻迁移是其改善家庭生活条件的"助推器"，这种助力主要表现在脱离贫困，随着地域间社会经济发展状况差距的缩小，个人能力的发展成为婚姻迁移的驱动力，其主要体现在老家与两地的社会资源、社会福利和政策红利的差异。重新审视不同时期婚姻迁移的变迁以及影响因素，进一步助推婚姻迁移家庭在生育、就业和社会福利等方面的体系建设，促使人口迁移所产生的红利充分发挥。

报告二　湖北省一人户家庭的变迁与构成

家庭既是人们的基本生活单位也是社会的基本组成部分。随着人口生育水平继续走低、经济社会转型加快和人们生活方式进一步改变，中国家庭状况也发生着新的变化。第七次全国人口普查数据显示，中国"一人户"家庭总计已超1.25亿，占比超出25%。这一数据结果将"一人户"家庭引入大众视野，一人户的背后代表着家庭模式的巨大变迁，社会经济的发展使部分家庭功能被替代，家庭呈现出离散化和原子化的趋势。针对一人户家庭的状况及变化特征进行研究，有助于理解家庭的社会变迁，规划和推进民生事业与社会和谐，并加深对我国家庭状况与变化的认识。

家庭与家庭户概念存在差别，家庭是基于婚姻、血缘和收养关系而形成的社会群体，主要由夫妻、父母子女、兄弟姐妹和其他亲属组成。而家庭户不仅涉及成员关系，更强调在同一住所。本报告采用人口普查定义的家庭户分析家庭规模问题。人口普查以常住人口口径对住户（简称户）为单位进行登记，其以家庭成员关系为主、居住一处共同生活的人口作为一个家庭户。本报告主要利用湖北省1990年、2000年、2010年及2020年湖北省人口普查数据，对湖北省家庭结构和规模变迁现状进行描述，并重点分析湖北省"一人户"家庭的时空演变特征、内部构成以及相关影响因素。

一、湖北省家庭户变迁总特征

（一）湖北省一人户占总体家庭户比重由4.5%提升至23%

湖北省家庭户规模呈现持续缩小的趋势，全省家庭户平均规模由1990年的

4人/户降低至2020年的2.65人/户，下降了33.75%。城市、镇和乡村的家庭户平均规模均呈现下降的趋势，乡村降幅最大。在2010年以前，湖北家庭户平均规模存在明显的城乡差异，表现为乡村家庭户平均规模较高，城市和镇家庭平均户规模较低；2010年后乡村的家庭户规模迅速缩减，至2020年乡村家庭户平均规模与城市、镇基本持平（见图2-2-1）。

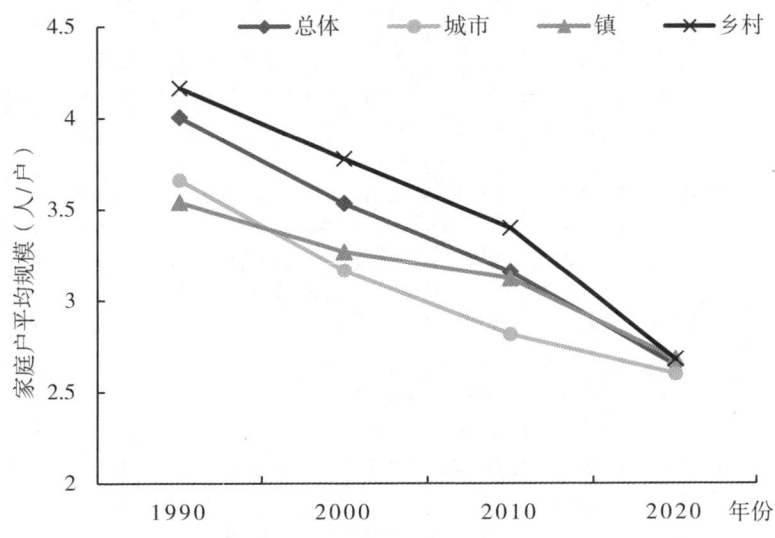

图2-2-1　1990年至2010年湖北分城乡家庭户平均规模

数据来源：根据第五、六、七次湖北省人口普查数据整理绘制。

家庭户规模分布的中型家庭为主逐步演变为由小型家庭户为主，其中以一人户家庭的大量出现最为明显。一人户家庭占全省家庭户比重由1990年的4.54%提升至2020年的23.61%，增加了19个百分点，且始终保持最高年均增长率。这与第七次全国人口普查数据结果一致，一人户家庭在40年间成为普遍现象。二人户家庭也呈现出显著增加的趋势，在2020年占全省家庭户比例最大，达29.30%。三人户家庭在1990年至2010年间有所增加，在2010年后开始减少。四人户及以上的家庭减少趋势明显，尤以七人以上的大型家庭减少速度较快（见表2-2-1）。

表 2-2-1　1990—2020 年家庭规模变化

（单位:%）

	分布比例				年均增长率		
	1990	2000	2010	2020	1990~2000	2000~2010	2010~2020
一人户	4.54	7.72	12.30	23.61	10.42	7.04	12.91
二人户	10.10	15.32	23.37	29.30	8.21	6.31	4.97
三人户	22.71	28.90	28.51	23.03	5.28	0.55	-0.36
四人户	29.07	25.23	18.27	13.17	0.42	-2.26	-1.40
五人户	19.30	14.48	10.94	6.64	-0.99	-1.93	-2.75
六人户	8.52	5.47	4.32	3.02	-2.28	-1.55	-1.65
七人户	3.61	1.77	1.34	0.77	-4.11	-1.94	-3.07
八人户	1.37	0.65	0.57	0.25	-4.32	-0.60	-4.71
九人户	0.48	0.25	0.22	0.10	-3.70	-0.72	-4.38
十人及以上户	0.30	0.20	0.15	0.09	-1.93	-2.04	-2.80

数据来源：根据第四、五、六、七次湖北省人口普查数据整理。

（二）家庭户代际结构单一化，一代户家庭超半数为一人户家庭

从家庭户代际结构的变迁来看，湖北省家庭户代际结构由复杂的多代结构逐渐演变为单一的一代结构，二代户的绝对主导地位转向一代户占比最大。二代户占全省家庭户比重由 1990 年的 68.15% 下降至 2020 年的 37.32%，下降了 30.83%。一代户在 1990 年时占全省家庭户比重最低，仅 11.26%，但在 1990 年至 2020 年间迅速提升，至 2020 年占比达 45.86%。三代户及以上家庭户占全省家庭户比重稳定较低，且在 2010 年后进一步缓慢降低。（见图 2-2-2）

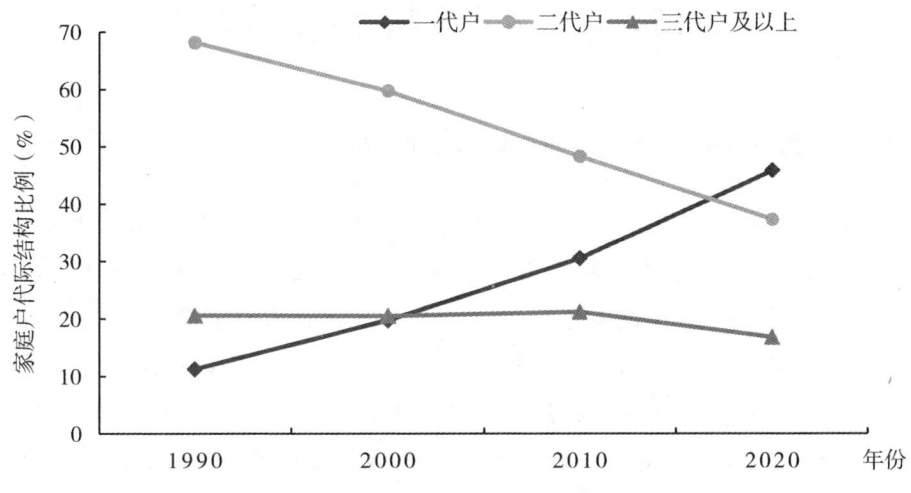

图 2-2-2 1990 年至 2010 年湖北家庭户代际结构变迁

数据来源：根据第四、五、六、七次湖北省人口普查数据整理绘制。

一人户家庭是一代户家庭的重要组成部分。一人户家庭占一代户家庭的比重在 1990—2010 年的三十年间基本保持稳定，在 40% 左右波动，即一人户家庭和一代户家庭增长步调一致。然而，从 2010 年至 2020 年一人户家庭增长速度显著提升，一人户家庭占一代户家庭比重于 2020 年超过 50%。分城乡来看，乡镇一人户家庭占一代户家庭比重略高于城市。（见表 2-2-2）

表 2-2-2 湖北省一人户家庭与一代户家庭变迁

	1990			2000			2010			2020		
	一人户（万户）	一代户（万户）	百分比（%）	一人户（万户）	一代户（万户）	百分比（%）	一人户（万户）	一代户（万户）	百分比（%）	一人户（万户）	一代户（万户）	百分比（%）
总体	59.04	146.39	40.33	120.56	308.33	39.10	205.40	509.72	40.30	470.64	914.04	51.49
城市	15.50	40.46	38.31	42.72	115.11	37.11	80.91	197.12	41.05	190.86	382.17	49.94
镇	5.50	14.36	38.28	21.71	49.52	43.83	35.31	90.74	38.91	93.28	174.44	53.48
乡村	38.05	91.58	41.55	56.13	143.70	39.06	89.18	221.87	40.20	186.49	357.43	52.18

数据来源：根据第四、五、六、七次湖北省人口普查数据整理。

二、湖北省一人户家庭时空分布演变

(一) 总体空间特征呈现出明显的空间正相关

分别计算1990—2020年一人户比重的全局 Moran's I 指数估计值和相关指标，结果如表2-2-3所示。整个研究期内，全局 Moran's I 的估计值均大于0，并通过高显著性水平检验。这说明县域单元之间一人户占比存在较强的全局空间正相关，证明地区间一人户空间差异是客观存在的，具有较高一人户比重的地区与同为较高一人户比重的地区相邻，反之亦然。上述4个年份中，全局 Moran's I 估计值在1990—2010年波动，并于2010—2020年大幅下调，说明县域一人户占比的空间集聚在小幅聚集后大幅扩散，总体格局在1990年基础上发生重组后保持了一定的连续性。

表 2-2-3 1990—2020 年湖北省一人户占比全局 Moran's I 指数

年份	Moran's I	E(I)	Z(I)	P 值
1990	0.456	−0.010	7.656	0.000
2000	0.376	−0.010	6.193	0.000
2010	0.470	−0.010	8.137	0.000
2020	0.165	−0.010	2.769	0.006

数据来源：根据第四、五、六、七次湖北省人口普查数据整理。

(二) 空间分布表现为鄂东、鄂西一人户占比较高，鄂中较低

1990年至2020年，湖北省一人户占总家庭户比重的增长趋势从时间趋势上表现为由少至多，在空间分布趋势上表现为由点及面，即从零星分布扩散至全省域广泛分布。空间分布始终呈现出鄂东、鄂西一人户占比较高、鄂中一人户占比较低的特征。

1990年，一人户家庭占比较低，主要在湖北东部的武汉周边地区和西部地区零星分布。1990年至2000年是湖北省一人户家庭占比少量增长阶段，鄂西地

区一人户家庭占比显著增长,主要以神农架林区及周边地区占比提升较快。2000年至2010年是湖北省一人户家庭稳步增长阶段,一人户家庭占比主要以武汉为中心向外扩张形成一定圈层结构,武汉及周围地区成为一人户分布的主要地带,距离武汉市稍远的鄂中地区(包括随州市、襄阳市、荆门市、宜昌市、荆州市和孝感市)一人户有所增长,但数量上不及紧邻武汉地区。同时湖北西部地区仍然保持高一人户比重。2010年至2020年为湖北省一人户家庭迅速扩张阶段,湖北省给全域内一人户占比呈现广泛快速增长,但仍呈现出鄂西地区和鄂东地区占比较高,鄂中地区占比较低的分布特点。(见图2-2-3)

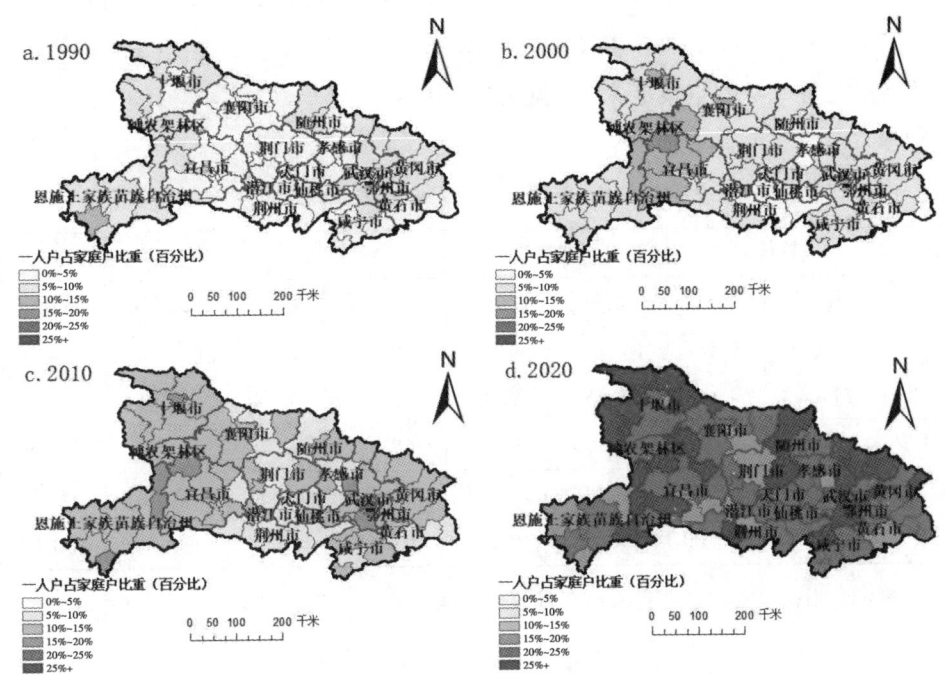

图2-2-3 1990—2010年湖北省一代户家庭时空分布演变
数据来源:根据第四、五、六、七次湖北省人口普查数据整理。

三、一人户家庭构成

2020年湖北省一人户家庭达470万,占全省家庭户的23.61%,一跃成为第二大家庭户规模类别,较2010年增长了12.91%。一人户家庭的构成比较复杂,本文主要从城乡结构、年龄结构和性别角度予以考察。

(一)老年一人户占比高于20%,且主要分布于乡镇

分年龄构成来看,一人户主要集中于15岁至64岁劳动年龄人口,占所有一人户的68.99%,65岁以上老年一人户占比较高,达26.41%。对不同区域进行分析,发现城市和乡村一人户总数总量基本持平,但在年龄构成上存在明显的城乡差异,较年轻的一人户更多居住在城镇,而65岁及以上的老年一人户主要分布在乡村。具体而言,城市和镇一人户中劳动年龄人口占比显著高于乡村,分别高出17.74%和11.14%,而乡村65岁以上老年一人户户数高出城市1.68倍,可见乡村存在大量单身的空巢老人。(见表2-2-4)

表2-2-4 2020年湖北省一人户家庭年龄构成

	总体		城市		镇		乡村	
	一人户数(万户)	百分比(%)	一人户数(万户)	百分比(%)	一人户数(万户)	百分比(%)	一人户数(万户)	百分比(%)
0~14岁	21.64	4.60	5.48	2.87	4.42	4.74	11.74	6.30
15~64岁	324.70	68.99	147.59	77.33	65.97	70.73	111.14	59.59
65岁以上	124.30	26.41	37.80	19.80	22.89	24.53	63.62	34.11
合计	470.64	100.00	190.86	100.00	93.28	100.00	186.49	100.00

数据来源:根据第七次湖北省人口普查数据整理。

(二)男性一人户多于女性一人户

总体男性一人户占比高于女性一人户,高出7.3个百分点。分年龄来看,15~65岁劳动年龄一人户中,男性一人户多于女性一人户,高出10.57%。而在65岁以上的老年一人户中发生逆转,女性一人户相对更多。低年龄组的一人户性别差异反映了婚姻市场的性别失衡。高年龄组存在的性别差异主要源于女性预期寿命较男性更长,因此更可能丧偶成为一人户。分城乡来看,一人户的性别差

异主要来源于乡村,乡村男性一人户占全省一人户比重高出女性一人户占比5.59个百分点,可见农村一人户以男性为主。而城镇男性一人户和女性一人户比例基本持平。(见表2-2-5)

表2-2-5 2020年湖北省一人户家庭性别构成

(单位:%)

	合计	城市	镇	乡村
男	53.65	20.68	10.36	22.61
女	46.35	19.88	9.46	17.02
总计	100.00	40.55	19.82	39.63

数据来源:根据第七次湖北省人口普查数据整理。

(三)年轻男性一人户更多,老年女性一人户更多

分年龄来看,15~65岁劳动年龄一人户中,男性一人户多于女性一人户,高出10.57%。而在65岁以上的老年一人户中发生逆转,女性一人户相对更多(见表2-2-6)。低年龄组的一人户性别差异反映了婚姻市场的性别失衡。高年龄组存在的性别差异主要源于女性预期寿命较男性更长,因此更可能丧偶成为一人户。

表2-2-6 2020年湖北省一人户家庭性别—年龄构成

(单位:%)

	0~14岁	15~64岁	65岁以上	合计
男	2.6	39.78	11.27	53.65
女	1.99	29.21	15.14	46.35
总计	4.6	68.99	26.41	100

数据来源:根据第七次湖北省人口普查数据整理。

一人户家庭以15岁至64岁年龄人口为主,且性别结构与年龄结构存在关联,因此绘制15~64岁湖北省一人户家庭人口金字塔(见图2-2-4)。结果显示,一人户家庭结构性差异主要在于男性,乡村男性一人户主要分布在50岁至59岁

高年龄组阶段，乡村的未婚大龄男性反映了乡村明显的婚姻挤压效应。而男性在城市一人户主要集中于 25 岁至 34 岁低年龄组阶段，这一年龄阶段的城市男性正是打拼事业的重要时期，随着结婚年龄的推迟，这一阶段的男性尚未婚配的概率更大。城市 15~65 岁年龄组中女性一人户多于乡镇。

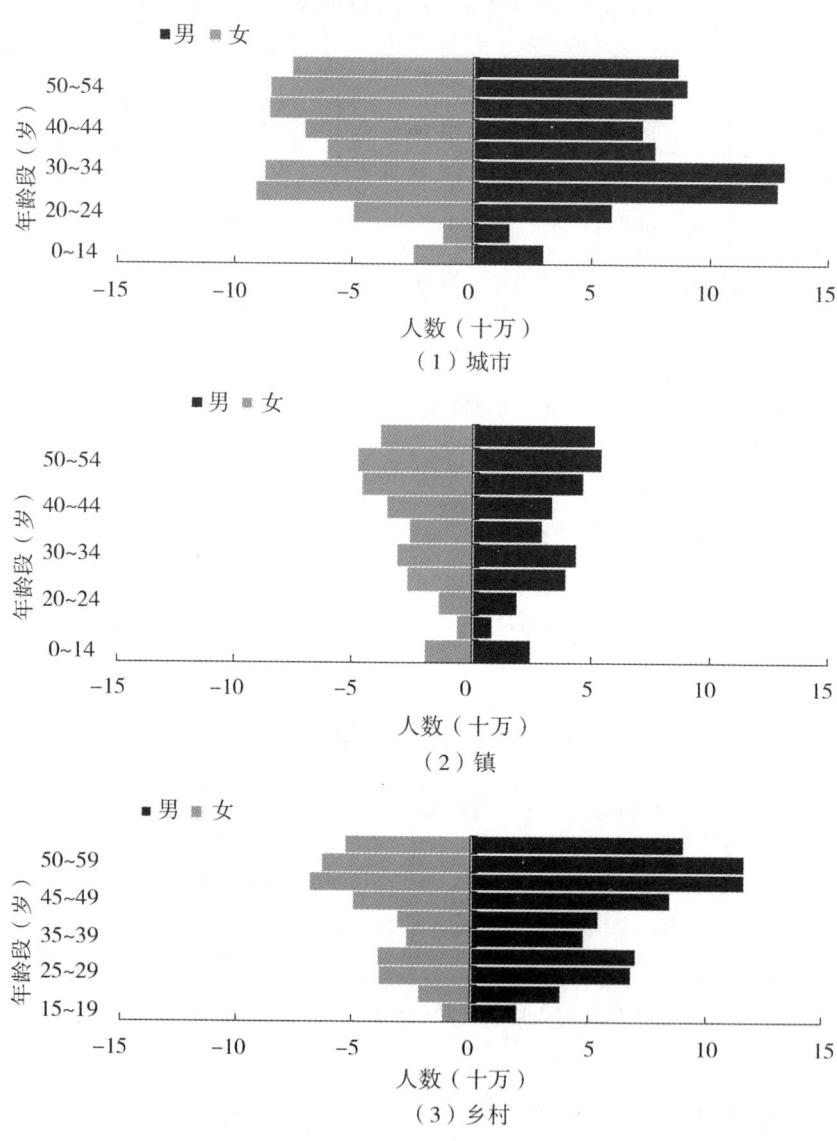

图 2-2-4　2020 年湖北 15~64 岁一人户家庭人口金字塔

数据来源：根据第七次湖北省人口普查数据整理。

以40岁为界,将15~64岁年龄人口划分为15~39岁的低年龄组和40~64岁的高年龄组,并分性别绘制空间分布图(见图2-2-5)。图2-2-5显示,低年龄组男女一人户比重呈现相似的分布特征,一人户占比更高的地区主要分布在武汉及周边地区,同时,恩施州一人户占比也较高。高年龄组男性一人户占比较高的地区主要在鄂西地区,女性一人户占比较高的地区主要分布在鄂中地区。呈现出年龄和性别在空间上的分布差异,主要源于地区间经济发展水平的差异。与前文分城乡联系来看,男性高年龄组主要分布在经济发展水平较低的西部农村地区,该地区女性大量流出,致使他们面临严重的婚姻挤压,父母离世独自生活也面临着生活困境。高年龄组一人户女性聚集于湖北中部地区,这部分女性大多由于离婚和流动而成为一人户,中部地区经济发展水平尚可,生活压力小于高经济发展水平地区,因而成为她们选择的主要地区。对于年轻组的一人户而言,他们需要去经济发展水平较高的地区获得更多的就业机会,因此向武汉都市圈聚集。

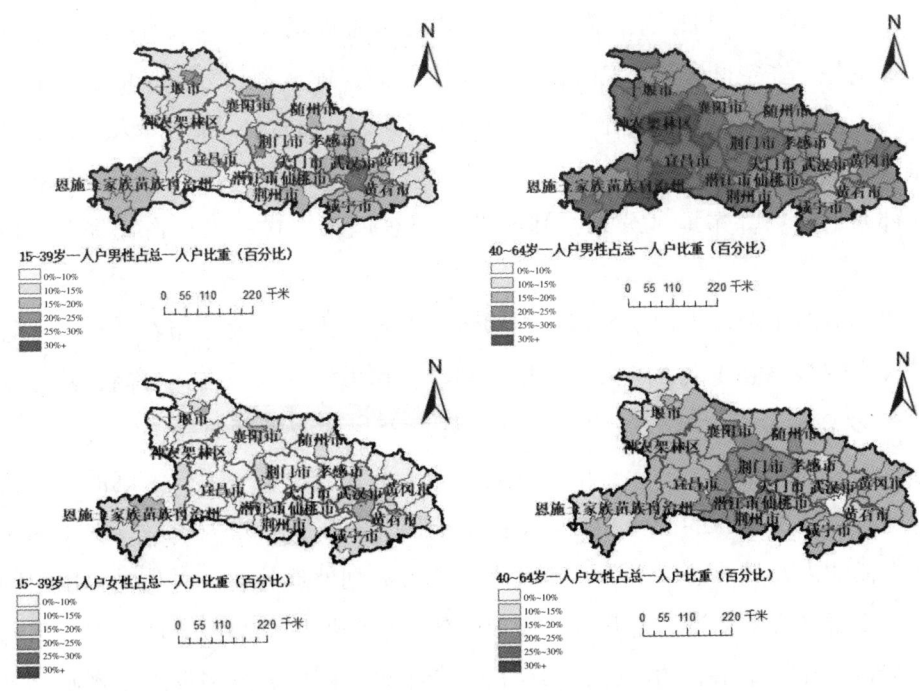

图2-2-5 湖北省分性别15~64岁青中年一人户占比分布

数据来源:根据第七次湖北省人口普查数据整理绘制。

四、总结与讨论

1990年至2020年，湖北省家庭户结构和分布都呈现出巨大的变化，最核心的变化在于一人户家庭的大量出现，这与全国呈现出一致的现象。本报告利用湖北省第四次至第七次人口普查数据，对湖北省家庭户变迁趋势进行分析，重点研究一人户家庭时空演变趋势及内部构成，结论如下：

第一，湖北省家庭户规模呈现持续缩小的趋势，城市、镇和乡村的家庭户平均规模均呈现下降的趋势，乡村降幅最大。家庭户规模分布的中型家庭为主逐步演变为由小型家庭户为主，其中以一人户家庭的大量出现最为明显。家庭户代际结构由二代户的绝对主导地位转向一代户占比最大，一人户家庭增长速度显著提升，2020年一人户家庭占一代户家庭比重超过一半。可见，一人户家庭大量出现成为我国家庭户变迁中最重要的新趋势，其背后的构成和源于。

第二，1990年至2020年，湖北省一人户数量总体增长趋势从时间趋势上表现为由少至多，在空间分布趋势上表现为由点及面，即从零星分布扩散至全省域广泛分布。空间分布始终呈现出鄂东、鄂西一人户占比较高、鄂中一人户占比较低的特征。城市一人户占比主要分布于武汉都市圈。乡镇一人户占比高于城市，主要在鄂西地区和鄂东地区分布，其中尤以鄂东地区乡村一人户占比提升速度较快。

第三，劳动年龄一人户主要居住在城镇，老年一人户主要分布在乡村。年轻男性一人户较多，老年女性一人户占比较高。乡村男性一人户占比最高，且主要在50~59岁高年龄组，城市男性一人户主要为25~34岁低年龄组。针对一人户家庭年龄构成的分析表明，青年单人家庭和老年单人家庭是一人户家庭的主要构成。这两种类型一人户的产生，有着不同的原因。对于青年单人家庭反映了结婚率持续走低的内在趋势。一方面，年轻人离开家庭到外地就业、对独立自由空间的渴望、晚婚晚育的思潮，都是导致城市青年独居的原因。另一方面，农村男性受到婚姻挤压导致结婚难的问题长期存在。老年单人家庭的增多反映了老龄化日益加重的趋势。医疗技术的进步、女性平均预期寿命高于男性等，让老年人独居家庭的数量不断增长。

社会分工摊平了家庭的建构成本，一人户家庭得以成立，可见一人户是深深嵌入现代经济网格之内的。一人户家庭的激增对于中国社会发展适应这一重要变化提出了新的挑战与机遇。年轻人"一人户"的增加催生了形式多样的单身经济，可以通过购买服务实现个人家庭生活质量，获得独立自由的生活空间。独居老人"一人户"的增加促使养老产业加速发展，健康监测、安全保障等服务日益完善，家庭保险功能也逐渐被社会化的保障机制取代。可见市场经济早已对一人户家庭激增的现象做出了反映，公共政策的体系同样需要跟上家庭户变迁的新趋势，依据不同类型独居人群的需求提供相匹配的公共服务，且尤其需要关注老年一人户及农村男性一人户面临的生存及发展困境。

报告三　湖北省城市人户分离现状及原因分析

一、现状描述

(一)湖北省城市人户分离人口10年间快速增长

本报告把城市人户分离人口分为市内人户分离人口和常住外来人口,两者都是跨乡镇街道半年以上的流动人口。2010年和2020年的湖北省人口普查数据显示(见表2-3-1),湖北省城市常住人口从2010年的1792万人增加到2020年的2465万人,增加了673万人。其中城市人户分离人口占城市常住人口的比重从36.6%增加到54.4%。从绝对值来看,湖北省城市人户分离人口增长较快,增加了686.4万人,市内人户分离人口增加了339.7万人,常住外来人口也出现了快速增长趋势,增加了346.6万人。

表2-3-1　2010—2020年城市人户分离人口变化情况

(单位:万人)

	常驻人口	人户分离人口	市内人户分离	常驻外来人口
2010	1792.816	656.1403	485.0312	485.0312
2020	2465.7421	1342.5245	831.6724	831.6724
2020年比2010年增加	672.9261	686.3842	346.6412	346.6412

数据来源:根据第六、七次湖北省人口普查数据整理。

1. 城市人户分离人口与经济发展联系密切,从武汉一家独大逐步向襄阳、宜昌转移

从 2010—2020 年湖北省不同类型城市人户分离人口在各地区的分布变化来看,城市人户分离人口由集中在武汉一个特大城市到分散到宜昌、襄阳、孝感等城市的趋势,2010 年湖北省的武汉市市内人户分离人口占比 61.9%,远超其他城市(见表 2-3-2),但到 2020 年后,宜昌市、孝感市等经济发展较快城市的市内人户分离人口的比重有所增加,武汉市城市人户分离人口比例占比低于 50%,降到 42%(见表 2-3-3)。从总体上来看,市内人户分离占比高的城市,仍聚集在武汉、襄阳、宜昌这种省中心及副中心城市,这些地区工作机会较多,交通便利,有大型的住宅小区,公共服务更加完善,因此,市内寻找好工作导致人户分离现象更加明显,公共基础服务和交通便利所带来的人户分离成本降低也加大了这种趋势。省内外来人口和省外外来人口的分布变化不大,依然是选择了武汉、襄阳、宜昌作为聚集点,但省内外来人口占比中,宜昌略有上升,武汉、襄阳略有下降,与宜昌当地近年来推行的积极的人才落户政策密不可分。经过 10 年的变化,武汉市依然是市内人户分离人口最多的地区,而宜昌市人户分离占比有增加的趋势,除有大量的市内人户分离人口外,还聚集大量的常住外来人口。

表 2-3-2 2010 年湖北省不同类型人户分离在各地区的分布

(单位:%)

城 市	市内人户分离人口	省内外来人口	省外外来人口
武汉市	61.9	41.3	61.1
黄石市	4.0	4.6	3.1
十堰市	2.3	6.5	5.2
宜昌市	5.7	6.4	8.4
襄阳市	11.2	9.6	5.1
鄂州市	2.3	1.2	0.8
荆门市	2.8	4.3	2.6
孝感市	2.6	6.1	2.7

续表

城　市	市内人户分离人口	省内外来人口	省外外来人口
荆州市	4.8	4.7	4.2
黄冈市	0.4	3.2	1.8
咸宁市	1.0	2.9	1.5
随州市	0.8	2.1	0.6
恩施州	0.0	3.4	1.9
仙桃市	0.0	2.3	0.6
潜江市	0.0	0.7	0.3
天门市	0.0	0.8	0.2

数据来源：根据第六次湖北省人口普查数据整理。

表 2-3-3　2020 年湖北省不同类型人户分离在各地区的分布

（单位:%）

城　市	市内人户分离人口	省内外来人口	省外外来人口
武汉市	42.0	33.5	63.7
黄石市	3.9	5.1	2.5
十堰市	5.7	4.9	4.3
宜昌市	6.8	7.1	6.9
襄阳市	8.6	6.9	4.4
鄂州市	1.6	0.5	0.8
荆门市	4.7	5.7	2.5
孝感市	6.1	8.2	2.6
荆州市	4.5	5.1	4.4
黄冈市	2.8	4.2	2.3
咸宁市	3.1	3.3	1.6
随州市	3.4	3.5	0.9
恩施州	3.6	6.3	2.0
仙桃市	1.8	3.2	0.4
潜江市	0.9	1.5	0.5

续表

城　市	市内人户分离人口	省内外来人口	省外外来人口
天门市	0.5	0.9	0.1
合计	100.0	100.0	100.0

数据来源：根据第七次湖北省人口普查数据整理。

2. 市内人户分离女多男少，常住外来人口男多女少且中青年劳动力比例更高

与湖北省市内人户分离人口女多男少（男女比例为：0.98）的情况相比，常住外来人口的男女比例为1.07，男性比女性更多，且比市内人户分离人口性别比更加失衡。

市内人户分离人口的0~14岁少年儿童比例14%，比常住外来人口高1.3个百分点；常住外来人口20~54岁中青年适龄劳动力的比例高达61.7%，比市内人户分离人口高5.6个百分点，反映出常住外来人口的年龄结构更为年轻；市内人户分离人口的60岁以上老人比例达到16.4%，要比常住外来人口高出7.1个百分点，可见，市内人户分离人口老人比例更高。从两个人户分离人群的年龄结构来看，说明离家越远，青壮年外出的比例就越高，儿童和老年人比例则随着流动距离变远而降低。

常住外来人口的受教育程度初中学历比例最高，达到29.4%；而市内人户分离人口则是高中学历比例最高，达到26.8%。市内人户分离人口与常住外来人口的大专以上学历基本一致，分别为31.5%和30.3%，说明市内人户分离人口与常驻外来人口高素质人口比例基本相当。从平均受教育年限比较，市内人户分离人口比常住外来人口高0.2年。

3. 人户分离现象主要表现为就业机会驱动，不同年龄、性别主要原因差别较大

湖北省人户分离人口离开户籍地的原因排在第一位的是"拆迁/搬家"，占29%。这与近年来城市建设和功能拓展有较大关系，由旧城改造引起的群体性搬

迁至近、远郊区和部分城市扩张导致部分农房拆迁的现象增多，许多搬迁户尽管居住地发生了改变，但仍保留着原户籍，期望继续享受城市的教育、医疗、社会保障等优质资源。另外，人户分离原因排在第二的是工作就业原因占比27%，仅次于拆迁搬家。此外，"学习培训""工作调动""投亲靠友""寄挂户口"等都是市内人户分离的原因。特别需要关注的是城市中一些集体户口人群，户口主要寄挂在单位，但实际居住地和工作地与户籍地可能并不一致，对这部分人群的统计和资源配置给政府管理带来了较大难度。

值得注意的是，不同年龄、性别人户分离人口离开户籍地的原因略有差异，在24岁以下群体中，"学习培训"原因的人户分离占比近五成，而55岁以上人群，"照料孙子女"原因的人户分离比例明显上升。在不同性别上，男女的其他人户分离原因所占比例基本相当，但婚姻嫁娶原因中，女性占比为83%，仅有少量男性是因婚姻嫁娶原因成为人户分离人口。

(二) 市内人户分离人口和常住外来人口的的空间分布特征及其变化

湖北省市内人户分离的情况如图2-3-1所示，由图结合统计分类结果可知：

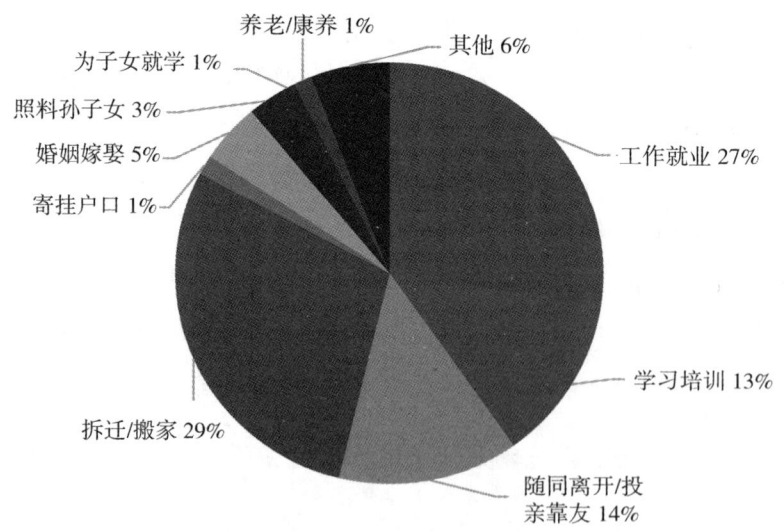

图2-3-1　人户分离原因占比

数据来源：根据第七次湖北省人口普查数据整理。

在市内人户分离中，各城市中心城区市内人户分离人口占比较高，近郊区与远郊区依次递减。以武汉和宜昌为例，武汉中心城区江岸区与硚口区人户分离人口占比最高，均为18%，蔡甸区、江夏区等近郊区分别为9%和11%，武汉经济技术开发区、武汉东湖生态风景区等远郊区分别为7%和6%；宜昌中心城区猇亭区和西陵区人户分离人口占比分别为16%和13%，其次是宜昌高新区占比10%，伍家岗区占比6%，其他各区均低于5%。可以推测，人口由远郊区迁往近郊区或中心城区，人员向经济更发达、公共服务设施更完善的中心城区靠拢，如武汉江岸区、硚口区，宜昌猇亭区和西陵区等。

综合跨区迁移与区内迁移的特征及各区的发展清况，大致可以总结出市内空间流动的如下特点：(1)远城区是市内跨区人口的主要净迁出地，中心城区或经济较发达、人均 GDP 较高的城区为主要的人口净迁入地。(2)除经济因素外，跨区迁出还具有老城区向新城区迁移的特点，人口迁移选择时更愿意选择新城区，推测原因可能为新城区更优质的公共服务已经相比于老城区相对较低的房价。(3)对比市内迁移和省内(非市内)迁移，省内迁移比例略高于市内迁移，推测的原因为不同城市的经济发展及公共服务水平差异略大于不同区的经济发展及公共服务水平差异。

二、问题分析

(一) 人户分离现象不断加剧是"市场发展—户口利益剥离双向作用的结果"

人户分离现象之所以不断加剧是市场经济不断发展与附加在户口上的各种利益逐渐剥离这两种机制同时作用的结果。改革开放前的计划经济体制和与之相配套的户口登记制度人为地造成了我国典型的城乡二元经济结构。东南沿海率先开放造成了资源配置在区域间的不均衡，同时也在工业部门中创造了大量的就业机会。农业部门的边际生产率远低于工业部门，造成了两部门之间巨大的工资差异，当劳动力和资本在地域上出现不均衡分布时，人口迁移便会发生，过剩的农业劳动人口在全国范围内首先从农村流向东南沿海一带。随着市场经济在全国范围内的深入推进，以"北京—上海—深圳"为核心的大都市圈进一步对人口形成了巨大的吸力,导致劳动力可以克服迁移成本的限制(户口亦是隐性的迁移成本之一)而不断流向经济发达地区,最终的结果就是不断加剧的人户分离现象。

另一方面,在市场经济条件下,附加在户口的原有利益逐渐被取消或者剥离,户口对农村居民日常生活的约束与调配功能不断弱化。尽管户口仍然会对居民的教育、医疗及婚姻等社会生产造成一定的影响,但人户分离对人们的经济生活却不再构成根本上的障碍,这就促使了人户分离现象的发生与发展。加之暂住证制度、工作寄住证制度等系列制度在全国及不同地方的相继出台,这些制度均有部分代替原有户口制度的性质与功能,加剧大城市人户分离程度。

(二)就业机会的区域差别是省际与省内人户分离的直接原因

导致省际与省内人户分离的直接原因在于区域间的就业机会差异,这一点可以通过历次全国人口普查中关于迁移原因的调查中反映出来。在历次人口普查中,省际迁移人口中"务工经商"原因所占比例快速攀升,第三次人口普查时仅为8.57%,而第六次人口普查已提高到27%。第四次人口普查数据显示,2010年前后,华中地区特别是特大城市武汉已成为务工经商者的主要迁入地,与"五普"相比,"六普"数据显示中部地区人口迁入原因模式仍是以经济原因单一主导型模式。

(三)基本公共服务的差异是城市内部人户分离的重要驱动力

城市化过程在空间上主要表现为两个特征,一是城市范围不断扩大,二是旧城改造不断加剧。城市化过程是城市内部人户分离的直接原因,但根本原因还在于城市化过程中所产生的基本公共服务差异。城市化的不断发展促进了城市居民居住条件的不断改善,城市内的迁移成为经常性的现象。尽管家庭内部的房屋面积、居住条件等改善了,但由于级差地租的存在,很多改善型住房都建设在城郊结合地带,新建设的社区往往在市政基础设施条件方面赶不上老城区,这就加深了迁移居民对老社区的依赖。新社区在商业、教育、医疗、文化、娱乐等公共设施建设上往往更为滞后,这也对人户分离产生重要影响。以教育为例,师资力量较强、办学条件较好的小学和初中往往坐落在老城区,而目前国内适龄人口入学大多按照户籍所在区域就近入学,对人户分离产生重要影响。除了基本公共服的差异之外，还有一些不合理甚至不合法的与户口挂钩的相关利益驱使城市居民不愿意变更户口。例如动迁房安置政策往往与户口人数挂钩、部分企事业单位的招工中对户口的限制等。

三、对策与建议

(一) 以取消《中华人民共和国户口登记条例》为目标，加快进行人口管理顶层制度设计

人户分离现象及由此导致的一系列社会问题是计划经济向市场经济转型过程中，经济体制改革与行政体制改革不匹配的产物。在计划经济体制下，基于户籍的人口管理制度限制人口的自由流动，能有效地实现对人口的社会管理，而且，该制度能够符合政府在生产、资源分配以及产品消费等各方面的需求，是与计划经济体制完全配套的一种社会管理制度。在中国改革开放40余年的实践中，相比经济体制改革，行政体制改革严重滞后，由此也带来了一系列的社会问题。由户籍制度而形成的"人户分离"现象及问题仅仅是这一系列不匹配产物中的一个。要从根本上解决人户分离现象及其问题，就必须从顶层制度设计上着手分析并加以解决。

我国自1958年颁布第一部户籍制度《中华人民共和国户口登记条例》以后，迄今没有做过任何修订，这充分说明该条例只是一项单纯的公民身份信息的登记制度，其初衷是为了便利全国人口计划性管理。随着多年计划经济体制的实行，国家、各级政府、政府各职能部门，乃至社会企事业单位依附于户籍制度设置了诸多的社会门槛或限制，导致户籍制度在单纯的公民身份登记基础上额外承载了与户口相关的多种利益，尽管随着经济体制改革的推进，部分绑定在户口上的利益逐渐得以剥离，但涉及公民最基本权益的社会公共服务无不与户口挂钩。

目前，国家及各地方政府基于这一社会现实，改革的出发点仍然是"在保留户口登记制度"基础上的修修补补，如2012年国务院颁布的《国务院办公厅关于积极稳妥推进户籍管理制度改革的通知》，各级地方政府先后出台的各种蓝印户口管理办法、工作寄住证制度、暂住证制度、临时居住证制度、记分制入户管理

办法等层出不穷。无论这些改革的成效如何，其改革的出发点从一开始就违背了《中华人民共和国户口登记条例》作为单纯的公民身份信息登记制度的初衷。

因此，在人口管理的顶层设计中，首先要考虑的就是如何通过适当的制度设计逐步取消《中华人民共和国户口登记条例》。自从1984年我国实行《中华人民共和国居民身份证试行条例》后，计划经济体制下的产物"户口簿"作为居民身份信息登记与人口管理的载体已成为事实上的"鸡肋"，而且，经过多年身份证制度的施行，将"户口簿"所承载的公民身份信息移植到公民身份证中，是完全具备条件的。"皮之不存，毛将焉附"，取消户口登记制度，加载在户口上的各种利益自然无处遁形。

（二）通过政府宏观调控与市场机制逐步实现社会公共服务均等化

由户口登记制度产生的户口簿本身只是明确公民个人身份的一个载体，但附加在户籍上的各种利益却是实实在在的，这些利益又与国家提供给公民最基本的公共服务休戚相关，涉及医保低保、子女入学以及购房住房这些最基本的家庭生活层面，这就使得人户分离所造成的问题更加突出。将取消《中华人民共和国户口登记条例》作为人口管理顶层设计的研究目标，并不是说我们现在就具备立即取消户籍制度的社会现实基础。完全取消户籍制度的现实土壤是实现社会公共服务的均等化，这需要从政府宏观调控和市场机制两方面共同推进。

在政府宏观调控方面需着力从两点消除社会公共服务的城乡差别与区域差别。一是在公共资源的投放上，尽管区域经济发展存在巨大差异，但国家需要着力均衡城市与城市、城市与农村乃至城市内部各区域或乡村之间在公共资源投放上的差异；二是要着力消除人为的本不该附加在户籍制度上的一些不合理规则或利益，典型的例子如北、上、广、深等地区高考的户籍限制，普遍存在的城市企、事业单位人员招聘对户口所在地的要求等。

在市场机制方面，政府要充分相信并发挥市场在公共资源配置方面的潜能。由本报告分析的武汉市在人户分离人口上所展现出来的城市社会空间结构不难看出，市场即使是在各种条条框框的限制与约束下，依然展示了其在公共资源配置方面的巨大潜能。流动人口在迁移中的驱动机制是就业机会驱动，在无法获取工作机会的情况下，我国目前提供的社会保障无法满足一个公民或一个家庭在其常住城市的基本生存条件，这明显有别于欧美部分高福利国家。因此，在人户分离空间特征方面，在城市内部业已形成了中心城区与远城区的巨大差别，这是市场调节的重要结果。如果放开户籍制度，市场依然有能力对现有的公共资源进行有效的配置。

基层公共服务均等化的关键在于要在社区层面完善配套的公共服务建设，尤其是要加大新城区与远城区的公共服务配套设施建设，这样，就能进一步减少城市中不同地区公共设施在档次上的差距，有利于消除户口所带来的根深蒂固的影响。在具体政策上要着力构建地区间基本公共服务均等化的财政转移支付制度。

(三) 对人口管理逐步由以户籍管理为基础向以属地管理为基础转变

大城市超过40%以上的人户分离人口动摇了按照户籍进行人口管理的基础。不断加剧的"人在户不在"以及"户在人不在"问题迫使政府各职能部门在人口管理上不得不做出改变，而最可行的模式是以人口常住地为基础进行管理。

以常住地为基础进行人口管理在难度上必然大于以户籍为基础的人口管理模式。原因在于，随着社会发展，人口的流动性会不断加剧，人们的常住地也会发生较多的变更。这就必然要求充实与强化基层社区组织的公共服务能力，在基层建立更完善的人口管理格局，其中最重要的是扩充基层的人员编制与加强基层管理部门的管理水平。

(四) 创新社会管理，大力发展人口管理社会中介服务机构，强化人口社会管理

在城市人口管理方面，社区作为基层的人口管理单位一方面需要行使人口统计、人口普查、计划生育服务等政府管理职能，更为重要的是要为社区内居民的社会生活提供高质量的社会服务。政府在简政放权、构建服务型政府的深化体制改革过程中，要进一步创新社会管理，出台相应的激励政策，促进有利于人口管理的社会中介服务机构的发展，例如老年人口医疗护理服务、育龄妇女的健康检查与心理辅导服务、流动人口子女入学咨询服务等，部分中介服务可以以政府购买的形式转变为政府间接向居民提供社会管理服务。只有从"管理人口"向"服务人口"转变，城市人口的社会管理才能实现和谐、可持续的发展。

报告四　2000年以来湖北省各民族交往交流交融研究

"各民族交往交流交融"这一理念在2010年中央第五次西藏工作座谈会上首次提出，2017年被写入党的十九大报告。促进各民族交往交流不仅有利于民族团结和社会稳定，也有利于缩小民族间贫富差距，实现共同富裕。湖北省下辖恩施州、长阳土家族自治县和五峰土家族自治县三个民族自治地区，民族地区与非民族地区并存。研究湖北省各民族交往交流交融情况，能反映出民族地区和非民族地区各民族交融的差异以及区域间的互动。

本报告选取少数民族人口数量和其占总人口的比例、少数民族流动人口量和民族混合户数量及其占家庭户的比例几个指标来衡量各民族交往交流交融的程度，地区少数民族人口数量及其流动情况能直观体现民族经济交往与文化交流状况，民族混合户的本质是族际通婚，体现了各民族在社会结构上的关联与重组，反映出民族交融情况。依据湖北省第五次、第六次和第七次人口普查数据，从宏观与微观层面揭示湖北省各民族交往交流交融现状、特征与2000年以来的民族交往交流交融演变趋势，力求为促进各民族交融发展提供参考。

一、湖北省各民族交往交流交融现状与特征

(一)2020年，湖北省少数民族人口共2 771 099人①，涵盖55个少数民族

2020年，湖北省总人口57 752 557人，少数民族人口占湖北省总人口的比例

---

① 本报告的少数民族人口数量皆包含未识别的少数民族人口与入籍人口。

为 4.8%（2 771 099 人），处于 31①个省级行政区第 16 位，除开 5 个省级少数民族自治区，这一比例高于湖北省的有青海、贵州、云南、海南、辽宁、甘肃、湖南、吉林、四川和重庆，这些省（市）都下辖有民族自治地区。湖北省民族地区②汉族人口占比 41.24%，少数民族占比 58.76%，非民族地区少数民族人口占比仅 8.55%。

从少数民族种类看，湖北省 56 个民族杂居。人口超过一万的民族由高到低依次是土家族、苗族、回族、侗族、壮族、满族、蒙古族、维吾尔族、彝族，民族交融度高。全国 56 个民族在武汉均有分布，恩施州和黄冈市的少数民族种类也超过了 50 种。除了已认定的民族，2020 年湖北省还有未识别民族人口 1 591 人、入籍人口 431 人。

（二）湖北省少数民族人口分布呈"一片一带一圈多中心"的特点

湖北省所有县市都有少数民族人口居住，民族地区十县市聚集了湖北省 83.4%（2 310 947 人）的少数民族人口，连成一片。16.6%（460 152 人）的少数民族人口杂居在非民族地区，形成"一带一圈多中心"。以宜昌市为起点，沿沪蓉高速铁路和高速公路往东，经过荆州市、潜江市、仙桃市至武汉市，形成少数民族聚居带，交通条件对少数民族人口流动产生了较大影响，为民族交往交流创造了条件，交通改善促进了各民族间交往。以武汉市为中心，散射至武汉都市圈各市，形成了少数民族聚居圈；除此之外，钟祥市、樊城区和襄城区、张湾区和茅箭区、郧西县等形成了小规模少数民族聚居中心，经济发展较好的地区吸引了更多少数民族人口居住，经济发展为各民族交往交流提供了更好的环境，除了受经济发展等因素影响，也与湖北省几个民族乡的分布有关。

（三）2020 年，在湖北省流动的少数民族人口超过 81 万，各民族交往交流频繁

在湖北省流动的少数民族人口包括省内人户分离少数民族人口与省外来鄂少

---

① 不含香港特别行政区、澳门特别行政区和台湾地区。
② 民族地区包含恩施州八县市、长阳土家族自治县和五峰土家族自治县。

数民族人口，分别占比81.1%和18.9%。省内人户分离少数民族人口主要流向户口登记地以外的地区，留在市区内的仅有4.2%。图2-4-1是湖北少数民族人口分布图。

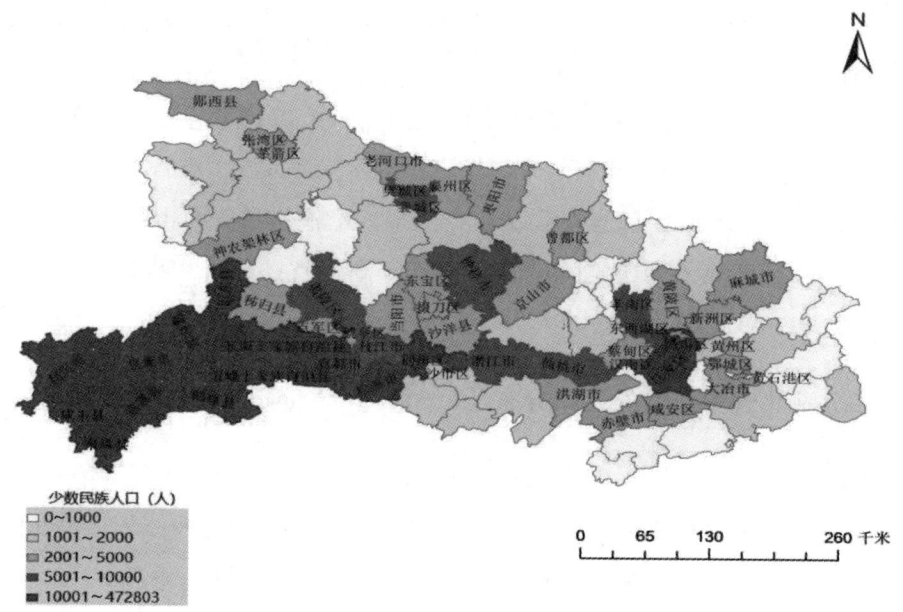

图2-4-1　湖北省少数民族人口分布图(2020)
数据来源：根据第七次人口普查数据整理绘制。
注：标注名称的县(区)为少数民族人口超过2000人的县(区)

不论是省内人户分离少数民族还是省外来鄂少数民族，皆涉及我国所有民族成分，流动量较大的少数民族既包含世居湖北的民族，也有近些年来鄂人口增速快的民族。湖北省民族地区的主要少数民族为土家族和苗族，占全省所有少数民族人口的90.2%，因此省内少数民族流动人口以土家族和苗族为主，省内人户分离的土家族和苗族人口占少数民族人户分离人口的93.68%，其次为回族和侗族。省外流入的少数民族人口中，土家族最多，回族超过苗族排名第二，土家族、苗族和壮族等民族长期以来都有较多人口在湖北省生活，这些民族经过长时间居住在湖北省各地，各地各族人民已熟知其民族文化，有较好的民族交融基础，更容易与其他民族交流交融。其他流入人口相对较多的少数民族主要有壮族、维吾尔族、彝族、藏族、蒙古族、满族、布依族、侗族、瑶族、白族、黎族、仡佬族和畲族等。不同少数民族人口的大量流动反应出各地区能够接纳和包容不同民族共同生活，促进了各民族的交流交融。

（四）壮族、维吾尔族、彝族、布依族、藏族、瑶族等民族在湖北省的人口数量激增，其他民族相对稳定

在湖北省人口超过 5 000 人的民族中，壮族、维吾尔族、彝族、布依族、藏族、瑶族等民族 2020 年的人口数量与 2000 年相比，增幅都超过 200%，主要集中于 2010 年至 2020 年这十年间，且 55% 以上都是省外来鄂流动人口。这几个民族中，又以维吾尔族增幅最大，省外来鄂人口占比最高，2000 年和 2010 年在湖北省内仅有 1 457 人和 2 577 人，2020 上升至 12 452 人，上涨 7.55 倍，其中 87.34%（10 876 人）为户口在省外的来鄂流动人口。壮族、彝族、布依族、藏族和瑶族 2020 年与 2000 年相比增幅分别为 2.15 倍、4.33 倍、5.57 倍、3.29 倍和 2.45 倍，2020 年这几个民族的省外来鄂人口分别占比 65.63%、76.28%、72.1%、86.69%、57.36%。（见表 2-4-1）

表 2-4-1　少数民族流动人口数量与构成

（单位：人）

民族	湖北省的各民族人口总数			2020年流动人口合计	2020年省内人户分离人口	2020年省外来鄂人口
	2000 年	2010 年	2020 年			
土家族	2 177 409	2 100 052	2 285 834	602 525	572 271	30 254
苗族	214 266	177 490	214 062	64 718	47 215	17 503
回族	77 759	67 185	76 423	35 765	14 371	21 394
侗族	69 947	52 121	62 725	19 768	14 061	5 707
壮族	7 824	12 240	24 633	18 154	1 988	16 166
满族	14 540	12 899	15 133	9 075	3 053	6 022
蒙古族	10 887	10 318	13 588	8 181	2 087	6 094
维吾尔族	1 457	2 577	12 452	11 292	416	10 876
彝族	2 117	2 748	11 382	9 255	573	8 682

续表

民　族	湖北省的各民族人口总数			2020年流动人口合计	2020年省内人户分离人口	2020年省外来鄂人口
	2000年	2010年	2020年			
白族	7 173	6 410	8 384	3 161	1 140	2 021
布依族	1 214	2 152	7 982	6 242	487	5 755
藏族	1 648	2 175	7 065	6 354	229	6 125
瑶族	1 569	2 709	5 410	3 615	512	3 103

数据来源：根据第五、六、七次湖北省人口普查数据整理。

这几个民族在湖北省的人口数量激增，除因务工、婚姻等原因从省外流动至湖北外，也与近些年湖北省各高校招收了较多这几个民族的大学生有关。从这几个民族在湖北生活的人口年龄构成看，15~24岁所占比例都较大，其中20~24岁所占比例最大，藏族甚至超过80%都是15~24岁。从城乡构成看，这几个民族60%以上的人口都居住在城市，与大学的分布相符。可见高校招生政策对各民族的容纳有助于促进民族交往，高校民族生成为各民族交往交流的重要群体，从长期看对促进各民族交融有重要作用。（见表2-4-2）

表2-4-2　各民族15~24岁人口比例与城乡分布

分　组	小　计	15~24岁占比	城　市	占小计比	镇	占小计比	乡　村	占小计比
所有民族合计	57 752 557	8.87%	24 657 421	42.69%	11 662 953	20.19%	21 432 183	37.11%
藏族	7 065	81.42%	6 000	84.93%	424	6.00%	641	9.07%
维吾尔族	12 452	59.38%	9 282	74.54%	1 475	11.85%	1 695	13.61%
彝族	11 382	47.30%	7 377	64.81%	1 364	11.98%	2 641	23.20%
壮族	24 633	43.00%	16 272	66.06%	3 388	13.75%	4 973	20.19%
布依族	7 982	48.18%	4 914	61.56%	1 115	13.97%	1 953	24.47%
瑶族	5 410	35.51%	3 359	62.09%	816	15.08%	1 235	22.83%

数据来源：根据第七次湖北省人口普查数据整理。

(五) 2020 年湖北省民族混合户占家庭户比例为 2.26%，居于全国中等水平

2020 年，湖北省民族混合户总数达 450 815 户，75.2%（339 144 户）的混合户分布在民族地区。从构成看，97.7%（440 412 户）的民族户由两个民族组成，2.27%（10 228 户）为 3 个民族户，由 4 个民族户组成的家庭户较少，共 175 户。从占家庭户比例看，民族地区 23.88% 为混合户，非民族地区 0.6% 为混合户。全国民族混合户占家庭户总数的比列为 2.9%，略高于湖北省混合户所占比例，少数民族人口占比大且多民族混居的贵州、云南、辽宁、青海等省和五个民族自治区这一比例高于湖北省。这说明各民族交融不仅与各地的少数民族人口数量有关，也与少数民族混居的历史有关，民族交融是一个漫长的过程。

(六) 邻近少数民族聚居区的地区各民族交往交流交融更频繁

非民族地区以民族地区为基点，距离越近民族交往越频繁，湖北省少数民族人口的分布和民族混合户的分布都呈现了这一特征。

从少数民族人口数量来看，非民族地区，武汉、宜昌和荆州少数民族人口最多。有 184 673 人（6.7%）居住在武汉，101 129（3.6%）人生活在宜昌①，44 927 人在荆州（1.6%）。就少数民族人口占当地人口比例而言，恩施州占比 57.6%（1 989 230 人）的人口是少数民族，宜昌市、神农架林区和武汉市少数民族人口占比分别为 10.9%、5.6%、1.5%，其他各市少数民族人口占当地总人口比例都不足 1%，依次为荆州市、荆门市、潜江市、仙桃市、襄阳市和十堰市，距离少数民族聚居区最远的鄂东地区少数民族人口占比最少，都不足 0.5%。（见表 2-4-3）

---

① 非民族地区宜昌市的数据不含长阳土家族自治县和五峰土家族自治县。

表 2-4-3　湖北省各市(州)少数民族人口数量及占总人口比例(2020 年)

地　区	总人口	少数民族人口	少数民族人口占比	地　区	总人口	少数民族人口	少数民族人口占比
恩施州	3 456 136	1 989 230	57.56%	十堰市	3 209 004	15 931	0.50%
宜昌市	3 896 407	422 846	10.85%	襄阳市	5 260 951	24 333	0.46%
神农架林区	66 571	3 731	5.60%	黄石市	2 469 079	10 245	0.41%
宜昌市(非民族地区)	3 419 641	101 129	3.00%	鄂州市	1 079 353	4 331	0.40%
武汉市	12 447 718	184 673	1.48%	咸宁市	2 658 316	9 359	0.35%
荆州市	5 231 180	44 927	0.86%	孝感市	4 270 371	11 336	0.27%
荆门市	2 596 927	18 386	0.71%	随州市	2 047 923	4 834	0.24%
潜江市	886 547	5 446	0.61%	黄冈市	5 882 719	13 439	0.23%
仙桃市	1 134 715	6 100	0.54%	天门市	1 158 640	1 952	0.17%

数据来源：根据第七次湖北省人口普查数据整理。

从民族混合户的分布看，非民族地区中，紧邻恩施州且下辖有五峰、长阳土家族自治县的宜昌市①混合户占比最高，为4.42%，其次为与恩施、宜昌交界的神农架林区，混合户占当地家庭户比例为1.87%，然后是与宜昌接界的荆州市、荆门市和潜江市。除开武汉市，距离民族地区远的市民族混合户占比越小。(见表 2-4-4)

表 2-4-4　2020 年湖北省民族混合户占家庭户比例

地　区	家庭户户数(户)	混合户户数(户)	占　比	地　区	家庭户户数(户)	混合户户数(户)	占　比
合计	19 931 045	450 815	2.26%	十堰市	1 169 185	4 106	0.35%

---

①　不含长阳和五峰土家族自治县。

续表

地 区	家庭户户数（户）	混合户户数（户）	占 比	地 区	家庭户户数（户）	混合户户数（户）	占 比
恩施州	1 231 949	308 289	25.02%	鄂州市	376 283	1 154	0.31%
宜昌市	1 432 810	63 314	4.42%	咸宁市	897 754	2 653	0.30%
神农架林区	23 378	438	1.87%	仙桃市	429 715	1 223	0.28%
武汉市	4 082 533	31 367	0.77%	黄石市	822 193	2 286	0.28%
荆州市	1 833 292	11 576	0.63%	孝感市	1 449 755	3 639	0.25%
荆门市	925 728	4 736	0.51%	随州市	732 067	1 788	0.24%
潜江市	296 119	1 453	0.49%	黄冈市	2 007 932	4 169	0.21%
襄阳市	1 810 009	7 839	0.43%	天门市	410 343	785	0.19%

数据来源：根据第七次湖北省人口普查数据整理。

邻近民族地区，地理距离近，少数民族人口流动更便利，地区间各民族长期相互交流交往，地域文化趋同性高，民族文化差异小，民族间相互认同度更高。

二、湖北省各民族交往交流交融演变趋势

（一）少数民族人口数量及其占总人口比例和民族种类增加，各民族交往交流交融形势向好

从表2-4-5可以看出，2000年至2020年，湖北省少数民族人口数量和其占总人口比例都有所上升，人口数量由2 596 902增至2 771 099人，占比由4.36%上升为4.8%，除神农架林区，2020年，各市（州）少数民族人口占当地总人口比例较2000年都有提高，非民族地区少数民族人口占比2000年为0.4%，2020年上升至0.86%；各民族的人口数量也都有所增加，人口数在10 000以上的民族由2000年的6个增加到9个。少数民族种类，2000年共53种，没有乌兹别克族与

德昂族，2010年与2020年的数据均显示，湖北省少数民族种类增加至55种，2020年，武汉市、黄石市、十堰市、宜昌市、襄阳市、荆门市、孝感市、荆州市、黄冈市、恩施州等十个市(州)辖区内居住的少数民族种类达40个，2000年仅有武汉市、襄阳市、宜昌市和恩施州少数民族种类达到40。

表2-4-5 湖北省各民族人口数量变化情况

(单位：人)

分组	2000年	2010年	2020年
合计	59 508 870	57 237 727	57 752 557
汉族	56 911 968	54 769 192	54 981 458
少数民族	2 596 902	2 468 535	2 771 099
少数民族人口占总人口比例	4.36%	4.31%	4.8%

数据来源：根据第五、六、七次湖北省人口普查数据整理。

(二) 2010年是分水岭，2010年后各民族交往交流交融明显增多

不论是能反映各民族交往交流情况的少数民族人口总量及其占总人口的比例、各市(州)少数民族人口数量及其占当地总人口比例、各民族人口数量、少数民族种类，还是能反映交融状况的民族混合户数量及占家庭户比例，都在2010年形成凹点。

2010年湖北省少数民族人口数量、占家庭户比出现下降的情况，2010年后增长速度超过2010年前的降速。2010年湖北省少数民族人口总数2 468 535人，低于2000年的2 596 902人，2020年增至2 771 099人，增长较快；从少数民族人口数量占湖北省总人口数量比例看，2000年为4.36%，2010年为4.31%，略有降低，随后开始加速增长，2015年到4.68%[①]，2020年上升至4.8%(见图2-4-2)；从各市情况看，有超过一半的市2010年少数民族人口比例与2000年持平或出现下降，包括十堰、襄阳、鄂州、荆门、孝感、咸宁、随州、仙桃、天门。

---

① 2015年的比例根据2015年湖北省1%人口抽样调查数据计算得出。

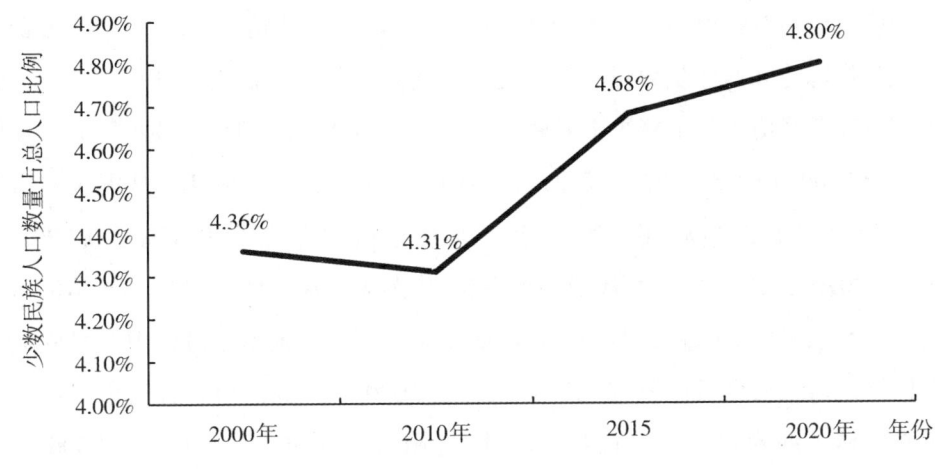

图 2-4-2　湖北省少数民族人口数量与占总人口比例变化

数据来源：根据第五、六、七次湖北省人口普查数据和2015年湖北省1%抽样调查数据整理绘制。

从各民族人口数量看，和2000年相比，部分有较多人口在湖北生活的民族在2010年人数出现下降，如土家族、苗族、蒙古族、回族、满族、侗族、白族、朝鲜族等，大多数民族2020年常驻湖北的人口数量得到回升或远超2000年和2010年(见表2-4-6)。少数民族种类，与2000年相比，2010年襄阳、鄂州、咸宁、天门四地少数民族种类略有减少，至2020年，所有地区少数民族种类均增加较多。

表 2-4-6　湖北省2010年出现人口数量减少的民族

（单位：人）

民　族	2000年	2010年	2020年	民　族	2000年	2010年	2020年
蒙古族	10 887	10 318	13 588	满族	14 540	12 899	15 133
回族	77 759	67 185	76 423	侗族	69 947	52 121	62 725
苗族	214 266	177 490	214 062	白族	7 173	6 410	8 384
朝鲜族	2 949	1 960	2 614	土家族	2 177 409	2 100 052	2 285 834

数据来源：根据第五、六、七次湖北省人口普查数据整理。

非民族地区民族混合户数量及占家庭户比例见图2-4-3，总的来看，非民族地区民族混合户数量及占家庭比例在2010年出现下降的情况，2010年后数量和占比回升且增速加快。从数量上看，宜昌、襄阳、鄂州、荆门、荆州、仙桃、天门混合户数量经历了先下降再上升的过程，仙桃市2020年混合户数量(1 223户)依然低于2000年(1 564户)，其他地区2020年都超过了2000年。从混合户占家庭户总数比例看，2000年、2010年、2020年占比分布为0.42%、0.39%和0.56%。2010至2020年涨幅较快，增长比例最高的为宜昌市和神农架林区，都超过了1.5%，宜昌市混合户占比涨幅最大，这可能与城镇化过程中，民族地区少数民族人口流动到宜昌其他地区有关。至2020年，武汉市、宜昌市、荆州市和神农架林区混合户占比超过0.5%。除襄阳市、鄂州市和仙桃市，2000年至2020年，湖北省各市混合户占比都有所上升。

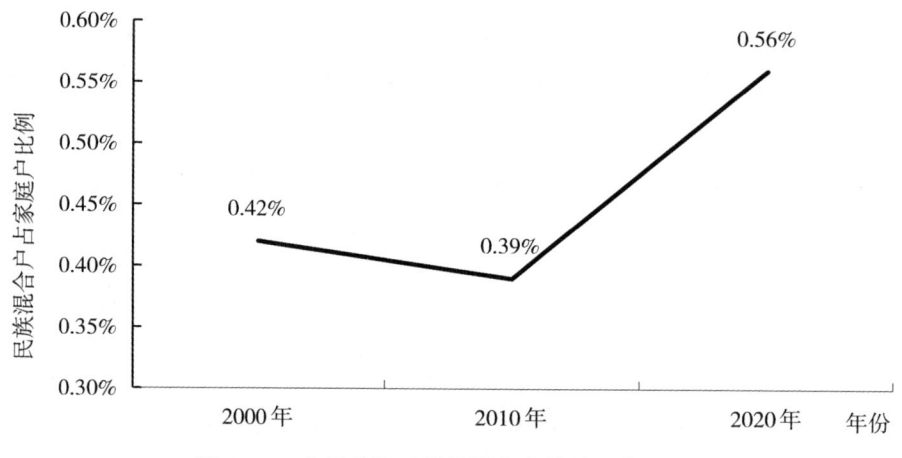

图2-4-3 非民族地区民族混合户数量及占比变化

2010年后，湖北省各民族交往交流交融快速增多，可能的原因有以下几点：

一是民族政策的推动。2010年"促进各民族交往交流交融"理念提出，并写入党的十九大报告后，各地区对促进民族交融有了更深层次的认识，有更多促进民族"三交"的政策来保障少数民族群体的权益，各族人民交往交流增多，相互之间理解加深，民族交融环境改善，从而促进了各民族交往交流交融。

二是受经济发展与产业结构调整大背景的影响。2000年、2010年和2020年，湖北省人口总数分别为59 508 870人、57 237 727人、57 752 557人，2010年较2000年也减少较多。受经济发展影响，2000年至2010年中部地区大量劳动力外流，湖北省少数民族外出务工人员多，居住在各地区的少数民族人口数量减少。2010年以后，沿海地区产业结构调整，同时中部崛起战略实施，部分出省务工人员回省就业和外省少数民族人口来鄂就业，少数民族人口回升。

三是湖北省民族地区交通条件改善。2010年湖北省的少数民族聚居区交通状况改善，铁路和高速公路通车，一方面促进了经济发展，城镇化进程加速，原本居住在农村的大量少数民族人口进城务工，促进了少数民族人口思想观念转变，更多的少数民族人口更愿意主动走出去与其他民族交往，加深了各民族交流交融；另一方面交通改善，民族地区与外界交流更加便利，区域外各民族进入民族地区生活的人口增加，也加深了民族地区各民族交往交流交融。

(三) 少数民族区域分布聚集度降低，各民族交融度提高

湖北省少数民族人口分布整体上趋于分散。2000年，少数民族人口集中于鄂西南与鄂中部分地区，少数民族人口超过10 000人的主要是民族地区十县市、宜都市、松滋市和洪山区等少数县市，鄂东大多数县市少数民族人口不足1 000人；截至2020年，全省绝大多数县市少数民族人口都超过了1 000人。非民族地区，各县市少数民族人口呈现同步增长特点，在其他县市少数民族人口增长的同时，原少数民族集中分布的县市少数民族人口较其他县市数量依然更大。（见图2-4-4）

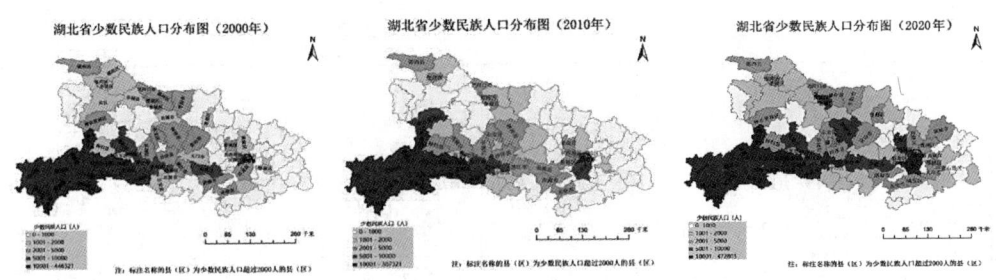

图2-4-4　湖北省少数民族人口分布及变化

数据来源：根据第五、六、七次湖北省人口普查数据整理绘制。

2000年至2020年，混合户呈现出由集中分布到分散分布的趋势。在非民族地区，与2010年相比，除仙桃市，其他地区2020年城镇混合户与农村混合户数量都在增加。2000年超过4 000户的仅有恩施、宜昌、襄阳、荆州和武汉，2020年十堰、荆门、黄冈等地混合户数量也超过了4 000户，混合户数量增加的同时地域分布也更均匀。（见图2-4-5）

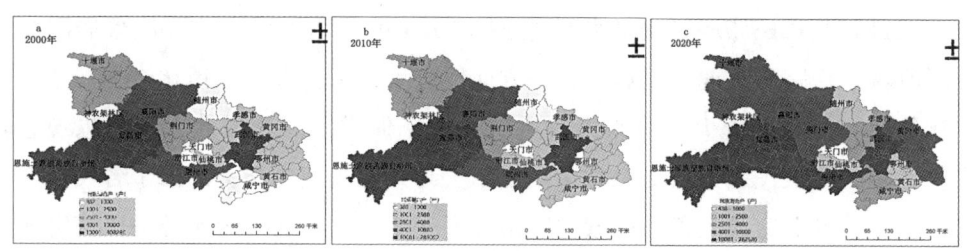

图2-4-5　湖北省民族混合户分布图

数据来源：根据第五、六、七次湖北省人口普查数据绘制。

民族地区整体上混合户数量增加，但占混合户总数的比例呈下降趋势。2020年民族地区混合户数量由2000年的284 002户增至339 144户。民族地区混合户数量占总数比例由2000年的81.3%降至2020年的75.2%，非民族地区混合户占比呈上升趋势，由2000年的18.7%上升至2020年的24.8%，说明不仅民族地区各民族交融度提高，同时有更多少数民族人口迁移至非民族地区生活，非民族地区民族交融度也得以提升（见表2-4-7）。

表2-4-7　混合户在民族地区与非民族地区的分布变化

	混合户合计（户）	非民族地区混合户数量（户）	占比（%）	民族地区混合户数量（户）	占比（%）
2000年	349 502	65 500	0.187 4	284 002	0.812 6
2010年	377 442	65 094	0.172 5	312 348	0.827 5
2020年	450 815	111 671	0.247 7	339 144	0.752 3

数据来源：根据第五、六、七次湖北省人口普查数据整理。

(四)少数民族人口由聚居在农村转变为向城镇分散,城镇化推动了城镇各民族交往交流交融

(1)在城镇化过程中,湖北省少数民族人口由农村向城镇转移的总体趋势明显,居住的离散度增加。2000年湖北省81.59%的少数民族人口生活在农村地区,2020年这一比例下降至50.2%。

民族地区少数民族人口由农村转移至城镇的比例更高,农村少数民族人口占比由85.87%下降至56.36%(见图2-4-6),民族地区十县市在2000年时,除恩施市少数民族人口居住在农村的比例低于80%,为79.4%,其余九个县市都超过了84%,建始县和宣恩县91%的少数民族人口都集中于农村,经过20年发展变化,除长阳、五峰和宣恩县依然有超过60%的少数民族人口在农村居住外,其余八县市生活在农村的少数民族人口比例都降至60%以下,恩施市仅为42.56%,建始县由91.19%降至57.68%。

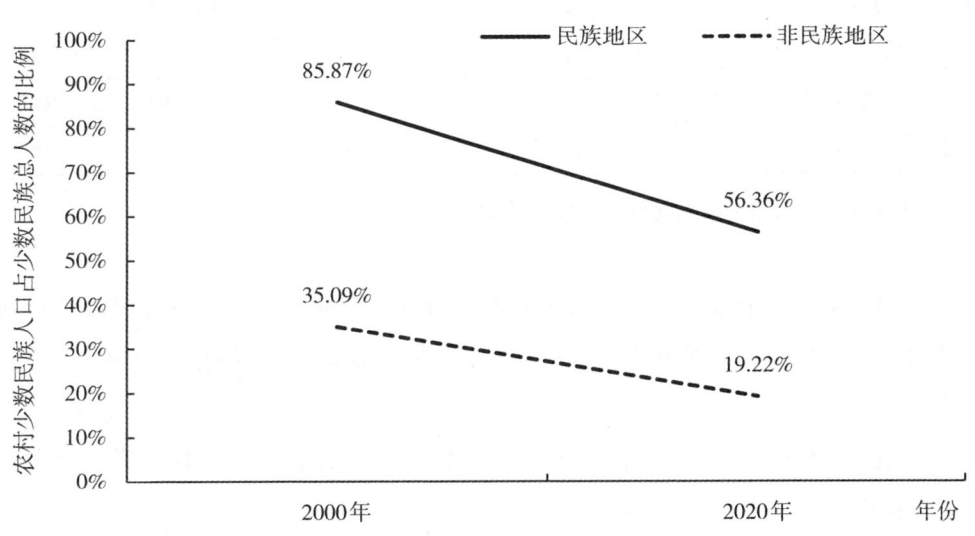

图2-4-6 湖北省农村少数民族人口占少数民族人口总数的比例变化

非民族地区整体趋势也是少数民族人口由农村向城镇转移,黄石、咸宁和襄阳市少数民族人口分布在农村的比例略有上升,黄石和咸宁主要是因为少数民族人口的数量增长幅度大，原本基数较小。神农架林区生活在农村的少数民族人口占比变化较小，一直在90%以上，从2000年的93.41%降至90.53%，且少数民族总人口也有所下降，由3741人降至3731人，可见该地区民族人口向其他地区流出较多。

(2)流入湖北省各地区少数民族流动人口主要流向为城镇。2020年省内人户分离少数民族流向城镇的人口占少数民族流动总人口比例为91.96%（608 144人），流向农村的仅为8%（53 122人）。省外来鄂少数民族人口以流向农村的比例为15.68%（24 103人），但依然以流向城镇为主。（见表2-4-8）

表2-4-8　省内人户分离与户口在省外来鄂少数民族人口数量

	总计（人）	占比（%）	省内人户分离少数民族人口				省外来鄂少数民族人口小计（人）	占比（%）
			小计（人）	占比（%）	市区内（人）	占比（%）		
城市	495 673	0.608	387 304	0.586	26 087	0.936	108 369	0.705
镇	242 128	0.297	220 840	0.334	1 056	0.038	21 288	0.138
乡村	77 225	0.095	53 122	0.080	733	0.026	24 103	0.157
总计	815 026	1	661 266	0.811	27 876	0.042	153 760	0.189

数据来源：根据第七次湖北省人口普查数据整理。

长期以来，我国少数民族人口农业人口占绝对比重。少数民族人口由农村向城镇转移，意味着更多的少数民族人口融入汉族聚居区，不同民族的交往交流增多。

(3)民族地区城镇混合户数量增加，农村混合户数量减少，城镇混合户占比都有所提升。

与2010年相比，2020年民族地区十个县市城镇混户数数量都在增加，除五峰土家族自治县，其他县市农村混合户数量都在减少。2010年城镇混合户数量超过15 000的仅有恩施市和利川市，2020年建始县和巴东县也超过了15 000户。所有县市城镇混合户与农村混合户相比，城镇混合户在该地区混合户中占比都较2010年有所增加。在民族地区10个县市中，2010年和2020年城镇混合户数量都超过农村的只有五峰县,恩施市和利川市则由 2010 年的农村混合户多于城镇混合户转变为城镇混合户多于农村混合户,建始县、巴东县、宣恩县、咸丰县、来凤县和鹤峰县虽然农村混合户依然多于城镇,但城镇混合户占比增长幅度大,建始县接近城镇与乡村各 50%,长阳土家族自治县变化相对较小,至 2020 年,仅有 39% 的混合户分布在城镇。从恩施州整体来看,2010 年 67% 的混合户分布在农村,2020 年只有 49% 的混合户分布在农村。(见表 2-4-9)

表 2-4-9 民族地区城乡混合户数量及占比变化

时间 地区	2010 年			2020 年		
	城乡混合户合计(户)	城镇(户)	城镇混合户占比	城乡混合户合计(户)	城镇(户)	城镇混合户占比
长阳土家族自治县	24 509	8 133	33.18%	24 411	9 503	38.93%
五峰土家族自治县	4 747	2 872	60.50%	6 444	4 160	64.56%
恩施市	54 394	25 553	46.98%	72 122	46 970	65.13%
利川市	42 573	15 311	35.96%	56 662	29 583	52.21%
建始县	34 207	10 579	30.93%	34 959	17 396	49.76%
巴东县	49 144	12 539	25.51%	42 805	17 593	41.10%
宣恩县	37 027	9 696	26.19%	34 632	14 910	43.05%
咸丰县	21 013	6 929	32.97%	22 699	11 000	48.46%
来凤县	29 121	7 122	24.46%	31 044	13 768	44.35%
鹤峰县	15 613	4 841	31.01%	13 366	5 824	43.57%
恩施州	283 092	92 570	32.70%	308 289	157 044	50.94%

数据来源:根据第六、七次湖北省人口普查数据整理。

民族城镇混合户数量及占比上升,说明在城镇化过程中,既有大量农村适婚年龄段的少数民族人口流动至城镇,也可能有较多农村混合户家庭整体迁移至城镇,从而使得城镇民族混合户占比迅速上升。这一变化反应出民族地区城镇为各民族共同生活营造了较好的环境,有较好的民族交融趋势。

(五)少数民族人口趋向于向经济发达的地区流动,经济发展有利于促进民族交往交流交融

民族地区分散于各县市的少数民族人口,趋向于向经济发展状况较好的中心城市集中,经济发展状况好的地区各民族交往交流增多。部分非中心城市的县市少数民族人口呈下降趋势,而恩施市、利川市等则有大幅增加。长阳、五峰、建始、巴东、宣恩、咸丰和鹤峰县2020年少数民族人口较2000年都有较明显下降,中心城市恩施市少数民族人口增长明显,由2000年的292 114人增长至380 047人,经济状况相对较好的利川市2010年至2020年十年间少数民族人口增长了85 482人,与湖南龙山县接界的来凤县少数民族人口也有小幅增加。湖北省民族地区少数民族人口分布见图2-4-7。

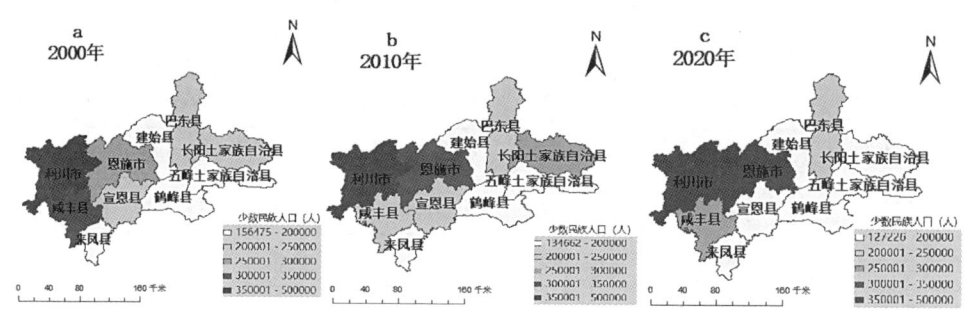

图2-4-7 湖北省民族地区少数民族人口分布

数据来源:根据第五、六、七次湖北省人口普查数据整理绘制。

经济较发达地区的民族混合户数量增长快,交融加深。在非民族地区,武汉市混合户增加最多,2000年、2010年和2020年分别为15 088户、15 775户和31 367户,涨幅近108%;其次为宜昌市①,从2000年的18 704户增至2020年的32 459户,涨幅73.5%。在民族地区,恩施市混合户数量最多,2020年恩施市共有混合户72 122户,较2000年增长80.4%。

少数民族人口向经济较发达地区流动,除了这些地区有更多的就业机会,也

---

① 不含长阳土家族自治县与五峰土家族自治县。

还得益于这些地区有较好的基础设施和公共服务，居民的思想观念更加开放，对不同的文化更具有包容心，更能接纳不同的少数民族文化，各民族混居的环境较好，民族交融阻碍较小。

三、总结与讨论

2000年至2010年，湖北省民族交融速度略有放缓，2010年至2020年，基于民族政策支持、经济快速发展、民族地区交通条件改善等各种原因，湖北省各民族交融加快，各族人民交往交流增多，交融加速。各民族交往交流交融态势良好，但也依然存在一些问题。

一是湖北省少数民族人口占总人口比例与民族混合户占家庭户比例都低于全国平均水平，还有较大上升空间。目前省内少数民族人口流动的目的地以民族地区内部或就近流动为主，距民族地区较远的地区或经济发达程度相对较低的地区各民族交往交流相对较少。二是民族交融速度相对较慢，虽然各地区少数民族人口及其占比总体上都在上升，且少数民族人口主要流向城镇，但就混合户占家庭户比例而言，与2010年相比，2020年城镇混合户占当地混合户总数比例增加的地区仅有宜昌、荆门、荆州和黄冈，其他地区皆为农村地区混合户占比有所增加，这可能与2010年这部分地区农村混合户基数较小有关，但同时也反映出在各地各民族交往交流快速增多的同时，民族交融速度相对滞后，有待进一步提升。三是农村地区民族交融环境需进一步改善，虽然大量少数民族人口在城镇化过程中流动至城镇生活，但农村依然是少数民族人口分布的主要地区，省外来鄂少数民族流动人口中也有较大比例流向农村，但农村的经济环境、文化环境等相对于城镇都相对较差，农村地区民族文化、家族文化等更深厚，接受和认同其他民族文化的难度更大，不利于各民族交往交流交融。

要进一步促进湖北省各民族交往交流交融，需要从政治、经济、文化等各方面入手。首先，坚持促进各民族交往交流交融的民族政策，实现各民族享受公共服务的均等化，保障各民族公平享受各项权利。其次，推动地区经济发展，为各民族人民共同生活提供基础条件。加强民族地区经济建设，促进民族地区各县市均衡稳定发展，为当地各民族人口提供良好生活环境的同时，吸引接纳其他民族来民族地区生活。进一步改善非民族地区少数民族人口的生活环境和条件，吸引更多少数民族人口定居生活。再次，通过各民族文化宣传，加强各民族间相互了解，减少民族歧视，增强民族认同感。同时也需着力改善民族地区教育条件，提升少数民族人口教育水平，促进其更好地融入非民族地区生活；鼓励少数民族人口到非民族地区就业，与其他民族交往交流。最后，需要特别关注农村地区少数民族生活状况，改善农村地区各民族交往交流交融的环境。既要改善农村经济状况，也要注重民族文化宣传，加强乡村振兴文化建设，改变部分农村居民的民族歧视观念。

第三部分
人力资本与就业

报告一 湖北省就业人口受教育程度分析

一、引言

近年来，我国产业结构转型升级进一步加强，东部沿海地区的一些产业不断向中部地区转移，而湖北省作为中部崛起战略的重要一环，是承接东部产业转移的主要地区，因此，湖北省亟待提高现有就业人口的素质水平，使之与新产业的劳动力素质要求相匹配。另一方面，虽然湖北省高校众多，人才资源丰富，但却留不住高素质人才，所以湖北省需要借助产业升级吸引人才回流。

就业人口的受教育程度，直接决定着就业人口的素质，影响其接受新的科学技术和提高技能的能力，也反映了社会经济发展的水平。就业人口受教育程度也在一定程度上标志着人类自身生存和发展的能力，受教育程度的高低，基本反映出就业人口的素质和生产技能的高低。2021年以后，我国劳动力人口总量规模将呈现逐步下降态势，劳动力资源无限供给的时代告一段落，人口数量红利将全面消失。中国经济发展必须从依靠劳动力数量增长拉动转变为依靠劳动力素质提高驱动，从数量型人口红利转换为质量型人口红利。

《湖北省"十四五"就业促进规划》和《湖北省第十四个五年规划和二〇三五年远景目标纲要》中都提到要加大人力资本投资，全面提高劳动力质量，把全面提高劳动力质量作为转变经济发展方式、跨越"中等收入陷阱"的重要抓手，实现从依靠劳动力数量多、成本低的"人口红利"转向依靠劳动力质量高、效率高的"人才红利"。因此，本报告从就业人口的文化素质着手，分析预测湖北省就业人口的受教育程度现状和发展趋势，为实现湖北省社会经济发展的战略目标，促进经济的可持续发展，提供就业人口决策方面的科学依据。

二、湖北省就业人口受教育程度现状

本报告的第一部分首先对湖北省就业人口受教育程度的现状进行详细分析，主要从就业人口数量与质量的整体变化趋势、就业人口的地区差异、城乡差异、以及性别差异四个方面入手，从中发现"七普"资料呈现出的新特征。

（一）湖北省就业人口数量与质量变化趋势

1. 湖北省就业人口数量2014年达到峰值后开始下降，人口数量红利消退

据表3-1-1所示，湖北省2011—2020年就业人口总数的总体变化是：在2011—2014年，就业人口总数逐年增加；在2014—2020年，就业人口总数逐年减少；2014年就业人口总数达到最高值3408万人。从增长或减少的幅度来看，2011—2019年的整体增长幅度不大，基本保持一致，而2020年相比2019年却减少了114万人，就业人口总数大幅减少。

究其原因，一方面，虽然湖北仍具有较大的就业人口规模，但其数量和比例已呈现持续降低的趋势，难以长久维系过去的竞争优势和供给形势，转型升级的经济模式也使劳动力的规模作用有所弱化，转而向其综合素质和专业技能提出更高要求。另一方面，社会经济的稳健发展通过优化医疗卫生服务、增进社会福利等多方努力，促进出生率和死亡率的下降，导致老年人口比例持续上升，人口老龄化前景不可逆转且已逐渐进入高速增长阶段。以上二者的叠加作用导致人口结构发生显著变化，就业人口的数量型红利走向下行、逐渐减少，传统的就业人口数量型红利也受到了现代经济发展的冲击和挑战。

表3-1-1 2011—2020年湖北省就业人口总数变化表

年份(年)	就业人口总数(万人)	增长数量(万人)
2011	3 387	12

续表

年份(年)	就业人口总数(万人)	增长数量(万人)
2012	3 398	11
2013	3 404	6
2014	3 408	4
2015	3 398	−10
2016	3 385	−13
2017	3 379	−6
2018	3 377	−2
2019	3 375	−2
2020	3 261	−114

数据来源：根据《湖北统计年鉴(2021)》整理绘制。

2. 就业人口的平均受教育年限逐步提高

根据湖北省第七次人口普查数据显示，2020年湖北全省总体的人口平均受教育年限为10.52年，而教育部公布的全国2020年劳动年龄人口平均受教育年限为10.8年，所以在这一项指标上，湖北省略低于全国的平均线。从图3-1-1所显示的"40后"到"90后"的整体趋势来看，就业人口的平均受教育年限逐步提高，且增长幅度大致相同，下一代际就业人口的平均受教育年限比上一个代际的平均受教育年限增长1年左右。湖北省第七次人口普查数据还表明，"90后"的就业人口的人均受教育年限为12.87年，达到各年龄段平均受教育程度的最好水平，说明随着各种学历层次教育培养规模扩大，湖北省新增劳动力的受教育程度将持续提升。

改革开放40多年来，随着湖北省教育事业的快速发展，先后实现了义务教育的全面普及和高中阶段教育的基本普及、高等教育进入大众化发展阶段，使得湖北省就业人口的不同代际平均受教育程度提升，下一代际就业人口的平均受教育年限比上一代际的增长1年左右。今后湖北省新增劳动力的数量增长出现拐点后，人口的数量红利会趋于消失，但依托教育普及水平不断提高的有利条件，新增劳动力的人均受教育年限会进一步提高。

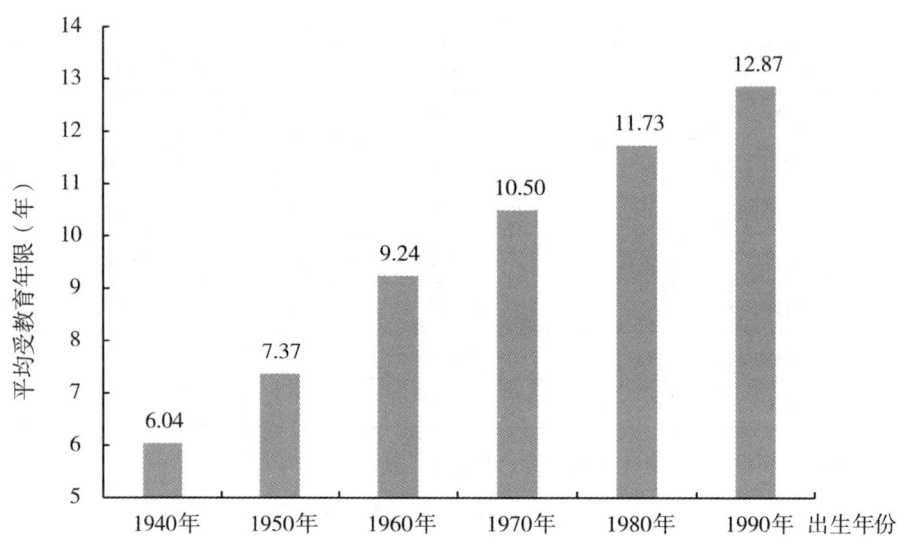

图 3-1-1　2020 年湖北省不同代际人口受教育程度

数据来源：根据第五、六、七次湖北省人口普查数据整理绘制。

3. 2010—2020 年高素质就业人口占比大幅提高

从图 3-1-2 可以看出，2000 年至 2020 年湖北省就业人口的平均受教育年限、大专以上学历所占比重都有大幅提高，而小学以下学历所占比重在大幅下降，这得益于湖北省教育事业的快速发展，先后实现了义务教育的全面普及和高中阶段教育的基本普及、高等教育进入大众化发展阶段。就业人口的平均受教育年限以每十年增加一年的速度在提升，增长速度比较平稳；而大专以上学历所占比重的增长速度却从慢到快，2000—2010 年的提升幅度并不大，但 2010—2020 年却有大幅提升，这 10 年的提升为湖北省经济增长方式的根本转变和经济可持续发展提供了智力支持，也为产业结构的调整和优化创造了有利的条件。小学以下学历所占比重下降的幅度较大，2000—2010 年减少了 15.07%，2010—2020 年减少了 10.47%，这得益于义务教育的普及，使得就业人口中的文盲数量大幅减少。

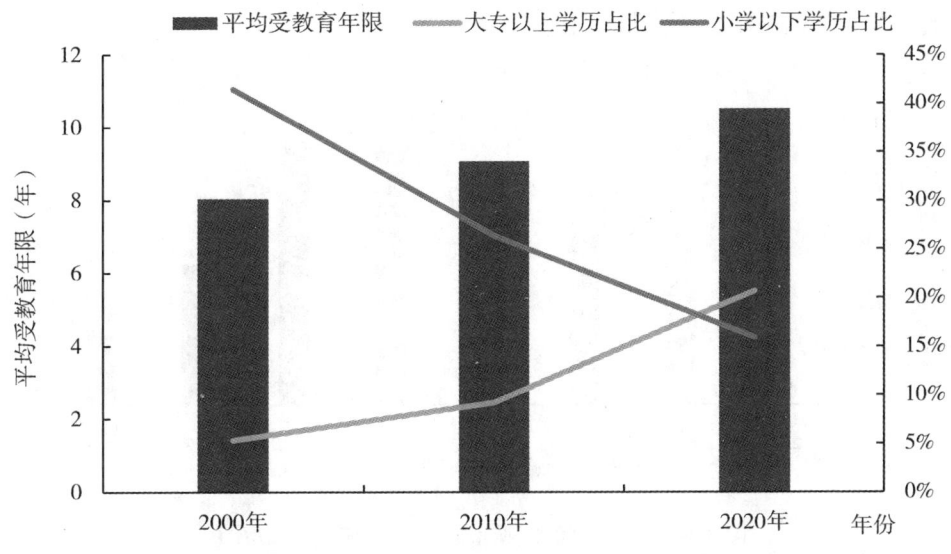

图 3-1-2　2000—2020 年湖北省就业人口受教育程度

数据来源：根据第五、六、七次湖北省人口普查数据整理绘制。

(二) 就业人口受教育程度的地区差异

1. "襄十随神"城市圈整体较低但均衡，"宜荆荆恩"城市圈的差距较大

在湖北省 13 个地级市中，武汉市作为省会城市，就业人口的平均受教育年限为 12.55 年，与位居第二的荆门市相差 1.67 年，与最低的恩施州的差距为 3 年，这表明湖北省各地级市就业人口的受教育程度差距明显，高素质人才聚集在省会城市武汉。根据图 3-1-3 所示，宜昌和襄阳都作为湖北省 "一主两翼" 中的 "两翼"，两者之间就业人口的平均受教育年限的差距却很大，相差 0.7 年。就 "襄十随神" 城市圈而言，其中的四个城市就业人口的平均受教育年限整体都较低，但四个城市之间的差距不大，都在 10 年左右，处于一种均衡发展的状态。而 "宜荆荆恩" 城市圈的四个城市就业人口的平均受教育年限整体差距较大，最高的是荆门市，平均受教育年限为 10.88 年，最低的为恩施州，平均受教育年限

为9.53年,两者之间的差距为1.35年,这一城市圈处于两个城市水平较高,两个城市水平较低的不均衡发展状态。

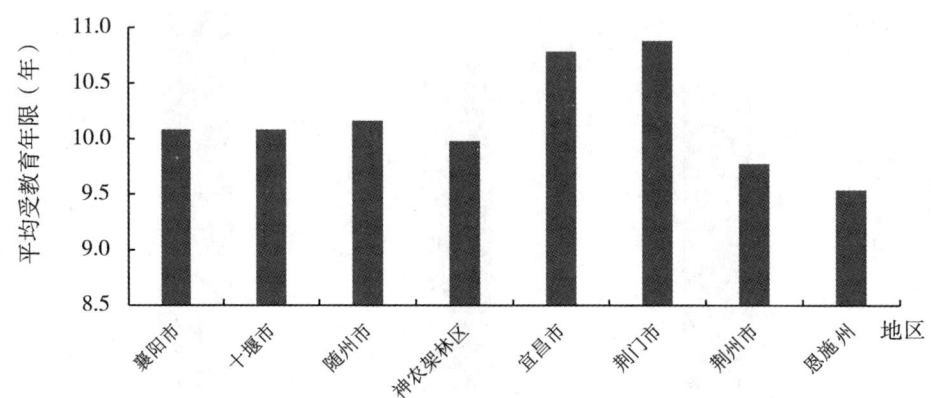

图3-1-3 "襄十随神"城市圈与"宜荆荆恩"城市圈

数据来源:根据第七次湖北省人口普查数据整理绘制。

2. 2010—2020年增长最快的为武汉市及其周边县(区)

根据图3-1-4所示,2020年湖北省就业人口各县(区)平均受教育年限的地区分布情况如下:武汉市及其周边县(区)一直是就业人口平均受教育年限最高的

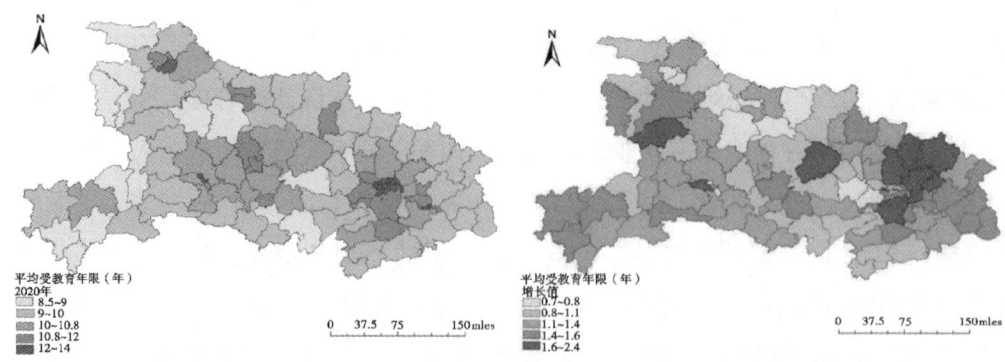

图3-1-4 2020年湖北省各县(区)平均受教育年限和10年增长值

数据来源:根据第六、七次湖北省人口普查数据整理绘制。

地区,其中,武昌区是最高的,为 14.07 年,其次为洪山区和江岸区。除了武汉市周边地区以外,宜昌市西陵区和伍家岗区、黄石市的黄石港区就业人口平均受教育年限也比较高。而就各地区 2010—2020 年的增长值而言,武汉市及其周边县(区)就业人口平均受教育年限增长最快,其中,江夏区是最快的,增长了 2.39 年,其次是黄冈市的红安县和团风县,而增长最慢的是武汉市青山区,2010—2020 年就业人口平均受教育年限只增长了 0.07 年。

(三)就业人口受教育程度的城乡差异

1. 从"60 后"开始受教育程度城乡差距逐渐扩大

在整体上,城市的就业人口平均受教育年限为 12.27 年,镇的为 10.49 年,乡村的为 8.98 年,城乡之间的差距明显,而且在各个年龄段都呈现出城市高于镇,镇高于乡村的趋势。这说明在城市化过程中,城乡就业人口的受教育程度存在着差距,这与城乡之间教育资源不平衡、产业结构分布等因素密切相关。

从图 3-1-5 所显示的变化趋势上来看,城市、镇、乡村整体上都呈现新增就业人口的平均受教育年限逐步增加的趋势,并都在"90 后"这一代上达到最高值,其中城市的为 13.99 年,镇的为 12.71 年,乡村的为 11.61 年。这种不断增长的变化趋势的原因是,改革开放以来,随着社会经济的迅速发展和对各类人才的需求日益加大,政府对教育的投入大量增加,就业人口的整体受教育水平显著提高。对比城市、镇、乡村三者之间的增长幅度,城市就业人口的平均受教育年限增长幅度最大,镇次之,乡村的增长幅度最小。这与三大产业的分布格局有关,城市从传统制造业转为新一代电子通信、人工智能、医药等先进制造业以及金融教育等服务业,其就业人口的受教育程度得到大幅提升,而镇的产业为城市转移的传统制造业和劳动密集型产业,农村的为农渔林牧业,这些产业所需要的劳动力教育层次没有城市的高,就业人口的受教育程度提升幅度也较小。

就图 3-1-5 所显示的城市、镇、乡村之间的差距而言,"40 后""50 后"两代人就业人口的平均受教育年限差距最小,他们都处于中华人民共和国成立初期,计划经济下政府实行的是"统包统配"的就业政策,城市、镇、乡村之间就业人口的受教育程度差距不大。"60 后""70 后""80 后"三代人的城乡差距逐步加大,

"80后"的差距是最大的,城市比镇的就业人口的平均受教育年限高1.71年,比乡村的高2.91年。这三代人处于改革开放时期,"铁饭碗"用工制度被打破,转变为市场导向的就业机制,使得劳动力流动逐渐突破城乡、地区之间的限制,而城市得利于计划经济的教育、基础设施、产业结构等优势,对高素质人才具有较强的吸引力,城市就业人口的受教育程度与镇乡之间的差距拉大。

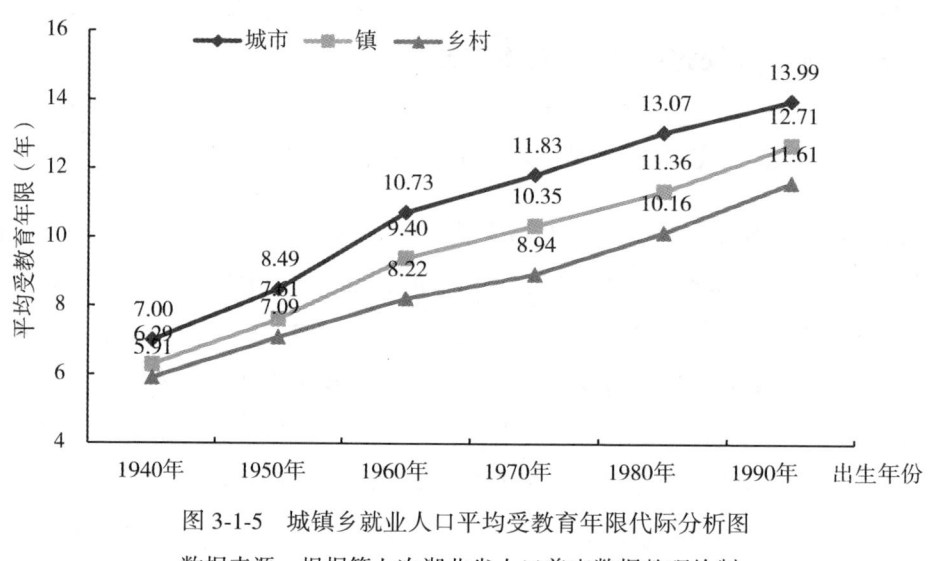

图3-1-5　城镇乡就业人口平均受教育年限代际分析图
数据来源：根据第七次湖北省人口普查数据整理绘制。

2. 城乡女性之间的差距从"40后"到"80后"逐渐扩大,而"90后"有所减小

根据图3-1-6所示,城乡女性就业人口平均受教育年限在代际总体上都呈现递增趋势,城市女性就业人口的平均受教育年限从"40后"到"90后"增加了8.12年,而农村女性增加了6.82年,所以城市女性的增长幅度要高于农村女性。从城市女性与农村女性之间的差距来看,二者之间的差距从"40后"到"80后"逐渐扩大,"80后"的差距为最大,为3.15年,而"90后"有所减小,二者之间的差距为2.48年。城市女性增长最快的是从"50后"到"60后",增长了2.49年,这是因为"60后"的城市女性处于改革开放初期,高考恢复后通过接受高等教育提升了受教育程度；而农村女性增长最快的是从"80后"到"90后",增长了1.87

年,这是因为随着经济水平和家庭生活水平的提高以及人们思想的转变,"重男轻女"的想法正在逐渐消失,更多的家庭有能力为子女提供更多教育,使得女性逐渐拥有和男性一样的教育机会。

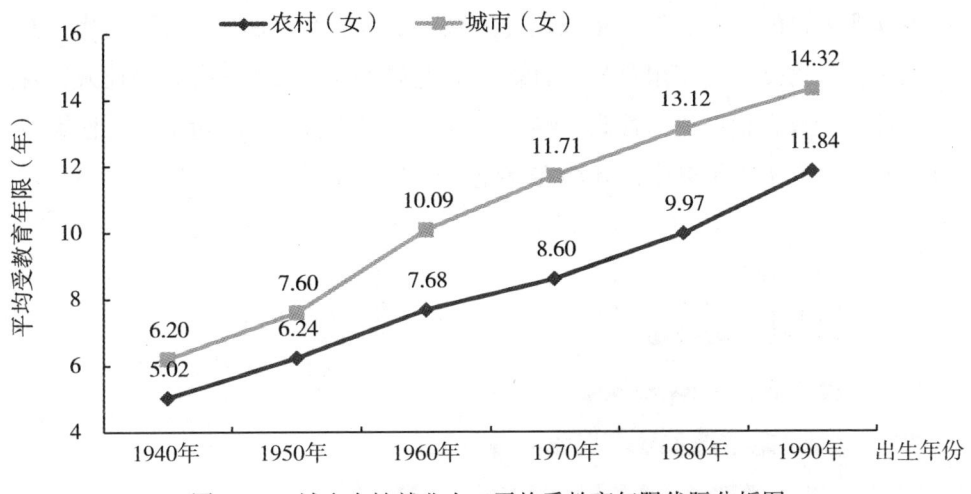

图 3-1-6　城乡女性就业人口平均受教育年限代际分析图

数据来源:根据第七次湖北省人口普查数据整理绘制。

(四)就业人口受教育程度的性别差异

1. 就业人口受教育程度性别差异逐渐缩小,并从"80后"开始女性劳动者的受教育程度反超男性

在总体上,湖北省所有男性就业人口平均受教育年限为 10.63 年,女性为 10.37 年,男性就业人口平均受教育年限略高于女性,两者之间的差距为 0.26 年。这说明随着经济水平和家庭生活水平的提高以及人们思想的转变,"重男轻女"的想法正在逐渐消失,更多的家庭有能力为子女提供更多教育,使得女性逐渐拥有和男性一样的教育机会。近年来,女性接受教育的社会环境在逐步改善,给予女性很多接受高等教育的机会,使得女性就业人口的平均受教育年限不断提升,并在总体上超过了男性,可以预测未来会呈现女性平均受教育年限高于男性的趋势。

从图 3-1-7 所显示的变化趋势来看，男性与女性的平均受教育年限都呈现不断提升的趋势，但男性的增长幅度低于女性。具体来讲，"40 后"至"70 后"，男性的平均受教育年限高于女性，但两者之间的差距不断缩小，并在"80 后"这一代女性就业人口的平均受教育年限超过男性，之后的"90 后""00 后"两代，女性就业人口的平均受教育年限都比男性高。尤其是"80 后"这一代的年轻人，就业人口女性的受教育程度比男性高 1 年，这是因为在市场经济环境下，女性就业比男性困难，只有不断提升学历才能在就业市场上获得优势。

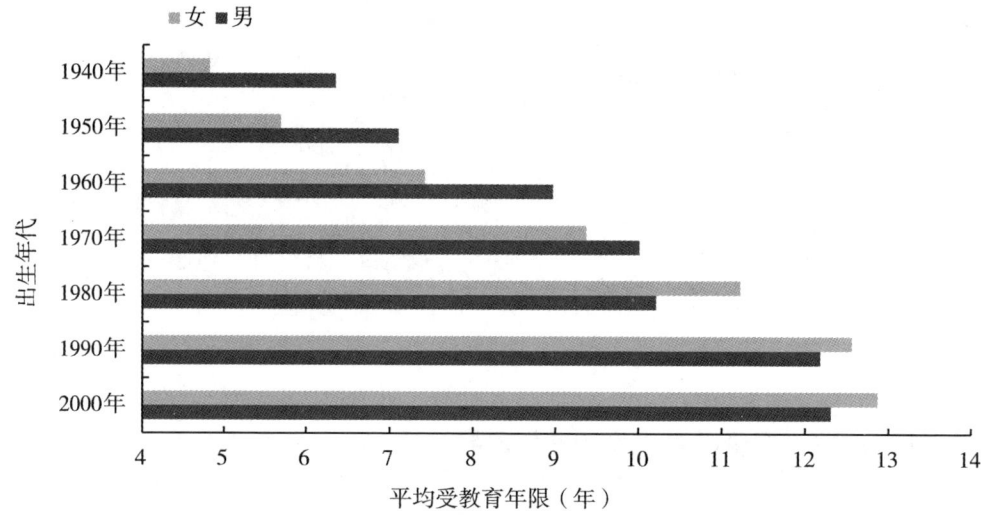

图 3-1-7　就业人口平均受教育年限性别差异图
数据来源：根据第七次湖北省人口普查数据整理绘制。

2. 高素质女性就业率比男性低

根据图 3-1-8 所示，男性就业人口在大学专科、大学本科、硕士研究生和博士研究生学历上的就业率都高于女性。这主要是在我国市场经济环境下，企事业单位更偏向于选择男性，因为在 25~35 岁的黄金劳动年龄时期，女性劳动者面临着怀孕哺乳、儿童照料、家务劳动参与以及劳动力市场参与的双重任务，处于工作与家庭的剧烈冲突之中,劳动供给极为困难。就男女之间的就业率差距而言,大学专科学历上二者差距最大,男性比女性高 14.71%,硕士研究生学历上二者差距最小,男性比女性高 6.59%。在大学本科学历上,男性与女性的就业率都是四个学历中最低的,而男性就业率最高的是大学专科学历,女性就业率最高的是研究生学历。高素质女性在就业市场上没有优势,只能接受更高水平的教育来提升她们在劳动力市场上的地位。

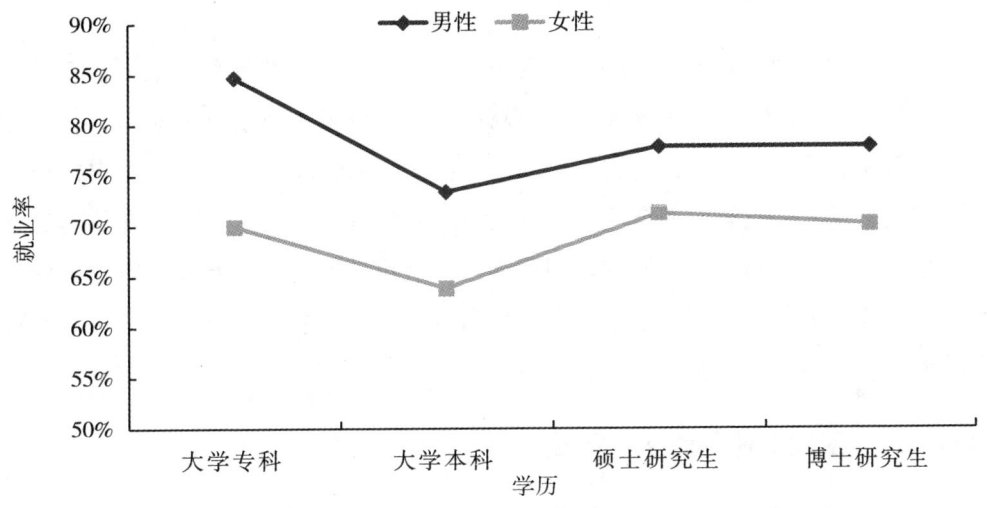

图 3-1-8　高素质就业人口就业率性别差异图
数据来源:根据第七次湖北省人口普查数据整理绘制。

三、面临的问题

(一)人才在地区分布上过于集中

省会城市武汉市高校云集,学科门类齐全,基础人才、科研人才实力非常雄厚,是湖北科教资源最集中的地区,也是全国为数不多集区位、人才、产业、科教等优势于一身的特大中心城市,与湖北省其他城市之间存在较大差距。因此,人才在经济利益驱动及其他社会因素的支配下，长期以来存在着"孔雀东南飞"的情况。湖北省是人才培养基地但并非人才使用高地，大部分人才会选择省会城市，导致了湖北省的人才在区域分布上过于集中，使得中心地区人才结构过剩和相对过剩，而省会城市以外的人才匮乏。这种人才过剩与人才匮乏共存的矛盾局面，导致了湖北省人才创新创业区域发展不平衡，湖北省人才分布结构失调将会直接制约湖北省产业结构的优化调整和经济发展步伐。

(二)农村劳动力受教育程度低

由于农村劳动力知识水平和技能有限，与城镇劳动力有较大差距，缺乏竞争力，而且这一群体的文化程度较低，对新技术、新成果、新信息反应迟钝，缺乏接纳、消化、吸收的能力，这制约了农村经济社会的发展。实现湖北省农村经济增长方式由粗放型向集约型转变，需要受过良好教育、训练有素、具有较高的文化水平、科技水平和专业技能的新型劳动者，这也是提升湖北省人口质量红利的措施。因此，为了适应产业结构升级和提高自身竞争力的需要，必须全面开展农民技能培训，不断提高农民素质。

(三)高素质女性劳动参与率低

自1990年到2020年，女性的劳动参与率从不断下降到趋于稳定。这主要是由于在经济市场化加深的背景下，产业结构的改变、市场竞争更加激烈以及受教育水平增加等女性个人因素造成的。而对于高素质女性就业人口而言，女性教育优势并未改变劳动力市场的男性优势，女性只有比男性受教育程度高才能获得就业机会，这也导致女性就业人口劳动参与率较低。在25~35岁这一阶段，女性在生育、家务劳动和子女的照料、教育上的付出普遍多于男性，社会看护成本昂贵可能会使女性退出劳动力市场而参与家庭生产；35岁以上的受过高等教育女性想要返回劳动力市场，却会遭遇到年龄歧视，这迫使一部分女性只能放弃重返职场的打算而成为家庭主妇。女性比男性提前退休，她们在55岁左右工作经验丰富时却面临退休，这未能充分发挥她们的聪明才智，造成女性人才的浪费。因此，需要提高女性就业人口的劳动参与率，进一步挖掘人力资本潜力，释放人口质量红利。

四、提升湖北省人口质量红利的政策建议

当前,湖北省产业结构正处于转型升级的关键期,但湖北省就业人口的文化素质还存在一系列问题,无法发挥劳动力质量高、效率高的"人才红利"优势,实现从人口数量红利到人口质量红利的转变。因此,需要发掘目标人群,提高现有就业人口的素质水平,使之与新产业的劳动力素质要求相匹配。

(一)大力发展职业教育,提高乡镇青年的文化素质和技能素质,培养实用型人才

乡镇青年劳动力数量庞大,但因自身受教育程度不高,适合这一群体的就业机会缺乏,存在供不应求的状况,他们大多只能从事劳动密集型工作和自由职业,这一群体的人力资源开发潜力巨大,是提升湖北省人口质量红利的一大主要人群。因此,需要大力发展湖北省的职业教育,加强高层次劳动力资源队伍建设,充分发挥高等教育在培养劳动力资源方面的核心作用。湖北省的职业教育要面对经济高速发展所带来的产业结构变化和人才需求变化,把握市场的需求,调整高等教育的结构和布局,要使高职教育的目标和定位更加具体化和特色化,建立与高等职业教育相对应的专科、本科、研究生各层次配套的高等职业教育制度。具体来讲,需要大力提高劳动者素质,为生产一线培养应用型人才,以满足经济发展和结构调整的要求。要完善多层次社会化办学体系,大力发展高等教育,扩大本专科教育规模,壮大高、中级专门技术人才队伍;要强化继续教育,强化对新增劳动力的职业教育和职业培训,提高文化和技能素质。

(二)加强基础教育和技能培训,提高农村劳动力整体素质

提升农村劳动力整体素质是一项系统工程、长期工程,当前应着力加强农村劳动力教育和培训工作,并以此为切入点,灵活施策,标本兼治。首先,需要加强农村基础教育,因为基础教育是提高农村劳动力素质的主要渠道,并以多种形式、多种途径、多种机制积极发展农村职业技术教育,建立和发展农村成人教育体系,举办各种形式的专业技术、技能、知识、文化培训班,培养技能型人才。

其次，加强农村劳动力培训工作，一种是实用技术培训，使农业劳动力普遍掌握1~2项农业实用技术。提高农民科学种养水平，另一种是职业技能培训，结合农民的转岗、转业，对农村富余劳动力进行职业技能培训，使农村富余劳动力掌握一门以上非农就业技能。

(三) 提高女性就业人口的劳动参与率

女性就业人口占总就业人口的一半，女性劳动参与率不间断地持续下降，减弱了湖北省经济增长的可持续性，影响经济健康发展和改革转型。因此，发掘人口质量型红利和培养人才，女性和女性人才不可或缺。首先，政府需要加强对女性劳动权益的保护，完善女性就业福利政策制度。大力宣传《妇女权益保护法》《女职工劳动保护规定》等相关法律法规，落实人力和社会保障部门、妇女联合会、工会等各个部门的责任，并细化实施的细则，使其有实际操作性。其次，对性别歧视行为的认定、监督、惩罚作出具体的规定，使性别歧视行为能够得到有效认定和惩处，对"三期"即孕期、产期、哺乳期损害女性员工合法权益的行为依法惩处，并为女性就业者提供诉讼渠道。最后，需要完善女性生育保险制度，对需要承担儿童照料责任的女性实行特殊的职业保护制度，逐步建立和完善女职工卫生室、孕妇休息室、哺乳室等基础设施。

社会看护资源可获得性的不足是限制女性劳动参与率提高的重要原因之一。当下社会照料机构不能满足儿童、老人、病人照料的需要，需要增加社会化公共看护资源的供给构建社会化照料支持体系。一是针对当前照护机构水平参差不齐，专业化程度不高，收费较为昂贵的现状，建立高标准、严要求的市场准入机制，规范照护机构市场，提高照护机构的软硬件设施和现有照护机构的接纳能力，通过政策支持降低收费，降低社会照护成本；二是加强照护服务体系建设，加大对照护中心的审批、建设与监督力度，尝试在社区开办照护中心，配备接受过相关培训的工作人员；三是建立健全照护服务者的监督和保护机制，加强照护服务者的培训指导，提高他们的福利待遇和社会地位。

(四) 开发老年人力资源，促进老年劳动力再就业

随着离退休老年人口的受教育程度不断提升，虽因年龄到限，老年人带着丰

富的经验和知识离开工作岗位,但仍有部分老年人渴望能继续工作,他们是国家宝贵的人力资源,今后应当更多关注老年人的社会参与意愿与再就业能力,这一群体的人力资源开发潜力巨大,是提升湖北省人口质量红利的一大主要人群。因此,在老年人力资源开发方面,应当统筹规划并出台完整的政策支持体系。具体而言,政府应当成立并推广老年人才中心,为到龄退休后仍然希望工作的60岁及以上老年人提供可以发挥其长年积累的知识、经验及技能的工作机会,并为有意愿工作的老年人提供培训服务,将培训与就业市场相衔接,积极推进老年人力资源的有序开发。同时,还应当健全老年就业市场,一方面政府可以通过出台相关的税收减免等政策,有效鼓励公司返聘退休人员,减轻企业用工成本和风险,如果政府能够带好头,公司作为市场主体和招聘方,就愿意向老年人才伸出橄榄枝;另一方面政府与企业可以通过合作,共同打造老年再就业平台,打破信息垄断,促进老年人才优势充分涌流。

报告二 湖北省城乡居民就业现状、趋势及对策研究

就业一直以来都是我国经济发展中最受人们关注的问题之一。产业转型与升级是我国近20年来发展的必然趋势,与之相伴的是就业总体水平、结构与特征的变化。因而,深入、细致地分析城乡居民就业现状、趋势并提出对策是极具现实意义的,既可以发挥产业转型升级对就业增长的正向作用,同时又对产业转型升级与就业相互协调有重要的参考价值。

湖北省作为"中部崛起"战略实施的重要省份,产业结构发展有自己独特的特征,资源禀赋、生态保护和粮食生产等方面都在全国有举足轻重的地位。在2000—2020年的经济发展变迁背景下,湖北省的产业结构升级与发展带来的势必是城乡居民就业的巨变。分析与把握湖北省城乡居民就业变化现状与趋势有利于进一步吸引人才,促进"因地制宜",协调发展。

一、湖北省城乡居民就业现状

2020年,湖北省城乡居民就业现状主要呈现劳动密集型行业就业多、城镇私营单位就业为主导以及国有经济单位工资水平高的特点。2020年湖北省第七次全国人口普查(以下简称"七普")结果显示,湖北省城镇就业率达97.13%,相比于2019年,下降约一个百分点,失业率仅为3.4%[1]。从行业分类看,制造业和建筑业是就业人口数量最多的行业,其就业人口数占总就业人口数的24.3%、

---

[1] 中部6省份中其余省份:山西、河南、安徽、湖南、江西2020年失业率分别为3.1%、3.2%、2.8%、2.7%、3.2%。数据来自《2021年中国统计年鉴》。

18.3%，两者总占比近半。从单位性质看，以城镇私营单位就业为主导，占比达40.83%，特别是租赁和商务服务业、居民服务、修理等服务业的就业人口多以城镇私营单位为主。以租赁和商务服务业为例，该行业总就业人口中，70.9%的就业人口集中在城镇私营单位。从工资水平看，当前在岗职工平均工资水平最高的为金融、信息传输、软件和信息技术服务和公共管理及社会工作三大行业，这三大行业的在岗职工平均工资均达10万元以上。同时，在所有城镇经济单位中，国有经济单位的在岗职工平均工资水平最高，2020年达到10.12万元。从女性就业结构看，当前女性就业主要集中在制造业、教育以及社会工作行业。女性总就业人口中，19.7%集中在制造业，17.6%集中在教育行业，公共管理、社会保障和社会组织以及卫生、社会工作行业的女性就业人口分别占10.2%、12.4%①。

（一）"90后"女性就业人口受教育水平最高，平均受教育年限达13年

据各出生队列就业人口的平均受教育年限数据②，1991—2000年出生的女性就业人口受教育程度最高，平均受教育年限达13年。但整体而言，湖北省男性就业人口的受教育水平要高于女性，平均受教育年限比女性就业人口高0.2年③④。具体来看，1970年及以前出生的男性就业人口的受教育水平显著高于1970年及以前出生的女性就业人口，其平均受教育年限比女性多1年左右。此外，女性就业人口中各年龄段人口的受教育程度更不均衡，极化效应更显著，平均最长受教育年限与平均最短受教育年限相差8.6年。

---

① 根据《2021年湖北省统计年鉴》数据分析。
② 本报告按照出生年份划分了7个出生队列：2000年后出生的对应16~19岁就业人口、1991—2000年出生的对应20~29岁就业人口，以此类推。
③ 据2021年教育事业统计数据，全国劳动年龄人口平均受教育年限为10.9年。平均受教育年限计算公式中，未上过学和学前教育算作0年，小学6年，初中9年，高中12年，大专15年，本科16年，硕士19年，博士22年。
④ 女性就业人口的平均受教育年限达10.3年，男性就业人口的平均受教育年限达10.5年。

（二）男女受教育水平差距逐步缩小，"90后""00后"女性平均受教育水平超过男性

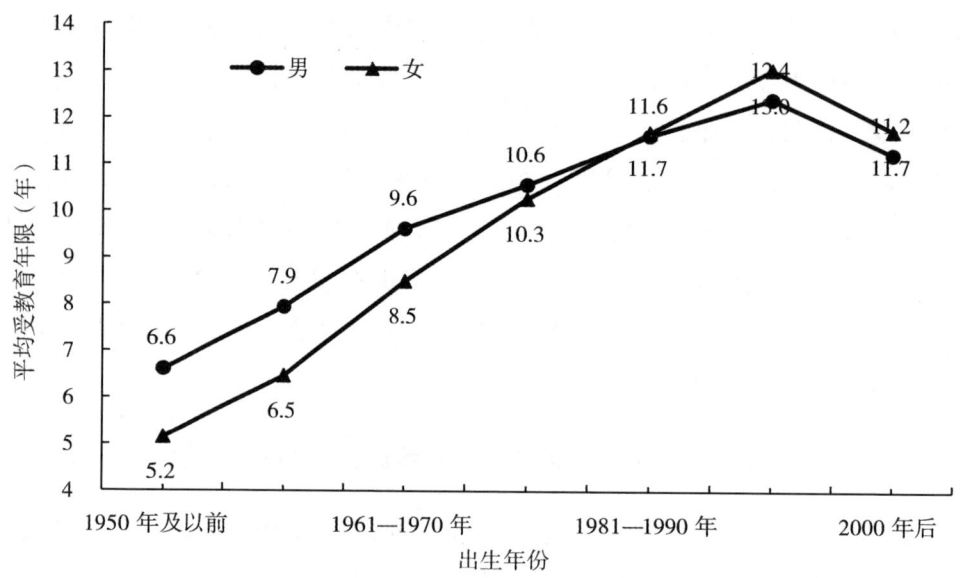

图 3-2-1　2020 年各出生队列分性别就业人口平均受教育年限折线图

数据来源：根据第七次湖北省人口普查数据整理绘制。

（三）信息服务业的就业人口年龄结构最为年轻化，39.65%处于20—29岁

从各行业的年龄组成看，信息传输、软件和信息技术服务业是最为年轻化的行业，有 39.65% 的就业人口集中在 20~29 岁，20~34 岁的就业人口占比达 60% 以上，远高于其他行业同年龄段人口占比。与之相反，农林牧渔业则是老龄化最为严重的行业，45~69 岁的就业人口比重高达 69.7%。与农林牧渔相比，制造业、建筑业等劳动密集型行业就业人口的年龄结构相对年轻化。以制造业为例，年龄在 25~34 岁间的就业人口比重为 32.73%。此外，批发零售业、交通运输以及住宿餐饮业等传统服务业的就业人口年龄集中在 30~49 岁之间，占比约为 60%。（见表 3-2-1）

表 3-2-1 信息、金融、文体等行业就业人口年龄组成

年　龄	行业					
	信息传输、软件和信息技术服务(%)	金融(%)	文化、体育和娱乐(%)	科学研究和技术服务(%)	居民服务、修理和其他服务(%)	教育(%)
16~19 岁	0.69	0.18	1.6	0.39	1.47	2.08
20~24 岁	13.16	6.33	11.08	7.85	6	9.15
25~29 岁	26.49	19.26	18.46	19.1	13	14.97
30~34 岁	25.19	23.26	18.78	22.83	17.7	15.75
35~39 岁	14.58	14.36	12.11	14.24	12.46	12.59
40~44 岁	8.91	10.82	9.93	9.96	10.71	13.3
45~49 岁	5.7	11.54	10.07	9.58	12.23	12.01
50~54 岁	3.29	9.08	8.88	7.9	11.88	10.84
55~59 岁	1.63	4.4	5.93	5.47	8	7.67
60~64 岁	0.23	0.52	1.69	1.28	3.33	1
65~69 岁	0.09	0.16	0.91	0.81	2.12	0.4
70~74 岁	0.02	0.05	0.39	0.38	0.75	0.14
75 岁及以上	0.01	0.04	0.18	0.22	0.35	0.09

数据来源：根据第七次湖北省人口普查数据整理。

（四）总就业人口中男性占比高出女性 18.6%，乡村就业人口中男性占比高出女性 20.7%

从就业人口男女构成看，总体上男性占比高于女性，就业人口数占比高出女性 18.6%。同时，这一特征在乡村更为明显，湖北省乡、镇的总就业人口中，男性占比分别为 60.34%、50.11%，乡村就业人口中男性占比比女性高 20.7%[①]。

从行业男女构成看，传统农业中林业就业人口的男女构成差异极大，男性占比为 71%，女性仅占 29%；采矿、建筑、电力、热力、燃力及水生产和供应业等传统工业行业的就业人口中男性占比均在 70% 以上，特别是建筑业和采矿业就业

---

① 城市总就业人口中，男性占比 58.29%。

人口中，男性占比近九成；此外，交通运输、信息技术、科学研究及技术服务等新兴行业的就业人口中男性占比也均达60%以上。上述就业人口的男女差距在乡村中进一步扩大①。2020年各行业大类就业人口男女构成见图3-2-2。

从男女性就业选择看，男性就业主要集中在制造业、房屋建筑业、建筑装饰业等劳动密集型产业，而女性则在纺织制造业、零售业、居民服务业以及教育业就业中占据主要优势。具体来看，在女性总就业人口中，15.2%从事制造业，其中又有4.54%的女性从事纺织服装、服饰行业；而在男性总就业人口中，19.73%集中在建筑业，而其中房屋建筑业的男性就业人口占据主导，占比为10.52%；在男性就业人口占主要优势的交通运输、仓储与邮政业中，道路运输业是男性就业人口的主要选择，占比达4.58%②。

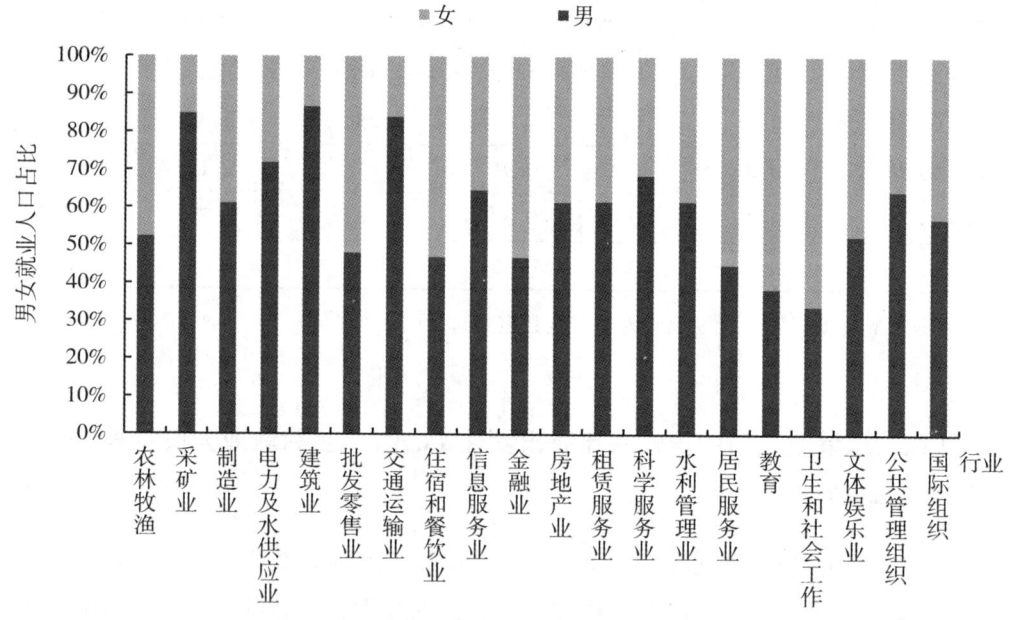

图3-2-2　2020年各行业大类就业人口男女构成

数据来源：根据第七次湖北省人口普查数据整理绘制。

---

① 此部分数据是运用各个行业的总就业人口数作为分母，男、女性就业人口数作为分子，以此衡量各个行业的男女就业分布。

② 此数据是运用男、女性总就业人口总数作为分母，各个行业的男、女性就业人口数作为分子，以此衡量男女就业选择的行业差异。

（五）江汉平原腹地农林牧渔就业人口占比近半，制造业、建筑业就业人口环武汉聚集

从地区来看，湖北省农、林、牧、渔业的就业人口主要集中在荆州等江汉平原腹地地区，以荆州市为例，其渔业就业人口占比就高达全省的44.25%。而襄阳和宜昌作为湖北省副中心城市，农、林、牧、渔业的就业人口总数也达全省的14.74%和10.71%。恩施作为湖北省山地丘陵地形区，畜牧业就业人口占比高达全省的23.66%。制造业、建筑业就业人口则多集中在武汉、黄冈、孝感三地，其建筑业就业人口占全省建筑行业总就业人口的比重分别为17.8%、15%和12.2%，其制造业就业人口在全省所占比重则分别是16.54%、10.22%和10.67%。湖北省各地区农林牧渔就业人口份额地理分布情况见图3-2-3。

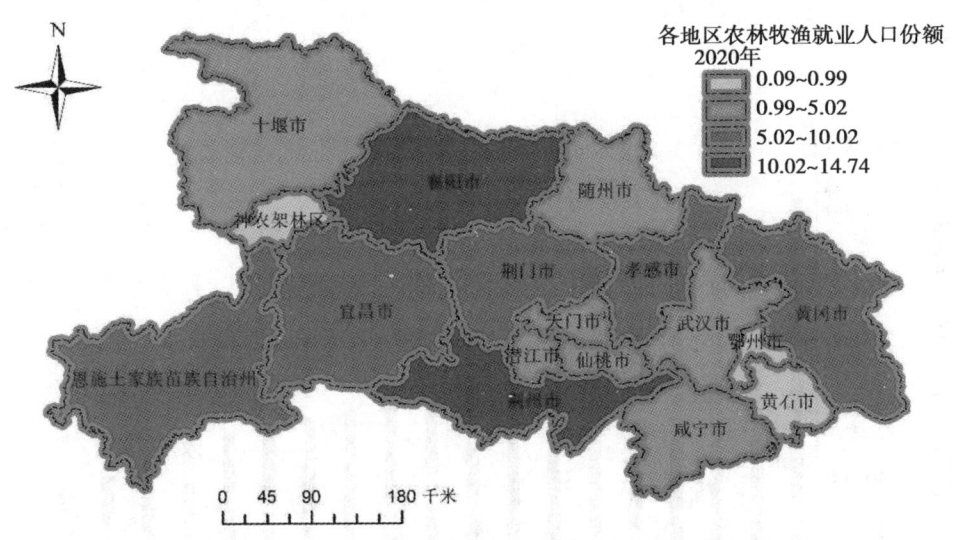

图3-2-3 湖北省各地区农林牧渔就业人口份额地理分布图

数据来源：根据第七次湖北省人口普查数据整理绘制。

（六）环武汉城市圈地区及副中心城市的服务业就业人口占比高

城市就业人口中，除省会城市武汉的服务业就业人口占比最高外，副中心城市宜昌、襄阳以及环武汉的城市圈成为服务业就业人口的集中地区。宜昌、襄阳

作为湖北省副中心城市，其金融业、居民服务及社会工作行业的就业人口数占比都仅次于武汉。以襄阳市为例，其批发零售业、金融业、房地产业、卫生和社会工作等高附加值行业的就业人口数均位列全省第二。此外，得益于"武汉城市圈"的规划，环武汉城市圈地区也迎来了发展契机，高附加值行业的就业人口数量也位于全省前列。以孝感市为例，其租赁和商务服务业就业人口占全省的9.12%，仅次于武汉；其房地产业就业人口数占比也超过宜昌，占全省的6.56%。

（七）金融、信息行业工资水平高出平均水平50%以上，国有经济单位的平均工资水平比平均水平高出42.4%

图3-2-4为2020年各行业在职职工平均工资水平。从各个行业的工资分布来看，金融、信息传输、软件和信息技术服务、电力、燃气、水的供应、科学研究

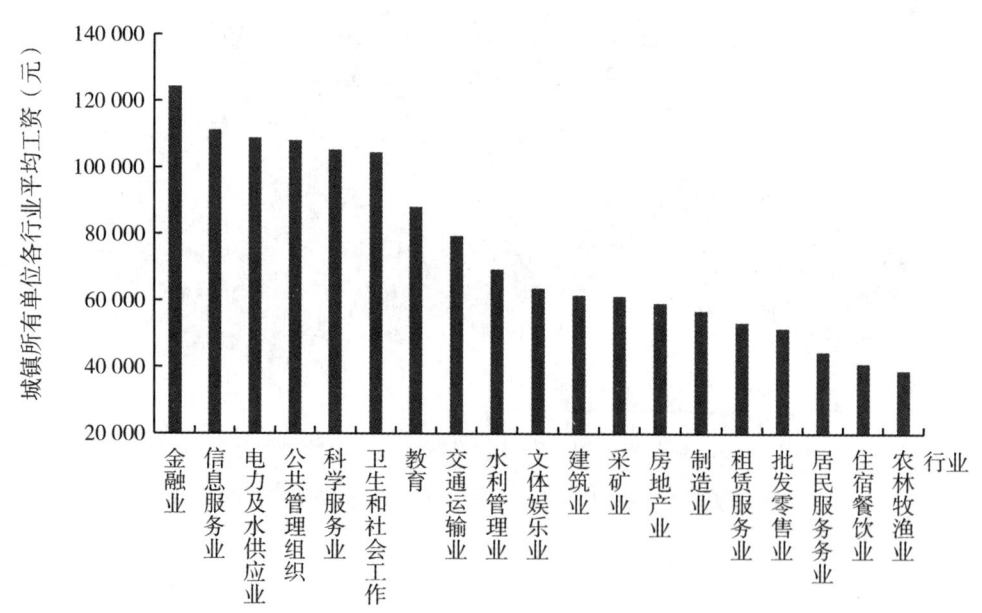

图3-2-4 2020年各行业在职职工平均工资水平

数据来源：根据《湖北统计年鉴（2021）》整理绘制。

和技术服务业以及公共管理、文体服务等行业的工资高于平均工资水平①。金融业是2020年年平均工资水平最高的行业，平均工资水平高出全行业平均水平的74.8%。分单位性质看，国有经济单位和其他经济单位的平均工资水平更高，分别是101 253、80 277元，分别高出平均工资水平的42.4%、12.9%。

二、湖北省城乡居民就业趋势

（一）在岗职工工资水平大幅提升，2000—2020年增长近5倍

由图3-2-5可知，2000—2020年20年间，湖北省在岗职工工资水平大幅度提升，从2000年的7 565元增长至44 955.2元，增长近5倍②。分不同性质的就业单位看，国有经济单位的在岗职工工资水平最高，增长速度最快，2000—2020年平均工资水平增长7倍左右，位列首位。与之相反，城镇私营单位的在岗职工工资水平最低，2020年在岗职工平均工资仅及国有经济单位平均工资的47.7%③。（见图3-2-6）

其次，细分各个行业大类来看，2010、2020年在岗职工平均工资水平最高的行业均为金融业，2010、2020年在岗职工平均工资水平分别为53 768元与97 049.3元。此外，2010—2020年平均工资增长最多的行业为卫生、社会保障和社会福利业，十年间平均工资增长近1.5倍④。

---

① 2020年各行业平均工资水平为71 110元，数据来源于《湖北统计年鉴（2021）》。
② 计算工资水平变化时，以2000年为基期，利用《中国统计年鉴（2021）》中的全国居民消费价格指数（CPI）对2000年后每一年的工资水平进行平减，以此剔除价格波动影响并使工资水平数据更加平滑。
③ 由于城镇私营单位在岗职工平均工资从2009年起开始统计，因此这里城镇私营单位平均工资数与国有经济单位平均工资数均利用以2009年为基期的居民消费价格指数进行平减。
④ 由于2000—2020年各个行业大类划分标准差异较大，因此本报告选取2010—2020年为研究期，2020年各行业大类的平均工资数据均利用以2010年为基期的居民消费价格指数进行平减处理，以便后续比较计算。

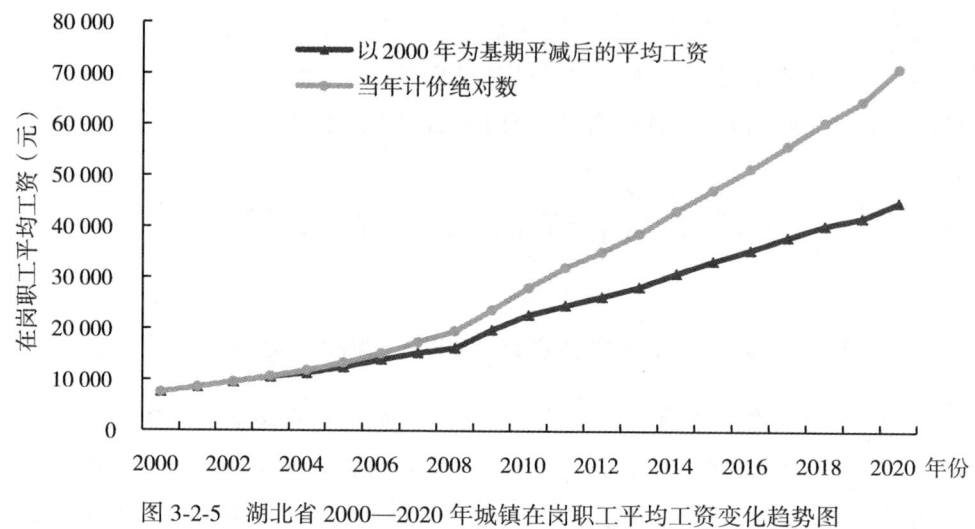

图 3-2-5　湖北省 2000—2020 年城镇在岗职工平均工资变化趋势图

数据来源：根据《湖北统计年鉴（2021）》和《中国统计年鉴（2021）》整理绘制。

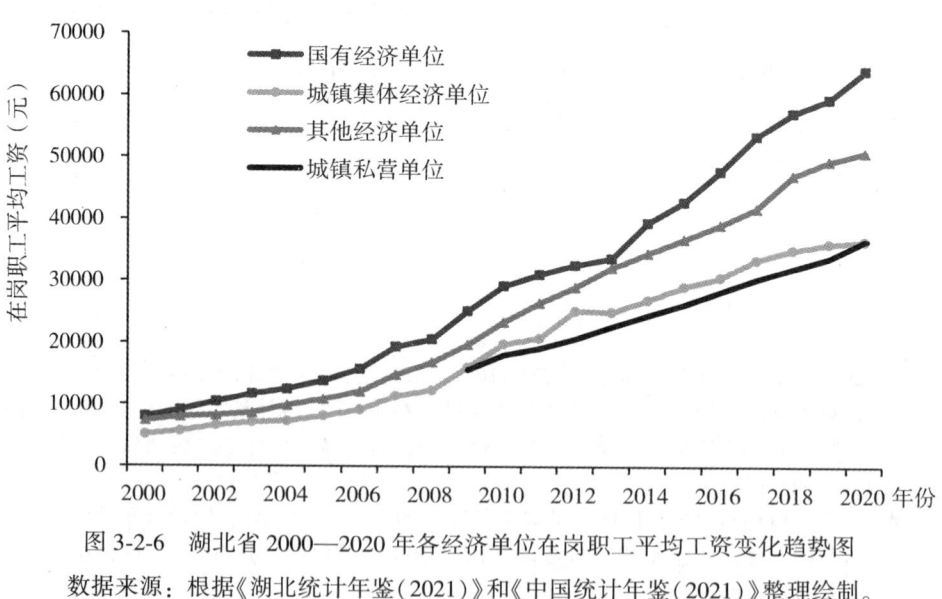

图 3-2-6　湖北省 2000—2020 年各经济单位在岗职工平均工资变化趋势图

数据来源：根据《湖北统计年鉴（2021）》和《中国统计年鉴（2021）》整理绘制。

（二）农林牧渔、建筑行业"40—59 岁"就业人口成为"主力军"，占比约半

通过分析 2000 年、2010 年、2020 年各行业大类的就业人口的年龄分布可发现，农林牧渔等传统农业的就业人口以及制造业、建筑业等劳动密集型行业的就业人口有进一步老龄化的趋势。其中，2000—2020 年，农林牧渔行业 60 岁及以上的就业人口占比从 8.81% 增加到 37.79%（见图 2-3-7）；制造业、建筑业等行业的就业人口年龄也有进一步变大的态势，特别是建筑行业，20~29 岁的就业人口占比从 2000 年的 26.09% 下降到 12.4%；30~39 岁的就业人口占比从 2000 年的 42.01% 下降到 25.56%；50~59 岁的就业人口占比在这 20 年间上升了 20% 以上；2020 年，建筑行业中，40~59 岁的就业人口占比已超全部建筑行业就业人口的 50%，大龄就业人口已成为主要就业人群（见图 3-2-8）。

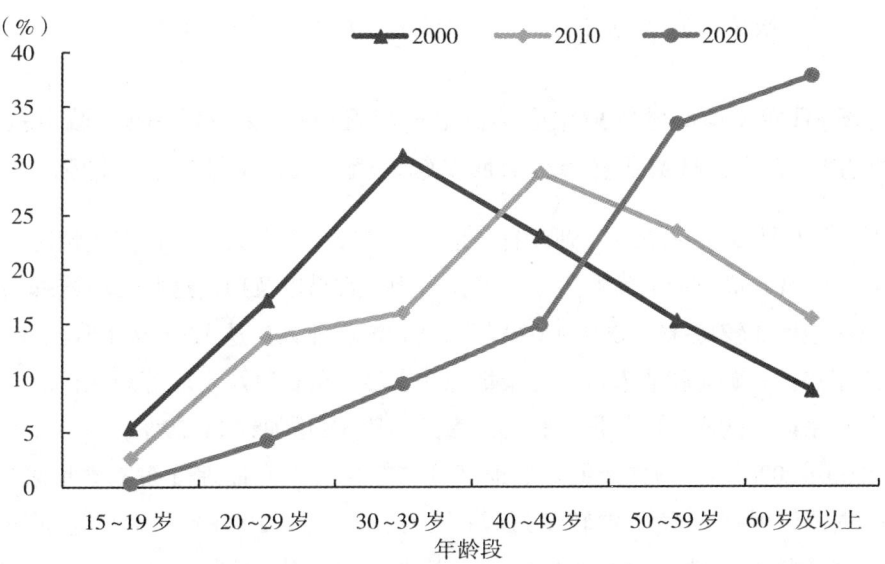

图 3-2-7 农林牧渔业各年龄段就业人口占该行业总就业人口比重折线图
数据来源：根据第五、六、七次湖北省人口普查数据整理绘制。

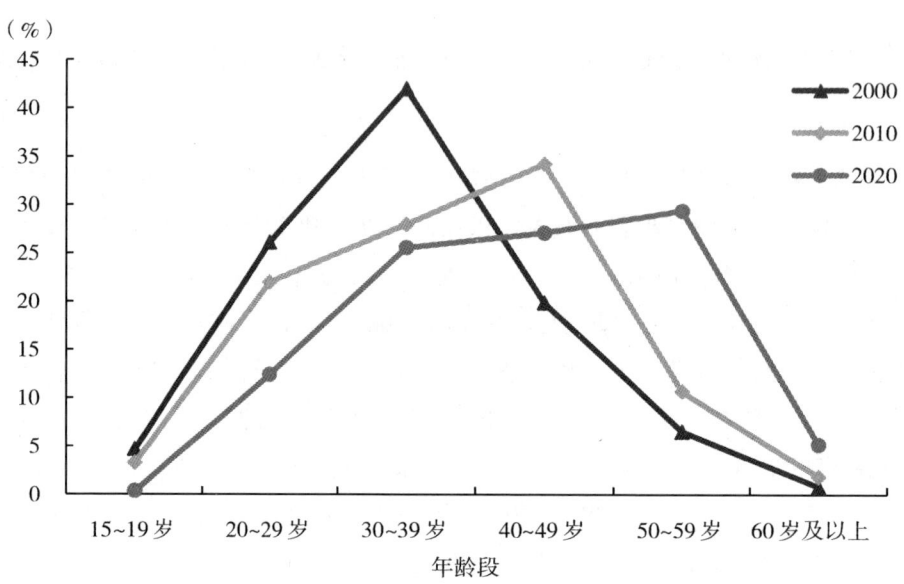

图 3-2-8 建筑业各年龄段就业人口占该行业总就业人口比重折线图
数据来源:根据第五、六、七次湖北省人口普查数据整理绘制。

(三)江汉平原腹地农业中心地位进一步巩固;"武汉城市圈"城市就业形势发展快;卫生、社会服务等公共服务领域就业人口集聚进一步增强

图 3-2-9 是 2000—2020 年湖北省各地区农林牧渔就业人口占比变化情况。从地区上看,农林牧渔行业的就业人口集聚在襄阳、宜昌以及荆州这些鄂西或鄂西南地区,黄冈地区比较特殊,2000—2020 年农林牧渔就业人口从 12.77%下降到 9.04%,呈下降态势;采矿业就业人口主要聚集地在宜昌、黄石以及十堰等地区,潜江作为直管县在采矿业就业人口数量上有一个攀升,从 5%增加到 11.29%。

2000—2020 年,制造业就业的地区分布变化最大,地理分布基本呈现从"分散"到"集聚"再到"分散"的转变过程(见图 3-2-10)。2000 年,武汉、襄阳、荆州及宜昌等地都是制造业就业集中地,就业人口占比分别为 27%、11%、9.3%和 7.9%,2010 年,在地理分布上则逐步成为"一家独大"局面,武汉的制造业就业人口占到制造业就业总人口的 21.7%,而其他市区的制造业就业人口有不同程度地下降,襄阳市的制造业就业人口占比从 11%下降到 8%,2020 年,制造业就业人口再次分散开来,武汉、孝感、黄冈的制造业就业人口分别占湖北省整个制造业就业总人口的 16.5%、10.7%、10.2%。

报告二　湖北省城乡居民就业现状、趋势及对策研究

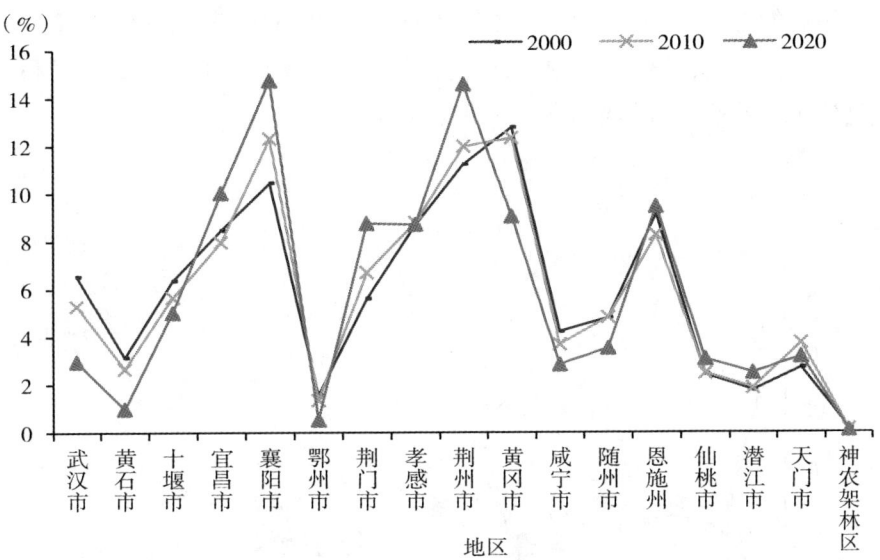

图 3-2-9　2000—2020 年湖北省各地区农林牧渔就业人口占比变化趋势图
数据来源：根据第五、六、七次湖北省人口普查数据整理绘制。

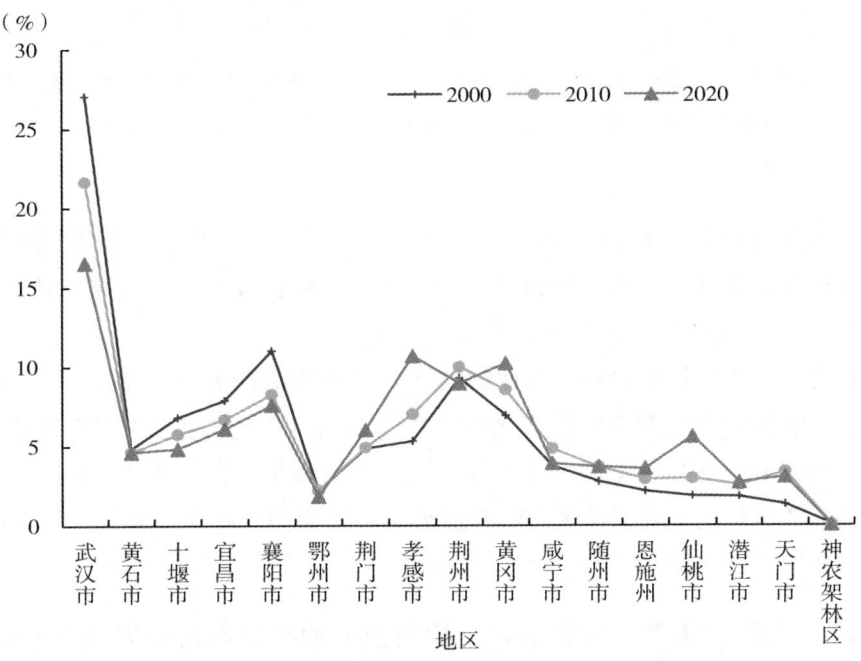

图 3-2-10　2000—2020 年湖北省各地区制造业就业人口占比变化趋势图
数据来源：根据第五、六、七次湖北省人口普查数据整理绘制。

177

建筑业的地理分布也发生了改变,2000—2020 年,孝感逐渐也成为了建筑业就业人口集聚地,该行业就业人口占比从 7.4% 增加到 12.2%。武汉和黄冈则一直是建筑业就业人口集聚中心。(见图 3-2-11)

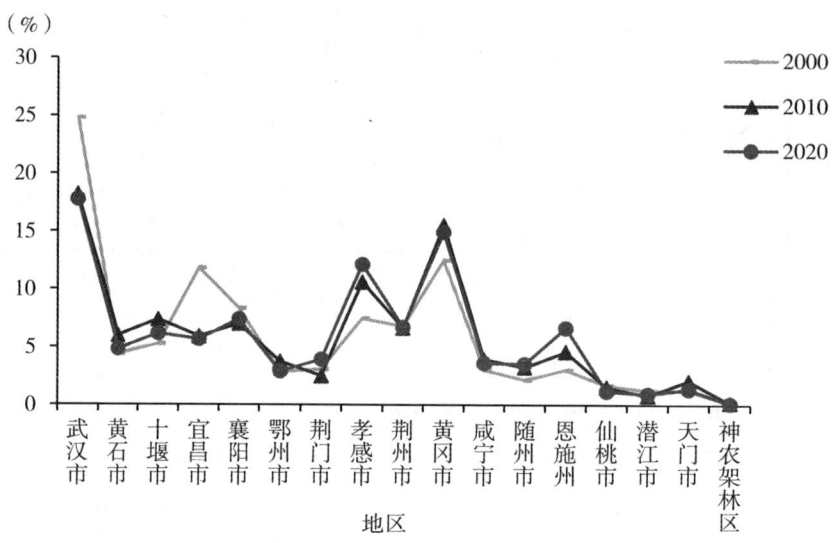

图 3-2-11　2000—2020 年湖北省各地区建筑业就业人口占比变化趋势图
数据来源:根据第五、六、七次湖北省人口普查数据整理绘制。

批发零售业中,孝感作为临近中心城市——武汉的城市,批发零售业的就业人口也在逐步上升,2000—2020 年,孝感市批发零售业的就业人口占比从 6.5% 上升到 9.7%。(见图 3-2-12)

教育、卫生和社会工作等行业的就业人口的集聚现象在近 20 年则表现得更为显著。2010—2020 年,武汉市的教育行业就业人口在全省教育行业就业人口中所占份额分别是 28.24% 和 30.24%,武汉作为湖北省省会城市,在教育、卫生等公共服务领域的资源供给上有绝对优势地位,这些行业的就业人口也有进一步在武汉集聚的趋势。

(四)女性在国家、政党机关及社会团体的就业参与度方面上升趋势明显,20 年间增长 4.5%

由图 3-2-13 可知,2000—2020 年各行业就业状况中,女性在国家、政党机

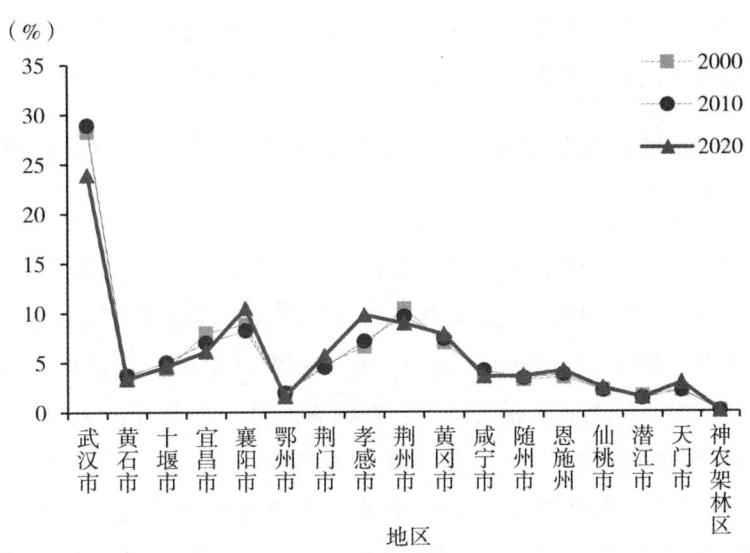

图 3-2-12　2000—2020 年湖北省各地区批发零售业就业人口占比变化趋势图
数据来源：根据第五、六、七次湖北省人口普查数据整理绘制。

关或社会团体的就业参与度显著提升，且上升态势明显。2000—2020 年，女性在国家、政党等政治参与上从 27% 上升到 35%。其中，女性就业参与度最高的是群众团体、社会团体和宗教组织以及基层群众自治组织。2010—2020 年十年间，

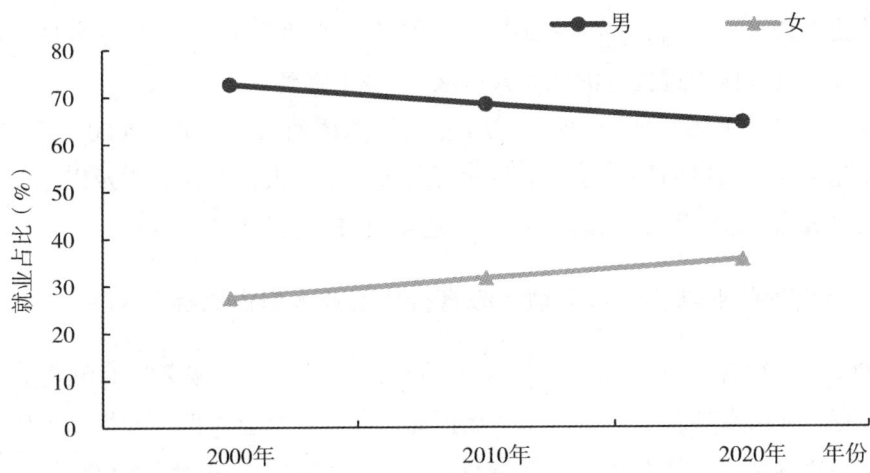

图 3-2-13　2000—2020 年湖北省国家、党政机关就业人口男女性占比变化趋势图
数据来源：根据第五、六、七次湖北省人口普查数据整理绘制。

女性在群众组织、社会团体以及宗教组织整个行业的就业占比从3.4%增加到7.9%，在基层群众自治组织整个行业的就业占比从14%上升到20.8%。

（五）近20年女性总就业人口占比增加1.1%，国有经济单位就业人口占比减少32.3%

2000—2020年，整体上看，女性就业人口占总就业人口的比重在不断上升，2000、2010、2020年女性就业人口占全省总就业人口的比重分别是6.3%、4.9%和7.3%。但是，随着就业观念的转变，女性就业在单位性质选择上也发生了巨大的变化。2000年女性总就业人口中，在国有经济单位就业的人口占比达74%，占一半以上，但是到2020年，逐步下降到41.7%，不足女性总就业人口的一半。而从就业行业上看，女性就业人口集中的行业总体保持不变，主要集中在制造业、教育以及社会服务等行业，2020年女性在制造业的就业人口占比最高，达19.65%，教育行业的女性就业人口占比为17.57%。2000—2020年，女性在制造业的就业变化主要呈现先增加后减少的趋势，2000—2010年，女性在制造行业的就业占比从21.9%上升至29%，而2010—2020年间，制造行业的女性就业人口在女性总就业人口中的占比则下降近9个百分点。

（六）就业人口受教育水平稳步提升，84.1%为初中及以上学历

从受教育水平上看，2000—2020年，湖北省就业人口的受教育水平在不断提升。其中没有接受过教育的就业人口从8.6%下降到0.9%，大学专科与本科学历的就业人口占比从不足5%提升10%左右。总体而言，2000—2020年这20年间，湖北省就业人口的受教育水平与学历层次有了巨大提升，高中及以上学历的就业人口成为"主力军"，2020年占比已达40.9%。（见图3-2-14）

（七）女性就业结构逐步转型，教育行业就业人口占比提升17%

2000—2020年，女性就业结构逐步转型，金融、居民服务、修理与其他服务、教育行业的女性就业人口占比明显提高，以教育行业为例，女性就业人口数量在近些年逐渐占有绝对优势，教育行业就业人口中女性占比从2000年的44%提升至61%（见图3-2-15）。金融行业是女性占比迅速提升的又一行业，2000年金融行业就业人口中女性占比仅45.8%，但2020年占比升至53.2%，超过男性

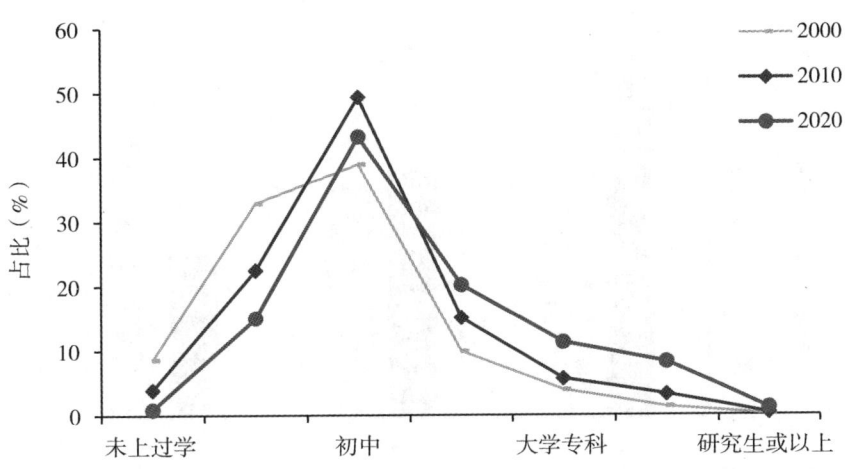

图 3-2-14 2000—2020 年湖北省就业人口各学历层次分布趋势图
数据来源：根据第五、六、七次湖北省人口普查数据整理绘制。

（见图 3-2-16）。总体而言，女性就业结构在 2000—2020 年发生了巨大变迁，2000 年各行业就业人口中，男性占比大多大于女性，但随着时间变迁，除交通运输、电力、热力与燃气行业的就业人口男性仍继续占有优势外，女性在金融业、教育行业以及居民服务或其他社会服务行业就业人口中的占比愈来愈高，女性在消费型服务业就业人口中的占比逐步提升。

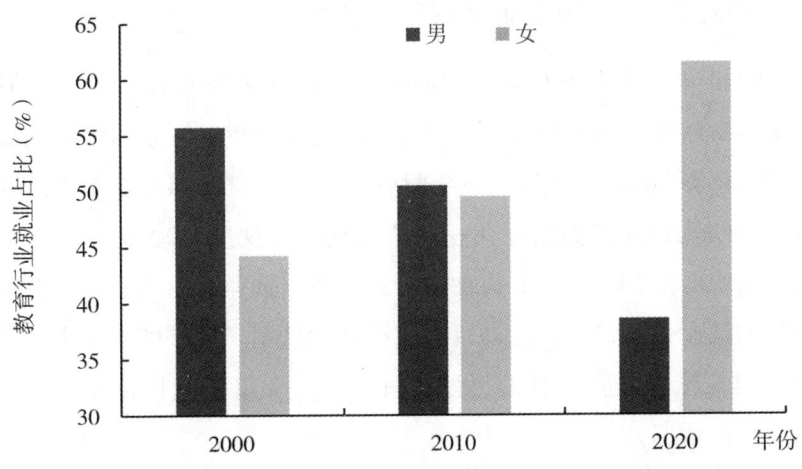

图 3-2-15 2000—2020 年教育行业就业人口男女构成
数据来源：根据第五、六、七次湖北省人口普查数据整理绘制。

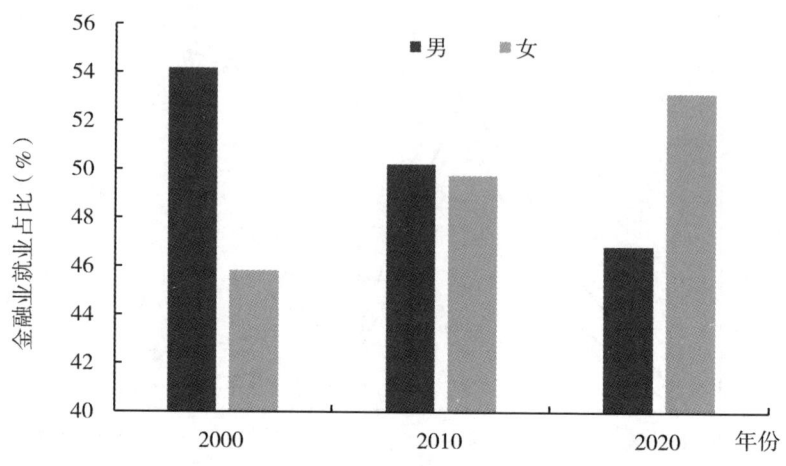

图 3-2-16　2000—2020 年金融业就业人口男女构成

数据来源：根据第五、六、七次湖北省人口普查数据整理绘制。

三、湖北省城乡居民就业问题

（一）2020 年，各职业、行业内部性别隔离现象仍然存在，仍需 20% 以上男性或女性改变职业或行业从而达到平衡状态

2000—2020 年湖北省各行业、职业的男女就业差异在逐步缩小，但是各行业大类内部男女就业结构差异显著，具体表现为某些特定行业的性别隔离现象依然存在。通过计算 2020 年湖北省各个职业中就业人口的邓肯指数①，可以发现湖北省各行业的就业现状仍然存在一定的性别隔离现象。2020 年邓肯指数约为 33.4，这意味着需要 33% 左右的男性或者女性重新选择行业就业，才能在各职业中达到理想的就业平衡状态。此外，通过行业分类计算的 2020 年湖北省邓肯指数也达 29，这意味着需要 29% 的男性或者女性需要重新选择行业就业，也才能达到理想的平衡状态。

随着就业观念的转变，女性在国家、政党机关及社会团体的就业参与度显著

---

① 本报告运用邓肯指数方法来衡量各行业就业人口的男女构成是否平衡。

提升，20年间提升近4.5%。但是细分各职业中类来看，女性在某些职业的就业参与度不升反降，2010—2020年，以国家机关及其工作机构负责人职业为例，女性就业人口占比从20.1%降至16.9%；2020年企事业单位负责人职业的女性占比相比于2010年也下降了2个百分点。

而行业大类就业中的性别隔离现象则更为严峻，具体表现在资源垄断型行业、传统劳动密集型行业以及新兴服务业三大类中。具体来看，电力、燃力及水供应、交通运输行业、采矿业、建筑业、以及科学服务业中男性均占据主导地位。上述行业男性就业人口占比均超女性约20%，建筑业、采矿业以及交通运输行业的男性就业人口占比近九成。

(二) 各地市州就业人口受教育水平极化效应显著，地区人才不均衡将进一步制衡区域协同发展

地区发展离不开人才支撑，湖北省各地市州的经济发展水平与人才集聚、人才建设密不可分。而地区就业人口受教育水平不均成为当前湖北省居民就业现状的显著特征，具体表现为各个地市州的就业人口受教育水平即平均受教育年限的极差大且极化效应明显。

由图3-2-17可知，武汉作为湖北省省会，也作为超大城市，其就业人口的平均受教育年限排名位列全省首位，达12.5年，并高于全国平均水平[1]与湖北省平均水平[2]。但是，湖北省其他地市州的就业人口平均受教育年限均不及全国水平。宜昌、荆门的就业人口平均受教育水平相对较高，分别是10.7年和10.8年，但仍与武汉有较大差距。而荆门市，其就业人口的平均受教育年限仅9.3年，低于全省平均水平和全国水平。从地理方位看，就业人口平均受教育水平低的地市州主要集中在孝感、江汉平原腹地荆州与黄冈、鄂西部的恩施州与直管县天门。上述地市州从产业分布看，正是农林牧渔行业、建筑业、制造业就业人口集聚地。此外，襄阳作为鄂西北"副中心"城市，其就业人口平均受教育年限仅

---

[1] 据《2021年全国教育事业统计主要结果》(http：//www.gov.cn/xinwen/2022-03/01/content_5676225.htm)，2021年全国劳动年龄人口平均受教育年限10.9年。

[2] 2020年湖北省就业人口平均受教育年限达10.4年。

为10年，低于宜昌、潜江，说明未来襄阳要进一步实施"人才引进"政策，打造人才优势，促使高素质人才的就业以支撑高附加值产业的发展。

上述情况一方面说明武汉具有吸纳高素质人才的城市实力，另一方面也反映了湖北省"一城独大"的现有格局将会致使人才集聚现象愈演愈烈。人才分布的不均衡则会致使地区发展的不平衡进一步加剧。

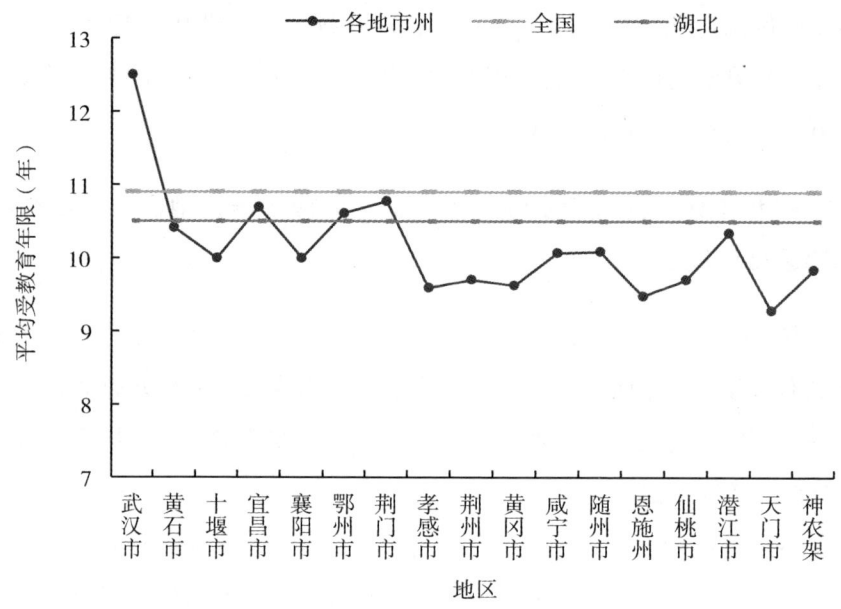

图3-2-17　2020年全国与湖北省各地市州就业人口平均受教育年限
数据来源：根据第七次湖北省人口普查数据整理绘制。

（三）农林牧渔、建筑行业大龄劳动力激增，未来或面临青年劳动力短缺困境

2000—2020年，各行业就业人口年龄都发生了变化，但其中最显著的变化趋势为农林牧渔和建筑业的大龄劳动力激增，具体表现为：2000年、2010年、2020年该行业就业人口分别以"30~39岁""40~49岁""50岁以上"占主导。此外，农林牧渔就业人口的"老龄化"呈现为"持续老龄"的特点，建筑业就业人口

的"老龄化"则呈现"老龄断层"的特点。

2000—2020年，农林牧渔业和建筑业的就业人口中近半数为大龄劳动力人口，农林牧渔业中60岁及以上的就业人口占比从不足10%增至37.79%，建筑业的就业人口中50~59岁的就业人口占比则上升了20%以上。2020年，建筑行业中40~59岁年龄段的就业人口占比已超全部建筑行业就业人口的50%，大龄劳动力已成为这两个行业的主要就业人群。此外，更值得我们注意的是建筑业就业人口在"50~59岁"至"60岁以上"两个年龄层次的就业人口数量上有"断层式"下降。

随着超龄建筑工人的离岗，新一代年轻人无法填补岗位空缺的用工困境可能会导致建筑行业的劳动力短缺问题。由于高等教育的普及以及人们就业观念的转变，青年就业人口更倾向于向金融、信息以及科学技术研究等高薪行业集聚，而传统的农林牧渔业与劳动密集型行业或面临青年就业人口短缺的困境。

四、湖北省城乡居民就业对策

（一）提供就业培训，加强就业服务

目前，湖北省的大量就业人口仍处于初中学历层次，2020年初中学历就业人口占比仍达43%，仍然是就业"主力军"。随着灵活就业形式的推进与网络兴起对就业形势的影响，初中或以下学历就业人群可能会面临就业困境或转型难题，这就需要政府部门提供适当的就业培训与服务，帮助他们进一步适应新就业形势与变化。

此外，我们更应注意到青年就业者与女性就业者的就业结构变化。伴随着推动灵活就业、以创业带动就业的时代背景与女性教育公平性问题改善的现状，青年就业与女性就业的比例都大幅上升。2020年青年劳动力占比达30.6%，其中一半以上是"30~34岁"就业人口；2000—2020年湖北省女性就业人口占全省就业人口比重从6.3%提升至7.4%；女性就业结构也逐渐发生改变，教育行业、金融业都成为女性占比具有优势的行业。

鉴于此变化，湖北省也更应该注重到当代年轻人、年轻女性的就业导向，关

注他们的就业回报，更好地为青年就业者与女性就业者地提供就业服务与补贴政策。

（二）推进"人才引进"，缩小发展差距

鉴于湖北省目前各地市州的就业人口受教育水平极其不均衡，各地级市可以继续推进"人才引进"优惠政策，吸引高层次人才。以襄阳市为例，其批发零售业、住宿餐饮业、租赁商务业、房地产业以及居民服务业等行业的就业人口数量均位于全省前列，但地区就业人口平均受教育水平却不及宜昌、武汉。因而要适当加大"人才引进"力度，吸引高素质人才"进来"，给行业发展提供人才支撑。

湖北省其他地市州也要扩宽多层次人才吸引渠道，加强多层次人才引进力度。一方面，拓宽多层次人才引进结构，把具有一定的专业专项技能、城市发展急需岗位的从业人员纳入"人才引进"的范畴。同时，制定多层次人才引进政策，扩宽"人才"范畴，做好人才优化分层，构建多层次人才支撑体系，出台更多针对劳动力的"人力引进"配套政策。另一方面，既要重视"引"，更要重视"留"，了解多层次人才的需求，针对不同层次人才分类制定和明确支持政策。

（三）明确地区定位，"因地制宜"发展

湖北省作为中部省份，地势西高东低、中间低平；地貌类型也多种多样，有土壤肥沃的江汉平原，也有连绵起伏的丘陵山地，还有层层峦叠的山区林地；河湖众多。各地市州有自己浓厚的文化起源，也有自己独特的资源禀赋，他们在行业发展上有不同的特色，随之带来的是不同行业就业人口在不同地区的集聚。

以江汉平原为例，其由长江与汉江冲积而成，地势低平，河网稠密。随着唐宋以来经济重心的南移，江汉平原吸聚了大量的人口，物产丰饶，成为朝廷的财赋重地，1949年以来也成为我国重要的商品粮棉油生产基地与水产区。2020年，其农林牧渔就业人口占全省的一半左右，未来可以继续巩固其农业优势地位，同时加强农业现代化建设以应对就业人口老龄化的困境。

（四）助推行业升级，"智慧"应对老龄化

随着当代社会就业观念与择业理念的变化，青年就业群体更倾向于向就业回

报高，薪资水平高的行业集聚。而传统的农林牧渔、建筑行业对青年就业者的"吸引力"越来越弱，其主要就业人群也越来越"老龄化"。

那么为应对农林牧渔、建筑业的就业人口老龄化的困境，可以从供需两个角度入手。需求方面，可以适当抑制建筑、房地产行业的大规模扩张并着重加强农业现代化建设，从长远上解决青壮年用工紧缺的难题。而供给方面，则可以适当出台鼓励就业政策并完善工地周边的公共基础设施建设或是加强农村基础设施、公共服务设施建设，从而优化就业环境，促进更多年轻人投身建筑业、现代农业。

报告三 湖北省服务业就业结构特征及其演变

就业作为最大的民生工程，是维护社会稳定的重要保障，中国政府始终将稳就业保就业摆在最突出位置。随着湖北省产业组织由"工业经济"向"服务经济"转型升级，服务业成为湖北省吸纳就业最多的产业。其中，城市服务业就业人口和增加值平均占比都远高于农村地区，是未来中国服务业高质量发展的重要空间载体。2020年政府工作报告强调中心城市引领区域经济发展的主体地位。因此，探究中心城市及城市群服务业就业结构及其演变规律，对更好发挥中心城市对城市群高质量协调发展的辐射带动作用，以及促进就业人口在全省及产业合理流动、高效集聚具有重要意义。

对于湖北省城市发展而言，人才与创新是必要条件，人才集聚与创新共同影响着经济系统的运行效率。目前湖北省发展条件与外部环境都发生了深刻变化，信息技术服务业、商务服务业等知识密集型服务业从业人数迅速增长，服务业就业结构不断优化升级，推动经济高质量发展。不同于一般意义上的服务业，知识密集型服务业不仅与创新经济存在密切关联，还为现代制造业提供技术支撑。对于城市经济而言，知识密集型服务业凭借其要素组合特点能够为各类高端人才提供发挥才能的空间，增强城市竞争力与可持续发展能力，提高城市创新水平。关注知识密集型服务业人才集聚与城市创新之间的关系及其对经济增长的作用，有助于进一步理解发展知识密集型服务业的意义及其具体作用机制。

一、湖北省服务业就业结构的时空分布特征及其变化趋势

(一) 生产性服务业和生活性服务业从业人数占比上升,公共服务业占比下降,全省服务业就业结构逐步趋于合理

从 2000 年到 2020 年,湖北省生产性服务业和生活性服务业从业人数占服务业总人数的比重呈上升趋势,公共服务业占比则逐步下降,全省服务业就业结构逐步趋于合理。从表 3-3-1 可知,2000 年,湖北省生产性服务业从业人数最少,仅为 10.14 万人,生活性服务业最多,约为 30.62 万人,公共服务业从业人数其次,约为 17.08 万人。2010 年,湖北省生产性服务业和生活性服务业从业人数均出现显著上升趋势,从业人数分别提高至 17.11 万人和 52.16 万人,尤其是生活性服务业从业人数增幅最高,相比 2000 年增幅达到了 70.35%。但公共服务业从业人数迅速下降至 12.46 万人,下降幅度达到 27.05%。2020 年,湖北省生产性服务业和生活性服务业从业人数继续大幅上涨,分别达到 36.50 万人和 90.24 万人,尤其是生产性服务业从业人数涨幅达到了 113.33%。公共服务业从业人数出现反弹,升至 19.00 万人,涨幅约为 52.49%。

图 3-3-1 反映了二十年来湖北省服务业就业结构的时间变化趋势。2000 年,湖北省生活性服务业吸纳了服务行业半数以上的劳动力(占比约 52.94%),其次是公共服务业和生产性服务业,分别占比约 29.53% 和 17.53%。但在工业化的推

表 3-3-1 湖北省服务业从业人数及环比增长率

	生产性服务业		生活性服务业		公共服务业	
	从业人数(万)	增长率(%)	从业人数(万)	增长率(%)	从业人数(万)	增长率(%)
2000 年	10.14	—	30.62	—	17.08	
2010 年	17.11	68.74%	52.16	70.35%	12.46	-27.05%
2020 年	36.50	113.33%	90.24	73.01%	19.00	52.49%

数据来源:根据第五、六、七次湖北省人口普查数据整理。

动下,生产性服务业从业人数迅速上升,2020年占比甚至达到四分之一以上。生产性服务业占比在2010年达到顶峰(63.82%)后出现下滑,降至61.92%。公共服务业占比则呈不断下降趋势,由29.53%降至13.04%。在这一变化过程中,湖北省服务业就业结构随着湖北省经济转型与发展而经历着巨大转变。

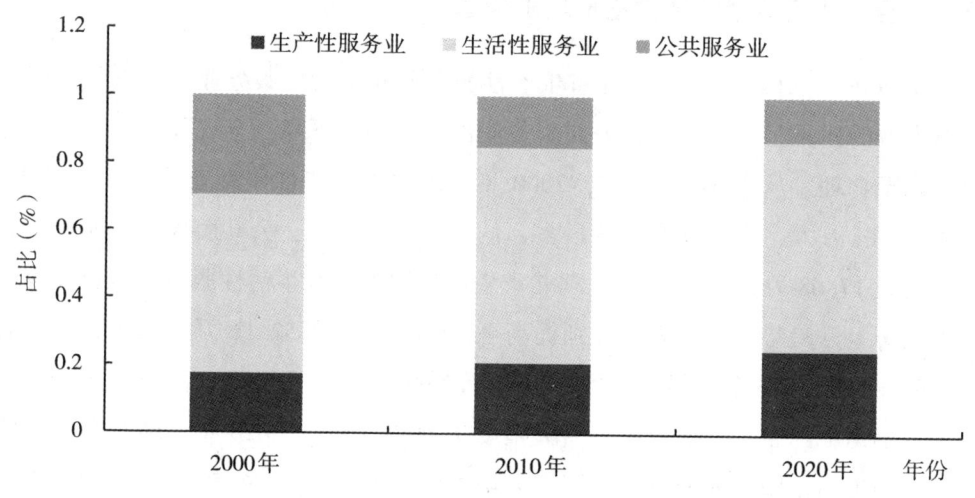

图 3-3-1　湖北省服务业就业结构变化趋势

数据来源:根据第五、六、七次湖北省人口普查数据整理绘制。

(二)不同城市间服务业就业结构差异较大

生产性服务业发展总体上呈现东部—中部—西部逐渐降低的空间结构,区位选择上有向行政等级较高城市集中的趋势。此外,区域中心城市与非中心城市之间生产性服务业发展差异也在扩大。不同城市圈生产性服务业发展不平衡,主要集中在中心城市且极化现象不断增强。生活性服务业和公共服务业在后工业化社会将成为服务业发展的主要行业。城市化水平、人口规模和密度、人均可支配收入是导致城市间消费者服务需求差异的主要因素,且对消费者服务需求有积极促进作用。正是因为如今最大规模的地方化范例是在服务业的基础上建立而不是制造业,且技术进步加速服务业的地方化,这就导致服务业在不同类型、不同规模的城市具有不同特征和发展机制。

(三) 交通运输业遥遥领先，信息技术和商务服务等知识密集型服务业兴起

生产性服务业主要包括研发设计与其他技术服务，货物运输、仓储和邮政快递服务，信息服务，金融服务，节能与环保服务，生产性租赁服务，商务服务，人力资源管理与培训服务，批发经纪代理服务，生产性支持服务这几类服务行业。其中，信息技术服务业、金融服务业、科技服务业、商务服务业等知识密集型服务业对经济发展的贡献尤其重大。

由图3-3-2可知，2000—2020年，传统的生产性服务业，如交通运输、仓储及邮电通信业、金融业和科学研究和综合技术服务业从业人数呈不断上升趋势。其中，交通运输、仓储及邮电通信业从业人数遥遥领先，从业人数由7万人上升至14万人，充分彰显了湖北省"九省通衢"这一全国重要的交通枢纽地位。金融业、科学研究和综合技术服务业从业人数也呈指数型增长趋势，且科学研究和综合技术服务业从业人数增长率远超金融业，2020年两者从业人数基本持平。2010年之后，信息传输、软件和信息技术服务业、租赁和商务服务业等新兴知

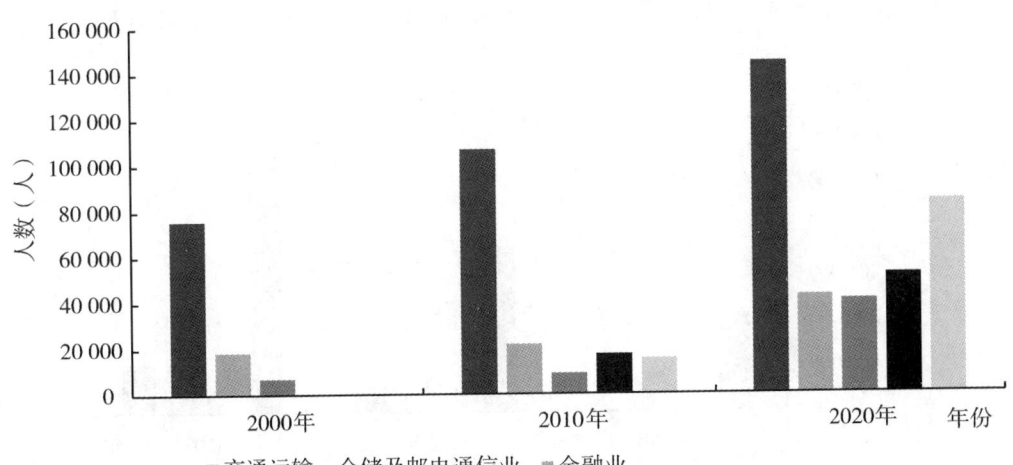

图3-3-2 湖北省生产性服务业从业人数时间变化趋势

数据来源：根据第五、六、七次湖北省人口普查数据整理。

识密集型服务业异军突起。其中,信息传输、软件和信息技术服务业从业人数由2010年的1.75万人上升至2020年的5.21万人,租赁和商务服务业从业人数由2010年的1.56万人上升至2020年的8.43万人,所吸纳的劳动力仅次于交通运输业。

(四)批发和零售、住宿和餐饮业一直是吸纳湖北省劳动力的主力军,居民服务业开始兴起并壮大

生活性服务业是指满足居民最终消费需求的服务活动,主要可分为批发和零售、住宿和餐饮业、房地产业、教育和文娱业以及居民服务业。由图3-3-3可知,湖北省批发和零售、住宿和餐饮业一直是吸纳湖北省劳动力的主力军。2000—2020年,此行业从业人数由21万上升至60万,远超其他服务业。此外,房地产业从业人数增长势头最为迅猛,2000年从业人数仅为5 000人,2020年则增至5.74万人,这与湖北省地产行业的发展密不可分。教育和文娱业从业人数增长趋势较为平稳,由2000年的8万人增至2020年的13万人。

值得注意的是,居民服务业于2010年之后兴起,2020年从业人数达到11.14万人。随着数字经济发展和市场规模的不断扩大,社会分工日益深化,新

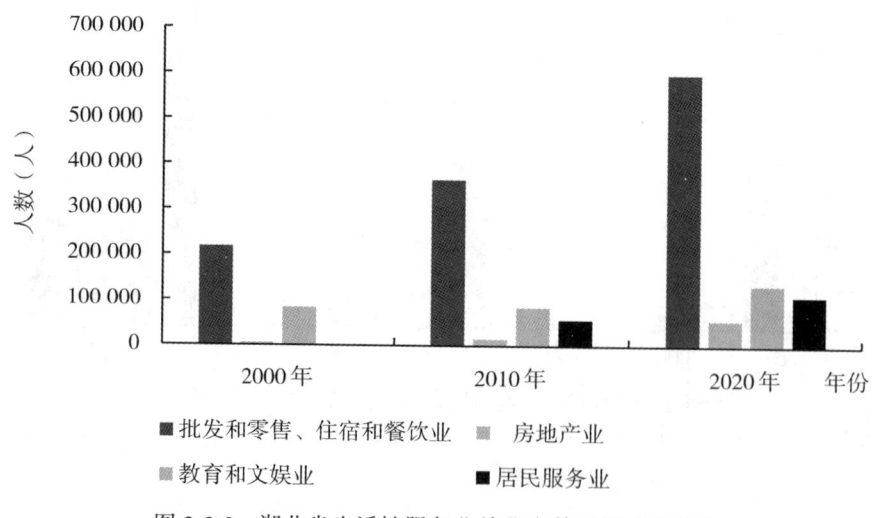

图3-3-3 湖北省生活性服务业从业人数时间变化趋势

数据来源:根据第五、六、七次湖北省人口普查数据整理。

业态、新商业模式催生大量新就业形态，如网约车司机、外卖配送员、网络主播等新职业应运而生。在经济发展进入"新常态"的今天，这些围绕居民生活而产生新职业不仅吸纳了大量社会劳动力，还可激发灵活就业人员从事各类创新创业活动，带动湖北省经济发展。

二、存在的问题

（一）湖北省服务行业仍以低端服务业为主，高端服务业人才匮乏，发展受限

对于生产性服务业而言，虽然近年来知识密集型服务业就业人数迅速上升，但传统的交通运输、仓储及邮电通信业就业人数仍然远远超过其他生产性服务业。与此同时，批发和零售、住宿和餐饮业就业人数也远大于其他生活性服务业。低端服务业从业人数过多，从业人员素质有待提高。虽然湖北省内高校林立，大学生人数规模庞大，但却面临着高端人才外流等问题。如何留住并吸引高端人才，是亟待解决的重要问题。

（二）湖北省服务业地区发展水平两极分化，武汉城市圈内部差异缩小，但与其他城市圈差异加大

湖北省中心城市生产性和生活性服务业就业占比最大且周边城市与中心城市间的差异逐渐缩小，但与其他城市群存在较大差异，总体上呈现两极分化现象。武汉城市圈生产性服务业占比及其增长最突出，其他城市圈生活性服务业就业占比涨幅较大。具体情况如下：

第一，湖北省生产性服务业就业规模集聚效应显著。武汉市主城区的信息传输、计算机服务和软件业、金融业、租赁和商务服务业就业专业化水平全省领先；武汉市远郊区及武汉周边城市作为交通枢纽，是交通运输、仓储和邮政业就业专业化水平较高的地区，如蔡甸区、鄂州市等。高等院校和科研机构集中的武汉市武昌区和东湖高新技术开发区，科学研究、技术服务和地质勘探业就业集聚水平全省领先。第二，生活性服务业受到生产性服务业发展影响。武汉市、宜昌市和襄阳市等城市具有比较优势，房地产和文化、体育娱乐业就业达到了强专业化集聚水平，鄂州市和仙桃、天门等直辖市的批发和零售业就业集聚水平全省领先，武汉为住宿餐饮业和居民服务和其他服务业，武汉的房地产就业专业化水平全国最高。

（三）老龄化程度加深，湖北省服务业发展需顺应老龄化趋势并及时调整内部结构

当前，湖北省老龄化程度不断加深，人口红利消退的同时，人口负担也逐渐加重，给湖北省经济带来很大的负面影响。因此，如何顺应老龄化趋势，提出与人口结构相适应的服务业发展战略，具有很大的现实意义。要从服务业结构调整升级的高度，充分利用老龄化的人口趋势发展老年服务相关产业。在此背景下，认清老龄化本身对服务业结构的影响作用，是相关产业政策制定的基础和依据，具有重要的研究价值。

三、政策建议

（一）加大科技研发投入力度和政策扶持，吸引高端人才，推动科技创新

武汉市产业结构的变迁必然成为引领高端人才合作与共享的主要引擎和动力源，即各地区高端人才结构必须要围绕区域经济结构的变迁进行调整才能取得成效。武汉市应依托现有的各类科技园区、工业园区、高新技术开发区、创业园区等，鼓励高校按照本市产业发展需求，积极与湖北省各高校和高新企业合作共建科技成果孵化基地，参与各类产业园区建设，加大对科技创新型特色产业园区的支持力度和政策倾斜，扶持高端人才科技成果的产业化和品牌化，增强产业发展本身对高端人才的集聚力。

在未来发展中，应进一步加大科技研发投入力度和政策扶持，推动科技创新，带动城市经济增长。同时，应结合城市产业特征和产业升级需要考虑人才及技术引进思路，注重引进同城市产业升级目标相适应的高端人才，完善人才引进制度，建立健全人才工作机制，注重协同推进引才聚才和科技创新，放大创新和高端服务业人才集聚对经济增长的积极作用。

(二) 加快大数据、人工智能、物联网等数字技术创新应用，夯实数字基础设施建设

持续推进产业数字化转型升级，鼓励智慧订单农业、服务型制造、商贸物流等三次产业融通发展新模式，鼓励企业打造一体化数字平台，对高技术制造业和知识密集型服务业加大研发力度，培育价值链分工的智能运营与竞争新优势，赋能产业结构向服务化、网络化、智能化方向发展。强化科学技术创新能力，加强区域间数字技术创新协作水平，加大科研院所、高校和企业的数字技术研发投入，聚焦通信技术、芯片技术、量子技术、卫星互联网等技术领域，增强数字核心技术、数字关键领域的创新能力，充分发挥数字经济的创新创业效应，激活各区域的创新创业活力。持续推动数字产业化和产业数字化协同发展，优化创新创业环境，落实好小微企业税收优惠、普惠金融等支持政策，拓宽创新创业融资渠道。数字产业化要顺应产业发展趋势，为产业数字化提供数字技术、产品及服务，引领和推动各行业高效利用数字产业设施，不断提升产业数字化水平。强化数字人才教育和数字技能培训，切实促进创新创业高质量增长。

(三) 引导构建多层次的老年服务产业，应对老龄化趋势

湖北省老龄化趋势对于服务业需求显著，应促使劳动力往医疗、居民服务和文化娱乐方向转移。但由于湖北省医疗、社会工作等福利机构及资源主要集中于湖北省东部地区，导致中西部地区缺口较大，因此提出以下建议：第一，建议政府引导构建多层次的老年服务产业，关注地区间的产业发展差异，满足不同地区的老年消费需求。第二，由于湖北省人口流动特点，劳动力主要聚集在东部地区，建议湖北省中西部地区加大人才吸引的政策力度，帮助地区经济建设的同时充分借鉴老龄化在东部地区的经验教训，促进地区间老龄服务业协调发展。第三，充分发挥湖北省大数据技术和平台经济优势，在老龄化的人口趋势下，抓住人工智能、大数据、互联网等新兴技术发展机遇，培养相关专业人才，以技术填补劳动力缺口，推动产业转型升级。

第四部分
人口迁移与城镇化

报告一　湖北省县域[①]人口流失与生产方式变动

一、引言

2022年5月中共中央办公厅、国务院办公厅发布的《关于推进以县城为重要载体的城镇化建设的意见》（以下简称《意见》）中强调，县城是我国城镇体系的重要组成部分，是城乡融合发展的关键支撑，对促进新型城镇化建设、构建新型工农城乡关系具有重要意义。县域是我国基础的行政单元，在我国社会经济发展中起到保障粮食安全、承接制造产业转移、吸纳农村人口城镇化、实现经济内循环的重要作用。然而在当前人口向城市聚集的趋势下，县域人口流失是必须关注的现实情况。

湖北省第七次人口普查数据表明，全省63个县域[②]的人口总数达3330.17万人，占全省人口的57.66%。然而湖北省大部分县域地区正在经历人口流失的过程。根据《意见》中的要求，县域发展要尊重"发展规律"，顺应"人口流动变化趋势"。因此有必要对湖北省县域人口流失情况进行全面了解和深入分析，并且了解人口流失给县域生产方式产生带来了哪些变化，探索人口流失县域经济的发展规律，为湖北省县域经济高质量发展，推动新型城镇化和乡村振兴提供政策参考。

---

① 本报告所称县域，是指在行政区划上为县和县级市的县级行政单位，不包括市辖区和林区。

② 截至2020年第七次人口普查标准时点，湖北省共有63个县和县级市，本报告中所称湖北省县域即指这63个县和县级市。

本报告通过梳理 2010 年第六次全国人口普查(以下简称"六普")和 2020 年第七次全国人口普查(以下简称"七普")期间,湖北省县域人口变动情况,发现县域人口流失现状,结合人口流失县的社会经济发展表现,探究湖北省人口流失县的生产方式转变情况,按照《意见》要求分析湖北省县域经济发展存在的问题,最后为湖北省转变县域经济发展方式,增强县域承载能力,推动湖北省新型城镇化和乡村振兴提出对策建议。

二、湖北省县域人口流失现状

湖北省共有 103 个县级行政单位(以下简称县级单位),其中有县域单位 63 个。在近些年的城镇化进程中,人口呈现逐渐向城市圈(群)聚集的趋势,县域人口则逐步减少。本部分在呈现湖北省县域总人口变动情况的基础上,分析县域人口流失及空间分布情况,并按照湖北省"十四五"规划的"一主引领、两翼驱动、全域协同"区域发展布局,以及湖北省主体功能区规划,全面考察不同城市圈(群)和不同功能区的县域人口流失情况。

(一)湖北省县域人口流失普遍发生

1. 湖北省县域人口总量减少,占全省比重降低

根据"六普"和"七普"两次普查期间的人口变化情况,尽管在 2016 年之前,湖北省县域人口变动率大多高于零,即县域人口呈现增长态势,但是人口增长速度极为缓慢,多在 0.2%左右(见图 4-1-1)。2017 年之后湖北省县域常住人口开始逐渐减少,但减少程度相对温和。而在 2020 年,湖北省人口总量出现大幅度降低,常住人口总数比 2019 年降低了 8.73%。从"六普"到"七普",湖北省 63 个县域地区总人口减少了 320.4 万人。

除了县域人口总数减少,湖北省县域人口占比全省总人口的比重也呈现逐步下降的趋势。尽管 2012—2016 年县域人有所在增长,但是期间县域人口占比依然降低。2020 年县域人口占全省比重有大幅度下降,首次降低到了 60%以下。这可能是受新冠肺炎疫情影响冲击,县域人口流失加剧。

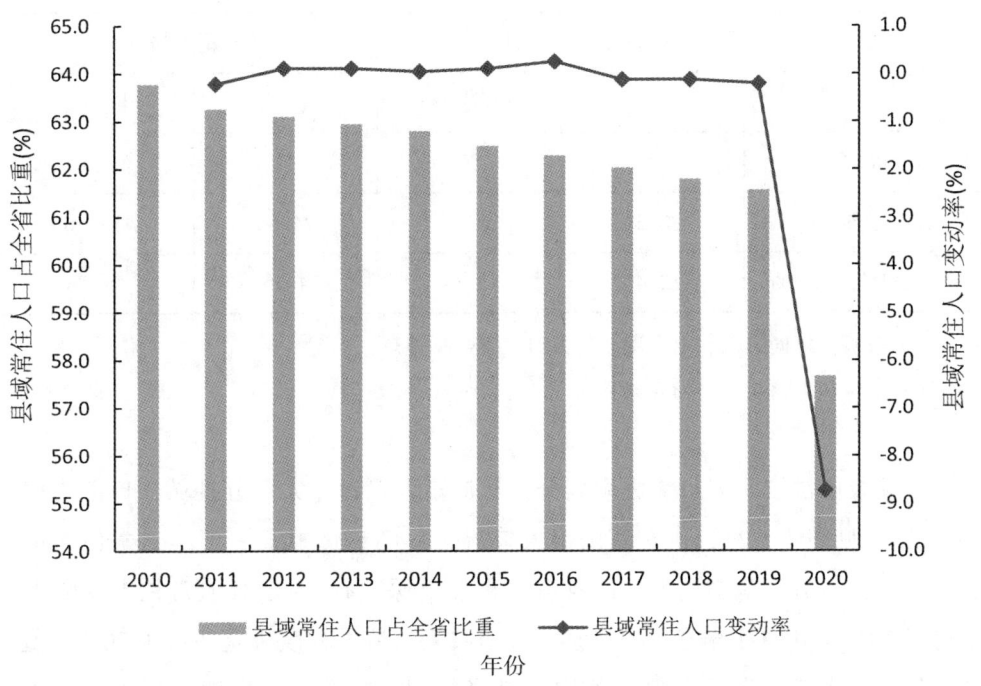

图 4-1-1 2010—2020 年湖北省县域人口趋势

数据来源：根据第六、七次湖北省人口普查数据整理绘制。

2. 人口流失成为湖北省县域的主流趋势，常住人口流失程度更高

湖北省 63 个县域人口变化有不同表现，但是人口流失成为县域人口的主要情况，常住人口流失比户籍人口流失更普遍，且人口流失程度更高。如表 4-1-1 所示，在 2010—2020 年期间，有 53 个县域常住人口减少，占县域总数的 80% 以上，同时期户籍人口流失的县占比为 74.6%。而在湖北省 39 个市辖区则以人口增长为主要趋势，人口流失的市辖区数量占比则远远低于县域地区。从人口流失程度方面来看，整体而言不论是人口流失的县域地区还是市辖区，常住人口的流失率更高，户籍人口流失程度较低。县域常住人口的平均流失率达到 12.4%，是县域户籍人口平均流失率的 2 倍以上。

表 4-1-1 "六普"到"七普"期间湖北省人口流失县级行政单位情况

	按常住人口计算		按户籍人口计算	
	县 域	市 辖 区	县 域	市 辖 区
数量(个)	52	10	47	15
所占比重(%)	82.54	25.64	74.60	38.46
平均人口流失率(%)	12.40	13.14	4.55	6.87

数据来源：根据第六、七次湖北省人口普查数据整理。

注：县域和市辖区不含神农架林区

将县级单位按照人口流失率划分，从户籍人口看，大部分县域人口流失率在10%以下（见表 4-1-2），仅有京山市人口流失程度超过10%。但是从常住人口来看，不仅人口流失范围更大，而且流失程度更深。有35个县域常住人口流失率超过了10%，其中沙洋县、团风县、大悟县人口流失程度更是超过了20%。值得注意的是，人口流失的市辖区平均人口流失率，要高于县域地区平均人口流失率，但市辖区中人口流失最严重的的郧阳区，是在"六普"到"七普"期间由原本的郧县撤县设区而来。如果只计算其他9个人口流失市辖区平均人口流失率，结果为 11.36%，比县域地区低了1个百分点多。

表 4-1-2 "六普"到"七普"期间湖北省县级行政单位人口流失程度

县级单位数量(个)	按常住人口计算		按户籍人口计算	
人口流失率	县 域	市 辖 区	县 域	市 辖 区
0~10%	17	4	46	12
10%~20%	32	4	1	3
20%以上	3	2	0	0
合计	52	10	47	15

数据来源：根据第六、七次湖北省人口普查数据整理。

注：县域和市辖区不含神农架林区

虽然人口流失是县域人口的主要变化,但是湖北省恩施州和武汉城市圈内部的部分县域人口在增长,有 10 个县域在两次普查之间,常住人口和户籍人口都有所增长,其中利川市、来凤县和通城县常住人口数量增加超过了 10%。

(二)湖北省县域人口流失分布范围广

《湖北省国民经济和社会发展第十四个五年规划和二〇三五年远景目标纲要》明确了湖北省"一主引领、两翼驱动、全域协同"的区域发展布局。从人口流失地区的地域布角度看,湖北省三大城市圈(群)的人口流失主要集中在地级市市辖区以外的地区,但是总人口与县域人口变化又存在明显的差异,图 4-1-2 和 4-1-3 展示了"六普"到"七普"期间湖北省各县级单位的人口变化情况。

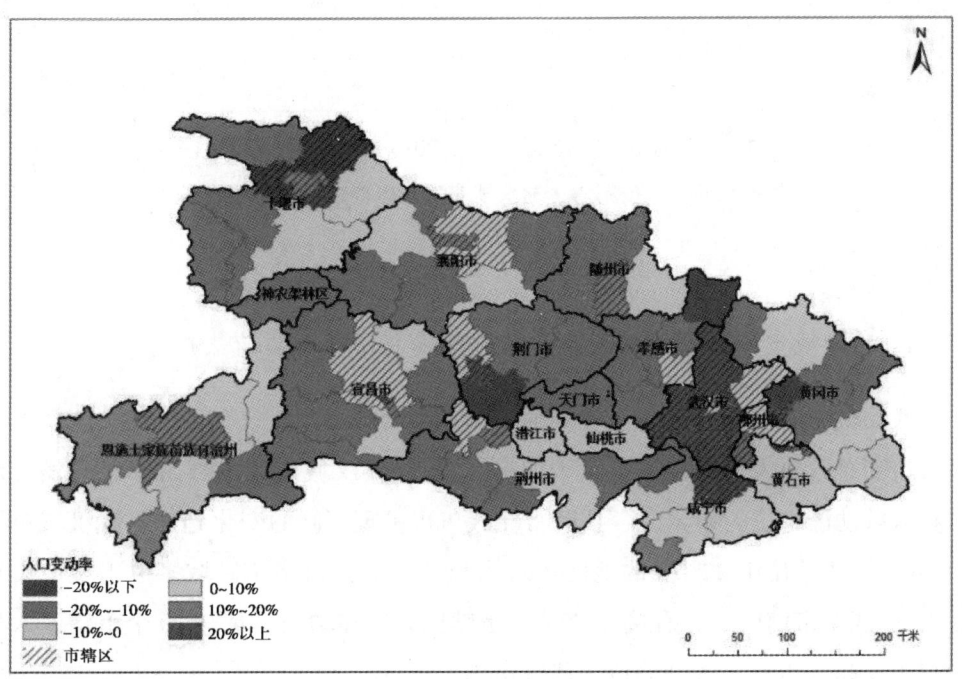

图 4-1-2　湖北省县级单位人口变化(2010—2020 年常住人口变化)

第四部分 人口迁移与城镇化

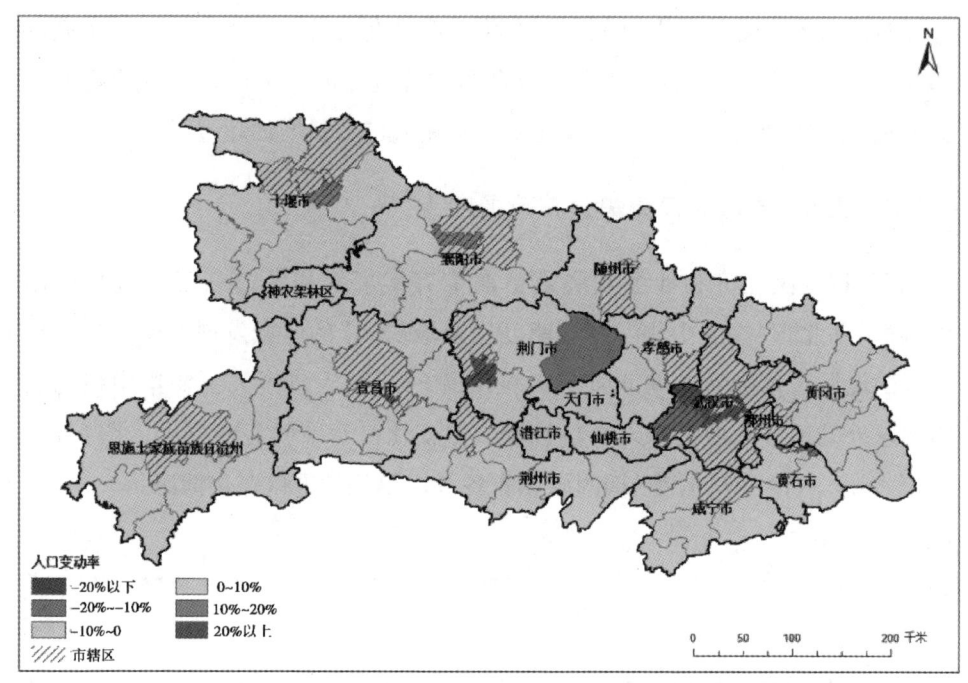

图 4-1-3　湖北省县级单位人口变化（2010—2020 年户籍人口变化）

数据来源：根据第六、七次湖北省人口普查数据整理绘制。

1. 武汉城市圈以人口增长为主流趋势，但县域人口流失严重

武汉城市圈是辐射带动全省高质量发展的龙头，"六普"到"七普"期间，武汉城市圈总常住人口增长了 174.46 万人。但是武汉城市圈内部由于经济发展水平和区域功能定位的差异，各县区常住人口也呈现不同的变化趋势。武汉城市圈的 48 个县级单位中 37.5% 的地区出现人口流失。人口增长区域多位于城市市辖区，在 23 个市辖区中，有接近 70% 的市辖区人口在增长，且有 10 个市辖区人口增长幅度超过 20%，大部分位于武汉市内。

"六普"到"七普"期间，武汉城市圈内 25 个县域中 72% 的地区经历了人口流失，其中大悟县和团风县是武汉城市圈人口流失最严重的县域，人口流失率超过了 20%。湖北省三个省直辖县级市全部呈现人口减少态势，其中天门市人口减少最严重，流失率达到了 18.34%。这一时期只有黄石市、黄冈市、咸宁市的 7 个

县域人口在增长,增长幅度大都在10%以下。

2."襄十随神"城市群所有县域地区都经历了人口流失

相比于武汉城市圈的人口增长趋势,"襄十随神"和"宜荆荆恩"两大城市群总人口都在流失。在"六普"到"七普"期间,"襄十随神"城市群的21个县级单位(含神农架林区)中,有61.90%的地区常住人口在流失。城市群内大部分市辖区人口在增长,但是这一时期中撤县设区的十堰市郧阳区,在两次普查之间的人口流失率接近30%,是湖北省人口流失最严重的市辖区。"六普"到"七普"期间,"襄十随神"城市群13个县域地区以及神农架林区全部经历了人口流失,且三分之二以上地区的人口流失程度超过了10%。

3."宜荆荆恩"城市群内县域地区以人口流失为主,民族地区县域人口增加

"宜荆荆恩"城市群有34个县级单位,其中61.76%的地区在"六普"到"七普"期间人口流失,市辖区同样是城市群内人口增长率最高的地区。而在"宜荆荆恩"城市群内的4个地级单位中,只有恩施州在这一时期的总常住人口在增长。恩施州管辖的8个县域中,除了恩施市之外,还有利川市、咸丰县和来凤县3个县域在两次普查之间人口正增长。"宜荆荆恩"城市群内其余21个县域全部出现人口流失现象,其中荆门市管辖的沙洋县,是湖北省人口流失最严重的地区,该县从"六普"到"七普"期间常住人口流失率达到了31.94%。

(三)城市化地区人口增长,其他地区人口流失

湖北省"十四五"规划强调,湖北省"十四五"期间要完善国土空间治理,实现人口、经济、资源环境的空间均衡,明确湖北省要形成城市化地区、农产品主产区、生态功能区三大空间格局。在主体功能区定位下,人口和经济向城市化地区高度聚集,而农产品主产区和生态功能区则呈现人口逐步向城镇转移的趋势。根据2012年《湖北省主体功能区规划》对县域主体功能区的划分,湖北省人口流失县中有86.54%的地区在主体功能区规划中属于农产品主产区和生态功能区。

1. 城市化地区人口普遍增加，省直管县人口流失

湖北省主体功能区规划中的城市化地区，以各地级市市辖区和自治州首府所在县级市为主(见图4-1-4)，是全省或地级市的中心，经济基础和发展前景较好，在政策支持下吸引了大量人口聚集。如表4-1-3所示，城市化地区人口流失的县域占县级单位总数比重最低，人口流失主要集中在7个县级市，包括湖北省3个省直辖单位，人口流失程度相对较低。

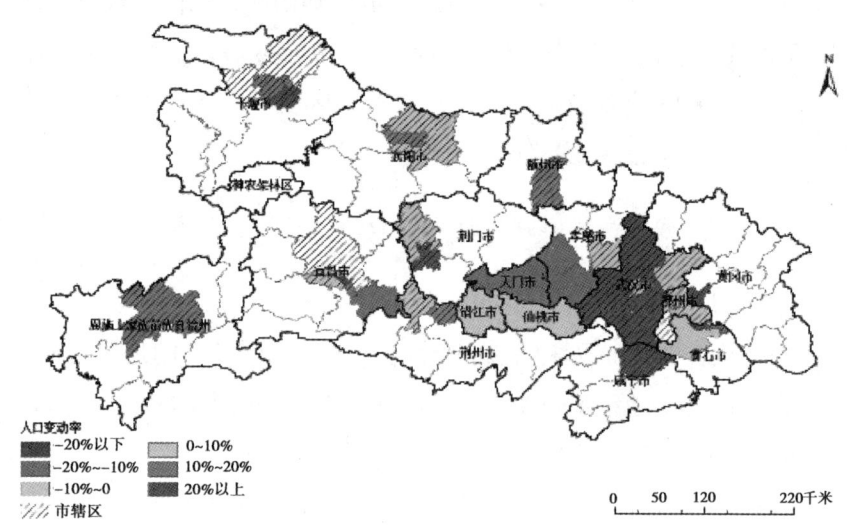

图 4-1-4　2010—2020年湖北省主体功能区常住人口变动(城市化地区)
数据来源：根据第六、七次湖北省人口普查数据整理绘制。

表 4-1-3　湖北省主体功能区人口流失县域情况

常住人口流失率(%)	城市化地区		农产品主产区		生态功能区	
	县域数量(个)	占县级单位比重(%)	县域数量(个)	占县级单位比重(%)	县域数量(个)	占县级单位比重(%)
0~10	3	6.82	8	27.59	5	16.67
10~20	4	9.09	14	48.28	16	53.33
20以上	0	0.00	2	6.90	1	3.33
合计	7	15.91	24	82.76	22	73.33

数据来源：根据第六、七次湖北省人口普查数据整理。

2. 农产品主产区人口流失范围广、程度高

与其他功能区相比，农产品主产区人口流失范围更广，且人口流失的程度更高。农产品主产区的主要功能定位是保障粮食安全和供应重要农产品。在推动农业现代化发展的过程中，农业劳动人口逐渐向城镇转移。在农产品主产区，大量农业劳动力向城市转移，引起人口流失。如表 4-1-3 所示，"六普"到"七普"期间湖北省农产品主产区总人口减少了 9.48%，其中 86.21% 的县级单位出现人口流失。除鄂州市梁子湖区外，其余人口流失地区全部为县域地区，占县级单位总数的 82.76%，占比高于其他功能区。图 4-1-5 显示了该功能区人口流失程度，2/3 的人口流失县域在"六普"到"七普"期间，人口流失率超过了 10%，其中湖北省人口流失率最高的县域地区，团风县和沙洋县，也位于这一功能区内。

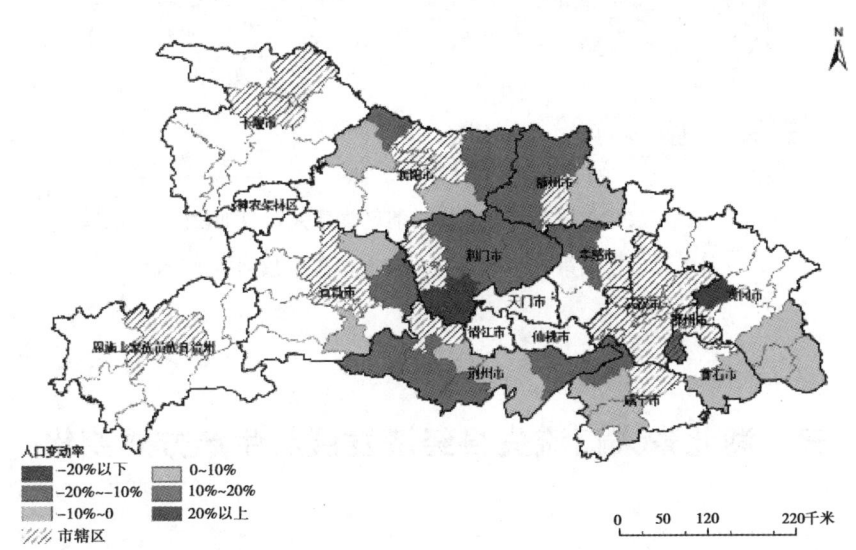

图 4-1-5　2010—2020 年湖北省主体功能区常住人口变动（农产品主产区）
数据来源：根据第六、七次湖北省人口普查数据整理绘制。

3. 生态功能区县域人口减少 8.39%

生态功能区的发展重点是保护生态环境、提供生态产品。在湖北省"十四

五"规划中强调要引导这一类地区人口逐步有序向城镇转移。图4-1-6显示了该功能区人口流矢程度。在"六普"到"七普"期间,湖北省生态功能区常住人口总数由1 278.4万人减少到了1 171.2万人,减少幅度为8.38%。生态功能区的30个县级单位中,人口减少的单位占比76.67%,其县域地区22个,占这一功能区县域地区总数的73.33%。

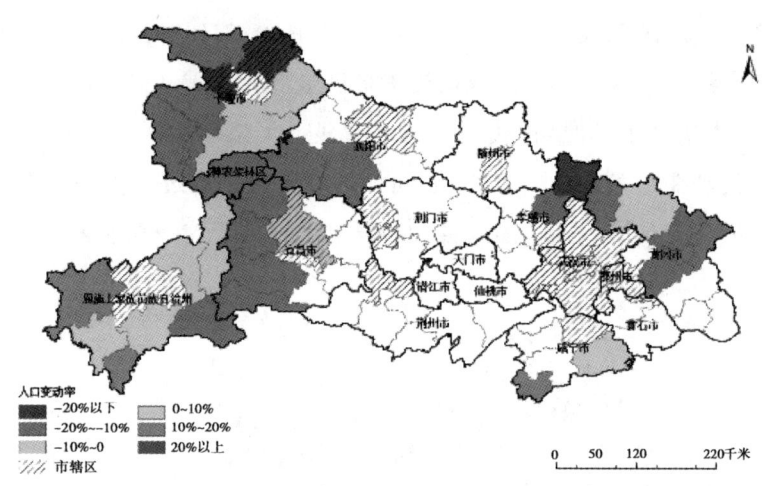

图4-1-6　2010—2020年湖北省主体功能区常住人口变动(生态功能区)

数据来源:根据第六、七次湖北省人口普查数据整理绘制。

三、湖北省人口流失县经济发展与生产方式变化

(一)湖北省县域经济发展与生产方式变化总体情况

1.湖北省县域经济生产总值不断提升,占全省经济总量比重有所降低

按当年价格计算,从2010年至2020年湖北省63个县域(不含神农架林区)总产值从6 000多万亿元提高到17 000多万亿元(见图4-1-7)。以2010年为基期,按不变价格计算,湖北省县域经济总量在这一时期内增长了33.47%。县域经济

在湖北省全省经济中的比重 2010 年至 2013 年稳步上升,由 38.40%达到了这一时期的最高值 43.07%。2015 年之后县域经济占比开始下降,2019 年提高至 41.07%之后,在 2020 年又降低到 40.84%,比最高占比低了 2.18 个百分点。

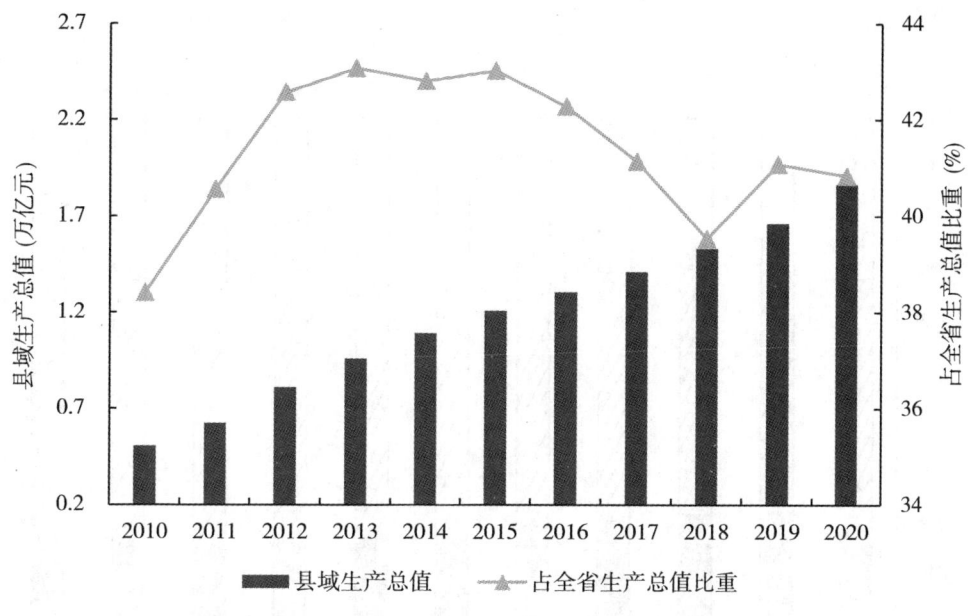

图 4-1-7　2010—2020 年湖北省县域经济增长情况

数据来源:根据《湖北统计年鉴(2021)》整理绘制。

湖北省县域人口占全省人口的 60%左右,而县域经济只占 40%,人均产出低于全省水平。在人口流失背景下,城市市辖区之外的县域地区容易陷入人口持续减少和经济活力下降的低水平发展路径,并由此引发县域财政危机和公共服务缺失等情况,这必须得到重视。

2. 湖北省县域经济结构不断调整,第三产业比重有较大提升

如图 4-1-8 所示,从 2010 年到 2020 年,湖北省县域经济中第一产业比重不断降低,在 2019 年达到最低的 15.52%。2020 年受新冠肺炎疫情影响,县域经济总产值降低,而县域第一产业增加值提升,第一产业比重有所回升。县域经济第

二产业比重在2014年达到最高的49.21%，之后开始呈现降低趋势，2019年降低至42.72%，2020年更是降低到了40%一下，这可能与新冠肺炎疫情影响第二产业生产有关。湖北省县域经济第三产业比重在2012年之后不断提升，从2010年的30.36%提升至2020年的43.05%，特别是2019年相比于前一年提高了6.24个百分点。

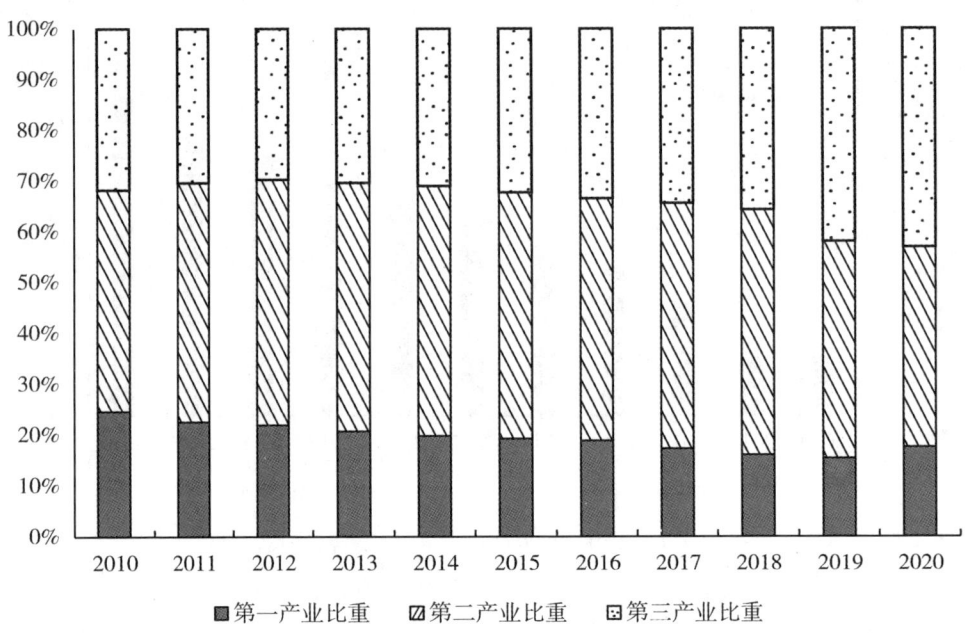

图 4-1-8　2010—2020 年湖北省县域经济结构

数据来源：根据《湖北统计年鉴(2021)》整理绘制。

3. 湖北省县域粮食产量出现下降趋势，农业机械化水平有所提高

保障粮食安全和农业供给是县域经济的重要功能。2010—2020年，湖北省县域粮食产量在2015年之前基本处于稳步提高态势，但是2017年之后，县域粮食产量逐步降低，而县域粮食产量在全省粮食产量中比重甚至连续降低，从2010年的97.81%降低到了2020年的82.27%(见图4-1-9)，这与县域经济保障粮食安全的功能定位不相符。

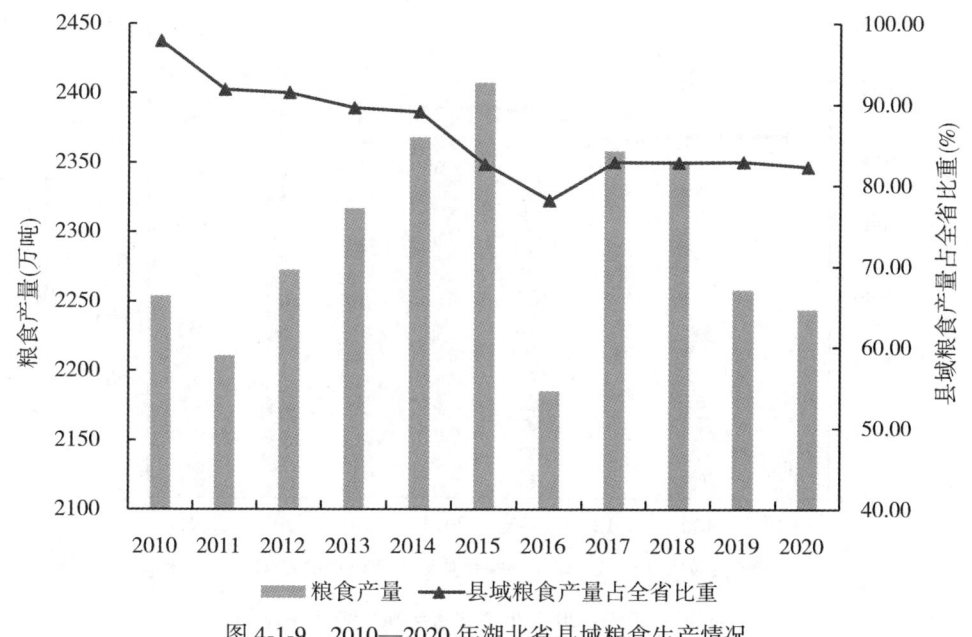

图 4-1-9　2010—2020 年湖北省县域粮食生产情况
数据来源：根据《湖北统计年鉴（2021）》整理绘制。

农业生产中的机械化程度是农业生产现代化的表现之一。在湖北省县域农业生产中，农业机械总动力基本处于增长态势（见图 4-1-10），农业机械总动力占全省比重一直维持在 75% 以上并且有所提升，但是自 2014 年以后增长速度有所放缓，且在 2016 年出现了下降，这对于县域农业生产现代化，保障粮食安全和农产品供应是不利的情况。

（二）人口流失县的生产方式变化情况

1. 人口流失县产业结构由"二、三、一"格局变为"三、二、一"格局

从"六普"到"七普"，湖北省 63 个县域中，共有 52 个经历了人口流失。对于县域经济生产而言，人口流失通常导致劳动力数量减少，一方面在农业生产方面释放了剩余劳动力，有利于农业规模化经营；另一方面不利于县域劳动密集型产业的发展。大部分县域在这一时期的第一产业和第二产业比重都有所降低，几乎所有县域第三产业比重都在增长。图 4-1-11 显示了在两次普查年份湖北省人口

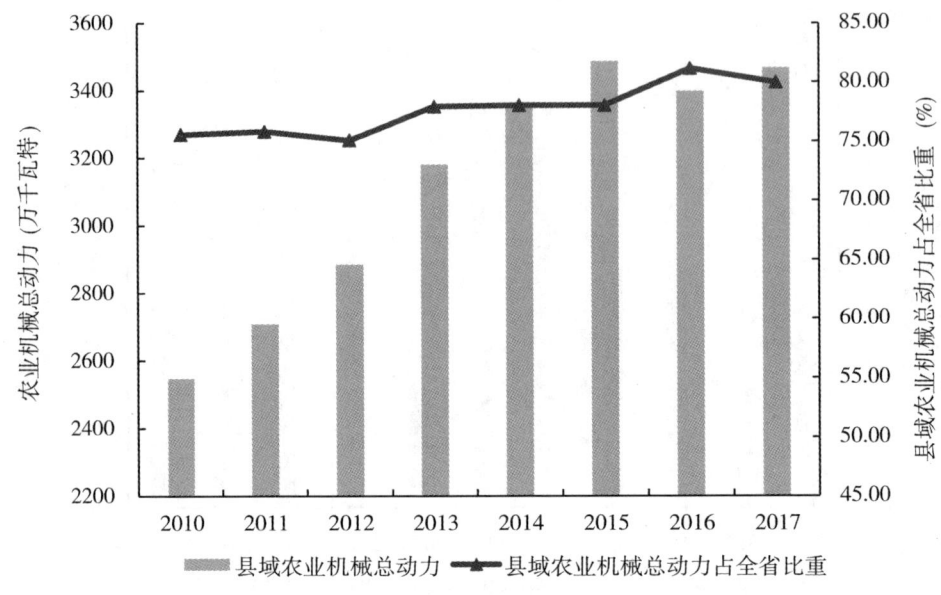

图 4-1-10 2010—2017 年湖北省县域农业机械化情况

数据来源：根据《湖北统计年鉴（2021）》整理绘制。

流失县域以及人口增长县域的产业结构变化，不同时期的产业结构变化符合大部分县域的经济发展情况。值得关注的是，人口流失县 2010 年的产业结构以第二产业为主，占比超过 45%，到 2020 年降低了约 5 个百分点，超过了人口增加县域的第二产业比重下降程度。这一时期人口流失县的三次产业格局发生了根本性变化，由"二、三、一"格局变为"三、二、一"格局。

2. 人口流失严重的地区第一产业占比显著降低

根据县域人口流失程度，对人口流失县进行分类考察。将 52 个人口流失县按照常住人口的流失率排序，将人口流失最严重的 25% 的县域作为重度人口流失县，将人口流失程度最轻的 25% 的县域作为轻微人口流失县，中间两类分别为轻度人口流失和中度人口流失县，不同程度人口流失县域 2010—2020 年产业结构如图 4-1-12 所示。

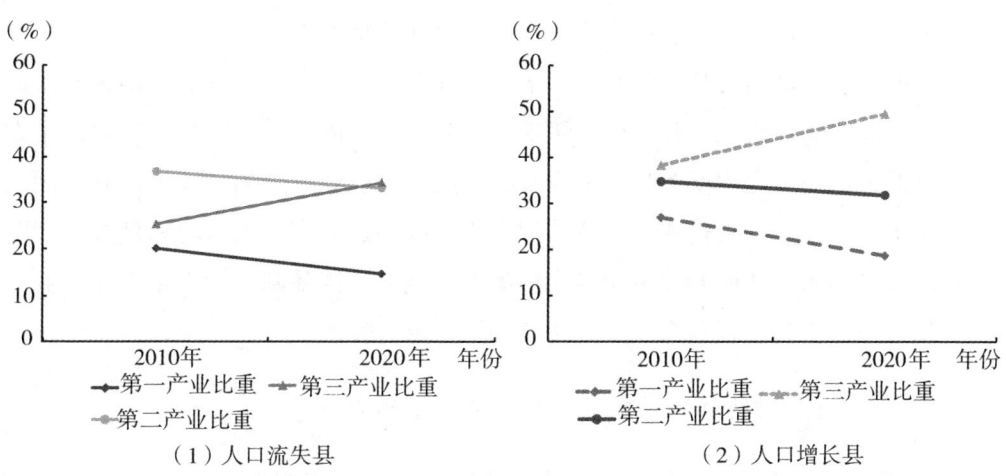

（1）人口流失县　　　　　　　　　（2）人口增长县

图 4-1-11　2010—2020 年县域产业结构(%)

数据来源：根据第六、七次湖北省人口普查数据整理绘制。

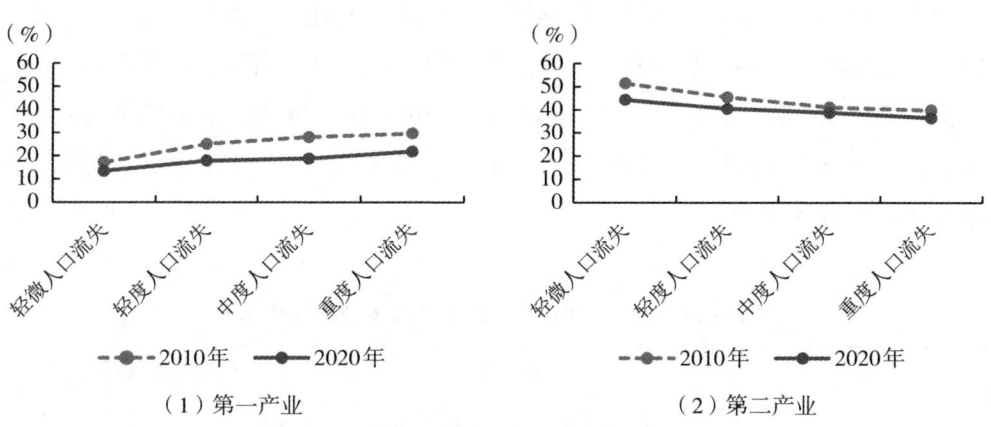

（1）第一产业　　　　　　　　　　（2）第二产业

图 4-1-12　不同程度人口流失县域的产业构成

数据来源：根据第六、七次湖北省人口普查数据整理绘制。

这一时期湖北省 52 个人口流失县域地区的第三产业比重都在增加，大部分县域地区第一产业和第二产业的比重在降低。但是第一产业和第二产业比重变化呈现不同的特征。2010—2020 年，人口流失程度越高的地区第一产业在经济中的占比越高，而第二产业的占比则越低。同时比较图 4-1-12 中不同人口流失程度地区产业比重变化发现，人口流失严重的地区其第一产业降低幅度也较大，而人口流失较轻微的地区,则表现为第二产业比重降低幅度更大。

从两次普查之间的县域产业结构来看,湖北省人口流失县域经济得到一定的优化,然而作为衔接城市和乡村的纽带,湖北省人口流失县域的第二产业比重大幅度降低,也在一定程度上削弱了为农村居民提供就业机会的功能。同时,湖北省县域地区在生产方式转变和产业结构优化升级的过程中,承担着承接城市产业转移的功能,第二产业的减少使得人口流失县域的经济基础,特别是实体产业基础更加薄弱,不利于顺利完成产业转移和城乡融合发展。

3. 人口流失程度越高,农业机械化水平提升越多

为研究人口流失对农业生产方式的影响,我们采用2010—2017年农业机械总动力来反映县域农业机械化水平。总体来看湖北省绝大部分县域地区、包括人口流失的县域地区,农业机械总动力水平在2010—2017年都有所增长。由于各县域耕地面积等农业生产条件等差异较大,为使指标具有可比性,在此计算地均农业机械总动力,即用县域农业机械总动力除以该县耕地面积,来对不同县域的农业机械化水平进行比较。表4-1-4显示了2010—2017年湖北省县域地均农业机械总动力变化情况统计,超过四分之三的县域地区在机械化水平上有所提升,其余地区则有所降低。

表4-1-4 2010—2017年湖北省县域农业机械化水平

	全部县域		人口流失县域	
	数量(个)	占比(%)	数量(个)	占比(%)
地均农机总动力增加	49	77.78	41	78.85
地均农机总动力减少	13	20.63	11	21.15

数据来源:根据《湖北统计年鉴(2021)》整理绘制。

将人口流失县按照流失程度进行划分,进一步考察人口流失县的农业机械化水平。2010和2017年的地均农业机械总动力如图4-1-13所示。从2010年到2017年,地均农业机械总动力在普遍增加。随着人口流失程度加深,2010—2017年地均农业机械总动力有增加的趋势,重度人口流失县的地均农机总动力水平又

有所降低。但是地均农机总动力的增加值却随着人口流失程度的加深而不断提升。

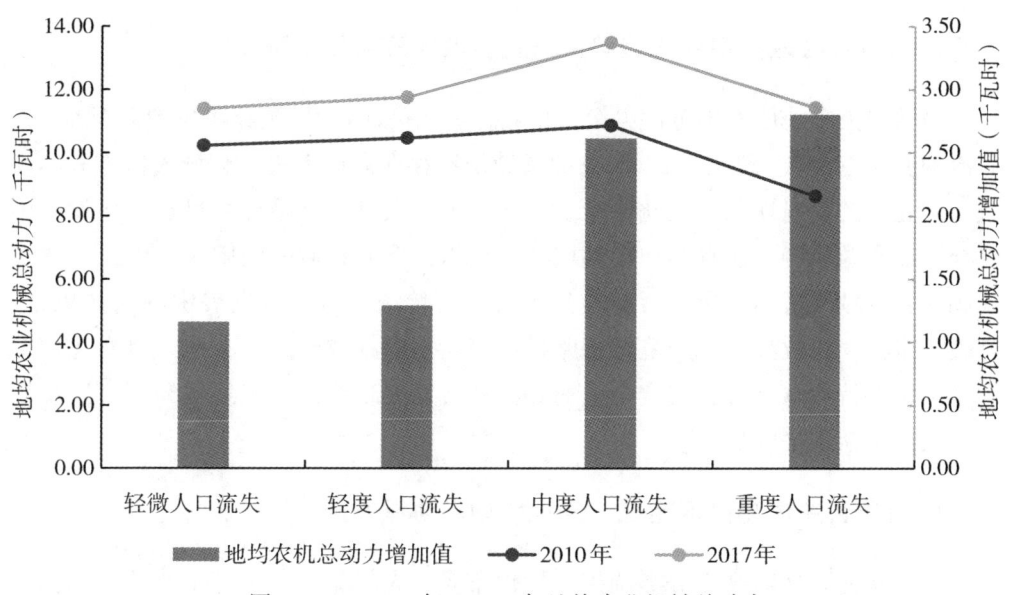

图 4-1-13　2010 年、2017 年地均农业机械总动力

数据来源：根据《湖北统计年鉴（2021）》整理绘制。

经济发展过程中，县域地区会有大量农业人口外出务工，从而使地区常住人口减少。这一方面减少了农业劳动力过剩的情况；另一方面外出务工带来了地区经济条件改善，这都会更有利于农业规模化、机械化经营。因此，农业机械化水平会随着人口减少而有所提升。湖北省 2010—2017 年的农业机械化水平证实了这一点。同时从地均农业机械总动力增加值来看，人口流失越严重的地区，农业机械化水平增长越大，同样验证了人口减少的情况下可以实现更高水平的农业机械化经营。

四、湖北省人口流失县域发展建议

(一) 顺应县域人口变化趋势，防止县域经济盲目扩张

中共中央办公厅、国务院办公厅的《意见》中强调，县域经济发展要顺应"人口流动变化趋势"。湖北省82.54%的县域地区存在人口流失，县域人口流失已经成为湖北省的普遍现象。在此背景下，如果不顾人口变化趋势盲目扩张建设，不仅会增加资源浪费，而且会加大县域经济负担，造成县域财政困难。因此，要实现湖北省县域经济高质量发展，首先需要转变传统区域经济发展中的增量思维，打破扩张型、粗放型区域经济增长路径依赖。每个县域要结合本地人口变化情况和经济发展特点与优势，制定合适的经济社会发展政策，实现县域经济高质量发展和人民生活水平的提升。

(二) 结合主体功能区定位，实现跨地区协调发展

主体功能区战略突出分类调控、优化布局。农产品主产区的主要功能是保障粮食安全和重要农产品供给；生态功能区主要作用是提供生态产品，保护和修复生态环境，增强生态服务功能，保障国家生态安全。湖北省人口流失县域中，超过85%的县域位于农产品主产区和生态功能区。湖北省县域经济发展要建立协调机制，使城市化地区与限制开发地区实现产业联动，结合主体功能区定位，发挥本地资源优势，以产业关联为纽带形成分工合作，实现不同功能区人口、经济、资源环境协调发展。

(三) 创新农业经营模式，加快农业现代化进程

农业是县域经济的重要组成部分，也是县域经济的基础，人口流失县域经济高质量发展，离不开农业现代化发展。虽然人口流失给部分县域农业发展带来了劳动力减少的不利影响，但是人口减少后人均耕地面积增加，为推进农业生产规模化和精细化经营提供了便利条件。因此，人口流失县域需要创新土地管理和生产经营方式，促进农业科技创新成果转化，提升农业生产与农产品加工的机械化水平，同时培育新型农业经营主体，健全农业社会化服务体系，实现农业生产的标准化、集约化、市场化，为县域经济发展提供基础支撑。

报告二 湖北省人口流动现状及趋势分析

一、引言

流动人口是相对于常住人口而言的特殊人口群体，它是指居住地与户口登记地所在的乡镇街道不一致且离开户口登记地半年以上的人口。改革开放以来，我国流动人口规模增长十分迅速，从1982年至2020年，中国流动人口数量由657万上升至3.76亿人，我国正经历人类历史上最大规模的人口流动。随着制度变革和政策限制的放开，大量劳动力从农村涌向城市，从欠发达地区流向经济发达地区。政策和制度变革放开了限制、经济转型和工业化需要大量劳动力、农业生产率的提高减少劳动力需求、长期低生育率使新生劳动力减少等诸多因素共同推动了人口的流动，在为经济发展作出贡献的同时，也改变着中国的人口分布以及流入地和流出地的人口结构。

湖北省位于我国中部，20世纪90年代随着沿海地区劳动密集型企业对工人的需求量急剧上升，其人口开始向东部沿海地区流动，特别是广东。内地城市真正的改革开放，则是开始于21世纪以后，当时人口依旧持续外流。2008年全球金融危机使出口贸易受到了影响，较低的土地及人工成本让很多企业开始向内地迁徙，劳动力需求量开始增加，持续了三十多年的人口外流速度放缓，从除省会城市外全员负增长到武汉人口增长成为超大城市、四个城市呈现正增长势头。

通过梳理2000年第五次全国人口普查、2010年第六次全国人口普查和2020年第七次全国人口普查的数据，发现湖北省的人口流动正在经历着深刻的转变过程，涉及年龄结构、流动原因、迁移距离、受教育程度、民族构成等多方面。本报告想要借助分析研究湖北省流动人口迁移选择过程的模式，以便进一步较为全面地揭示湖北省人口流动选择过程的机理和规律，为相关政策制定提供支撑。

二、现状分析

(一)人口流动保持活跃,流动规模仍将持续增加,波动性增强

从总量看,2000年流动人口为570.26万人,2010年流动人口为723.63万人,到2020年已经增长到1276.42万人。从流动人口占常住人口的比重看,2000年湖北省流动人口占常住人口的比重为9.61%,2010年为12.80%,2020年达到22.1%(见图4-2-1)。

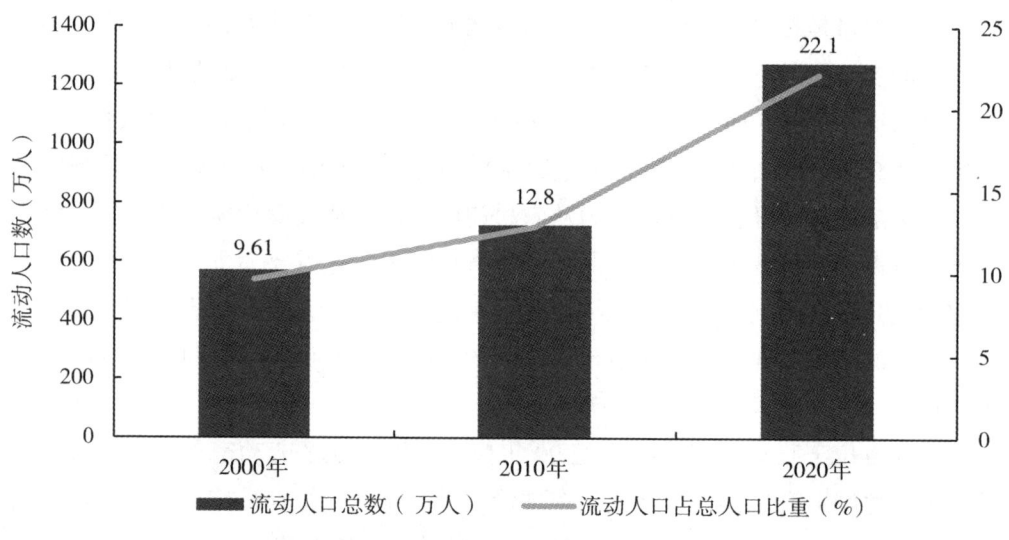

图4-2-1　湖北省流动人口数及其在总人口中的比例

数据来源:根据第五、六、七次湖北省人口普查数据整理绘制。

从图4-2-2可以看到,3~9岁出现了第一个波峰,反映的是儿童随同父母一同进行流动;16~24岁三条线基本重合,说明该年龄段人口始终是迁移流动的主力;2020年从30岁年龄往后的人口流动趋势与前两条大致相同,且与2010年的相似程度更高,即同一代人的流动行为随时间推移而基本保持不变,这主要得益于城镇化的快速推进,更多人选择留在城市长期定居;43~52岁有一段明显的上升,说明有更多的老年人也在进行流动,社会形成了良好的流动氛围;60~62岁的增长反映的则是老人跟随子女进行迁移流动。

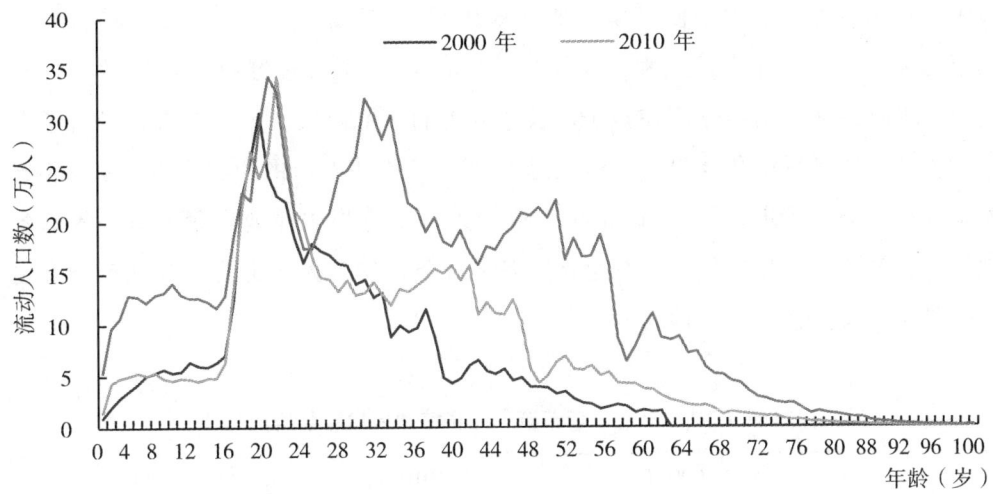

图 4-2-2　湖北省流动人口分年龄人口数量(单位:万人)

数据来源:根据湖北省第五、六次人口普查数据整理绘制。

(二)流动儿童和流动老人的比例增加,流动劳动力相对减少,并出现老化趋势

1. 大量留守儿童转变为流动儿童

一方面,流动人口中儿童所占的比例持续增加,规模不断扩大。表4-2-1显示,2010年0~14岁流动儿童占全省流动人口的比例为9.68%,规模为70.92万人;2020年比例增长到了14%,规模为178.75万人。

另一方面,儿童流动参与率变高了,2000年0~14岁儿童中,流动比例为5.32%,2010年和2020年分别为8.91%和18.98%,这种变化主要基于流动父母思想观念的变化和流动环境的改善。

由于中国城乡经济发展差距较大,大量农村剩余劳动力为改变生存状况选择向发达地区流动。湖北省是中西部地区第一经济强省,教育水平高,周边如河南、四川等人口大省大量劳动力纷纷选择向湖北流动。但是由于积分入学政策、户籍制度限制以及无法负担居住地较高的生活成本等原因,使流动父母无法将子女带在身边抚养,不得不使其留在原住地成为"留守儿童"。近些年,随着父母的家庭监护主体责任意识加强,认识到"留守"给儿童心理健康和行为性格带来的负面影响,父母陪伴作用在孩子成长过程中的不可或缺,更多人选择带着子女一同流动;新型城镇化建设的推进实施,改善了流动人口的生存现状,《湖北省流动人口服务与管理条例》明确指出,流动人口享有与居住地户籍人口平等的各项权利,就业、医疗、住房、社会保障各方面条件均有大大提升,其随迁子女也能平等接受义务教育、就地医疗。

表 4-2-1 三次人口普查湖北省流动人口年龄构成

年龄构成		2000 年		2010 年		2020 年	
		比例(%)	人口数(万人)	比例(%)	人口数(万人)	比例(%)	人口数(万人)
年龄构成	0~14 岁	12.67	72.28	9.68	70.92	14.00	178.75
	15~29 岁	51.51	293.84	41.46	303.75	28.15	359.36
	30~44 岁	22.86	130.42	28.28	207.17	26.30	335.68
	45~64 岁	10.53	60.07	16.91	123.87	24.81	316.73
	65 岁及以上	2.43	13.85	3.67	26.91	6.73	85.89
平均年龄(岁)		27.73		31.52		34.70	
中位年龄(岁)		25.15		29.07		32.39	

数据来源:根据第五、六、七次湖北省人口普查数据整理。

2. 流动劳动力逐渐老化

从表 4-2-1 可得,在湖北省总流动人口中,劳动力年龄人口占比从 84.9% 下降到 79.26%;同时流动人口中位年龄由 2000 年的 25.15 岁增长到 2010 年的 29.07 岁,2020 年达到 32.39 岁;45 岁~64 岁的老年劳动力人口由 2000 年的 10.53% 上升到 16.9%,再到 24.8%,15~29 岁的青年劳动力比例则大幅下降。

这与我国人口老龄化的社会大背景是相适应的，低出生率、死亡率进一步下降和平均预期寿命的延长，是其产生的直接原因。

3. 老年人口流动规模持续增长

从表4-2-1可以看出，湖北省65岁及以上人口在2000年为13.85万人，仅占总流动人口的2.43%；2010年占3.67%，规模为26.91万人；到2020年增长到6.73%，规模为85.89万人，相对2000年同比增长520%。流动以中低龄老年人为主，多集中于65~74岁这一年龄段（约占70%），且随着年龄的增加，其数量逐渐减少，一方面，相比于高龄老年人，低龄老年人的身体健康状况及心理适应能力较好，迁移能力、迁移意愿较强；另一方面，由于受到人口平均预期寿命影响，低龄老年人口数量大大高于高龄老年人口，这也导致低龄老年人的迁移数量较多。

(三) 人口流动原因更加多元化，"社会型流动"逐渐占据主要地位，宜居型、发展型流动增加

1. 社会型流动开始占据主导地位，城镇化快速发展推动人口流动

表4-2-2中2000年及2010年数据显示，人口流动原因中始终以经济性原因为主（分别为49.65%、53.29%），而2020年社会型流动比例迅速提高到53.88%，同比增长16个百分点，占据主导地位。

表4-2-2　三次人口普查湖北省流动原因构成

（单位:%）

2000年		2010年		2020年	
流动原因	比例	流动原因	比例	流动原因	比例
学习培训	20.35	务工经商	31.64	拆迁/搬家	29.03
务工经商	20.00	学习培训	17.42	工作就业	27.38
随迁家属	15.62	随迁家属	15.17	随同离开/投亲靠友	13.61
拆迁/搬家	13.54	拆迁/搬家	11.15	学习培训	12.78

续表

2000 年		2010 年		2020 年	
流动原因	比例	流动原因	比例	流动原因	比例
婚姻迁入	9.96	婚姻嫁娶	5.83	婚姻嫁娶	4.57
工作调动	6.01	投亲靠友	4.36	照料孙子女	2.58
投亲靠友	4.80	工作调动	4.23	寄挂户口	1.49
分配录用	3.29	寄挂户口	1.06	养老/康养	1.35
其他	6.42	其他	9.14	为子女就学	1.25
/	/	/	/	其他	5.96

数据来源：根据第五、六、七次湖北省人口普查数据整理。

注：务工经商、工作调动、学习培训等出于工作和学习需要进行流动的可以称为经济性原因，其余几类称为社会性原因。从 2000 年到 2010 年，经济性原因中少了"分配录用"这一项，而社会性原因则多了"寄挂户口"。到了 2020 年，"务工经商"与"工作调动"合并为"工作就业"，"随迁家属"与"投亲靠友"合并为一项，又增加了"照料孙子女""养老/康养"和"为子女就学"三项指标。

在各项流动原因中，学习培训、婚姻嫁娶、随迁/投亲靠友所占的比例持续下降，工作就业表现为先升后降，拆迁/搬家在小幅波动后快速增长，并成为引起人口流动的最主要原因，其他原因占比较小且变化不大。在 2020 年，因拆迁/搬家进行流动的比例最大，通常来说，人们保守求稳的心理比较明显，主动拆迁/搬家的情况较为少见，多数是与城镇化的发展有关，城市化的发展促进经济社会的进步，经济的发展带动了人口的聚集。拆迁/搬家在人口流动中所占比重较大说明城市化进程对人口流动产生了重要影响。

2. 工作就业是男性人口流动的主要原因，女性人口流动则是婚姻嫁娶

从性别角度来看，男性和女性的人口流动也表现出了一些不同的特点。如表 4-2-3 及图 4-2-3 所示，无论是男性人口还是女性人口，其流动的主要原因是工作就业和拆迁/搬家，前者比后者高 10 个百分点。同时在所有因工作就业或拆迁/搬家的人口中，男性占比也超过了女性，工作就业的性别比达到了 146.41。

表 4-2-3 2020 年流动原因的性别比较

（单位：%）

流动原因	男性	女性
工作就业	31.89	22.69
寄挂户口	1.59	1.38
学习培训	13.10	12.44
拆迁/搬家	29.51	28.54
随同离开/投亲靠友	12.71	14.53
养老/康养	1.18	1.54
为子女就学	0.90	1.61
照料孙子女	1.64	3.55
婚姻嫁娶	1.46	7.81
其他	6.02	5.91
总计	100	100

数据来源：根据第七次湖北省人口普查数据整理。

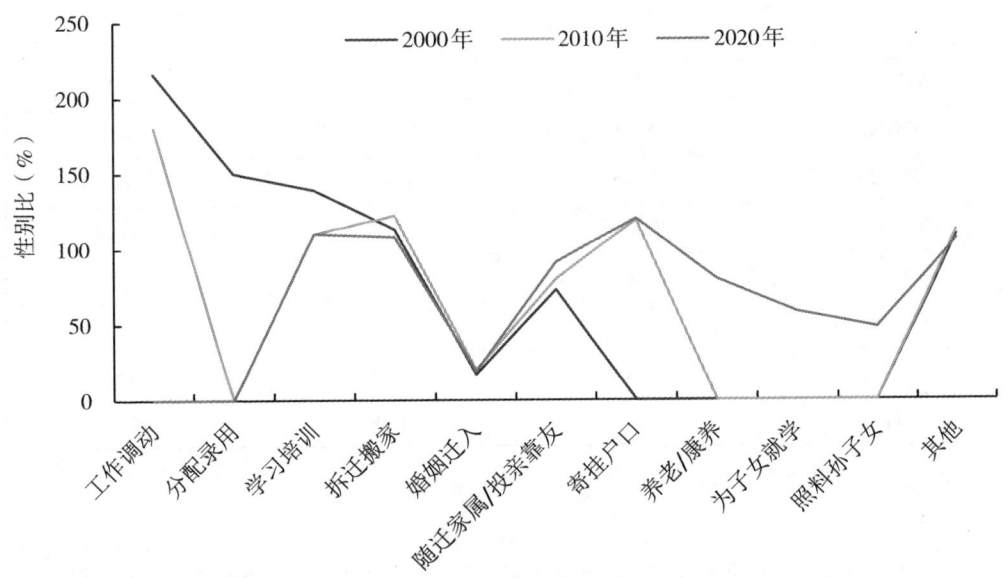

图 4-2-3 三次人口普查湖北省迁移原因性别比比较

数据来源：根据第五、六、七次湖北省人口普查数据整理绘制。

而在婚姻嫁娶这一项流动行为中,女性人口所占比重几乎是男性的5倍,可以看出,婚姻嫁娶中流动行为发生的主体仍然是女性,"倒插门""上门女婿"等引起的流动仍是少数现象。在流动原因归类方面,相对来说,男性主要表现为经济型流动,女性主要表现为社会型流动。

3. 老年人口流动更多的是出于拆迁/搬家目的,同时选择更加多样化

不同于年轻人出于教育或工作的压力流动,老年人口所发生的流动是比较理性和自由的选择。从表4-2-4可知,近20年,拆迁搬家逐渐变为老年人口流动的第一重要因素,在所有原因中占比达到41.24%,这进一步佐证了城市化进程对老年人口流动产生的重要影响。

表 4-2-4　2020 年分年龄段流动原因构成

（单位:%）

流动原因	0~14 岁	15~64 岁	65 岁及以上
拆迁/搬家	22.99	28.87	41.24
养老/康养	0	0.44	12.60
随同离开/投亲靠友	52.17	6.80	12.37
照料孙子女	0	2.22	10.58
工作就业	0.01	34.14	9.46
寄挂户口	1.49	1.35	2.85
婚姻嫁娶	0.00	5.66	1.88
为子女就学	0	1.57	0.47
学习培训	13.25	13.99	0.10
其他	10.09	4.97	8.45
合计	100	100	100

数据来源：根据第七次湖北省人口普查数据整理。

老年流动人口受家庭因素驱动更大些,许多人退休以后还想为子女照料孙辈而不是独自享受生活,他们迁往子女所在城市更多的是为了代际扶持,所以出于随迁和照顾孙辈原因进行流动的比例较大。随着独生子女家庭的父母逐步进入老

年阶段,未来可能会有越来越多的父母跟随子女流动。另外,老年人思想在不断进步,一部分人为了健康安全,会选择环境质量更好、条件适宜、养老设施比较优越的地区进行"异地养老",但这些地方不一定是子女生活或工作的地方。

(四)流动人口的"人力资本"持续升级

可以从表 4-2-5 看到,湖北省流动人口中文盲或半文盲的比例持续下降,从 2000 年的 3.59% 下降到 2020 年的 1.61%;随着流动人口受教育结构的升级,大学及以上受教育程度的人口比例在不断提升,2020 年,该比例达到 25.88%,接近总流动人口的四分之一。因此,流动人口的人力资本禀赋在不断提升。

表 4-2-5 湖北省流动人口受教育程度

(单位:%)

受教育程度		2000 年	2010 年	2020 年
受教育程度	文盲或半文盲	3.59	2.27	1.61
	小学	18.32	12.84	15.99
	初中	30.89	35.93	33.74
	高中(含中专)	28.97	27.43	22.79
	大学(含本、专科)	17.72	20.86	24.34
	研究生	0.51	0.66	1.54
合计		100	100	100

数据来源:根据第五、六、七次湖北省人口普查数据整理。

(五)周边省份是跨省流动的主要来源地,省会城市和城市群将承载更多的省内流动人口,地区上的分布经历了先集中后扩散的转变

1. 周边省份人口持续向湖北输送,由四川省流入人口比例大幅跌落

2020 年全国人口普查数据表示,湖北省跨省流动人口的来源地主要是河南省、重庆市、湖南省、四川省、安徽省、江西省等,这六个省份流入的人口占了省外总流动人口的一半以上。作为人口大省,河南省始终位于前列,输送人口比重逐年增长,远超排名第二的省份。其他省份如湖南省、浙江省、福建省都出现

不同程度地下降,四川省下降得最多,尤其是在2000年到2010年的10年间(见表4-2-6)。同时,人口来源地在不断分散,排名前十的城市总占比越来越低,湖北省吸纳的省外人口来源更加多元化。

表4-2-6 跨省流动人口流出地区域分布

(单位:%)

2000年		2010年		2020年	
来源地	比例	来源地	比例	来源地	比例
四川省	20.27	河南省	18.71	河南省	21.25
河南省	18.15	重庆市	11.02	重庆市	8.01
湖南省	9.98	湖南省	9.69	湖南省	7.62
重庆市	8.96	四川省	7.30	四川省	6.54
浙江省	7.35	安徽省	5.93	安徽省	5.94
江西省	5.55	江西省	5.71	江西省	4.98
安徽省	5.25	浙江省	5.60	贵州省	4.37
福建省	4.11	广东省	3.99	广东省	4.24
江苏省	3.70	江苏省	3.73	浙江省	3.83
广东省	2.94	福建省	3.68	江苏省	3.64
小计	86.26	小计	75.36	小计	70.42

数据来源:根据第五、六、七次湖北省人口普查数据整理。

2. 武汉始终是跨省流动人口的主要选择,流向分散化趋势明显

图4-2-3显示,2000年,跨省流动人口的主要去向是武汉市,呈现"一家独大"的局面;随着"一主两翼"战略的不断推进,襄阳、宜昌及其周边城市都得到了迅速发展,各市之间的差距也在不断缩小,人口流入呈现分散化趋势。

3. 省会城市对流动人口的吸引力始终占据主流,"宜荆荆恩""襄十随神"城市群后来居上

图4-2-4显示,从2000年到2020年,省内流动人口主要选择的城市仍然是武汉,约占总流动人口的40%。2000年,"一主"(武汉)和"两副"(宜昌、襄阳)城市的优势格外突出,吸纳了68%的省内流动人口;随着"宜荆荆恩"和"襄十随

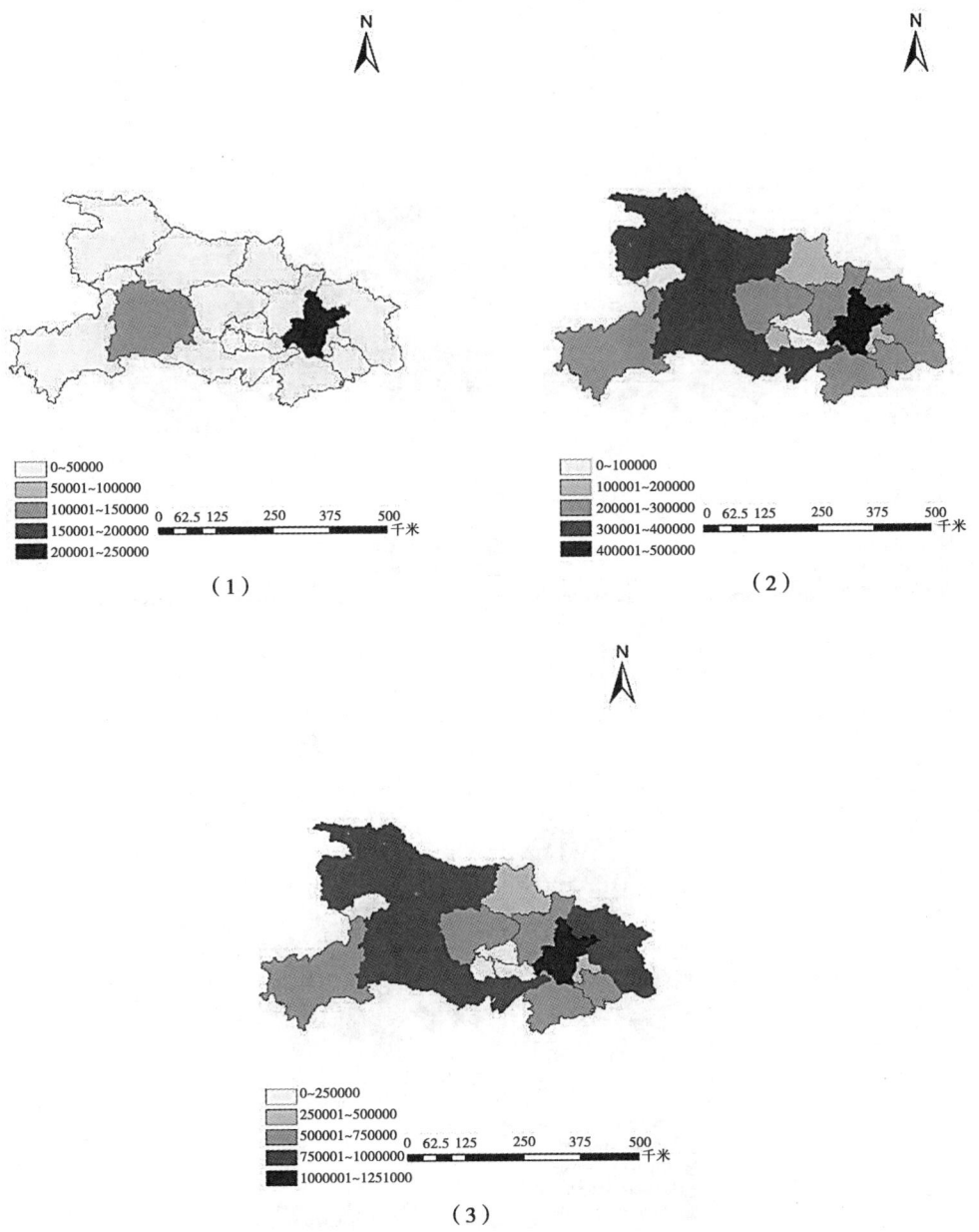

图 4-2-3 跨省流动人口流入地区域分布(单位：人)

数据来源：根据第五、六、七次湖北省人口普查数据整理绘制。

第四部分 人口迁移与城镇化

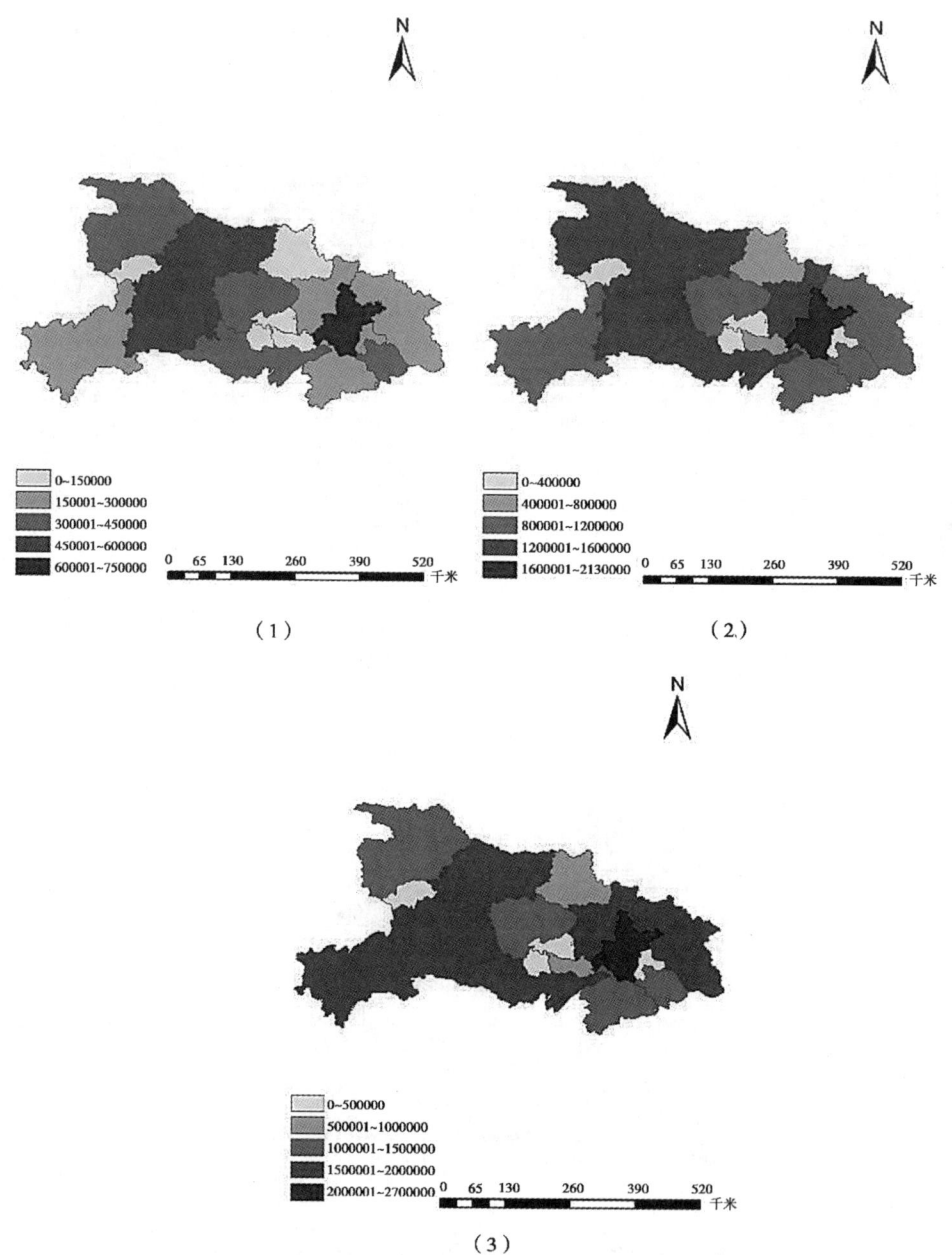

图 4-2-4 省内流动人口流入地区域分布（地级市）（单位：人）

数据来源：根据第五、六、七次湖北省人口普查数据整理绘制。

神"城市群的快速发展，分散掉了一部分人口，20年间该比例已经下降到40%；再加上以武汉为中心的城市圈迅速发展，省内各地级市之间的差距在不断缩小，流动人口压力不再是由武汉一家承受，这与跨省流动人口的分布趋势大致相同。

4. 地级市市政府所在地吸纳流动人口较多，恩施市流入人口大规模增加，继续保持分散化趋势

从区县来看，人口流入地变化较大。从图4-2-5可以很明显地看出，2000年流动人口主要集中于以宜昌、荆门、荆州为主的中部地区和以武汉为主的东部，其余有零散分布。到2010年，东部与中部地区呈现成片发展态势，西部地区仅有恩施市、利川市和靠北的十堰市周边人口聚集较多。2020年，恩施市已经迈入第一梯队，其流动人口吸纳已经跟武汉的洪山区、东西湖区、江夏区及仙桃市、黄石市相持平；流入人口数最多的城市为武汉，占全省的29.64%，比2000年下降了近13个百分点，各区县之间的差距在不断缩小，说明流动人口在向更多的城市分散，不再是过度集中于几个城市。

三、结论和对策建议

(一) 人口流动转变中面临的问题与挑战

1. 城市落户政策与流动人口落户意愿存在结构性错配，存在"愿落不能落，能落不愿落"的两难困境

流动人口落户意愿与城市吸引力高度相关，一方面，城市规模大、行政级别高、公共服务好、就业机会多的城市，人口落户意愿也就越高，但这些城市落户的难度往往也越大，户籍壁垒的存在成为新市民实现真正市民化的拦路虎。相较于本地市民而言，基数庞大的流动人口在经济等多方面处于劣势地位，尤其是房价和租金高昂，住房问题成为落户大城市的焦点问题。

另一方面，受教育程度较高的流动人口可能因为有更多的选择，其落户的意愿反而更低，以武汉为例，作为拥有百万大学生的青年之城，其人才外流严重、

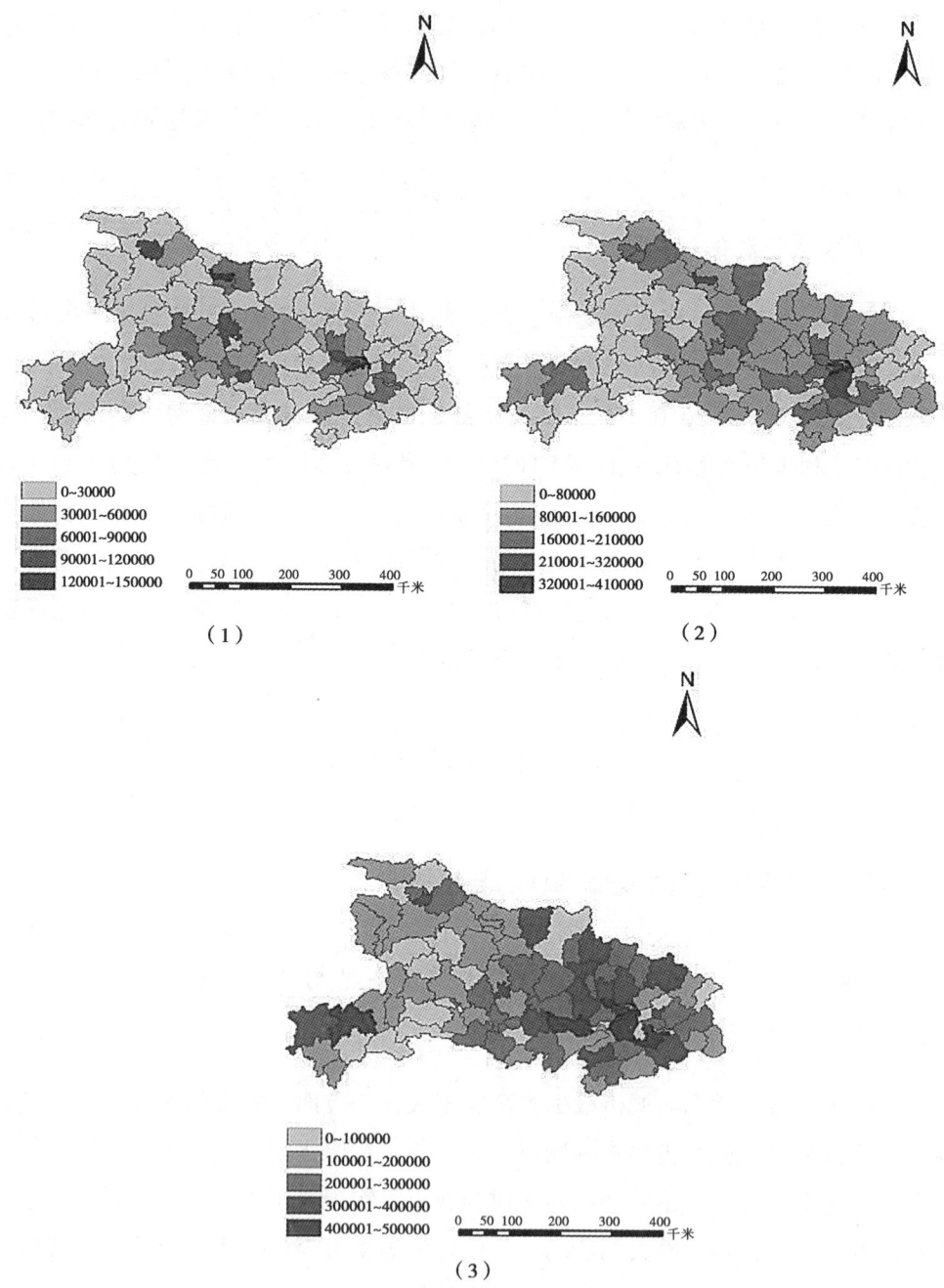

图 4-2-5　省内流动人口流入地区域分布（区县级）（单位：人）

数据来源：根据第五、六、七次湖北省人口普查数据整理绘制。

利用率低,毕业生更愿意选择北上广深这些城市。为此,武汉从 2017 年开始"百万大学生留汉创业就业工程",通过放宽落户条件、提供人才安居保障、加大融资支持等各项措施,才使该局面有所改善。

2. 相当一部分流动人口在社会基本公共服务上未得到有效保障,教育、医疗等方面存在缺失

长期定居城镇不仅是流动人口意愿的主流,也是城市政府力图推动的重要目标。然而,与定居需求相对应的是,会在流入地面临制度和家庭上的双重障碍,这是因为流动带来经济状况改善的同时也会催生诸多的家庭问题,如留守(流动)儿童的抚养以及受教育问题、留守老人的赡养以及精神慰藉等。

尤其是在流动人口集聚的大城市,流动儿童很难得到公平的受教育机会,目前仍有一定比例的适龄流动儿童没有按照规定接受义务教育,低龄流动儿童入学晚的问题较普遍。大龄流动儿童接受高中教育的比例偏低而且存在教育延迟现象。特别是跨省流动的高中在校流动儿童还面临着异地高考问题。湖北省城乡间社会发展差距较大,农村留守儿童存在较为突出的教育进度滞后和超龄就学现象。同时,留守使得子女不能与父母保持日常的、近距离的沟通交流,即使有也多是叮嘱和教导而非倾听,亲情慰藉的缺失,可能严重影响留守儿童心理的健康发展。

我国老年人口的迁入地与青壮年人口的迁入地基本一致,将经济发达地区作为主要选择。大都市生活成本高、交通拥堵、医疗设施有限,应对工作阶段的人口及其子女,已经相当紧张,并不是适合老年人养老的地方,而外来老年人的迁入,进一步加剧了公共物品供给的短缺,给劳动力老化城市带来极大的财政压力与社会负担。但从另一方面来看,流动老年人口增多会提高对迁入地医疗、保健、社会工作、社会福利以及公共服务事业的消费需求,创造很多新的岗位,为老龄产业提供新的发展机遇。

3. 流动劳动力的供求矛盾将长期存在,失业问题不可忽视

随着城镇化进程的不断推进,农业户籍流动劳动力已成为城市就业市场不可或缺的组成部分。湖北省流动人口的劳动供给呈现总量增速放缓、年龄结构老化

的趋势；同时，流动人口向武汉等大城市持续集中，导致其他城市劳动力供给普遍短缺。由于大城市的收入水平高、公共资源丰富，较少的城市集中了较多的流动人口，劳动力供给充足。但中小城市和鄂西欠发达地区会出现一定程度的"用工荒"现象，尤其是低附加值行业。由于流动人口增量难以提高，其空间分布仍将高度集中，这种现象短期内不会改变。

另外，在经济新常态下，就业形势发生了新的变化：经济增速换挡，新增就业岗位减少；经济结构调整，结构性失业增加；经济增长动力切换，劳动力市场竞争加剧。流动人口的人力资本水平和就业结构特征决定了他们在上述过程中将不可避免地遭受冲击。这使得流动人口的结构性失业和摩擦性失业问题逐步显现。流动人口动态监测数据显示，近年来流动人口失业率不断上升，尤其25岁以下流动人口的失业风险更高。

(二) 对策建议

1. 引导地区间人口合理迁移

由于人口净迁入地区的经济与迁入人口之间的相关关系密切，人口的迁出对迁出地经济也具有正向的推动作用。而且，国内也有许多研究文献证明了人口的迁移会促进经济的发展。因此，统计湖北省各个地区劳动力需求数量，以及劳动力技能的需求类型，有助于引导具有不同文化素质、不同技能的人才流向有需求的地区，合理分配人力资源，实现劳动力的供需平衡。引导鄂西地区过剩的人口向中东部地区迁移，充分释放西部地区的劳动力资源。

2. 深化户籍制度改革，消除人口自由流动的制度障碍，引导人口有序流动

中国的人口迁移流动始终存在候鸟式现象，某种意义上带有漂浮的性质，迁入地对流入人口的隐性排斥导致外地劳动力在社会生活和行动层面上的融入困难，难以产生本地身份认同。各级政府要积极探索解决落户政策与流动人口的落户意愿相脱节的矛盾，使户籍制度改革成为引导人口有序流动迁移的重要着力点。要坚持自愿、分类、系统、有序的原则，引导和促进流动人口进城落户。要全面实施和不断完善居住证制度，确保居住证持有人在城市基本公共服务方面享

有与当地户籍人口同等的权利和便利；建立城市非基本公共服务与居住证持有人的居住年限、社保年限等条件挂钩的"逐步享有"机制，并最终形成与户籍人口平等的权益体系。

只有将迁入地变成外来人口的新家，实现家庭团聚，才能将这些流动人口稳定下来，这样不仅有利于公共资源配置、释放消费潜力、提高劳动生产率，也有利于在新冠肺炎疫情尚未完全消退的大背景下，从根本上降低因频繁流动带来的社会风险与隐患。

3. 高度关注老年流动人口，做好流动者异地养老的公共服务

在人口流动家庭化和落户政策宽松化的背景下，占有一定比例的外出务工老年流动人口的子女大多也在城市务工，孙辈在城市接受教育的比例也较高，家庭与流出地的联系相对松散，随迁老人也具有类似的特征。因此，老年流动人口城市定居需求普遍较高。在此背景下，一方面应从该群体最关注的城乡养老和医疗保险一体化入手，将流动老年人纳入城市和社区养老体系，与此同时，也应为不愿落户的老年流动人口提供持续的养老保障；另一方面，也要充分利用该群体及其家庭在城镇定居意愿较高的特点，积极引导老年流动人口家庭举家落户城镇，使其成为促进人口城市化与市民化的重要突破口之一。

4. 着重加强城镇体系建设，构建集约、高效的新型城镇化发展格局

我国已经进入区域经济和城市功能的深度整合阶段，应该着重加强城镇体系建设，根据不同区域所处的城镇化发展阶段，制定不同的发展策略。湖北省东部地区城镇化起步早，已经进入中后期发展阶段。一是要深化城市间分工协作和功能互补，加快一体化发展，加强超大城市的竞争力，更深层次参与区域分工与竞争，对周边中小城市形成辐射能力，提升整个城市群的发展层次。二是科学定位城市群内各城市的功能，增强城市群内中小城市和小城镇的人口经济集聚能力，引导人口和产业由超大城市主城区向周边和其他城镇疏散转移。三是优化提升城镇环保水平，组织和协调好城镇体系内部的资源开发和生态环境保护，建立有利于资源节约、环境友好的城镇化发展机制。

中部及西部地区城镇化还处于初中期阶段，未来将是湖北省城镇化发展的主

要驱动力。一要进一步完善扶持政策，增加资金投入，对西部地区基础设施、公共服务建设给予重点支持，提升城乡基础设施发展水平。二要加强区域产业布局的战略规划引导产业向中西部梯度转移，培育新型优势产业发展。三要对中西部城镇化过程中的生态环境保护和民生改善给予支持，根据城市生态的承载能力规划城镇发展，避免承接东部地区产业转移带来的环境污染压力。区域规划给城镇体系发育带来了新的契机，应该依托武汉城市圈、"襄十随神"城市群、"宜荆荆恩"城市群等大区域规划，促进城市群之间、城市群内部、大城市与周边中小城市之间的分工协作，强化基础设施建设和联通，优化人口空间布局，形成集约高效、绿色低碳、协调发展的新型城镇化发展格局。

报告三　湖北省县域城镇化多维评估及发展趋势

一、引言

推进县城发展不仅是我国社会主要矛盾发生变化后党和国家新型城镇化发展工作的重心，也是我国高质量发展的内在要求。党的十九届五中全会提出推进以县城为重要载体的城镇化建设，《中华人民共和国国民经济和社会发展第十四个五年规划和2035年远景目标纲要》指出加快县城补短板强弱项，推进公共服务、环境卫生、市政公用、产业配套等设施提级扩能，增强综合承载能力和治理能力。党中央和国务院2022年5月出台的《关于推进以县城为重要载体的城镇化建设的意见》以及7月颁布的《"十四五"新型城镇化实施方案》中更明确提出促进县城发展的系列规划。同时，湖北作为国家中部地区城镇化推进的典型省份，2021年的城镇人口占常住人口比率为64.09%，较2020年增长1.20%，增速较快。县域具备较为扎实的农业生产基础，面临着通过城镇化引领产业结构升级和发展方式转变的有利机遇，以提升县域城镇化水平为导向推进湖北的新型城镇化进程，不仅有利于缩小城乡差异，促进乡村振兴，也有利于湖北的经济高质量发展，推进我国新时期共同富裕的迈进。

与传统的城镇化相比，县域城镇化大体有以下不同：第一，发展路径不同。McGee(1991)[1]提出"城乡融合区"和"乡村聚落转型"的理念，其重要内容之一就

---

[1] McGee T. G., "The Emergence of Desakota Regions in Asia: Expanding a Hypothesis," in Ginsburg B., Koppel B., McGee T. G., eds., The Extended Metropolis: Settlement Transition in Asia. Hawaii: University of Hawaii Press, 1991.

是没有大规模人口迁移的乡村城镇化（杨传开①，2019）；陶德凯等②（2022）认为县域城镇化具有人口和用地与乡村地区紧密联系的天然优势，能够压缩乡村到县镇的时空距离，有利于打通乡村人口到县城就业安家的"最后一公里"；杨明俊等③（2017）认为县域城镇化应统筹核心县市与非核心县市的发展，并尊重人口流动趋势，重塑城乡关系。第二，发展动力不同。高强等④（2022）认为相较于以往的城镇化发展，以县域为载体推进新型城镇化能够赋予县域更多发展自主权，充分调动县域的内生发展动力；汪增洋、李刚⑤（2017）的研究发现产业非农化可通过提高第二、三产业就业和收入促进县域城镇化，提高工业生产率是加快县域城镇化发展的关键。第三，城镇化发展的评价维度不同。左停、赵泽宇⑥（2022）认为与以往的人口、土地等单一城镇化评价不同，新型的县域城镇化需要引领县城通过社会福利、基础设施建设、公共服务等方式实现以农民工群体为代表的流动人口真正市民化，以实现城镇化的提质升级；金丹、孔雪松⑦（2020）从人口、土地、社会、经济和城乡协调发展五个维度对湖北省县域城镇化质量进行评价；张红梅等⑧（2017）等从人口与就业、经济社会发展、城镇规划建设、公共服务水

---

① 杨传开. 县域就地城镇化基础与路径研究[J]. 华东师范大学学报（哲学社会科学版），2019，51（4）：114-122，187-188.

② 陶德凯，杨晨，吕倩，等. 国土空间规划背景下县级单元新型城镇化路径[J]. 城市规划，2022，46（6）：25-36，76.

③ 杨明俊，尹茂林，杨雯雯. 新时期山东省县域城镇化发展路径研究[J]. 城市发展研究，2017，24（5）：8-12.

④ 高强，程长明，曾恒源. 以县城为载体推进新型城镇化建设：逻辑理路与发展进路[J/OL]. 新疆师范大学学报（哲学社会科学版）：1-11[2022-10-18]. DOI：10.14100/j.cnki.65-1039/g4.20220524.001.

⑤ 汪增洋，李刚. 中部地区县域城镇化动力机制研究——基于中介效应模型的分析[J]. 财贸研究，2017，28（4）：25-32.

⑥ 左停，赵泽宇. 共同富裕视域下县城新型城镇化：叙事逻辑、主要挑战与推进理路[J/OL]. 新疆师范大学学报（哲学社会科学版）：1-13[2022-10-18]. DOI：10.14100/j.cnki.65-1039/g4.20220725.001.

⑦ 金丹，孔雪松. 湖北省城镇化发展质量评价与空间关联性分析[J]. 长江流域资源与环境，2020，29（10）：2146-2155.

⑧ 张红梅，朱海，张目，等. 基于相对熵的县域新型城镇化发展水平评价[J]. 统计与决策，2017（18）：66-68.

平、生态环境质量五个方面测度了贵州县域城镇化的实际水平。赵德昭、许家伟①(2021)则从人口、经济和社会三个维度构建指标体系对贵州县域城镇化进行测评。总体来看，县域城镇化发展的独特性在于：第一，县域城镇化打破了传统城镇化依靠发展大城市推动城市化的发展路径，重视县域城镇的发展带动乡村建设，促进农民就近就地城镇化，在城市和乡村之间增加县城的第三个元素，增强了城镇化发展的稳定性；第二，传统城镇化是外向性经济催动的城镇化，县域城镇化则是倾向内生来带动的城镇化模式，充分发挥我国超大规模市场优势和内需潜力，通过国内外双循环格局促进城镇化发展；第三，传统城镇化的评价维度较为单一，即人口或土地，而县域城镇化强调以人为本的发展，除人口外，在人力发展、经济建设、公共服务、生态环境等多维领域的城镇化提出更高的要求。

因此，本报告从人力发展、经济发展、公共服务、创新能力和地理特征五个方面构建指标体系，基于"五普""六普""七普"数据对湖北省县域城镇化发展进行合理测度，进一步分析区域间差异及空间变动趋势，并深入挖掘各因素对县域城镇化的影响程度，以期对湖北省县域城镇化发展进行研判，为新时代推动我国新型城镇化建设以及经济高质量发展提供参考和借鉴。

二、县域城镇化多维评估方法

(一) 指标构建

在全面建成小康社会的背景下，县城城镇化作为城乡融合发展的关键，是我国新型城镇化建设中不可或缺的重要一环。长期以来，对于我国城镇化水平的讨

---

① 赵德昭，许家伟．河南省县域就地城镇化时空演变与影响机理研究[J]．地理研究，2021，40(07)：1978-1992．

论与研究多基于国际①②、国家③以及省域④⑤⑥层面,且测度指标较为单一,多为人口⑦与土地⑧⑨类指标维度。但随着新型城镇化理念的推行及其发展程度的加深,县域城镇化受到学者较多关注,关于县域城镇化水平的测度也逐渐拓展到多维层面来。程明洋⑩等(2019)从人口、土地和经济三个维度测度了黄淮海平原的县域城镇化水平;李海波等⑪(2019)从人口、产业系统、基础设施与公共服务保障系统三个维度评估了湖南省88个县(市)的城镇化;张春玲等⑫(2019)从人口与就业水平、环境资源情况、公共服务水平、居民教育情况、经济社会发展、基础服务设施六个方面测度了河北省县域城镇化发展质量。根据县域城镇化的目标,县域城镇化要求"提升县城发展质量,更好地满足农民到县城就业安家

---

① 杜修立,张昱昭.中国城镇化率提升的动力分解与新发展阶段趋势预测——基于国际比较的一种新方法[J].统计研究,2022,39(2):33-47.

② 陈鹏,魏来.基于国际比较的我国远景城镇化水平研判及其思考[J].城市发展研究,2020,27(7):33-39.

③ 马海涛,孙湛.中亚五国综合城镇化水平测度及其动力因素[J].地理学报,2021,76(2):367-382.

④ 蔡之兵,邓仲良.中国空间城镇化水平测度及其影响因素分析——基于省级地理加权回归模型的证据[J].郑州大学学报(哲学社会科学版),2020,53(2):48-54,127.

⑤ 刘洪涛,尚进,蒲学吉.基于面板Logistic增长模型中国城镇化演进特征与趋势分析[J].西北人口,2018,39(2):1-9,15.

⑥ 廖中举,张志英.省际新型城镇化发展水平测度与比较[J].统计与决策,2020,36(20):168-171.DOI:10.13546/j.cnki.tjyjc.2020.20.036.

⑦ 郭远智,周扬,成天婵,等.浙江省县域人口城镇化解构及其类型划分[J].经济地理,2018,38(10):63-71.DOI:10.15957/j.cnki.jjdl.2018.10.009.

⑧ 刘燕,杨庆媛,何建,等.重庆市不同尺度土地城镇化格局特征及其成因[J].西南大学学报(自然科学版),2018,40(9):124-132.DOI:10.13718/j.cnki.xdzk.2018.09.018.

⑨ 张立新,朱道林,杜挺,等.长江经济带土地城镇化时空格局及其驱动力研究[J].长江流域资源与环境,2017,26(9):1295-1303.

⑩ 程明洋,李琳娜,刘彦随等.黄淮海平原县域城镇化对乡村人—地—业的影响[J].经济地理,2019,39(5):181-190.

⑪ 李海波,陈政,欧沙.县域城镇化与人口回流耦合关系研究——基于湖南省88个县(市)数据的分析[J].经济地理,2019,39(11):25-32.

⑫ 张春玲,杜丽娟,马靖森.县域新型城镇化质量评价研究——以河北省为例[J].河北经贸大学学报,2019,40(1):102-108.DOI:10.14178/j.cnki.issn1007-2101.2019.01.014.

需求和县城居民生产生活需要"①,而这些不仅对产业基础等经济条件有要求,对人力发展、公共服务、资源环境承载力和创新能力也有一定要求,同时地理区位优势也一定程度上影响着县城居民的生产生活,是衡量县域城镇化发展的组成部分。

因此,考虑到数据的可获得性,遵循完整性、科学性和系统性等原则,并结合县域城镇化的内涵要求和湖北省各县(市)的具体情况,本报告从人力发展、经济发展、公共服务、创新能力以及地理特征五个维度构建指标体系(见表4-3-1):(1)人力发展方面,本报告参考金丹和孔雪松②(2020)、张红梅等③(2017)选取人口城镇化水平和县域受教育水平两类指标;(2)经济发展方面参考祝志川④等(2022)选取居民收入、产业结构和财政支出三类指标,同时选取衡量经济发展较为常用的夜间灯光数据(张建文等⑤,2021;张丹丹等⑥,2022);(3)公共服务方面主要参考金丹和孔雪松(2020)选取了通信水平、社会救助与医疗卫生的相关指标数据;(4)创新能力方面,由于专业技术人员属于多参与研发创新的职业,因而选用专业技术人员的就业比来体现创新能力的发展;(5)地理特征方面,参考王婧和李裕瑞⑦(2016)选取了区位划分指标,同时考虑到20年间湖北省县域划分的变动选取了行政区划的土地面积比例,并结合自然地理因素选取降雨量数据。

---

① 详见中共中央办公厅、国务院办公厅印发的《关于推进以县城为重要载体的城镇化建设的意见》。
② 金丹,孔雪松. 湖北省城镇化发展质量评价与空间关联性分析[J]. 长江流域资源与环境, 2020, 29(10): 2146-2155.
③ 张红梅,朱海,张目,等. 基于相对熵的县域新型城镇化发展水平评价[J]. 统计与决策, 2017(18): 66-68. DOI: 10.13546/j.cnki.tjyjc.2017.18.015.
④ 祝志川,刘博,和军. 中国乡村振兴、新型城镇化与生态环境协同发展测度分析[J]. 经济问题探索, 2022(7): 13-28.
⑤ 张建文,梁彦庆,崔立烨,等. 基于NPP-VIIRS夜间灯光数据的京津冀城市群经济集聚特征分析[J]. 西南大学学报(自然科学版), 2021, 43(12): 95-104.
⑥ 张丹丹,沈菊琴. 基于夜间灯光数据的长江经济带经济发展与生态环境承载力关系分析[J/OL]. [2022-08-16]. http://kns.cnki.net/kcms/detail/42.1320.x.20220307.0914.002.html.
⑦ 王婧,李裕瑞. 中国县域城镇化发展格局及其影响因素——基于2000和2010年全国人口普查分县数据[J]. 地理学报, 2016, 71(4): 621-636.

表 4-3-1　湖北省县域城镇化评价指标体系

维度	二级指标	三级指标
人力发展	人口城镇化	人口城镇化率＝(城市常住人口+镇常住人口)/常住人口
	教育水平	文盲人口占 15 岁以上人口比
		平均受教育年限
经济发展	居民收入	人均 GDP＝GDP/常住人口
	产业结构	三产占比＝第三产业增加值/GDP
		二产占比＝第二产业增加值/GDP
	财政支出	财政支出＝地方财政支出/GDP
	夜间灯光	夜间灯光数据(校正后的 dn 值)
公共服务	通信水平	本地电话用户(固定电话用户)
	社会救助	社会福利院数
		社会福利院床位数
	医疗卫生	医院卫生院床位数
创新能力	技术发展	专业技术人员就业比＝专业技术人员/总就业人数
地理特征	土地面积	行政区域土地面积/湖北省总面积
	区位划分	东部地区＝鄂东地区 1，其他地区 0
		中部地区＝鄂中地区 1，其他地区 0
		西部地区＝鄂西地区 1，其他地区 0
	降雨量	年降雨量值

本报告所需 2000 年、2010 年以及 2020 年人口数据来自第五、六、七次全国人口普查。经济发展、公共服务、创新能力以及地理特征相关数据多来自《中国县城统计年鉴》(2001/2011/2021)、《湖北统计年鉴(2021)》，以及湖北各城市统计年鉴，其中降水量数据来自于中国科学院资源环境科学数据中心，省级、市级和县级矢量行政界线均来源于国家基础地理信息中心。夜间灯光数据来源于 NOAA 网站 NGDC 数据中心，2000 年与 2010 年的夜间灯光数据来自于 DMSP/OLS 稳定夜间灯光数据，2020 年的夜间灯光数据来自 NPP/VIIRS 影像，为统一

县域单位口径,对夜间灯光数据进行拟合平滑校正。此外,考虑到城镇化评价指标的度量标准、单位与符号等方面存在差异性,故采用极差标准化方法对原始数据进行无量纲化处理。

(二) 分析方法

1. 熵值法

熵值法是现阶段学术界进行确权研究的重要方法之一,其能够有效地反映出各可观测指标信息熵的效用价值,据此得到的指标权重也具有更高的可信度(郝辑、张少杰[1],2021)。因此,本报告参考张文彬等[2](2020)、郝辑与张少杰(2021)等学者的研究思路,采用分别计算各指标年度权重的方法进行确权,以更加准确地对湖北省城镇化水平进行测度和评价。

具体确权步骤为:首先利用标准化后的第 t 年 i 县域的 j 指标 X_{tij} 来计算第 t 年 i 县域 j 指标的贡献度 p_{tij},其次计算第 t 年 j 指标的熵值 e_{tj},接下来通过熵值计算第 t 年 j 指标的差异性系数 g_{tj},再用差异性系数计算可得到第 t 年 j 指标的权重 W_{tj}。在确定指标权重之后,将无量纲化后的指标与其权重相乘,加权汇总成湖北省县域城镇化水平指数,熵值法具体公式如下:

$$p_{tij} = \frac{X_{tij}}{\sum_{i=1}^{n} X_{tij}}, i = 1, 2, 3 \cdots n; j = 1, 2, 3 \cdots m; t = 1, 2, 3 \cdots r \quad (4.3.1)$$

$$e_{tj} = -\frac{1}{\ln n} \sum_{i=1}^{n} p_{tij} \ln(p_{tij}), 0 \leqslant e_{tj} \leqslant 1 \quad (4.3.2)$$

$$g_{tj} = 1 - e_{tj} \quad (4.3.3)$$

$$W_{tj} = \frac{g_{tj}}{\sum_{j=1}^{m} g_{tj}} \quad (4.3.4)$$

---

[1] 郝辑,张少杰. 基于熵值法的我国省际生态数据评价研究[J]. 情报科学,2021,39(1):157-162. DOI:10.13833/j.issn.1007-7634.2021.01.021.

[2] 张文彬,胡健,马艺鸣. 支撑力和压力脱钩视角下中国生态承载力评价[J]. 经济地理,2020,40(2):181-188. DOI:10.15957/j.cnki.jjdl.2020.02.020.

$$H_i = \sum_{j=1}^{m} (W_j X_{ij}) \quad (4.3.5)$$

2. Dagum 基尼系数法

本报告采用 Dagum 基尼系数分解法(Dagum[①], 1997)测度不同区域的基尼系数，进而讨论湖北县域城镇化水平的区域差异与空间差异贡献率。该方法的显著优势体现在可以更明确地区分被测样本的空间差异来源，并能有效解决子样本的分布以及样本交叉重叠等问题，使计算结果更准确。县域城镇化水平的基尼系数定义式为：

$$G = \sum_{h=1}^{k} \sum_{j=1}^{k} \sum_{i=1}^{n_h} \sum_{r=1}^{n_j} |y_{hi} - y_{jr}| / 2n^2 \bar{y} \quad (4.3.6)$$

其中，G 表示总体基尼系数，h、j 为区域划分个数，i、r 是区域内县市个数；n 是县市个数，k 是区域个数，$n_h(n_j)$ 是 $h(j)$ 区域内县市的个数；$y_{hi}(y_{jr})$ 是 $h(j)$ 区域内的县域城镇化指数，$\bar{y}$ 是各区域群县域城镇化指数的平均值。

根据 Dagum 基尼系数分解方法，湖北省县域城镇化的区域差异由以下三部分构成：表征区域内差异贡献的 G_w；表征区域间差异贡献的 G_{nb} 以及表征地区间交叉项影响的超变密度贡献 G_t，且满足 $G = G_w + G_{nb} + G_t$。相关计算公式如下：

$$G_{hh} = \frac{\sum_{i=1}^{n_h} \sum_{r=1}^{n_h} |y_{hi} - y_{hr}|}{2 \bar{y}_h n_h^2} \quad (4.3.7)$$

$$G_w = \sum_{h=1}^{k} G_{hh} p_h s_h \quad (4.3.8)$$

$$G_{hj} = \frac{\sum_{i=1}^{n_h} \sum_{r=1}^{n_j} |y_{hi} - y_{jr}|}{n_h n_j (\bar{y}_h + \bar{y}_j)} \quad (4.3.9)$$

$$G_{nb} = \sum_{h=2}^{k} \sum_{j=1}^{h-1} G_{hj}(p_h s_j + p_j s_h) D_{hj} \quad (4.3.10)$$

$$G_t = \sum_{h=2}^{k} \sum_{j=1}^{h-1} G_{hj}(p_h s_j + p_j s_h)(1 - D_{hj}) \quad (4.3.11)$$

[①] Dagum C. A New Approach to the Decomposition of the Gini Income Inequality Ratio[J]. Empirical Economics, 1997, 22(4): 515-531.

$$D_{hj} = \frac{d_{hj} - p_{hj}}{d_{hj} + p_{hj}} \qquad (4.3.12)$$

$$d_{hj} = \int_0^\infty dF_h(y) \int_0^y (y-x) dF_j(x) \qquad (4.3.13)$$

$$p_{hj} = \int_0^\infty dF_j(y) \int_0^y (y-x) dF_h(x) \qquad (4.3.14)$$

其中，式(4.3.7)表示 h 地区的基尼系数 G_{hh}；式(4.3.8)表示地区内县域城镇化差异的贡献 G_w，其中，$p_h = n_h/n$、$s_h = n_h \bar{Y}_h / n\bar{Y}$，$(h = 1, 2, \cdots, k)$；式(4.3.9)表示地区 h 和 j 之间的基尼系数 G_{hj}；式(4.3.10)表示地区 h 和 j 之间的净值差异贡献 G_{nb}；式(4.3.11)表示地区间交叉项影响的超变密度贡献 G_t；D_{hj} 表示地区 h 和 j 城镇化水平的相对影响，计算公式为式(4.3.12)；d_{hj} 为区域间城镇化水平的差值，表示 h、j 区域中 $y_{hi} - y_{jr} > 0$ 的样本值加总的数学期望，计算公式如式(4.3.13)；p_{hj} 为超变一阶矩，表示区域中 $y_{jr} - y_{hi} > 0$ 的样本加总的数学期望，计算公式如式(4.3.14)，$F_h(F_j)$ 为 $h(j)$ 县域的累积密度分布函数。

3. 方差分解法

方差分解法能够对地区的结构差异来源进行有效分解，探究构成差异的因素以及每个因素对于地区差异的贡献程度。本报告参考陈明华等①(2020)的方法，构建方差模型，将县域城镇化指数(CUI)的差异分解为人力发展指数(H)、经济发展指数(E)、公共服务指数(P)、创新能力指数(I)、地理特征指数(G)五个维度，即 $CUI = H + E + P + I + G$。每个维度对于城镇化水平差异的影响程度推导如式(4.3.15)与式(4.3.16)所示。其中 Var 为方差，Cov 为协方差，式(4.3.15)表示将县域城镇化差异成因分解为人力、经济、公共服务、创新能力和地理特征五个维度的要素差异，式(4.3.16)表示五维度的差异分别对城镇化发展差异的贡献程度。

---

① 陈明华，刘玉鑫，刘文斐，等. 中国城市民生发展的区域差异测度、来源分解与形成机理[J]. 统计研究，2020，37(5)：54-67.

$$\begin{aligned}\operatorname{Var}(CUI) &= \operatorname{Cov}(CUI, H+E+P+I+G) \\ &= \operatorname{Cov}(CUI, H) + \operatorname{Cov}(CUI, E) + \operatorname{Cov}(CUI, P) + \operatorname{Cov}(CUI, I) \\ &\quad + \operatorname{Cov}(CUI, G)\end{aligned} \quad (4.3.15)$$

两侧同时除以 $\operatorname{Var}(CUI)$ 得：

$$1 = \frac{\operatorname{Cov}(CUI, H)}{\operatorname{Var}(CUI)} + \frac{\operatorname{Cov}(CUI, E)}{\operatorname{Var}(CUI)} + \frac{\operatorname{Cov}(CUI, P)}{\operatorname{Var}(CUI)} + \frac{\operatorname{Cov}(CUI, I)}{\operatorname{Var}(CUI)} + \frac{\operatorname{Cov}(CUI, G)}{\operatorname{Var}(CUI)} \quad (4.3.16)$$

三、湖北省县域城镇化发展现状

（一）人力发展状况

1. 人口城镇化整体逐渐提升，鄂中地区县域人口城镇化最优

通过图 4-3-1 可知，2000—2020 年湖北省县域人口城镇化率增速逐渐加快，但鄂中地区的县域人口城镇化水平最优。纵向来看，湖北省平均县域人口城镇化率由 2000 年的 25.04% 增长到 2020 年的 48.60%，年均增长率为 1.18%。由于 2010 年平均县域人口城镇化率为 35.08%，说明 2010—2020 年的人口城镇化率增速整体高于 2000—2010 年的增速。横向来看，鄂中地区县域人口城镇化率最高，由 2000 年的 32.23% 增长到 2020 年的 51.72%，鄂东地区次之，由 2000 年的 25.89% 增长到 2020 年的 48.05%，鄂西地区的县域人口城镇化水平最低但增速最快，由 2000 年的 19.14% 增长到 2020 年的 46.28%。

2. 人口受教育水平缓慢提升，文盲率降速大

通过表 4-3-2 可知，在文盲人口占比方面，2000—2020 年湖北省县域文盲人口占 15 岁以上人口的比重不断下降，鄂东地区>鄂中地区>鄂西地区。具体来看，下降比例超过 10% 的 4 个县分别是罗田县、房县、郧西县、竹溪县，竹溪县由 2000 年的 21.29% 下降到 2020 年的 4.86%，实现超过 15% 的降幅，这与该县的

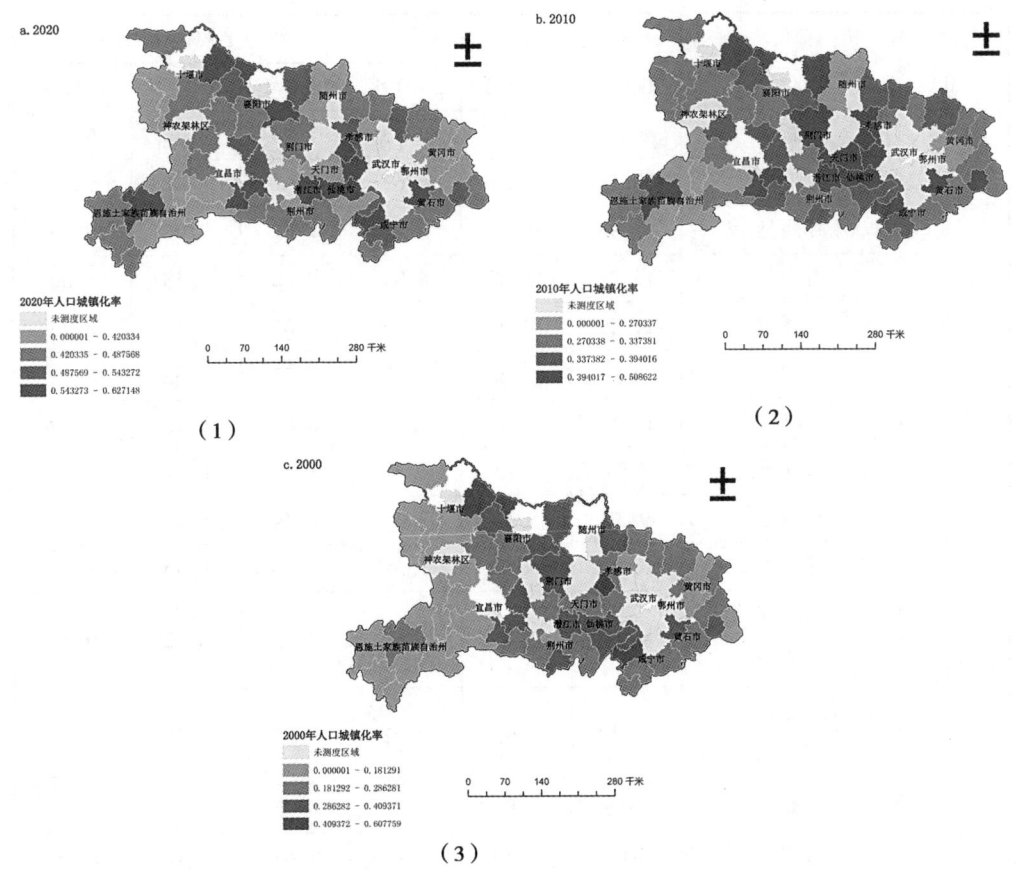

图 4-3-1 湖北省县域人口城镇化率

数据来源：根据第五、六、七次湖北省人口普查数据整理绘制。

文盲人口占比基数高有很大关系。此外，阳新县的文盲人口占比在2010年下降至5.63%后，在2020年增长为6.13%，出现小幅上升，这可能与2010—2020年的流动人口数量增加有关。整体上鄂东地区县域文盲人口占比最高，由2000年的11.89%下降到2020年的5.46%，鄂中地区则由2000年的9.16%下降到2020年的3.46%，鄂西地区的县域文盲人口占比与鄂中地区相近，由2000年的10.85%下降到2020年的3.00%，降幅最大。

表 4-3-2 湖北省县域人口受教育水平

城市（州）	县	文盲人口占比(%)			平均受教育年限(年)		
		2000年	2010年	2020年	2000年	2010年	2020年
黄石	阳新县	8.31	5.63	6.13	7.78	8.30	9.20
	大冶市	12.77	6.26	5.69	8.07	8.62	9.78
十堰	郧西县	15.93	9.25	3.73	7.62	7.95	9.03
	竹山县	12.22	11.47	4.84	7.52	7.48	8.56
	竹溪县	21.29	13.29	4.85	7.63	7.45	8.73
	房县	14.65	12.68	3.37	7.72	7.63	9.02
	丹江口市	12.11	6.80	3.97	8.64	8.93	9.69
宜昌	远安县	7.01	3.73	1.39	8.59	8.91	9.67
	兴山县	9.38	5.20	3.05	8.44	8.88	9.59
	秭归县	10.72	4.53	1.31	7.86	8.56	9.35
	长阳土家族自治县	9.73	3.46	1.58	7.93	8.72	9.37
	五峰土家族自治县	11.18	5.66	2.31	7.85	8.25	9.07
	宜都市	6.08	2.86	1.22	8.33	9.04	9.92
	当阳市	8.00	3.55	1.46	8.64	9.16	10.05
	枝江市	8.04	4.21	1.82	8.72	9.22	10.02
襄阳	南漳县	10.71	5.24	3.67	7.98	8.39	9.13
	谷城县	7.43	4.49	2.05	8.21	8.72	9.27
	保康县	9.21	7.06	3.53	7.74	8.12	9.08
	老河口市	7.62	5.18	3.61	8.57	8.74	9.59
	枣阳市	6.71	3.65	2.81	8.29	8.96	9.43
	宜城市	9.68	5.61	3.51	8.39	8.74	9.46
荆门	沙洋县	7.52	4.15	0.69	8.47	8.78	10.00
	钟祥市	6.67	4.44	0.79	8.60	9.16	10.17
	京山市	9.19	4.04	1.32	8.52	9.29	9.90

续表

城市(州)	县	文盲人口占比(%)			平均受教育年限(年)		
		2000年	2010年	2020年	2000年	2010年	2020年
孝感	孝昌县	11.63	7.69	6.84	7.90	8.22	9.17
	大悟县	10.23	7.84	5.29	8.16	8.42	9.31
	云梦县	10.79	7.05	4.97	7.99	8.31	9.07
	应城市	8.07	6.26	5.88	8.18	8.54	9.33
	安陆市	7.41	5.46	3.98	8.19	8.67	9.42
	汉川市	6.76	4.10	2.65	8.12	8.64	9.29
荆州	公安县	10.72	4.68	2.82	8.06	8.57	9.32
	监利县	11.46	7.40	5.79	7.76	8.06	8.95
	江陵县	12.64	8.10	6.22	8.15	8.03	9.15
	石首市	10.19	4.63	4.78	8.14	8.84	9.47
	洪湖市	11.25	6.39	4.88	8.11	8.49	9.36
	松滋市	7.01	3.20	1.69	8.18	8.68	9.39
黄冈	团风县	16.55	12.48	7.05	8.03	7.74	9.04
	红安县	13.87	9.23	5.90	8.12	8.29	9.51
	罗田县	14.66	7.75	4.07	7.93	8.45	9.52
	英山县	14.58	9.92	6.66	7.95	8.11	9.42
	浠水县	16.13	10.54	9.02	7.81	8.04	9.19
	蕲春县	15.31	10.81	5.48	7.90	7.99	9.24
	黄梅县	9.76	6.78	4.66	7.74	8.20	9.22
	麻城市	14.42	12.26	6.71	8.06	7.94	9.34
	武穴市	15.53	9.93	6.78	7.76	8.00	9.49
咸宁	嘉鱼县	9.50	5.27	6.17	8.21	8.87	9.79
	通城县	12.60	7.91	6.34	7.95	7.70	9.20
	崇阳县	8.19	3.67	2.22	7.87	5.81	9.48
	通山县	11.55	6.26	4.03	7.83	8.51	9.33
	赤壁市	7.64	4.00	2.98	8.52	9.29	10.07

续表

城市(州)	县	文盲人口占比(%)			平均受教育年限(年)		
		2000年	2010年	2020年	2000年	2010年	2020年
随州	随县		6.59	4.38		8.37	9.23
	广水市	12.25	7.24	5.11	8.12	8.45	9.55
恩施	恩施市	7.68	4.73	2.10	8.03	9.12	10.38
	利川市	9.92	7.08	2.03	7.71	8.19	9.70
	建始县	7.97	6.49	3.21	7.76	7.97	9.04
	巴东县	8.57	6.86	1.34	7.95	8.14	9.15
	宣恩县	13.24	9.17	5.39	7.61	7.74	9.00
	咸丰县	11.31	7.16	2.91	7.90	8.17	9.33
	来凤县	11.87	9.05	4.79	7.69	7.75	9.17
	鹤峰县	10.44	8.16	3.39	8.13	8.23	9.37
仙桃市	仙桃市	9.90	6.81	5.02	8.17	8.58	9.56
潜江市	潜江市	8.06	6.03	3.05	8.66	8.82	10.11
天门市	天门市	8.47	5.45	4.49	8.05	8.54	9.24

数据来源：根据第五、六、七次湖北省人口普查数据整理。

在平均受教育年限方面，湖北省县域平均受教育年限由2000年的8.07年增长至2020年的9.41年，整体受教育水平在缓慢提升。其中赤壁市、潜江市、钟祥市、当阳市、枝江市以及恩施市六地在2020年的平均受教育年限超过了10年，出现较大幅度增长，但也有宣恩县、竹山县以及竹溪县三地在2020年的平均受教育年限不足9年，增幅较小。整体上鄂中地区的平均受教育年限最高，鄂东次之，鄂西地区最低。

可以看出，在人力发展状况方面，鄂中>鄂东>鄂西。鄂中地区的人口城镇化率和平均受教育年限皆为最优，文盲人口占比也相对较低；鄂东地区人口城镇化率和平均受教育年限次于鄂中地区，但其文盲人口占比较高；鄂西地区人口城镇化率和平均受教育年限较低，但增速最快，其文盲占比降幅最大。

(二)经济发展现状

1. 鄂中地区县域人均 GDP 最高,鄂东最低

通过图 4-3-2 可知,近二十年间湖北省县域人均 GDP 增速较快,且增速方面鄂中>鄂西>鄂东。具体来看,湖北省县域人均 GDP 由 2000 年的人均 0.5 万元增长至 2020 年的人均 5.5 万元,年均增长 50%。鄂中地区增速最快,当阳市、枝江市分别由 2000 年的 1.25 万元和 0.74 万元增长至 2020 年的 11.82 万元和 14.23 万元,年均增长 0.5 万元以上,这可能与我国葛洲坝工程、三峡工程等重大工程项目建设带来的发展机遇有很大关系。枝江市的聚龙环保公司主动转型,产能大幅增加,成为全省最大的水处理剂生产企业,凭借铁盐反应釜等 10 余项专利入列国家高新技术企业,这带动了当地的经济发展也对当地的县域城镇化产生影响。鄂东地区的县域人均 GDP 增速最慢,为鄂中地区的增速的 94.6%。鄂西地区的宜都市增幅最大,由 2000 年的 0.78 万增长到 2020 年的 18.00 万,实现了 22.11 倍的提升。值得注意的是当阳、枝江以及宜都都属于宜昌市的行政区划范围,因此尽管三县域属于不同的地理区域划分,但也都受到了宜昌市发展的溢出效应。

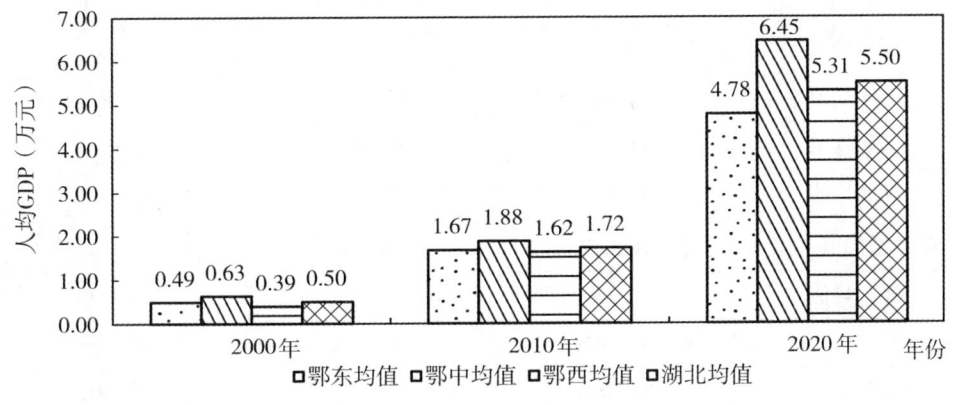

图 4-3-2 湖北省县域人均 GDP

数据来源:根据第五、六、七次湖北省人口普查数据整理绘制。

2. 第二产业增加值占比先升后降，第三产业增加值占比大幅提升

通过表4-3-3可以看出，近二十年来整体上湖北县域的第二产业增加值处于先升后降的发展趋势。具体来看，2000—2010年除鄂东地区外，其余两地的二产增加值占比均上升到40%左右，表明该阶段县域工业制造业发展势头较好。但在2010—2020年三区域均有所下降，鄂东地区的罗田县、英山县、浠水县，鄂中地区的云梦县、当阳市、老河口市，鄂西地区的巴东县、宣恩县、咸丰县、来凤县、鹤峰县、竹溪县、丹江口市、远安县以及兴山县降幅都超过了10%以上，体现出县域产业转型的发展变化。

湖北省县域第三产业增加值占比在2000—2020年整体处于上升趋势。具体来看，鄂西地区增幅最大，由2000年的28.28%增长到2020年的50.64%，趋近于翻倍增长，其中恩施州下辖的8个县市在2020年三产增加值占比均超过了53%，恩施市旅游生态康养产业蓬勃发展，一定程度上促进了其县域第三产业增加值的提高。鄂中地区三产增加值增幅相对较小，这或许与鄂中地区所处平原地区有关，鄂中拥有湖北最大的平原地区，长时间来承担着湖北粮食生产的重要责任，一定程度上挤占了工业制造业以及服务业的发展。

表4-3-3 湖北省县域二三产业增加值占比

二产增加值占比	2000年	2010年	2020年
鄂东均值	42.17%	41.43%	36.68%
鄂中均值	36.79%	42.08%	38.90%
鄂西均值	34.04%	37.80%	28.95%
湖北均值	37.64%	40.37%	34.69%
三产增加值占比	2000年	2010年	2020年
鄂东均值	30.33%	33.83%	43.83%
鄂中均值	31.58%	29.81%	40.86%
鄂西均值	28.28%	35.41%	50.64%
湖北均值	29.99%	33.10%	45.26%

数据来源：根据第五、六、七次湖北省人口普查数据整理。

3. 鄂西地区财政支出占比较高，鄂东地区增幅较大

通过表4-3-4可以看出，湖北省县域财政支出占区域生产总值比例在2000—2010年增速较快，2010—2020年增速减缓，鄂西地区的财政支出占比较高，而鄂东地区的增幅较大。具体来看，2000—2010年湖北省县域财政支出占比年均增速为19.68%，2010—2020年间的年均增速则为1.90%，这一方面反映出2010—2020年县域财政支出与经济总量增长的不匹配，另一方面也体现出县域经济发展对于政府财政支出依赖性的相对减弱。鄂西地区财政支出占比由2000年的10.30%增长到2020年的35.38%，远高于鄂中和鄂东地区，其中建始县、巴东县、宣恩县、郧西县、房县的财政支出占比在2020年均超过了49%，地方财政扶持力度较大。鄂东地区增速较快，2000—2020年的年均增速为15.40%，其中罗田县、英山县和孝昌县的年均增速超过了23%，一定程度体现出财政收入的增加以及县域经济的发展。

表 4-3-4　湖北省县域财政支出占比

财政支出	2000 年	2010 年	2020 年
鄂东均值	6.31%	20.55%	25.74%
鄂中均值	5.12%	14.83%	16.60%
鄂西均值	10.30%	29.75%	35.38%
湖北均值	7.30%	21.67%	25.77%

数据来源：根据第五、六、七次湖北省人口普查数据整理。

(三) 公共服务现状

1. 固定电话用户数先增后减，信息通讯发展迅速

通过表4-3-5可以看出，湖北省县域固定电话用户数量整体呈现先增后减的倒"U"型发展趋势。湖北省县域固定电话用户数在2000—2010年有所增加，2010—2020年固定电话用户数量逐渐减少，鄂中、鄂西地区2020年固定电话用

户数低于其 2000 年的用户数。从 1900 年我国第一部固定电话引进至今，通信业已经经历了一百多年的发展历程，在经历 1998 年的电信行业深化改革后，移动电话逐渐成为我国电信行业的主流，与之相对应的是固定电话数量增长速度的减慢乃至减少。通过湖北省县域的固定电话发展历程，可以看到 2000—2010 年，鄂东、鄂中和鄂西三地区的固定电话用户数均呈现较大幅度的增长，这表明县域电信设备的普及率在增加，2010—2020 年三地区的固定电话用户率逐渐减少则反映出移动电话普及率的提升，人们拥有更方便的通信产品时对于固定电话的需求便下降了。郑世林等[1]指出，在 2000 年以后，固定电话基础设施对经济增长已经呈现出负向影响，由于用户萎缩，固定电话基础设施已经出现闲置的迹象。

表 4-3-5　湖北省县域固定电话用户数

（单位：户）

固定电话用户数	2000 年	2010 年	2020 年
鄂东均值	39299.89	90439.67	41615.33
鄂中均值	62510.73	119547.78	44825.30
鄂西均值	20187.09	55754.50	17485.00
湖北均值	40749.96	88937.18	34373.54

数据来源：根据第五、六、七次湖北省人口普查数据整理。

2. 社会福利院数量先增后减，社会福利机构床位数大幅增加

从表 4-3-6 可以看出，湖北省县域社会福利院数量在 2000—2010 年不断增加，在 2010—2020 年逐渐下降，而社会福利机构床位数则是在整个区间内增加的。具体来看，在 2000—2010 年多数县域的社会福利院数量是增长的，其中鄂东地区的英山县以及鄂西地区的巴东县、竹山县、竹溪县年均增幅都超过 20%，蕲春县的社会福利院数量最多，由 108 个增长到了 140 个；2010—2020 年有 30

---

[1] 郑世林，周黎安，何维达. 电信基础设施与中国经济增长[J]. 经济研究，2014，49(5)：77-90.

个县域的社会福利机构数减少,其中鄂东地区的英山县、浠水县、蕲春县、武穴市和鄂中地区的宜城市以及鄂西地区的竹山县下降幅度最大,年均降幅超过7%,蕲春县下降幅度最大,由140个下降到了14个。社会福利机构床位数在2000—2010年增幅较大,其中鄂东地区红安县、鄂中地区石首市、鄂西地区的巴东县、竹溪县、房县、丹江口市年均增幅超过100%,其中红安县增幅最大,由2000年的250个增长到2010年的5 254个;在2010—2020年湖北省多数县域呈增长趋势,但增速显著放缓,也有部分县域出现减少的趋势。

2000—2010年县域社会福利院数以及福利院床位数量增加,一定程度上反映出地区社会公共服务能力的提升;2010—2020年县域社会福利院数量减少而福利院床位数量增加,一方面反映出单个社会福利机构规模的扩大,公共服务资源的利用更为合理,另一方面也体现出地区居民对于福利机构需求的集中性,地区居民的自我生存生活能力的提升。

表4-3-6 湖北省县域社会福利院以及福利机构床位数①

(单位:个)

社会福利院数	2000年	2010年	2020年
鄂东均值	27.22	35.78	19.56
鄂中均值	27.09	25.57	26.52
鄂西均值	18.18	22.86	17.68
湖北均值	23.98	27.56	21.44
社会福利机构床位数	2000年	2010年	2020年
鄂东均值	661.11	2435.50	2660.72
鄂中均值	1041.86	2682.57	3489.91
鄂西均值	405.14	1709.55	2029.59
湖北均值	705.26	2272.36	2742.31

数据来源:根据第五、六、七次湖北省人口普查数据整理。

① 2020年数据为"提供住宿的社会工作机构数"和"提供住宿的社会工作机构床位数",但覆盖面基本一致。

3. 医疗卫生机构床位数增幅较大，医疗卫生服务体系不断完善

通过表 4-3-7 可以看出，湖北省县域医疗卫生机构在 2000—2020 年数量不断增加，且 2010—2020 年增速快于 2000—2010 年。具体来看，在 2000—2010 年鄂西地区的增幅最大，年均增长 7.24%，鄂中地区数量最多，为 1683 个；在 2000—2010 年鄂东地区的增幅最大，年均增长 16.14%，鄂中地区的医疗卫生机构床位数仍是最多，达到 4079 个。湖北省县域医疗卫生服务设施的增加一定程度上体现出医疗卫生服务人数的增加以及整个医疗卫生服务体系的完善，且 2000 年之后的发展速度是逐渐加快的。

表 4-3-7 湖北省县域医疗卫生机构床位数

（单位：个）

医疗卫生机构床位数	2000 年	2010 年	2020 年
鄂东均值	1165.28	1275.11	3333.78
鄂中均值	1621.50	1683.70	4079.48
鄂西均值	703.82	1213.68	2771.95
湖北均值	1163.42	1402.28	3409.15

数据来源：根据第五、六、七次湖北省人口普查数据整理。

（四）创新能力发展

专业技术人员就业占比先降后升，创新能力逐渐增强

通过表 4-3-8 可知，湖北省县域专业技术人员就业占比整体先下降后上升，一定程度反映出县域创新能力的发展状态。具体来看，在 2000—2010 年鄂东、鄂中和鄂西地区的专业技术人员占比均出现不同程度的下降趋势，其中鄂中地区的天门市、江陵县、洪湖市、钟祥市、枣阳市年均下降幅度均超过 3%，尽管专业技术人员数量的绝对值增加，但是其增速低于地区就业人员的增速，创新动力相对不足；在 2010—2020 年各地区的专业技术人员占比增长较快，其中鄂西地区的利川市、建始县、来凤县、秭归县、长阳县和五峰县的年均增速均超过

10%，表明地区的专业技术人员增速超过地区就业人员增速，一定程度上体现出地区创新能力的提升。

表 4-3-8　湖北省县域专业技术人员就业占比

（单位：个）

专业技术人员就业占比	2000 年	2010 年	2020 年
鄂东均值	4.81	4.70	7.67
鄂中均值	4.91	3.92	5.84
鄂西均值	4.19	4.18	7.24
湖北均值	4.63	4.24	6.85

数据来源：根据第五、六、七次湖北省人口普查数据整理。

四、湖北省县域城镇化发展评估及变动趋势

（一）县域城镇化发展水平

根据县域城镇化测度指标体系和方法对湖北省 63 个县域的城镇化水平进行测算，并将研究样本分为 3 个区域。测度结果如表 4-3-9 和图 4-3-3 所示。

通过图 4-3-3 与表 4-3-9 可知，近二十年湖北省县域城镇化水平是逐渐提升的，但城镇化水平增速整体呈现下降趋势。湖北省县域城镇化水平在 2000—2010 年的年均增速为 2.04%，显著快于 2010—2020 年的 0.04%。具体分年度来看，在 2000 年湖北省县域综合城镇化水平均值为 0.2827，其中潜江市、天门市、枣阳市的城镇化水平最高，分别达到 0.4905、0.4893 和 0.4821，而除随县外（2000 年还没有随县的县域划分），石首市、京山县和广水市的城镇化水平最低，仅为 0.0997、0.1087 和 0.1087；2010 年湖北省县域综合城镇化水平均值为 0.3404，其中大冶市、蕲春县和赤壁市的城镇化水平较高，分别为 0.4348、0.4095 和 0.4025，而江陵县和沙洋县的城镇化水平最低，分别是 0.2813 和 0.2905；2020 年湖北省县域综合城镇化水平均值为 0.3417，其中大冶市、枣阳市和宜都市的城

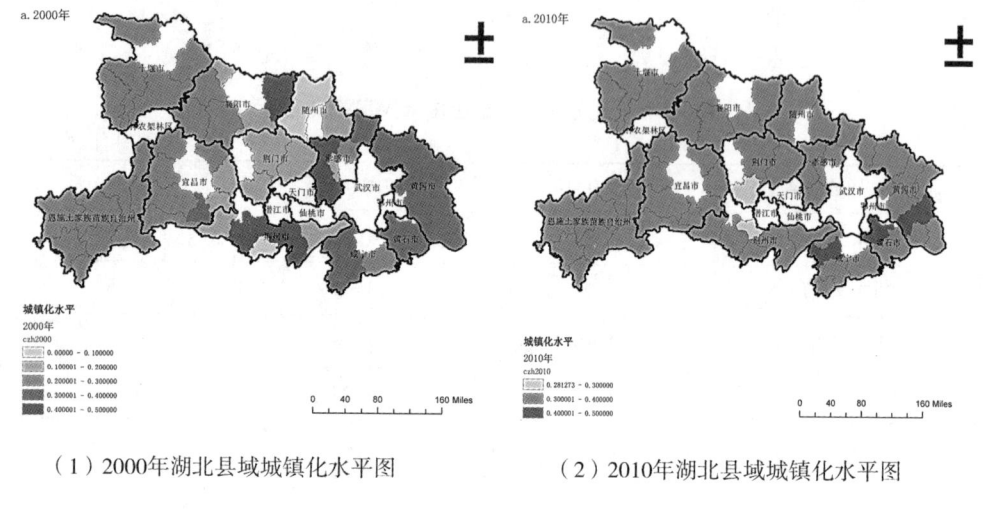

（1）2000年湖北县域城镇化水平图　　　　（2）2010年湖北县域城镇化水平图

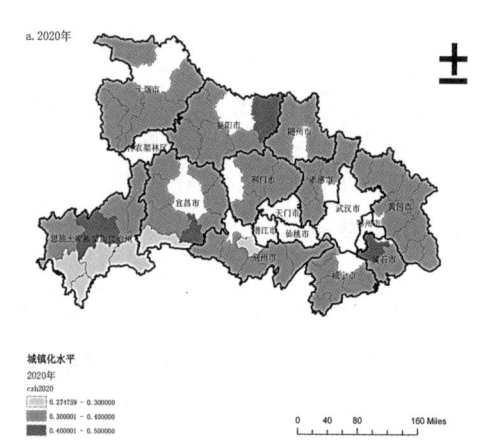

（3）2020年湖北县域城镇化水平图

图 4-3-3　湖北县域城镇化水平时空变动图

数据来源：根据第五、六、七次湖北省人口普查数据整理绘制。

镇化水平最高，分别为 0.4308、0.4087 和 0.4079，江陵县城镇化水平最低，仅为 0.2748。

分区域对比可知，鄂东地区县域城镇化水平始终最高，鄂中地区在 2010 年赶超鄂西地区并持续增长，鄂西地区整体增速减慢，且鄂东地区在 2000—2020

年的县域综合城镇化水平呈先上升后下降的倒"U"型变化趋势。具体来看，鄂东地区在2000—2010年的县域综合城镇化水平实现了16.36%的增长，而在2010—2020年却下降了3.91%，尤其是蕲春县和英山县变动幅度较大，2000—2010年分别增长了13.72%和22.80%，而在2010—2020年则分别下降了14.97%和12.98%；鄂中与鄂西地区在2000—2010年间的县域城镇化水平年均增速为2.48%和2.00%，而在2010—2020年的年均增速仅为0.45%和0.02%。

表 4-3-9　全省及各区域县域城镇化水平一览表

	2000 年	2010 年	2020 年
鄂东均值	0.3233	0.3762	0.3615
鄂中均值	0.2620	0.3270	0.3417
鄂西均值	0.2709	0.3250	0.3256
全省县域城镇化均值	0.2827	0.3404	0.3417

数据来源：根据第五、六、七次湖北省人口普查数据整理。

通过前文可以看到，湖北省县域城镇化发展区域分布不均，本部分采用Dagum基尼系数分解法深入探讨造成县域城镇化发展差异的区域来源，并采用方差分解法对关系县域城镇化水平的人力、经济、公共服务、创新以及地理特征五个维度进行差异分析，探讨不同维度的城镇化结构差异来源。

(二) 县域城镇化区域差异分析

1. 湖北省城镇化水平区域总体差异

按照Dagum基尼系数分解方法计算2000年、2010年与2020年全省县域总体及各地区城镇化水平的变化状况，总体以及地区的基尼系数差异结果如表4-3-10所示，趋势变化情况如图4-3-4所示。

表 4-3-10　城镇化水平区域总体差异表

	2000 年	2010 年	2020 年	均值
鄂东	0.0195	0.0179	0.0195	0.0189
鄂中	0.173	0.0182	0.0243	0.0718
鄂西	0.0151	0.0182	0.0246	0.0193
全省县域总体	0.1123	0.0346	0.0348	0.0606

数据来源：根据第五、六、七次湖北省人口普查数据整理。

结合表 4-3-10 与图 4-3-4 可以看出，近二十年湖北省县域城镇化差异整体呈现先减小后小幅增加的趋势。具体来看，在 2000—2010 年，整体上全省城镇化水平的基尼系数呈较大幅度的下降趋势，由 2000 年的 0.1123 下降到 2010 年的 0.0346，年均下降速度为 6.92%，城镇化水平总体差异在逐渐减小，县域城镇化协同性不断提升；2010—2020 年全省县域城镇化的基尼系数呈现微弱上升趋势，由 2010 年的 0.0346 增长到 2020 年的 0.0348，年均增长速度为 0.06%，全省县域城镇化差异小幅增长，表明县域城镇化发展协同性减弱。

由图 4-3-4 可知，全省三大区域县域城镇化水平的基尼系数差异较大，鄂中

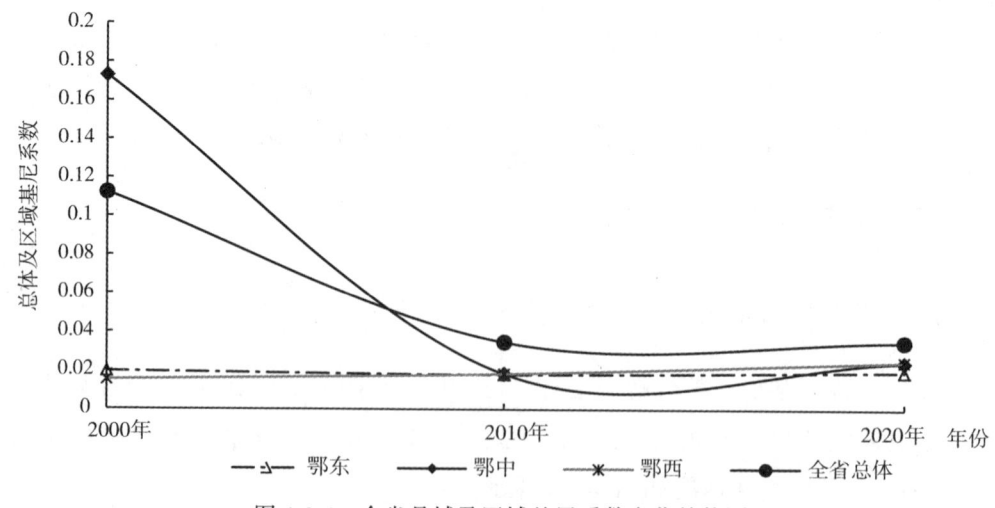

图 4-3-4　全省县域及区域基尼系数变化趋势图

数据来源：根据第五、六、七次湖北省人口普查数据整理绘制。

地区为先大幅减小后小幅上升的"L"形变动趋势,而鄂东与鄂西地区的基尼系数则较为平稳,测度期内变化幅度均小于0.01。具体来看,鄂中地区的基尼系数均值为0.0718,其波动趋势与全省总体水平较为相近,呈现大幅减小后小幅上升的"L"形波动趋势,本报告认为其主要原因在于鄂中大部分地区处于江汉平原,地理位置较为优越,前期经济发展能够有利带动县域城镇化发展进程,公共服务的改善也大大提升了京山、广水、钟祥等地县域城镇化的发展质量,区域协同性增强,后期随着人口城镇化率的提升,地理特征优势相对减弱,经济发展与创新能力等方面的提升相对于人口城镇化的增速降低,因此县域人口城镇化发展差异有所上升;鄂东地区在测度期间的基尼系数较为稳定,这一定程度上得益于武汉城市圈的辐射发展,核心城市武汉以及黄石、黄冈的溢出效应有效带动了其周边县域的城镇化质量提升,辐射范围的扩大使得县域发展协调性与城镇化水平近乎同步发展;鄂西地区的基尼系数也较为平稳,整体呈现微弱的上升态势,由2000年的0.0151增长到2020年的0.0246,这意味着鄂西地区的县域城镇化发展过程中,在注重城镇化发展质量的同时,也需要进一步缩小鄂西地区内县域的发展差异。

2. 湖北省城镇化水平区域间差异

依据Dagum基尼系数分解方法计算2000年、2010年与2020年鄂东、鄂中与鄂西三地区的县域城镇化指数变动情况,区域间基尼系数结果如表4-3-11所示,区域间差异变动情况如图4-3-5所示。

表4-3-11 城镇化水平区域间基尼系数表

	2000年	2010年	2020年	均值
鄂东—鄂中	0.2984	0.0726	0.0495	0.1402
鄂东—鄂西	0.0888	0.0786	0.0672	0.0782
鄂中—鄂西	0.3149	0.0495	0.0720	0.1454

数据来源:根据第五、六、七次湖北省人口普查数据整理。

通过表4-3-11和图4-3-5可以看出,鄂东、鄂中与鄂西的区域间差异均值范围在0.0782~0.1454,鄂东与鄂西的区域间城镇化差异相对较小,鄂中与其他两地区的城镇化区域间差异相对较大。具体来看，鄂东与鄂西区域间的基尼系数最小，为 0.0782，表明两地区的城镇化发展协同性具有相对优势；鄂中与鄂东、鄂西的基尼系数相近，分别为 0.1402 和 0.1454，是鄂东与鄂西地区基尼系数的 1.79 和 1.86 倍，县域城镇化区域间差异较大，鄂中与鄂西地区的城镇化发展协调性最弱，因此未来鄂中地区进一步提升县域城镇化水平的同时，也需要增强区域间城镇化发展的协调性。

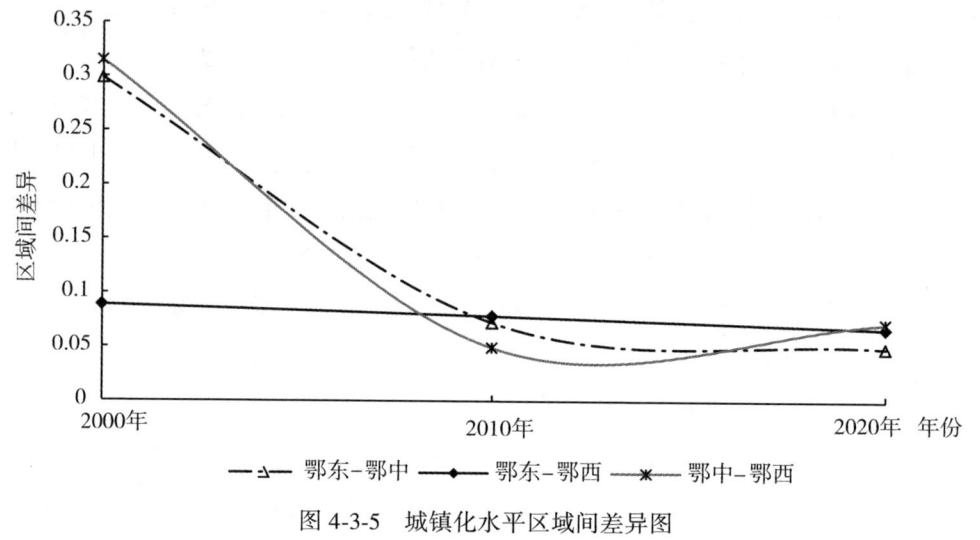

图 4-3-5　城镇化水平区域间差异图

数据来源：根据第五、六、七次湖北省人口普查数据整理绘制。

3. 湖北省城镇化差异空间来源分解

按照 Dagum 基尼系数分解方法计算 2000 年、2010 年与 2020 年湖北省县域城镇化指数差异来源状况，区域差异来源趋势图如图 4-3-6 所示，区域差异来源分解结果如表 4-3-12 所示。

由表 4-3-12 和图 4-3-6 可知，超变密度是差异的主要来源，区域内和区域间差异贡献相对较小，趋势较为稳定。从差异来源贡献程度来看，超变密度贡献最大，测度期内均值为 0.0628，贡献了 65.09%，显著高于区域内和区域间差异贡献的 13.78% 和 21.12%。超变密度显示出不同区域间的交叉重叠对总体差异的贡献度，部分区域城镇化水平总体较高，但该区域内个别县域城镇化值低于该区域内的大部分县域①，如鄂中地区的沙洋县和宜城市，显示出全省内的城镇化高水平县域布局较为分散。

表 4-3-12　县域城镇化差异空间来源分解表

年份	区域内	贡献率	区域间	贡献率	超变密度	贡献率
2000	0.0250	13.59%	0.0337	18.33%	0.1251	68.08%
2010	0.0061	12.14%	0.0169	33.77%	0.0270	54.08%
2020	0.0078	15.62%	0.0056	11.26%	0.0364	73.12%
均值	0.0130	13.78%	0.0187	21.12%	0.0628	65.09%

数据来源：根据第五、六、七次湖北省人口普查数据整理。

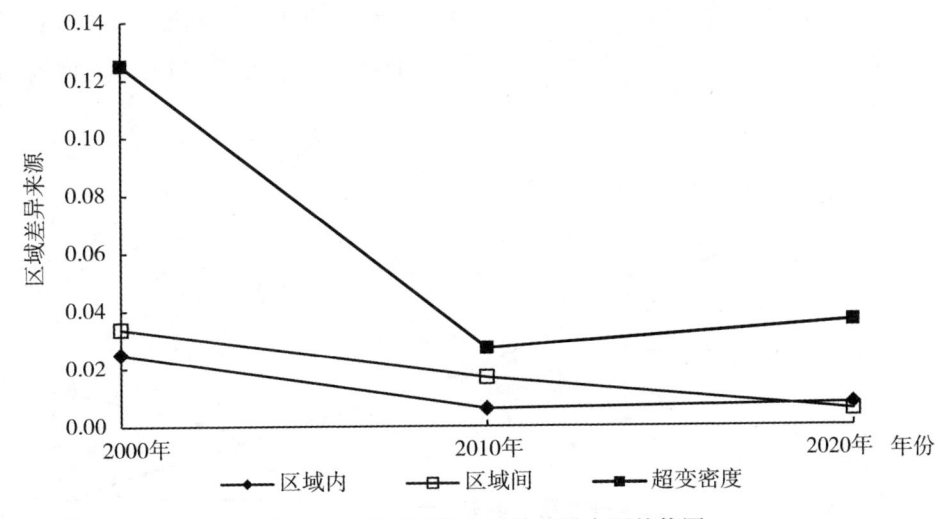

图 4-3-6　县域城镇化区域差异来源趋势图

数据来源：根据第五、六、七次湖北省人口普查数据整理绘制。

从差异来源的变化趋势来看，测度期内超变密度的变动幅度最大(0.0270～

---

① 邓远建，等. 中国生态福利绩效水平的空间非均衡及动态演进[J]. 中国地质大学学报(社会科学版)，2020，20(4)：115-127.

261

0.1251），区域间差异变动次之（0.0056~0.0337），区域内差异变动幅度最小（0.0078~0.0250）且较为平稳，其中超变密度与区域内的贡献波动趋势相近，在测度期内均为先减后增的变动趋势，而区域间差异则与二者相反，呈现先增后减的变动趋势。本报告将全省按照三大区域划分，各区域内县域的地理特征、产业发展等方面具有一定程度的相似性，这或许是区域内差异贡献小于区域间差异贡献的主要原因之一。

（三）县域城镇化结构分解分析

本部分采用方差分解法对湖北省县域城镇化的结构差异来源进行分解，探讨人力发展、经济发展、公共服务、创新能力以及地理特征度五个维度因素对于县域城镇化差异的贡献程度。

1. 湖北省整体县域城镇化差异结构分解

通过图4-3-7可以看出，近二十年整体上五维度贡献变化幅度较大，地理特征维度的贡献最大，创新维度差异贡献最小。具体从静态方面来看，地理特征差

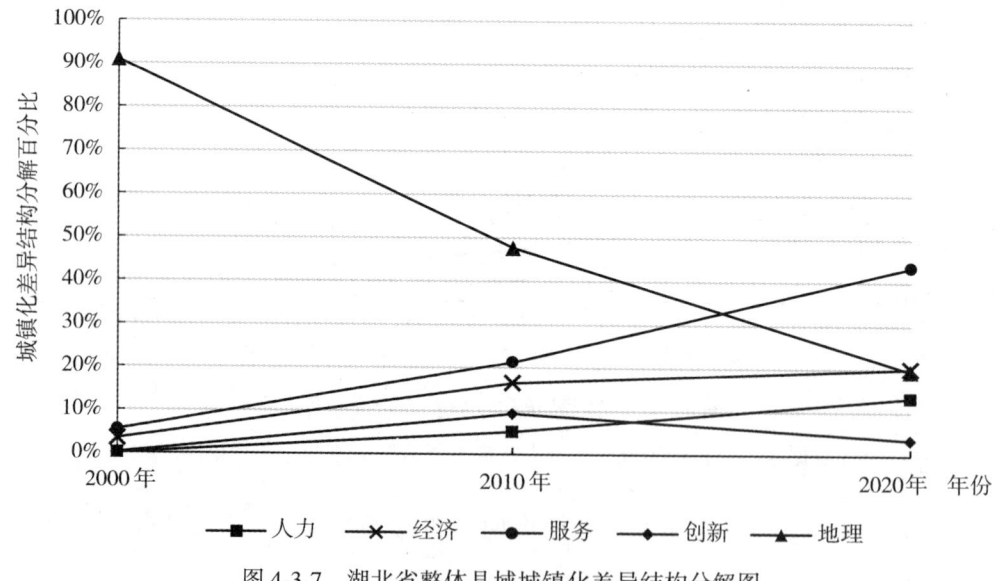

图4-3-7 湖北省整体县域城镇化差异结构分解图

数据来源：根据第五、六、七次湖北省人口普查数据整理绘制。

异贡献率较大，均值为52.71%；经济发展和公共服务维度的差异次之，贡献率均值分别为23.40%和13.33%；人力和创新维度的差异贡献率相对较小，均值仅为6.18%和4.37%。从动态发展方面来看，人力发展、经济发展和公共服务三维度的差异贡献率逐渐上升，分别由2000年的0.05%、3.40%和5.45%增长至2020年的13.28%、20.43%和43.45%；创新能力差异贡献呈先增后降的倒"U"型波动趋势，地理特征差异贡献则呈现较大幅度的下降趋势，由2000年的90.92%下降到2020年的19.56%，年均下降7.85%。可以看到，随着社会经济的不断发展，自然地理特征的差异贡献逐渐被经济发展、公共服务等人为建设取代，而这些差异是湖北省未来发展县域城镇化需要攻克的重要内容。

2. 分地区县域城镇化差异结构分解

采用方差分解法对2000—2020年湖北省县域城镇化指数差异的结构进行分解，结果如图4-3-8所示。

由图4-3-8可知，全省三地区五个维度近二十年县域城镇化发展差异的结构来源存在区域异质性。

鄂东地区县域城镇化发展的结构差异主要源于经济发展以及公共服务差异，其贡献均值分别为37.73%和34.77%，二者差异贡献在2010年均出现较大幅度的下降趋势。本报告认为这与湖北省2010年陆续公布的实施国家基本药物制度试点县(市、区)有关，鄂东地区的大部分县域都在该试点范围内，且鄂东地区县域经济发展受武汉城市圈的溢出效应影响，有利于公共服务和经济维度差异贡献的缩小；人力发展维度的差异贡献逐渐增长，由2000年的7.42%增长到2020年的19.73%，人口城镇化率提高一方面有利于人力发展维度质量的提升，另一方面也一定程度上增大了人力发展的差异性；地理特征的贡献均值为7.85%；创新能力的差异贡献由2000年的0.49%上升至2010年的11.11%后又下降至6.53%，2010年《湖北省人民政府关于创新科技投入机制的若干意见》的颁布在促进创新能力提升的同时也一定程度上增大了创新能力的差异贡献。

鄂中地区县域城镇化发展的结构差异主要来自地理和公共服务维度，且二者差异贡献波动幅度最大。地理特征贡献差异由2000年的91.92%下降到2020年的8.73%，年均下降速度为4.52%；人力、经济以及创新能力的差异贡献均呈先

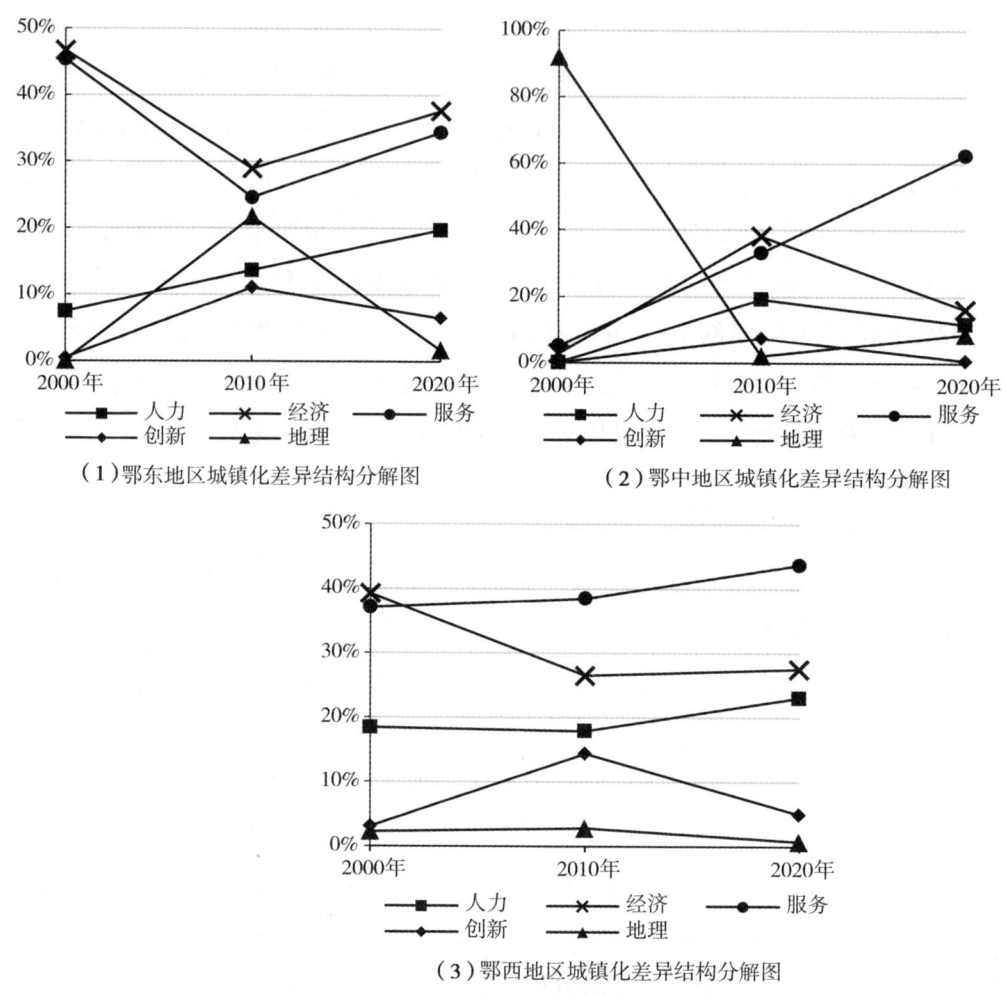

图 4-3-8 分地区县域城镇化差异结构分解图

数据来源：根据第五、六、七次湖北省人口普查数据整理绘制。

增后降的倒"U"型发展趋势，分别由 2000 年的 0.10%、2.77% 和 0.13% 上升至 2010 年的 19.19%、38.12% 和 7.42%，再以年均超过 3% 的速度下降至 2020 年的 11.80%、16.25% 和 0.73%，创新能力的差异贡献最小体现出创新能力发展的稳定性和均衡性较强；公共服务的差异贡献占比较大且不断上升，由 2000 年的 5.07% 增长至 2020 年的 62.48%，年均增速为 56.60%，可见鄂中地区县域城镇化未来需重点关注缩小公共服务领域的发展差异。

鄂西地区县域城镇化发展的结构差异贡献变动幅度较小且有较为明显的分层现象，其中经济和公共服务维度的差异贡献较高，均值分别为 31.07% 与 39.75%；人力维度差异贡献次之，均值为 19.80%；创新和地理维度的差异贡献率最小，均值仅为 7.47% 和 1.91%。鄂西地区多山地，自然环境较好，因此地理维度的差异贡献相对较小，而随着鄂西地区部分县域生态园以及旅游产业的建设发展，一定程度上增加了县域间公共服务和经济维度的差异贡献。

总体来看，除鄂中地区外，鄂东和鄂西地区的县域城镇化差异变动都相对平稳，且经济发展和公共服务的差异贡献相对较大，人力发展维度的差异贡献多呈上升趋势，地理特征的差异贡献整体呈下降趋势，创新能力的差异贡献相对较小。

五、结论与建议

(一) 研究结论

本报告构建了包含人力发展、经济发展、公共服务、创新能力以及地理特征五个方面的县域城镇化评价指标体系，基于"五普""六普"和"七普"数据采用熵值法测算了 2000—2020 年湖北省 63 个县域的综合城镇化水平，并从整体以及三大区域角度分析了县域城镇化发展的现状特征，运用 Dagum 基尼系数及其分解方法对湖北省县域城镇化的区域差异进行分解，并解读其空间差异来源，最后采用方差分解的方法对县域城镇化差异从五维度结构来源进行研究，探讨不同维度的结构差异贡献度，结论如下：

县域城镇化发展水平方面，湖北省的县域城镇化水平不断提升但增速放缓，综合县域城镇化均值为 0.3216，整体还有一定的提升空间。鄂东地区县域城镇化最高，鄂中地区测度期间赶超鄂西位居第二，鄂西地区县域城镇化水平最低，鄂东地区城镇化发展状态呈现先增后减的倒"U"型变化趋势。

县域城镇化区域差异方面，超变密度是县域城镇化差异的主要来源，区域内和区域间差异贡献相对较小，趋势较为稳定。超变密度贡献整体呈增长趋势，表明超变密度是影响县域城镇化变动的最主要因素。县域城镇化差异总体呈现先减小后小幅增加的趋势，区域内差异与区域间差异存在分层现象，鄂中地区与其余二地区的区域间差异相对较大。

县域城镇化结构差异方面，湖北省整体五维度差异贡献变化幅度较大，其中地理特征差异贡献最大且下降幅度较大，创新能力维度贡献最小但波动上升。地区县域城镇化的差异来源存在一定异质性，鄂中地区结构差异主要来自地理和公共服务维度，且二者差异贡献波动幅度最大；鄂东和鄂西地区的县域城镇化差异变动相对平稳，经济发展和公共服务是两地区结构差异的主要来源，创新能力的差异贡献相对较小。这表明湖北县域城镇化发展协同性较弱，经济发展与公共服务两个维度的平衡发展需着重强化。

(二) 政策建议

第一，加强统筹规划，提升政府治理能力和治理体系。一是湖北省政府要依据党中央和国务院2022年5月发布的《关于推进以县城为重要载体的城镇化建设的意见》以及7月发布的《"十四五"新型城镇化实施方案》并结合本省实际情况，加强中长期统筹规划，明确提升本省县域城镇化水平的主要任务，并出台相应的实施步骤，提高政策制定的连续性与有效性，促进本省县域城镇化水平的稳步提升。二是市县级政府要结合地区自身的地理特征、人力、经济、公共服务、创新能力等发展状况，出台具体的配套措施，并构建县域城镇化水平提升政策制定与实施的联动平台，缓解区域政策制度和全面政策制度不能有效匹配的矛盾，形成区域与整体迅速反应的长效机制，促进各县域城镇化水平的提升。如鄂西地区部分山区县域可依托独特的自然地理环境构建生态园与旅游业发展，同时配套完善道路交通等基础设施建设，以促进县域城镇化发展。三是建立健全政府治理的体制机制，构建部门监管与公众参与的有效协同共治监管体系，不断增强政府的治理能力，切实推动增进县域城镇化相关政策的有效落实。

第二，提升"一主两翼"的辐射能力，促进县域城镇化协调发展。一是积极推动以武汉、襄阳和宜昌为核心的武汉城市圈、"襄十随神"和"宜荆荆恩"城市群的先进经验、技术、知识向周围县域扩散，辐射带动城市圈周围乃至省域边缘（如蕲春县、英山县）等县域的经济结构优化，促进其经济增长和产业转型升级。二是进一步促进区域协同发展，三大区域间以及县域之间形成联动机制，破除体制机制障碍，合理配置资源并优化空间结构，以形成互联互通、优势互补、互利共赢的发展格局。

第三，因地制宜，强化多维县域城镇化协同发展。一是鄂中地区的县域政府可以利用县域人口城镇化率相对较高的优势，有针对性地结合地区优势制定经济与创新能力发展扶持政策，加大对于科技创新人才的支持力度，提升县域创新技术产业投资的吸引力和竞争力，在积极引进先进市区的优秀创新人才的同时将创新人才培育纳入县域的人才培养规划，推动县域创新能力的发展。二是鄂东、鄂中与鄂西三地区都需进一步完善县域基础设施建设，积极有序建立较为完备的医疗卫生等社会保障体系，提升县域基本公共服务均等化水平，大力支持中小企业发展，增进就业水平，激发县域发展活力，促进五维度综合县域城镇化均衡发展。三是适当提高对城镇化水平较低的县域财政转移支付，如鄂西地区的五峰土家族自治县、宣恩县和来凤县等地，明确部分县域城镇化水平提升的短板，有针对性地采取税收减免、专项拨款、特殊因素补助等形式推动各项事业的协调发展，促进县域城镇化水平的提升。

报告四 "襄十随神""宜荆荆恩"城市群人口聚集与经济协同发展研究

一、引言

我国城镇化已进入中后期发展阶段,就近城镇化正在逐渐取代人口朝超大城市聚集的趋势,立足新的发展阶段需要贯彻新的发展理念。县域城镇化是以县域为重要载体的城镇化,回应了人口流动发生的变化,既有助于引导农业转移人口就近城镇化,也有利于带动县城经济发展。县域经济作为小型城市群经济的重要组成部分,人口迁移状况和经济发展态势是研究了解县域城镇化成果的主要抓手。湖北省省内人口长期朝武汉市城市群聚集,省内经济发展存在明显的东西差异。立足于新发展阶段、贯彻新发展理念、构建新发展格局这条主线,深刻认识湖北发展的历史方位和形势任务。为促进省内协调发展,提高各地区发展效率,促进地区发展公平,关键在于"全域协同"。推进新型城镇化和实施乡村振兴战略是培育完整内需体系、构建新发展格局的重要举措,必须以中心城市引领城市群发展,以城市群带动区域发展,以强县工程促进乡村振兴,统筹推进城乡区域协调发展。为此湖北省提出构建"一主两翼",在进一步发挥武汉城市圈对全省经济社会发展的引领辐射作用的基础上,将襄阳和宜昌作为"襄十随神"和"宜荆荆恩"两个城市群的增长极,以构成支撑省内中西部高质量发展的南北列阵,进一步形成"全域协同"发展布局。人口作为经济发展的重要条件,其集聚状态与经济发展的相适应程度,决定着两个城市群自身的发展质量和未来潜力,也关系着湖北省中西部地区整体城乡区域协调发展。

因此本报告聚焦于县域经济背景下的湖北省"两翼"格局的构建,即"襄十随神"城市群和"宜荆荆恩"城市群的经济发展和人口集聚态势以及二者的协调状态。通过对于两个城市群自2000年到2020年的经济发展和人口变动数值的分析，结合相应的研究指标进行数据分析，探讨两个城市群的经济与人口聚集状态和协同发展情况，并基于分析结论提出相应的政策意见。

二、"襄十随神"和"宜荆荆恩"城市群人口与经济的空间分布特征

(一) 两城市群地理条件相似，均呈现"东平原、西山地"的地形格局

"襄十随神"城市群占湖北省面积30.31%，"宜荆荆恩"城市群占湖北省面积39.48%，是湖北省面积最大的城市群。两城市群均处湖北省西部且一北一南，其中"宜荆荆恩"城市群的两荆属于江汉平原，地势平坦，与"襄十随神"城市群中位于汉江谷地平原的襄阳和随州地形类似，有着良好的农业基础。而两城市群的西部地区，如宜昌、恩施以及神农架和十堰，属于大巴山脉和巫山山脉，山区居多，交通不便，进一步导致了这些地区对外经济以及人口流动长期较少，处于湖北省的发展低地，长期以来，这些地区不仅使得两个城市群发展受阻，也使得湖北省经济发展东西差异加大。

(二) 襄阳市人口与经济均占"襄十随神"总量的一半以上，增长极地位突出

2020年"襄十随神"城市群人口占全省18.32%，属于人口较少地区。由表4-4-1可知，城市群内部人口主要聚集于襄阳市，约有49.67%，属于省内西部地区人口密集区域。十堰与随州分别占有30.29%和19.32%的人口，神农架作为林区，体量极小所以对该城市群无法产生较大影响。经济上，襄阳作为城市群的核心地位更加突出，占据了该城市群GDP总量的60.2%，大幅领先其他地区。在过去二十年里，"襄十随神"城市群的年均GDP增速为省内高位，其中襄阳市的年均GDP增速仅次于武汉市，在该城市群的经济重心地位持续强化，随州的GDP占比同期处于下降态势，十堰略微提高。尽管该城市群承接了湖北省的汽车产业并且形成了相配套的产业链，确保了城市群的整体发展，但是从GDP占

比分布和人口占比分布来看，襄阳市占据绝对主导的地位并没有发生改变。

表 4-4-1　2020 年"襄十随神"城市群内部 GDP 和人口占比

城　市	GDP 占比	人口占比
襄阳	60.19%	49.67%
十堰	25.04%	30.29%
随州	14.30%	19.32%
神农架	0.34%	0.60%

数据来源：根据第七次湖北省人口普查数据整理。

(三)"宜荆荆恩"城市群人口集聚与经济集聚不集中，核心城市不明显

2020 年"宜荆荆恩"城市群人口占全省 26.28%，城市群内部的人口主要集中于荆州而非宜昌，拥有该城市群 34.4% 的人口，宜昌略少，为 25.6%，四个地级市州的人口占比差距不大。在过去二十年里，恩施是两个城市群里是唯一人口占比增加的地区。经济上，当前城市群核心宜昌市占有该城市群 GDP 总量的 44.13%，与此同时荆州和荆门分占 24.5% 和 19.72%（见表 4-4-2）。此前，该城市群经济重心位于荆州，而随着长江泄洪区和三峡大坝规划建设，从 2000 年到 2020 年，该城市群仅有宜昌市保持了 GDP 占比的提高，荆州市的 GDP 占比大幅下降，经济重心逐渐由荆州转移至宜昌。当前荆州市与荆门市的经济发展水平接近，而恩施作为旅游业主导地区，目前 GDP 占有 11.54%，在过去二十年里保持了一个全省平均水平的增长速度。

表 4-4-2　2020 年"宜荆荆恩"城市群内部 GDP 和人口占比

城　市	GDP 占比	人口占比
宜昌	44.13%	25.65%
荆州	24.5%	34.44%
荆门	19.72%	17.09%
恩施	11.54%	22.75%

数据来源：根据湖北省统计局公开数据和第七次湖北省人口普查数据整理。

三、"襄十随神"和"宜荆荆恩"城市群人口与经济的集聚趋势

(一) 测度方法

1. 人口地理集中度与经济地理集中度

人口地理集中度表示了区域人口的集中程度，数值越高代表人口聚集程度越高。经济地理集中度则表示了区域经济的集中程度，数值越高代表经济聚集程度越高。是衡量区域人口/经济空间分布的重要指标之一。其计算公式如下：

$$R\text{pop}_{it} = \frac{\text{pop}_{it}/\text{pop}}{\text{ter}_i/\text{ter}} \quad R\text{GDP}_{it} = \frac{\text{GDP}_{it}/\text{GDP}}{\text{ter}_i/\text{ter}} \tag{4.4.1}$$

$$\text{BYZ}_{it} = \frac{\text{人口地理集中度}}{\text{经济地理集中度}} = \frac{R_{\text{pop}_{it}}}{R_{\text{GDP}_{it}}} \tag{4.4.2}$$

2. 不一致指数

不一致指数表征了某一地区人口集聚与经济发展的差异状况。不一致指数越大代表该地区的人口集聚越领先于经济发展状况，属于经济发展滞后于人口集聚，经济发展存在较大压力；不一致指数越小则代表该地区经济发展越领先于人口集聚状况，属于经济发达地区；不一致指数越接近于1，意味着这该地区的人口聚集与经济发展集中状况趋向于协调状态。

3. 不均衡指数

不均衡指数用来表征地区城市群人口与经济不一致整体状况。E代表着该地区经济占比和人口占比不均衡状况，数值越大代表该地区人口与经济越不均衡，数值越小则代表地区越均衡。相比于不一致指数，不均衡指数能更直观地体现二者的均衡状况。

$$E = \sqrt{\frac{\sum_{i=1}^{n}\left[\frac{\sqrt{2}}{2}(X_i - Y_{i_1})^2\right]}{n}} \tag{4.4.3}$$

(二)湖北省人口"东迁"格局明显,两大城市群人口集聚程度不断减弱

两城市群的人口集聚态势均有明显放缓,城市群内部8个地市也均有不同程度的人口流出趋势加强现象。相较于2000年,"襄十随神"城市群地理集中度已经在2020年从0.64降低为0.60,这表明其人口集聚趋势有所放缓,其中4个地区下降幅度接近,随州下降幅度最大,由2000年的0.8下降至2020年的0.68,降幅达15%,人口聚集效应大幅弱化,其地理上处于襄阳和武汉的中间,容易受到城市群主要城市和省会城市的双重虹吸。"宜荆荆恩"城市群人口地理集中度从2000年的0.73降低为2020年的0.66,降幅高于"宜荆荆恩"城市群,其中荆州地区降幅最为明显,由1.39降低至1.19,降幅达14.3%。而同期相比,武汉的人口地理集中度大幅度提高,而去除武汉后其余8个城市的人口地理集中度下降了10%,低于"襄十随神"和"宜荆荆恩"城市群的降幅。但其中咸宁、鄂州以及黄石是湖北省内3个人口集中度同武汉一样逐步增加的城市,分别增加了0.01、0.19和0.04。不难发现三个城市都紧邻武汉,这表明,武汉市带动周边城市发展进而也能有效吸引人口迁入。2020年湖北省人口地理集中度见图4-4-1。

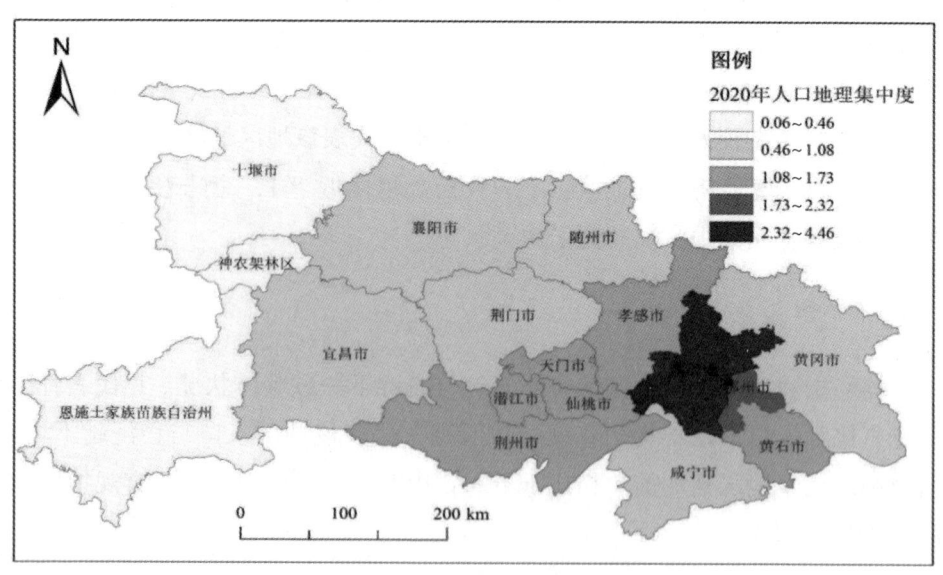

图4-4-1　2020年湖北省人口地理集中度

数据来源:根据第七次湖北省人口普查数据整理绘制。

(三)"宜荆荆恩"城市群经济重心由荆州转向宜昌,有较强的竞争关系

"宜荆荆恩"城市群近20年整体上经济集聚态势较弱,在省内处于较低的水平,并不匹配其人口规模长期较大的基础。"宜荆荆恩"城市群当中,宜昌保持着经济集聚大幅领先于人口聚集的趋势,但其他三个城市经济发展显著落后于人口规模,因此整个"宜荆荆恩"地区都呈现出了经济发展放缓而落后于人口聚集的现象。宜昌作为湖北省中西部区域发展最快的城市,政策倾向性的存在使其更容易抓住机遇来不断发展本地区产业,进而促使产业结构优化,提高产业竞争力。荆州的经济集聚状况在2000年时优于宜昌市,是该城市群的经济重心,但是近20年与宜昌形成了此消彼长的态势,其经济集聚指数由2000年的0.95下降至2020年的0.71,同期宜昌由0.8上升至0.85(见图4-4-2)。整个城市群的经济集聚状况也受到荆州市的影响,虽然一部分产业由宜昌吸收,但是更多的被潜江和仙桃引进,导致了整个城市群的经济状况不佳。这也与宜昌的三峡大坝工程以及荆州部分地区被作为长江的泄洪区难以发展工业有有很大关联。现阶段,荆门市长期经济发展缓慢,荆州市的经济发展情况有所回暖,仍然处于加快实现工

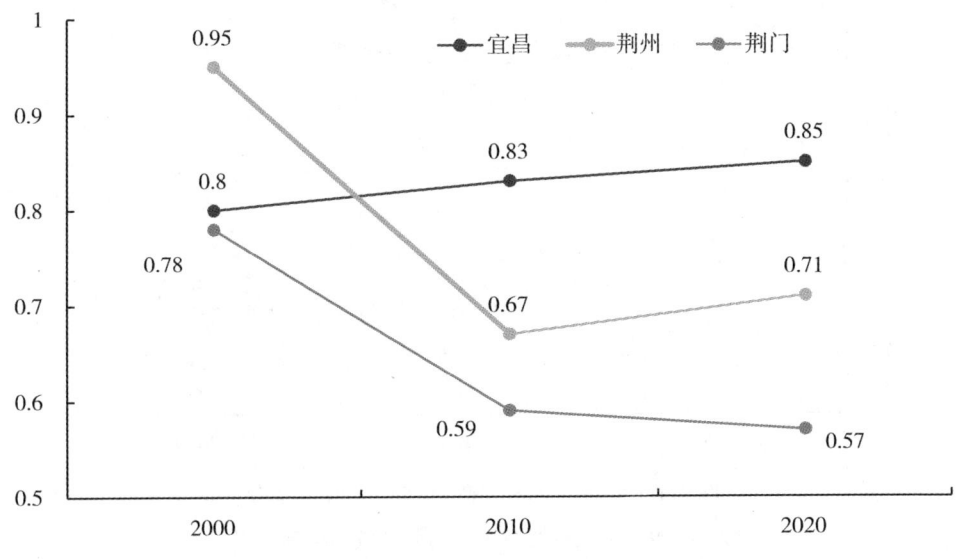

图4-4-2 "宜荆荆恩"城市群的经济集聚指数

数据来源:根据湖北省统计局公开数据整理绘制。

业经济转型升级和现代服务业快速增长时期。而恩施州由于旅游热点，产业发展有特色，经济发展有所加快，导致了经济集聚状况的加强。

（四）襄阳始终引领"襄十随神"发展，对周边地区有较强的经济吸引力

由图 4-4-3 可知，"襄十随神"城市群整体上经济集聚态势平稳，并没有像"宜荆荆恩"城市群一样在过去二十年里存在经济发展状态有落后的情况，保持了一个湖北省的平均水平。这主要是由于襄阳市在该城市群作为增长极，具有突出地位和巨大体量，很大程度上影响了该城市群的人口规模与经济发展状况。襄阳市的经济发展程度和人口规模接近于平衡状态且大幅领先其他地区，其他地区呈现出较为明显的经济发展滞后于人口聚集的态势。在过去二十年里，十堰市的经济集聚状态长期处于低位，这主要是其作为全省最大面积地级市所导致的。随州市面积较小，该地级市位于襄阳市和武汉市的中间，在初期能接受到武汉市的产业转移，然而整体上经济集聚状态有明显变弱，而与此相对应的襄阳同期做到了经济集聚程度的提高，表明随州市的经济产业一定程度上又由襄阳所吸收。

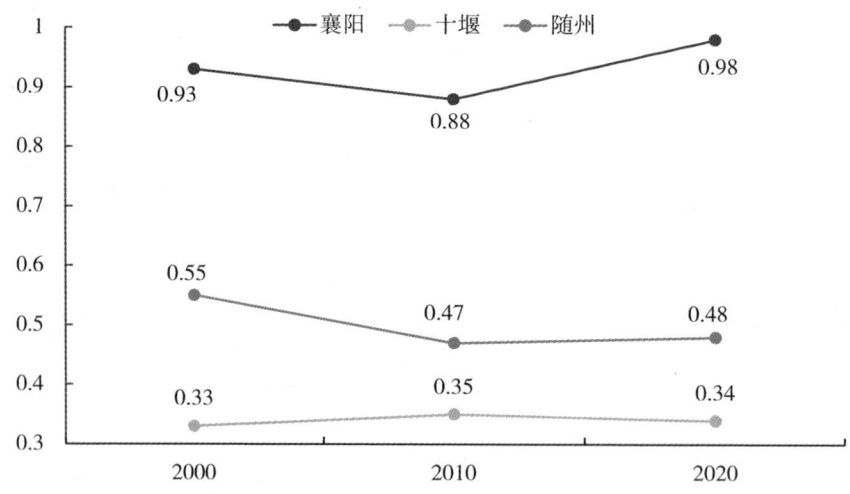

图 4-4-3 "襄十随神"城市群的经济集聚指数
数据来源：根据湖北省统计局公开数据整理绘制。

四、"襄十随神"和"宜荆荆恩"城市群人口与经济的集聚趋势

(一)"一主两副"核心城市经济集聚能力高于人口集聚能力

湖北省内的不一致指数分布呈现明显的空间差异,表明核心城市地区的经济集聚能力显著高于人口集聚能力。不一致指数主要表示该地区的经济集聚规模与人口集聚规模的相匹配程度,核心地区例如两城市群的核心城市襄阳市和宜昌市和湖北省省会城市武汉市,都表现出了经济发展规模明显领先于人口集聚规模的现象。而"宜荆荆恩"城市群内部的恩施和荆州都存在明显的经济发展状态落后于人口集聚规模的现象,有着较大的经济发展压力(见图4-4-4)。"襄十随神"城市群表现略好,十堰以及随州表现为一定的经济发展滞后于人口集聚。

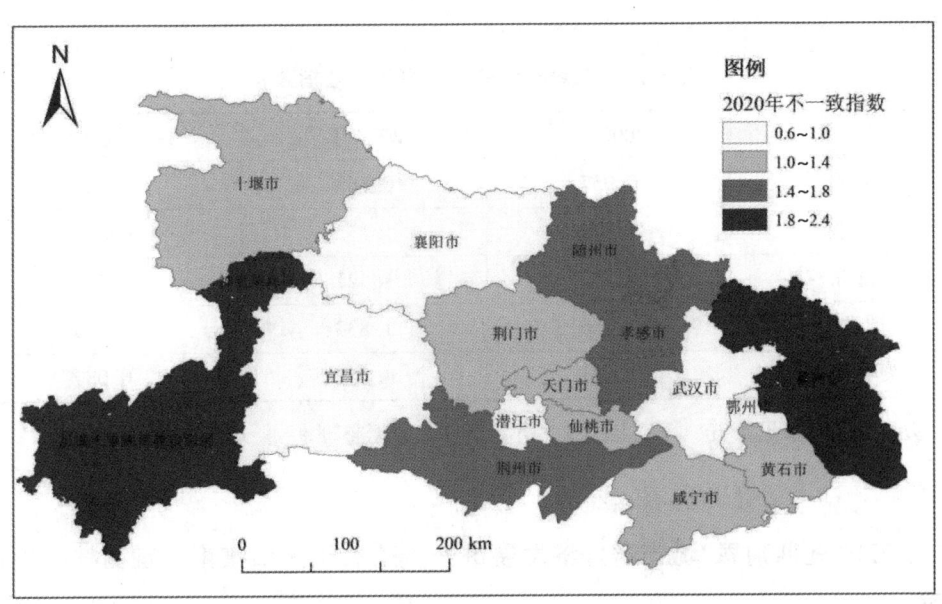

图4-4-4 2020年湖北省不一致指数分布图

数据来源:根据湖北省统计局和第七次湖北省人口普查数据整理绘制。

(二)"襄十随神"各地区经济发展逐渐领先于人口集聚,人口回流不明显

"襄十随神"城市群当前不一致指数为1.052(见表4-4-3),经济发展规模和人口集聚规模为相协调态势,二者当前经济和人口协同发展状况良好。从2000年以来,整个城市群持续保持着经济发展程度提高,人口集聚规模下降的态势,二者共同作用使得城市群整体经济发展与人口集聚正逐渐相匹配,而且在未来有很大概率呈现出经济发展超前于人口集聚的情况。从城市群内部看,十堰与随州都有经济与人口协调不同程度的提高。其中十堰一直处于下降态势,表明其经济增长幅度持续领先于人口增长幅度。随州的不一致指数下降原因在于人口流失严重,人口占比下降幅度高于经济占比下降幅度。结合襄阳、十堰、随州在2010年前受湖北省产业升级政策影响,开始承接湖北省汽车产业,表明该产业建立配合当地人口集聚对于经济发展有良好的促进作用,做到了人口聚集与经济的协同发展。

表4-4-3 "襄十随神"城市群不一致指数表

城 市	2000年	2020年	变化值
襄阳	0.957	0.868	-0.089
十堰	1.344	1.272	-0.072
随州	1.452	1.421	-0.031
神农架	2.166	1.833	-0.333
"襄十随神"	1.141	1.052	-0.089

数据来源:根据第五、六、七次湖北省人口普查数据整理。

(三)"宜荆荆恩"城市群经济发展进一步落后于人口集聚,宜昌核心地位增强

"宜荆荆恩"城市群经济发展程度持续落后于人口集聚规模,进一步体现为经济发展速度跟不上人口集聚速度,但是呈现出阶段差异,2000年到2010年经济集聚越发滞后于人口集聚,而自2010年后有所好转。从城市群内部来看,宜

昌作为该城市群的核心城市，一直处于经济聚集超前于人口聚集状况，且该趋势不断增强。荆州、荆门与恩施的人口集聚速度快于经济发展速度，尤其是荆州，经济发展明显迟缓，GDP比重下降十分严重再加上该地区庞大的人口基数，导致了荆州市经济发展越发与人口集聚不相协调。荆门与此情况类似，但是更多表现为经济发展迟缓。恩施则是由于旅游业发展，人口集聚速度提高。因此整个"宜荆荆恩"地区整体呈现出了经济发展放缓落后于人口聚集的现象，宜昌的经济核心地位愈发突出，其余地区的经济与人口不协调状况加剧。"宜荆荆恩"城市群不一致指数详见表4-4-4。

表4-4-4 "宜荆荆恩"城市群不一致指数表

城　市	2000年	2020年	变化值
宜昌	0.768	0.694	-0.074
荆州	1.463	1.679	0.216
荆门	0.841	1.034	0.193
恩施	2.193	2.354	0.161
"宜荆荆恩"	1.149	1.194	0.045

数据来源：根据第五、六、七次湖北省人口普查数据整理。

（四）"宜荆荆恩"城市群整体不均衡状况显著下降，但仍呈现明显的不均衡态

基于地级尺度的不均衡指数测度结果表明，"宜荆荆恩"城市群的不均衡指数由2000年的1.12上升到2010年的1.36（见图4-4-5），与同期湖北省的不均衡指数变化趋势相同，此段时间宜昌建设三峡大坝，相应地配套了工业建设，使得宜昌市的发展大幅超前于"宜荆荆恩"城市群的其他地区。而在2010年到2020年，不均衡指数又出现了明显下降，宜昌市由于经济发展形成了人口吸引力，吸引了大量的人口使得经济发展与人口集聚快速向均衡状态转变。其他三地均有明显区域人口同经济发展朝均衡态发展的趋势，这段时间作为"宜荆荆恩"边缘区的恩施由于旅游业的快速发展和荆州自身产业建设使得经济发展较先前有了明显的进展，在人口集聚减弱的基础上使得这两地人口与经济分布开始朝均衡状态演进。

（五）襄阳市发展突出，正逐渐打破"襄十随神"城市群发展的均衡态势

由图4-4-5可知，"襄十随神"城市群的不均衡态势明显优于"宜荆荆恩"城市群，但是当前正朝不均衡态发展。从2000年的0.97下降到2010年的0.9。这说明在发展格局转变带动人口与经济布局变化的影响下，区域人口与经济分布逐步向均衡态势转变。但从2010年开始，不均衡指数开始上升，由0.9上升至1.02，高于2000年的水平。分析后认为造成这种现象的主要原因是这两个时期人口与经济空间演进的差异，2000—2010年，"襄十随神"城市群中的襄阳不断吸引人口进入，而十堰和随州的经济发展在该城市群承接了汽车产业之后也不断向好，经济发展速度快于人口增长速度，使得该地区的人口与经济朝均衡态发展。随后在2010—2020年，"襄十随神"城市群由于核心区襄阳形成了经济发展惯性，同十堰和随州差距拉大，呈现较强的人口集聚能力的同时，产业不断转移进入襄阳。城市群其他地区较为缓慢的经济增长伴随着人口外迁数量的下降，导致了该城市群的不均衡指数有所上升。

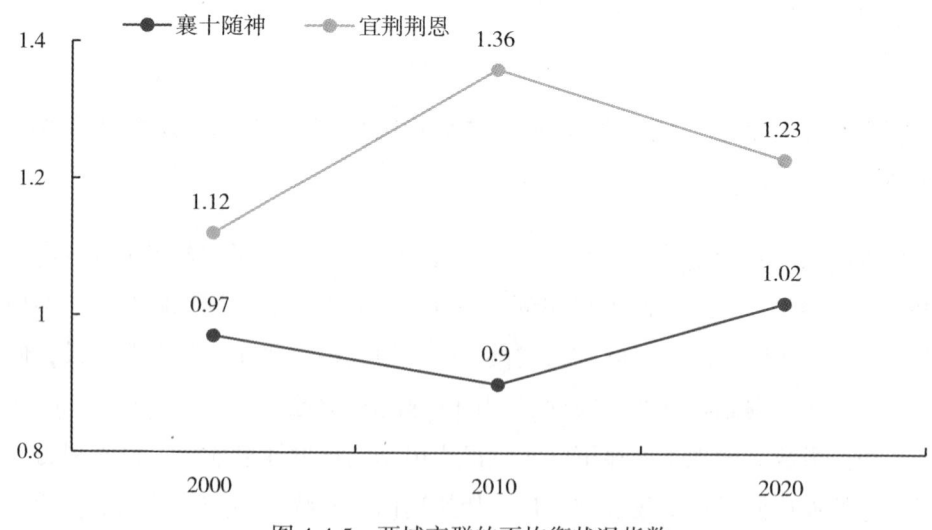

图4-4-5　两城市群的不均衡状况指数

数据来源：根据湖北省统计局数据和第五、六、七次湖北省人口普查数据整理。

五、研究结论与建议

(一) 研究结论

1. 两城市群整体上人口集聚减弱，经济发展向好

"宜荆荆恩"与"襄十随神"城市群作为湖北省中西部两翼格局的支点，占据了湖北省70%的土地，两城市群总体上进20年来年均GDP增长优于武汉1+8城市圈和湖北省平均发展水平。人口集聚态势长期减弱，人口大量迁入武汉市。在经济发展向好与人口集聚减弱二者的共同作用下，两个城市群的人口与经济发展的协调程度均有所提高。

2. "襄十随神"城市群中襄阳的增长极地位突出，导致了该城市群的内部不均衡态势加剧

襄阳市作为该城市群的核心城市，拥有近一半的人口和6成的经济占比，在保持了自身高速增长态势的前提下，带动了该城市群的整体发展，对于该城市群的经济引领作用十分明显。在湖北省的产业布局背景下，汽车产业的转移使得整个城市群的发展处于省内高地。然而由于襄阳市的持续增强，与周边地区的差距进一步扩大，形成了一定的内部集聚，导致了该地区正朝区域不均衡态势发展。

3. "宜荆荆恩"城市群的经济发展压力较大，城市群目前核心地位不突出

近20年来，"宜荆荆恩"城市群发生了重心转移，由原先的荆州转移到了宜昌，整个城市群的内部均衡状况也不如"襄十随神"城市群。荆州仍然作为该城市群的人口重心，但是经济发展却显著落后于宜昌。宜昌人口较少的同时，当前经济接近于荆州经济一倍的体量，两地发展不均衡状况当前十分严重。然而荆州在脱离了早先的泄洪区建设之后，积极依托长江经济带开展自身产业建设，经济转型升级，当前经济发展状况正明显向好，配合人口向宜昌和周边其他经济发达地区的转移，不均衡状况正在显著改善。同时恩施发展旅游业，使得该地区成为

了湖北省内西部地区唯一人口占比增长点，都使得"宜荆荆恩"城市群在不协调不均衡的背景下，正朝均衡态发展。

(二)政策建议

1. "宜荆荆恩"城市群内部应明确主体地位，宜昌建设长江综合立体交通枢纽以辐射江汉平原

结合省外人口分析，宜昌对于荆州和恩施地区的人口吸引力巨大，支持宜昌打造联结长江中上游、辐射江汉平原的省域副中心城市，建设长江综合立体交通枢纽，辐射带动"宜荆荆恩"城市群发展。荆州作为湖北省的第二个人口大市，需要加快自身产业建设，支持荆州建设江汉平原高质量发展示范区，支持荆门打造产业转型升级示范区，在江汉平原区位优势所产生的良好农业的基础上，配套二三产业发展，才能有效留住人口，加快"宜荆荆恩"城市群的一体化发展。恩施作为湖北省主打旅游产业、绿色产业的自治州，支持恩施建设"两山"实践创新示范区，加快自身特色产业建设，与宜昌市形成差异化竞争，避免趋同，是促进一体化发展和避免产业竞争的正确出路。

2. "襄十随神"城市群注重避免产业发展趋同，襄阳应建设联结中西部新通道的核心枢纽节点

"襄十随神"地区对于省内其他地区人口吸引力较大，城市群内部襄阳正逐渐呈现出人口吸引现象。汽车及零部件产业是"襄十随神"城市群的优势产业，这也是"襄十随神"地区有大量外来人口的主要原因。在承接产业转移阶段时，应着力考量产业特色，统筹规划产业发展，根据各地的资源禀赋和比较优势，合理确定产业定位，优化资源配置，构建科学的垂直分工和水平分工体系。支持襄阳打造引领汉江流域发展、辐射南襄盆地的省域副中心城市，建设联结中西部新通道的核心枢纽节点，辐射带动"襄十随神"城市群发展。同时，畅通区域"小循环"，形成从研发、设计到物流、金融等产业配套的全产业链集群，推动区域间产业布局、产能合作、产业输出更加高效。支持十堰建设绿色低碳发展示范区，支持随州打造城乡融合发展示范区，支持神农架林区建设生态文明建设示范区。

3. 全域交通体系规划助力"一主两翼"支撑起全域协同发展

交通作为省内内循环的支撑，通过"一主两翼"以点带面需要交通网络来支撑起全域协同。借助于国家层面的"十四五"规划，融入国家综合立体交通骨干网，推进"一主两翼"交通结构由"Y"形升级为"△"形，加快构建东西南北四向拓展、人物资信四流融合、铁水公空四网互联的现代综合交通运输体系。同时建设交通体系中的重要节点，推进枢纽集群、枢纽城市、枢纽港站建设，重点建设武鄂黄黄国际综合交通枢纽、襄阳全国性综合交通枢纽、"宜荆荆"全国性综合交通枢纽。加快建设沿江高铁武汉—宜昌段、呼南高铁襄阳—荆门—宜昌段，形成省域高铁内环线；加快启动荆州—岳阳高铁建设，构建江汉平原高铁大环线；加快启动沿江高铁宜昌—涪陵段，加强与成渝地区双城经济圈的联系与协作。完善"九纵五横四环"高速公路网络，推进高速公路瓶颈路段扩容改造。同时积极推动长江黄金水道建设重点工程，统筹长江、汉江港口功能，两江建设能够有效帮助两个城市群同武汉城市群在水道上进行经济沟通。提升铁、水、公、空、管、邮等通道承载能力和运输效率，完善集疏运体系，发展多式联运，让交通成为湖北省全域协同的制胜法宝。

报告五 湖北省城镇家庭居住质量的时空格局研究

一、引言

住房是人类赖以生存和繁衍不可或缺的,是人们最基本的生活条件之一,居住问题是关乎人民生活和发展的根本问题。我国在新中国成立后,尤其是改革开放初期,投入巨资进行城镇住房建设,建筑面积日益增长,但是这种增长难以满足增长更快的城镇人口需求,住房严重短缺和住房分配腐败不断显现为社会重大问题,对此,经过不断的积极推进和摸索试验后,我国于1998年在全国范围内全面启动了住房制度改革,确立了住房商品化目标。二十多年来,城镇化水平持续稳定提高,住房建设快速增长,居民住房条件明显得到了改善,大部分城市从房屋总量上已经基本解决了住房短缺的问题,居民对住房居住质量提出了更高的要求。人们对住宅的要求从最初的"遮风避雨"转向为寻求环境更优美,功能更齐全的居住空间。

习近平总书记在党的十九大报告中明确提出:"房子是用来住的、不是用来炒的",必须"加快建立多主体供给、多渠道保障、租购并举的住房制度,让全体人民住有所居",这是对新时代住房发展观最具权威的总结和最深刻的诠释,实现住有所居成为我国在新时代新阶段民生保障工作中的重要议题,而住宅作为人民日常生活的空间,对居民的生理健康和心理健康都具有十分重要的影响,居住面积,房间内的设施设备等都是影响居民主观幸福感,满足感,获得感的重要方面。因此,改善和提高居住质量,是为人民谋福祉的重要一步。然而目前我国在住房方面仍存在低收入家庭住房困难、大中城市房价高居不下等问题,这些都对居民住房质量造成严重影响。

基于此,本研究对湖北省第七次全国人口普查数据进行整理分析,选取了人均住房建筑面积、住房间数、住房设施设备、住房承重类型、住房来源等对居民居住质量有较大影响的指标数据,分析湖北省城镇家庭居住质量和空间分布状况以及20多年来居民居住质量的变化趋势,为推进"住有所居"的高质量发展提供决策参考。

二、湖北省城镇家庭居住质量及空间分布格局

(一)湖北省城镇家庭居住质量基本情况

1. 从居住空间看,一半以上城镇家庭人均住房面积超过舒适标准;房间占有数分布具有"中间大,两头小"的特点

住建部的《城镇家庭居民"住有所居"量化指标研究报告》将中国城镇家庭居民人均住房面积分为底线标准($13m^2$)、提升标准($20 \sim 30m^2$)、舒适标准($30 \sim$

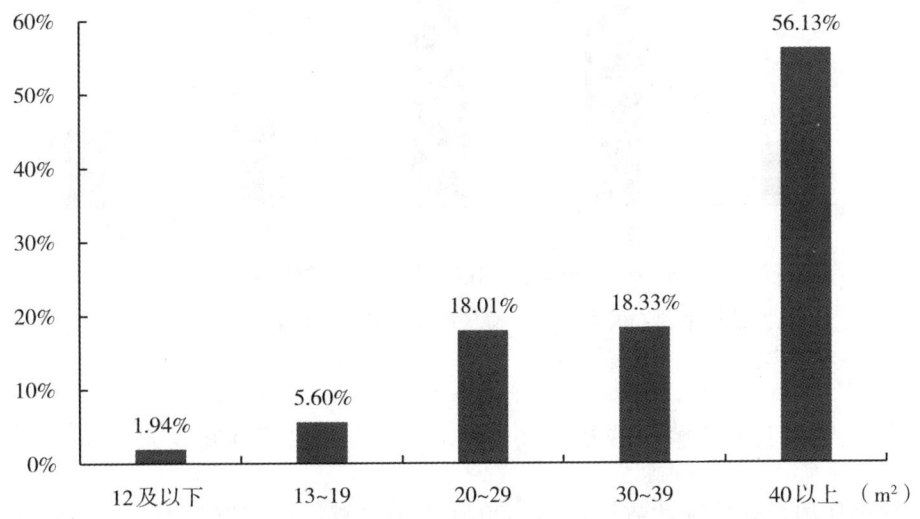

图 4-5-1 城镇家庭人均住房面积占有分布情况

数据来源:根据第七次湖北省人口普查数据整理绘制。

40m²)三个层级。由图 4-5-1 可以看出,湖北省城镇家庭中有 1.94% 还未达到人均住房面积的底线标准,5.60% 的城镇家庭人均住房面积高于底线标准但未达到"提升标准",有 18.01% 的城镇家庭人均住房面积处于"提升标准",18.33% 的家庭达到了舒适标准,超过一半的城镇家庭人均住房面积超过了舒适标准。该报告认为,"住有所居"面积标准宜参照底线标准,只要某个人或某个家庭人均住房使用面积高于底线标准,就可以认定个人或家庭住房居住面积达标,所以湖北省 98.06% 的城镇家庭住房居住面积达标。

在住房间数方面,从图 4-5-2 可以看出,城镇家庭户住房间数主要为 3 间,占比为 43.22%,其次为 2 间,占比是 29.58%,两者合计占比高达 72.8%。1 间与 5 间及以上的家庭户占比分别 7.37% 和 9.03%,均不到 10%。

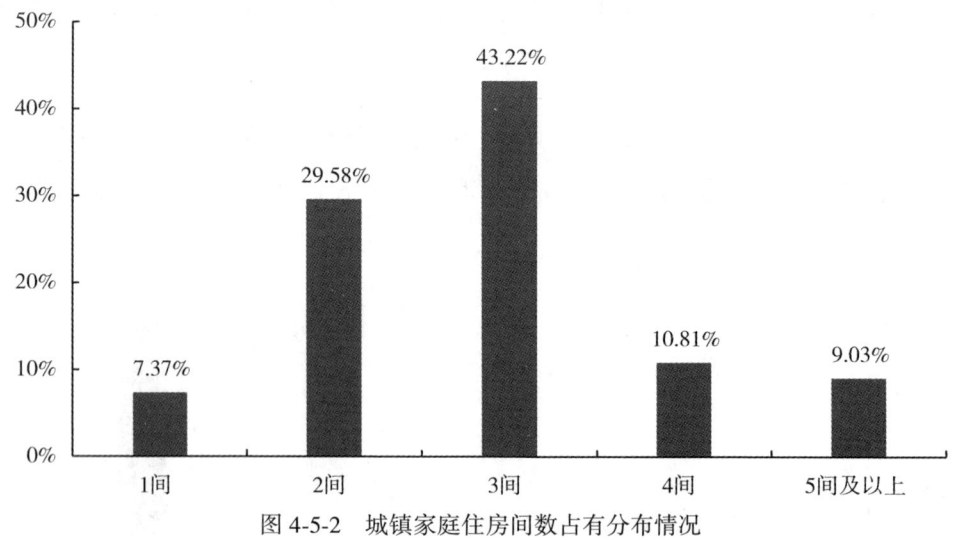

图 4-5-2　城镇家庭住房间数占有分布情况

数据来源:根据第七次湖北省人口普查数据整理绘制。

2. 从住房设施来看,城镇家庭设施完善程度高,居住质量水平高

根据住房设施的统计数据可知,2020 年湖北省城镇家庭户有 1.82% 的家庭住房内无管道自来水,有 0.97% 的家庭住房内无厨房,住房内没有洗澡设施的家庭占 1.77%,住房内无厕所和使用卫生旱厕及普通旱厕的城镇家庭占比分别为

0.81%、0.97%、0.88%,而使用燃气作为炊事燃料,有自来水,有独立使用厨房,有水冲式卫生厕所,有热水洗澡的家庭户占比都在90%以上。

3. 从住房来源看,住房拥有率高,租赁市场发展程度较低

湖北省城镇家庭住房来源有购买、租赁、自建、继承或赠予。图4-5-3展示了各类住房来源的家庭户占比,以购买和租赁比例来看,租赁住房的家庭户占比较低。租赁廉租房或公租房、租赁其他住房的家庭户占比为13.20%。而住房来源最多的为购买新建商品房,占比为34.97%,其次为自建住房,占比为24.395%,住房拥有率总计高达80.14%。

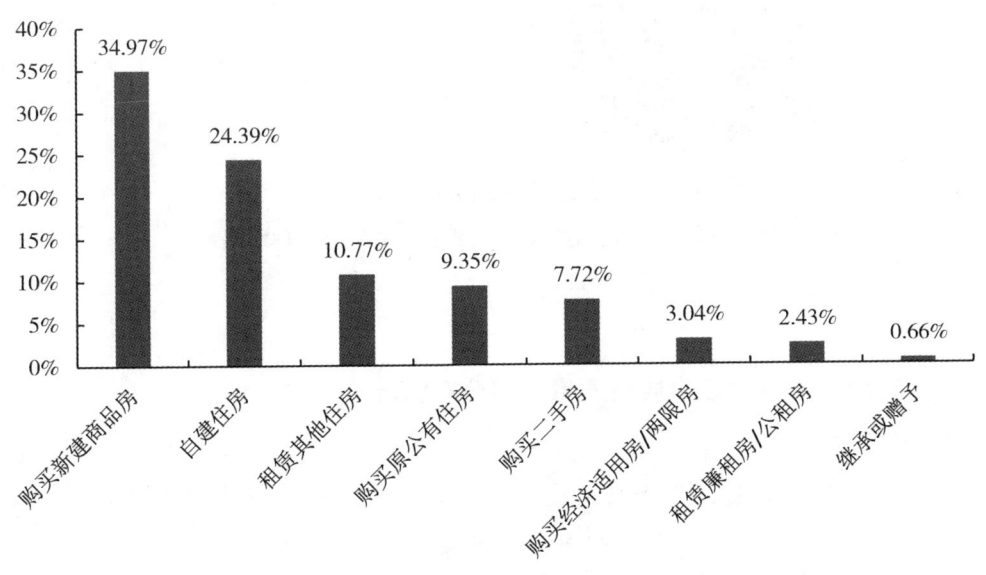

图4-5-3 按住房来源分的城镇家庭户占比

数据来源:根据第七次湖北省人口普查数据整理绘制。

4. 从住房承重类型看,传统砖木架构及其他结构更原始的房屋占比小,湖北省整体住房安全性高

湖北省城镇家庭住房承重结构主要有钢及钢筋混凝土结构、混合结构、砖木

结构、土坯结构等。钢及钢筋混凝土结构相比混合结构、砖木结构等耐久性好，安全程度更高。图4-5-4展示了按居住建筑结构划分的城镇家庭户占比情况，2020年湖北省城镇家庭住房中有62.37%为钢及钢筋混凝土结构，34.34%为混合结构，两者合计占比为96.71%。砖木结构和其他更加原始的结构类型仅占3.29%。

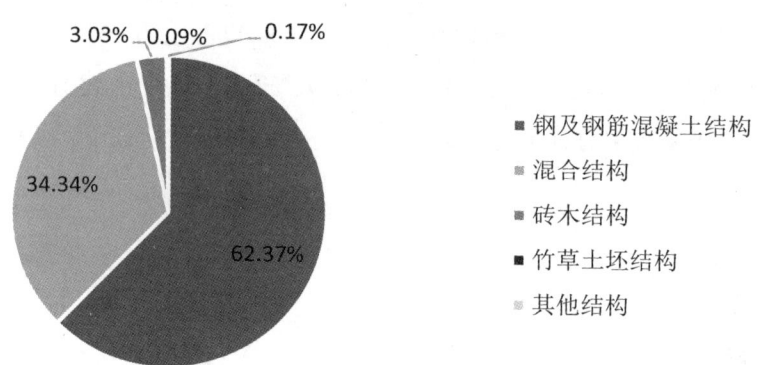

图4-5-4 按居住建筑结构分的城镇家庭户占比
数据来源：根据第七次湖北省人口普查数据整理绘制。

(二) 湖北省城镇家庭居住质量空间分布情况

1. 从住房面积看，江汉平原地区住房面积指数高，省域中心及副中心城市住房面积指数低，与房价呈现负相关关系

基于"七普"资料的特征，本报告根据人均住房建筑面积相关数据构建住房面积指数：$I_1 = \sum_{1}^{n} x_i y_i$，$x_i$表示人均建筑面积为$\leq 8 m^2$、$9 \sim 12 m^2$、$13 \sim 16 m^2$、$17 \sim 19 m^2$、$20 \sim 29 m^2$、$30 \sim 39 m^2$、$40 \sim 49 m^2$、$50 \sim 59 m^2$、$60 \sim 69 m^2$和$\geq 70 m^2$对应区间的中间值（其中，$\leq 8 m^2$取值$6.5 m^2$，$\geq 70 m^2$取值$74.5 m^2$），而$y_i$则是指上述选项对应的百分比。

由图4-5-5可知，湖北省城镇家庭住房面积指数的空间分布大致具有"江汉

平原高，省域中心及副中心低的特点，具体如下：高值区为处于江汉平原的天门市、潜江市和仙桃市，三者的住房面积指数均超过了50，其中天门市最高，达到了59.57，另外黄冈市的住房面积指数也处于较高水平，为51.64。武汉市、宜昌市、襄阳市均为低值区，其中武汉市达到了全省最低水平，仅为41.5。另外住房面积指数较低的城市还有十堰市和黄石市。

城镇家庭住房面积指数越低，住房越拥挤。另外经统计发现，住房面积指数与城市房价大致呈现负相关关系，武汉市市区房价最高，其住房面积指数最低，另外十堰市、黄石市、宜昌市和襄阳市房价相对较高，其住房面积指数处于低值区。住房面积指数代表了住房区域的大小，是家庭人员进行各项日常活动的范围。住房面积越大，居住者可以活动的范围越大，可以在家中摆放的生活用品越多，避免不必要的关于物品购置方面的争吵，甚至可以摆放或修建用于活动和娱乐的设备设施，如放置瑜伽垫、跑步机、修建游泳池等以提高住房的舒适程度，增进家庭关系和谐程度，使居民在家中就能够获得更多的满足感和幸福感，促进更加和谐美好的家庭关系。

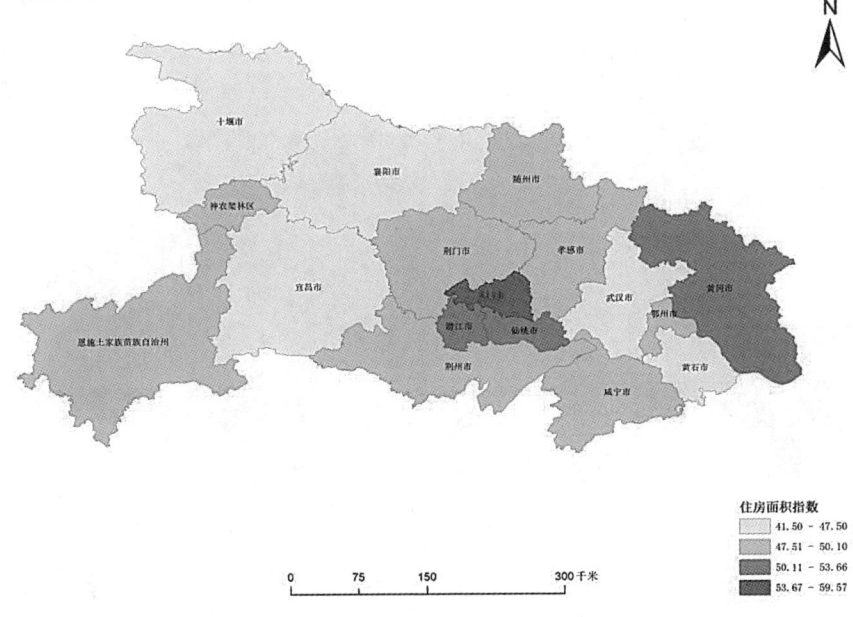

图 4-5-5　住房面积指数的空间格局

数据来源：根据第七次湖北省人口普查数据整理绘制。

2. 从住房间数看，武汉城市群大部分城市平均每户住房间数较多，生活区域划分更明确，受干扰程度低

根据住房间数计算得到的每户平均住房间数的空间分布（见图4-5-6）具有以下特征：江汉平原地区形成以天门市为中心的团状高值聚集区，其中天门市城镇家庭每户平均住房间数最多，达到了3.72间，与其毗邻的四个城市每户平均住房间数亦较多。另外还有恩施州、黄冈市、咸宁市这三个高值城市，三市均达到3.5间以上。其余城市城镇家庭每户平均住房面积较低，其中最低的为武汉市，其次为十堰市，分别为2.45间和2.79间。

武汉市外来人口较多，租房群体占比相对较大，在目前租赁房质量不高且商品房房价较高的情况下，平均每户的住房间数较少。平均每户住房间数越少，说明家庭生活区域的划分越不明确，成员进行各项家庭活动时的受干扰程度越高，家庭的居住质量越差；另外住房间数较少时，不利于家庭赡养老人或抚养孩子，也不利于让老人隔代照养进行家庭支持；而当住房间数较多时，情况相反。

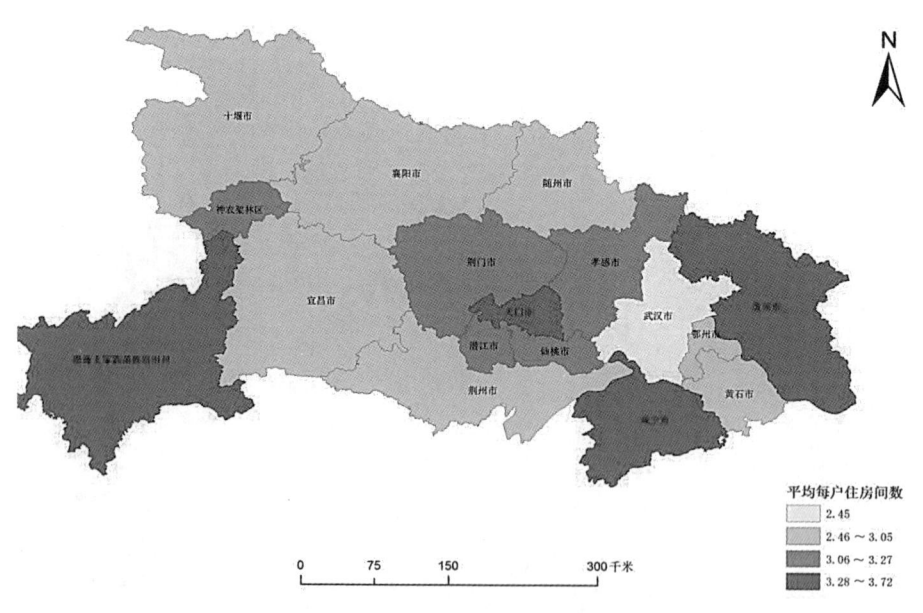

图4-5-6 住房间数的空间格局

数据来源：根据第七次湖北省人口普查数据整理绘制。

3. 从住房设施看，城镇家庭整体设施设备完善程度高，个别城市相对落后

湖北省城镇家庭使用清洁型炊事燃料的比例整体较高，其中黄冈市该水平显著偏低。将居民们所使用的主要炊事燃料分为清洁型（燃气、电）和非清洁型（煤炭、柴草和其他），分市进行统计的结果如图 4-5-7 所示，湖北省整体城镇家庭的主要炊事燃料为清洁型的占比高达 95.72%，但是各地区之间差别较大，超过湖北省平均水平的有 9 个市，低于湖北省整体水平的有 8 个市，其中 16 个市使用清洁型燃料比例高于 90%，其中使用清洁型燃料最多的为荆门市，达到了99.59%，而使用清洁型燃料比例最低的黄冈市仅为 88.01%。

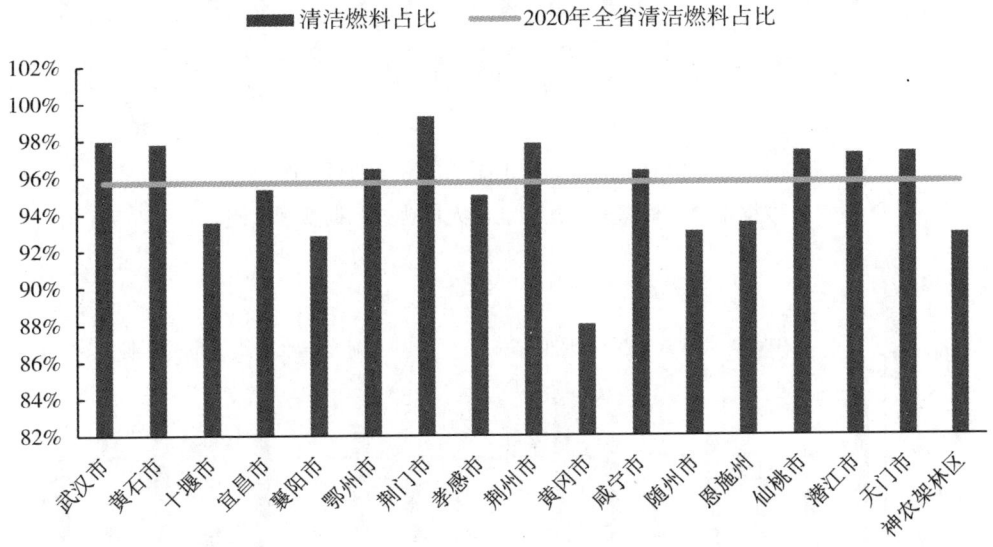

图 4-5-7　各地区城镇家庭清洁燃料使用情况

数据来源：根据第七次湖北省人口普查数据整理绘制。

湖北省城镇家庭拥有自来水比例整体较高，其中随州市该水平显著偏低。城镇家庭是否拥有自来水是居住条件优劣的重要体现，湖北省城镇家庭自来水的拥有率整体很高达 98.18%，各地区城镇家庭是否拥有自来水的情况如图 4-5-8 所示，有 11 个市该项指标高于全省整体水平，有 6 个市低于全省整体水平，其中鄂州市该项水平最高，为99.28%，其次是恩施州，为99.21%。随州市自来水的拥有率最低，仅为93.49%。

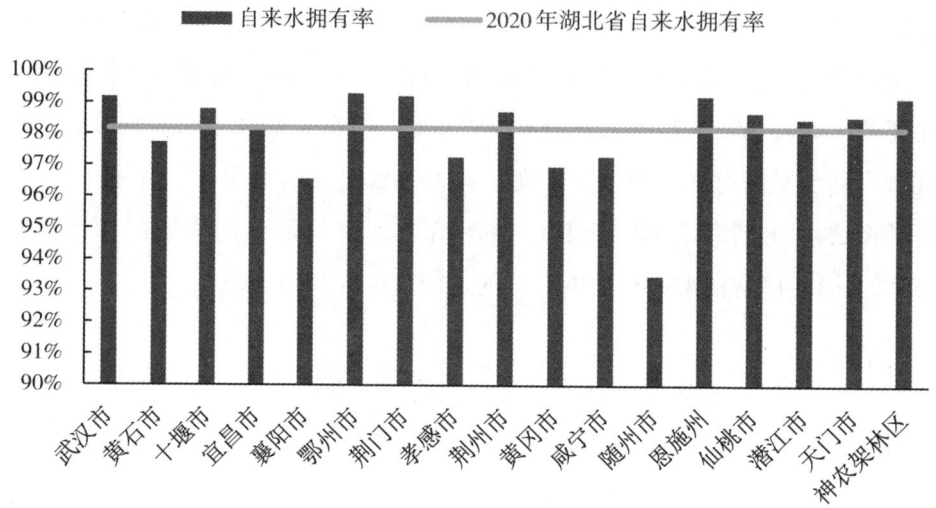

图 4-5-8　各地区城镇家庭自来水拥有情况

数据来源：根据第七次湖北省人口普查数据整理绘制。

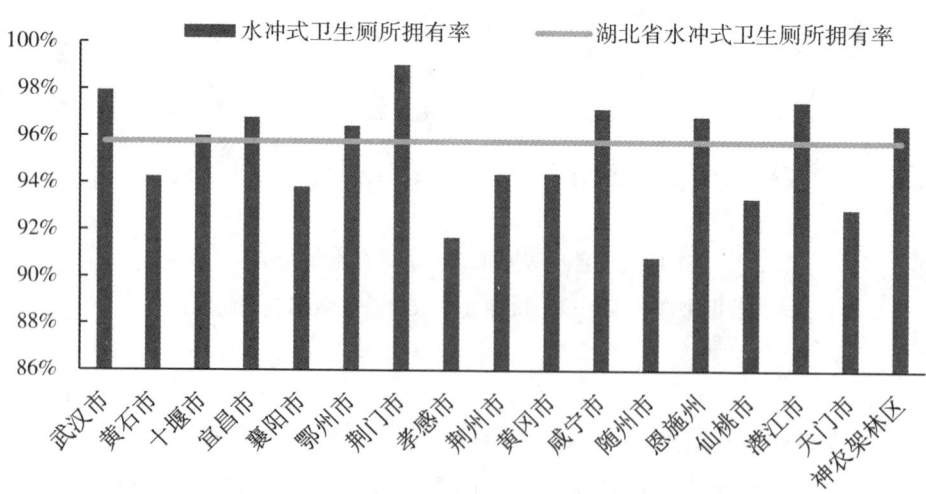

图 4-5-9　各地区城镇家庭水冲式卫生厕所拥有情况

数据来源：根据第七次湖北省人口普查数据整理绘制。

湖北省城镇家庭使用水冲式卫生厕所的比例整体较高，其中随州市、孝感市该水平显著偏低。各地区城镇家庭是否使用水冲式厕所的情况如图4-5-9所示，有9个城市高于湖北省整体水平，8个城市低于整体水平，其中荆门市该项占比水平最高，使用水冲式厕所的城镇家庭占比高达99.03%，孝感市和随州市显著偏低，使用水冲式厕所的城镇家庭占比仅为91.68%和90.85%。

综上所述，湖北省各地区城镇家庭各类生活设施设备完善程度较高，分市来看，部分城市有所欠缺，如发现黄冈市在使用清洁型炊事燃料方面相对落后；随州市自来水拥有率偏低；随州市和孝感市的厕所卫生程度和方便程度相对不足。城镇家庭设施设备的有无及拥有的质量与家庭经济水平有很大关联，随州市、黄冈市及孝感市的经济发展水平在湖北省相对较差，其城镇家庭在住房设施设备方面也相对较差。而家庭设施的完备程度是体现居住质量的相当重要方面，日常生活相关的设施越现代化，进行各项家庭活动时的体验感越好，居民心情会更加愉悦，相反，缺少日常生活所需的各项设施设备或设施设备较为落后，则居住者体验感较差，长此以往，对居住者身体健康和心理健康会有消极影响，影响生活质量进而影响工作效率，不利于家庭的幸福和社会的和谐发展。

4. 从住房来源看，住房租赁率大致具有"鄂西与省会高，江汉平原低"的特点，与住房拥有率形成互补关系

按照住房来源的性质不同，将其分为自有住房和租用住房两种，并以此构建住房拥有率和租房率。其中自有住房包括：购买新建商品房、购买二手房，购买原公有住房，购买经济适用房/两限房，自建住房和继承或赠予六种类型；租用住房包括租赁廉租房/公租房和租赁其他住房两种类型。

湖北省城镇家庭住房租赁率的空间分布大致具有"鄂西与省会高，江汉平原低"的特点：位于西部的恩施州、神农架林区、十堰市，宜昌市与襄阳市，省域中心武汉市以及东部的黄石市租房率较高，均大于10%，其中恩施州和武汉市为超高水平，分别达到22.77%和20.88%。东部城市中除武汉市和黄石市外租房率均小于10%，其中位于江汉平原区域城市租赁率超低，天门市、仙桃市、潜江市租房率分别为1.67%、4.33%、5.15%。住房拥有率与住房租赁率呈现互补关系，住房拥有率高的城市租赁率低，住房拥有率低的城市租赁率高。湖北省城镇常住人口的住房拥有率为80.14%，住房拥有率最低的城市是武汉市，为

67.23%，其次是恩施州，为71.62%。天门市住房拥有率高达96.48%，为湖北省之首，其次是仙桃市，为93.69%，与武汉市和恩施州形成巨大落差。另外，潜江市的住房拥有率亦较高，超过90%。（见图4-5-10、图4-5-10）

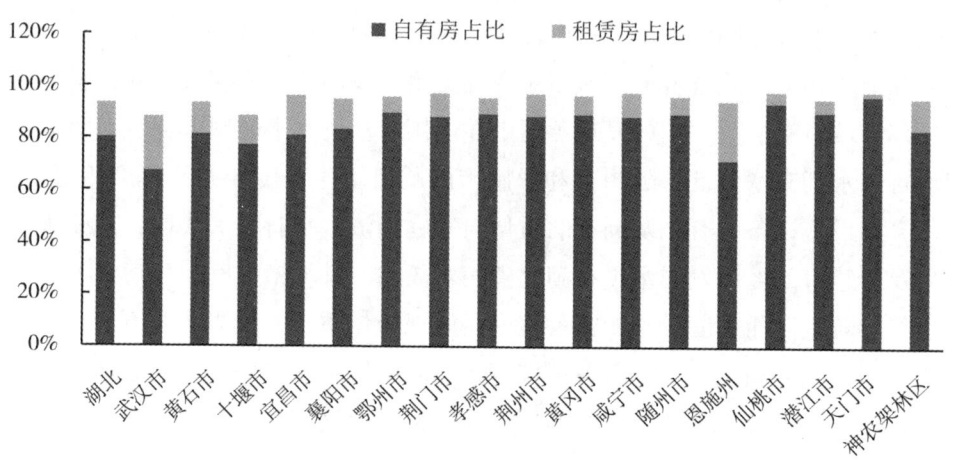

图4-5-10　各地区城镇家庭租住房率

数据来源：根据第七次湖北省人口普查数据整理绘制。

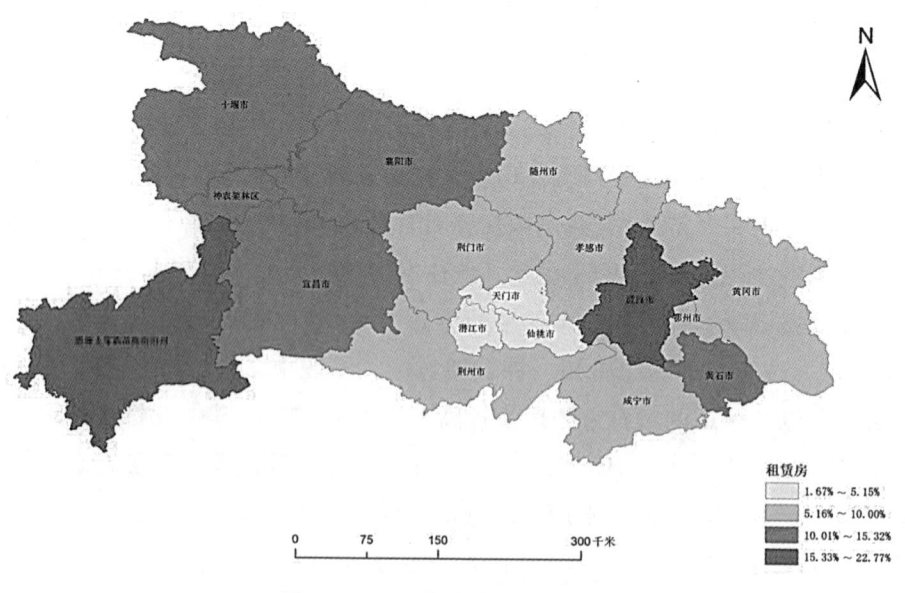

图4-5-11　租住房率的空间格局

数据来源：根据第七次湖北省人口普查数据整理绘制。

目前湖北省租赁市场总体发展水平低，除武汉和恩施州外各地区租赁率均低于20%，超过一半的城市租赁率不到10%。近两年来受到疫情影响，经济压力有所增长，失业率上涨，消费成本变高，城镇居民面临的各类难题增多，另外我国房价与租金增速不匹配，售租比畸高，武汉市近年的售租比达到了45%左右，即连续支付45年以上的租金才抵得上一套的房价，在上述种种现实情况下，考虑将租房作为居住方式可以有效缓解部分中低收入水平居民的生活重压。

5. 从住房承重类型看，西部和东南部地区普遍建筑安全程度高，中部地区普遍偏低

按住房承重类型的不同，将其分为钢及钢筋混凝土结构和其他结构。钢及钢筋混凝土结构相比混合结构、砖木结构等耐久性好，安全程度更高。从图4-5-12可知，分市来看，处于鄂西地区的神农架林区和恩施州城镇家庭住房采用钢及钢筋混凝土的数量占比较高，分别为81.32%和71.18%。东南部的咸宁市、黄石市、武汉市城镇家庭采用钢及钢筋混凝土的数量占比较高，均大于68%。中部地区9个城市中除潜江市外的8个城市城镇采用该材料的房屋数量相比较低，在空

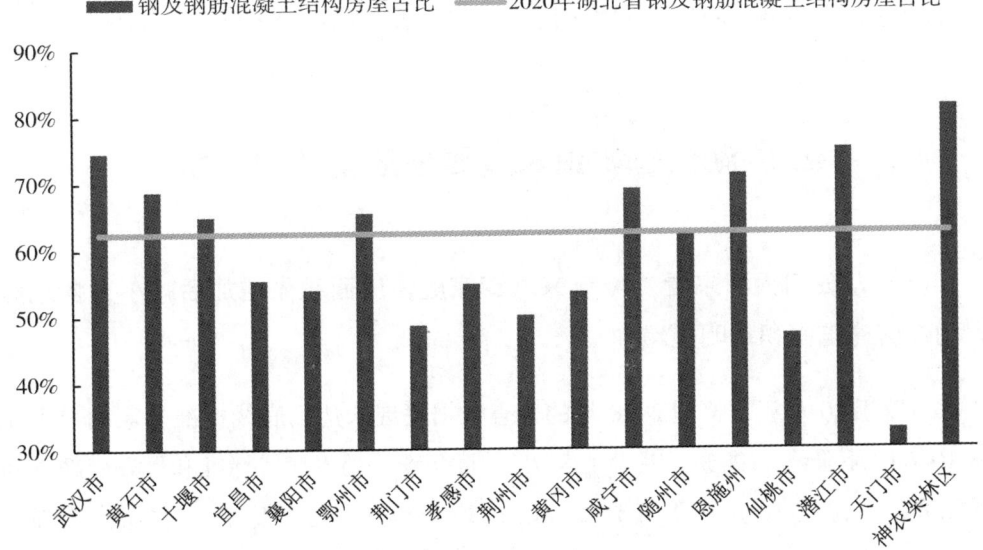

图4-5-12 各地区城镇家庭钢及钢筋混凝土结构占比
数据来源：根据第七次湖北省人口普查数据整理绘制。

间上形成以潜江市为中心的环形状低值区，其中天门市在各地区中位居末位。

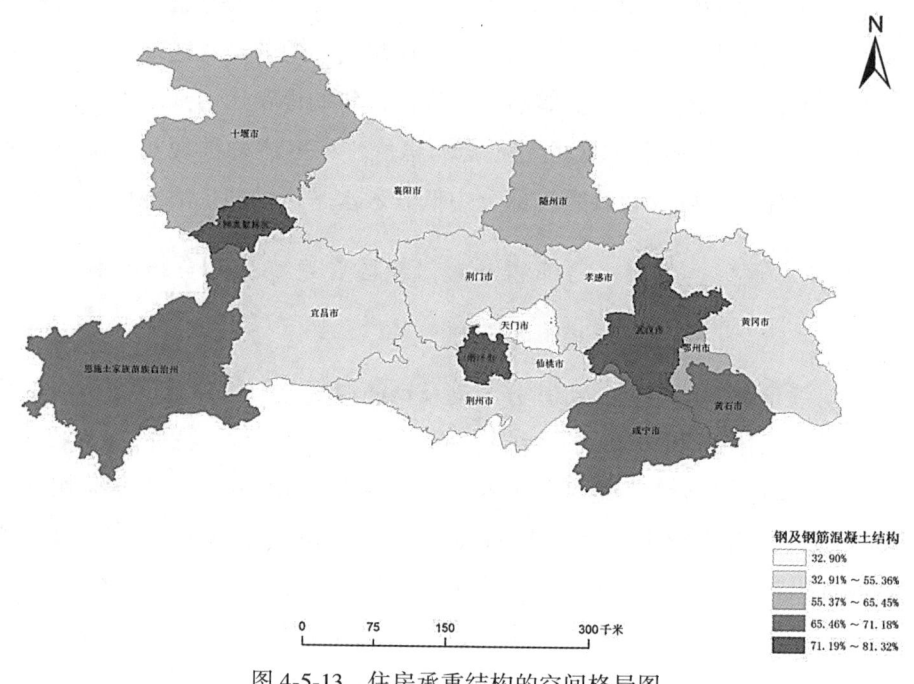

图 4-5-13　住房承重结构的空间格局图

数据来源：根据第七次湖北省人口普查数据整理绘制。

三、湖北省城镇家庭居住质量趋势分析

（一）从住房面积来看，40 年来城镇家庭住房面积先增加后减小，各地区人均住房建筑面积均明显增加

相较于 2010 年，整理 2020 年的普查数据发现未达到底线标准的家庭户占比从 10.69% 下降到 1.94%，减少了 8.75 个百分点，处于底线标准和提升标准之间的家庭户占比从 10.69% 下降到 5.60%，处于提升标准的家庭户占比也下降了 3.24 个百分点（见图 4-5-14）。总体来说，人均住房面积低于 30m² 的家庭户占比相较于 2010 年降低了 17.09%，即未达到舒适标准的家庭户比例明显下降。

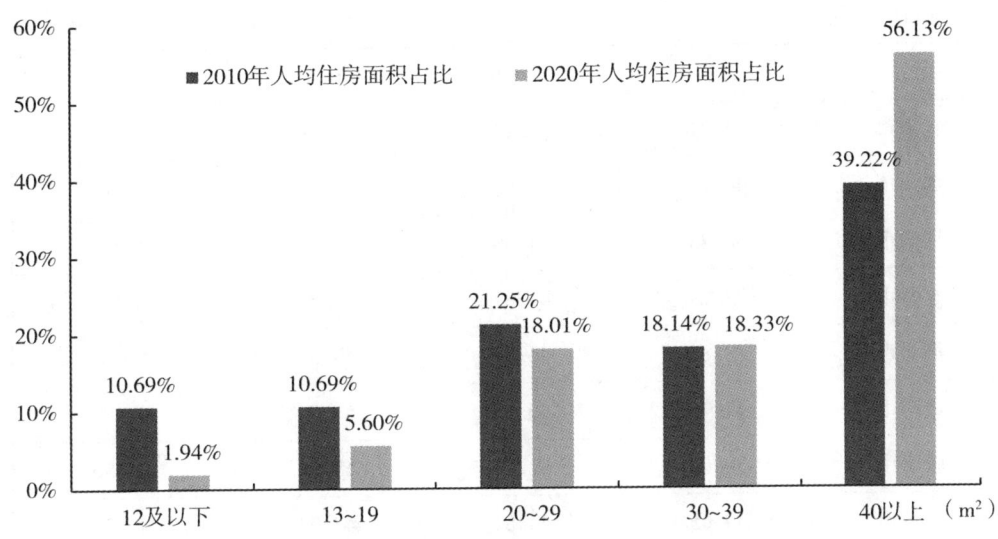

图 4-5-14 住房面积数据对比分析

数据来源：根据第七次湖北省人口普查数据整理绘制。

对比"六普""七普"以及 2015 年抽样普查情况发现，所有城市住房面积指数均有所增加，湖北省从 2010 年到 2020 年增加了 8.99，平均增长速度为每年 0.899，潜江市和天门市住房面积指数增长速度最快，分别为 1.558 和 1.535，增长速度较快的城市还有孝感市、荆州市和神农架林区，增长率均超过 1。恩施州和黄冈市人均住房面积增加最少，分别为 0.643 和 0.688。（见表 4-5-1）

表 4-5-1 住房面积指数时空对比

分组	"六普"	2015 年	"七普"	增长率
湖北	37.18	41.74	46.17	0.899
武汉市	32.47	35.91	41.5	0.903
黄石市	35.76	41.8	44.84	0.908
十堰市	33.62	39.29	42.91	0.929
宜昌市	38.17	44.11	46.07	0.79

续表

分组	"六普"	2015年	"七普"	增长率
襄阳市	37.71	42.11	47.5	0.979
鄂州市	40.13	42.63	48.28	0.815
荆门市	38.83	41.49	48.44	0.961
孝感市	37.29	41.87	47.99	1.07
荆州市	38.83	46.31	49.37	1.054
黄冈市	44.76	46.43	51.64	0.688
咸宁市	39.62	42.25	48.18	0.856
随州市	39.65	44.81	47.92	0.827
恩施州	43	47.04	49.42	0.642
仙桃市	43.06	48.77	50.11	0.705
潜江市	38.08	44.34	53.66	1.558
天门市	44.22	53.03	59.57	1.535
神农架林区	38.42	44.33	49.53	1.111

数据来源：根据2015年湖北省1%人口抽样调查数据和第六、七次湖北省人口普查数据整理。

根据1980年到2020年的城镇住房总户数与住房总面积，计算得到湖北省平均每户城镇家庭的住房面积。如图4-5-15所示，湖北省城镇家庭住房面积数量在1980年到2009年期间增长迅速，在2009年到2020年期间则呈下降趋势。

1980—1999年期间我国的城镇家庭平均住房面积呈现增长的趋势，这是因为从中华人民共和国成立到20世纪80年代末，我国的城镇居民住房均实行"统一管理、统一分配、以房养租"的公有房实物分配制度，这样的分配制度导致了住房的严重短缺和严重的住房分配不均问题，有很多城镇居民无住房或者住房严重拥挤，对此我国在1978年到1987年期间增大了建设住宅投资，并拨付城市住宅建设补助资金。1985—1988年进行了一系列试点工作，武汉市是当时住房制度改革的试点城市之一。这一系列的举措使得城镇居住面积提升,但是因为同时人口增长也很迅速,所以住房短缺仍然严重。

1999—2009 年我国的城镇家庭平均住房面积呈现增长的趋势,原因如下:20 世纪 80 年代在政府的积极推进和不断试点下,住房制度改革的条件日益成熟,我国于 1988 年正式将"住房商品化"列为新政府的五大近期改革目标之一。住房制度的改革刺激了住宅投资,住宅建设进入高速发展时期,带来了城镇住房市场的巨大变化,这期间居民住房水平有了大幅度提高,体现在了平均住房面积以及住房间数等多个方面,人们对居住条件的追求逐渐从数量转变为量质并重。

相比 2000—2009 年,2010—2014 年以及 2015—2020 年住房面积呈现下降趋势,原因如下:2003 年以后房地产市场市场逐步成熟,住房的市场化供给成为城镇住房供给的主要渠道,房价逐步上涨,2007 年后房价加速上涨。与此同时,我国城镇化发展迅速,人口持续向城镇集聚,城市迎来了大量流入人口,但是房价逐步走向了畸高程度,大量新市民、青年人等群体面临着住房困难问题。房价的飙升和大量人口涌向城市直接导致了城镇家庭住房面积的持续减小。

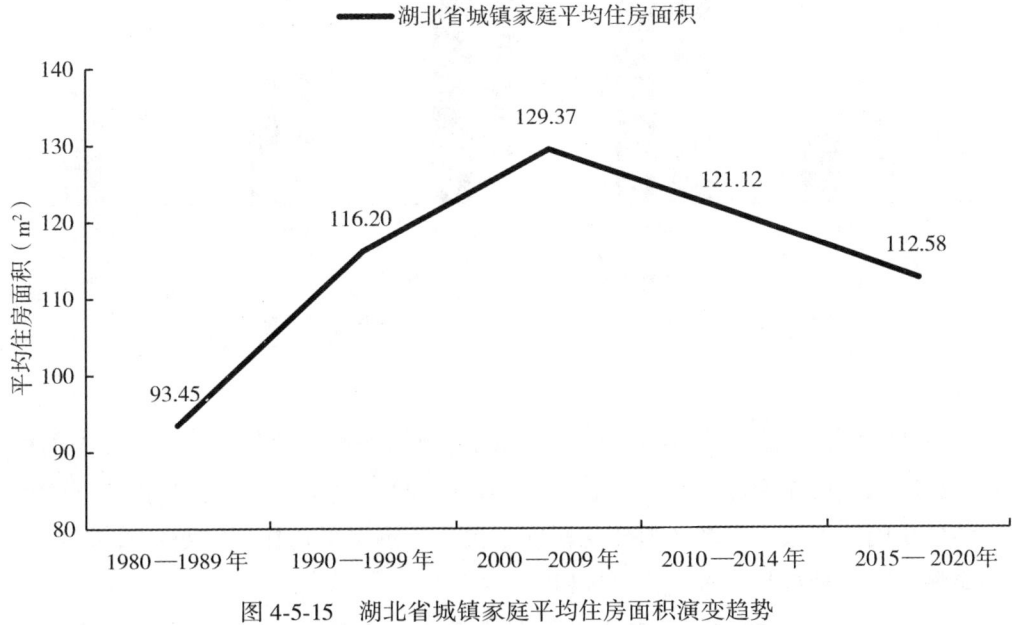

图 4-5-15 湖北省城镇家庭平均住房面积演变趋势

数据来源:根据第七次湖北省人口普查数据整理绘制。

(二)从住房间数来看,占有房间数较少家庭户比例明显下降,大部分城市家庭平均每户住房间数呈现先增加后减少的趋势

由图4-5-16可知,从2010年到2020年,住房间数为1间的家庭户占比从15.84%下降到7.37%,下降了8.47个百分点,住房间数为2间的家庭户占比降低3.26个百分点。而房间数为3间的家庭户占比从29.19%增加到43.22%,上涨幅度高达14.03个百分点,4间及以上的家庭户比例变化不大;总体来看,占有房间数较少的家庭户比例明显下降。

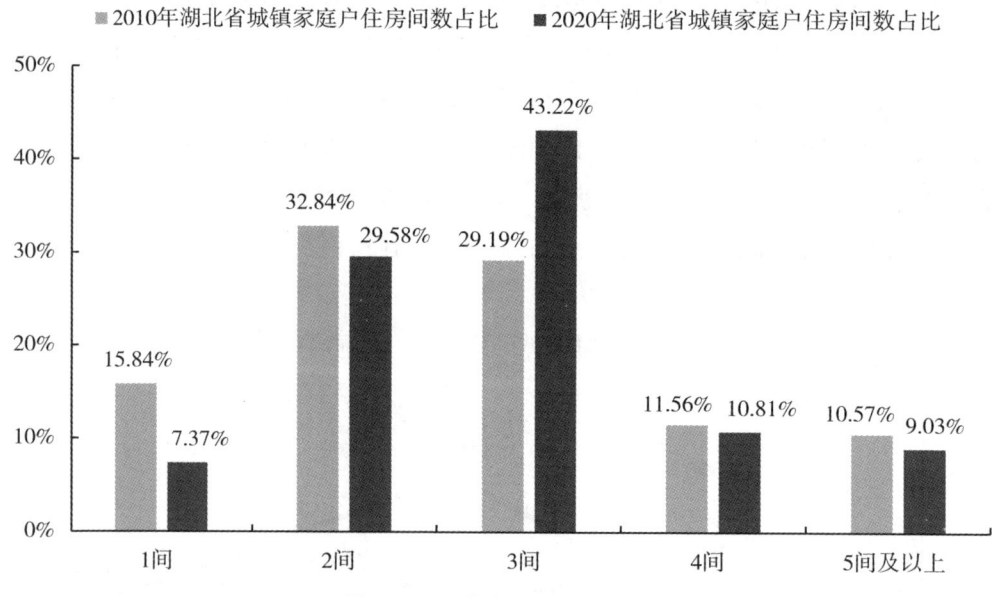

图4-5-16 住房间数变化情况

数据来源:根据第六、七次湖北省人口普查数据整理绘制。

对比"六普""七普"以及2015年住房间数数据发现,湖北省城镇家庭平均每户住房间数呈现先增加后减小的趋势(见表4-5-2)。分市来看,宜昌市与鄂州市平均住房间数先减小后增加但变化幅度不大;孝感市平均住房间数一直在增加;其余城市变化趋势与全省变化趋势相同。

对比"六普"与2015年抽样普查情况发现,在这五年间潜江市与天门市增加幅度远高于其他城市,分别为1.04间和1.03间;黄冈市增长最小,仅为0.14

间；武汉市和随州市增长幅度也较小，均为0.28间；另外宜昌和鄂州呈现负增长。对比2015年抽样普查与"七普"情况发现，潜江市与仙桃市住房间数减少最多，分别为0.84间和0.75间；宜昌、鄂州和孝感有所增加但增加幅度很小。对比"六普"与"七普"数据发现，这十年间平均每户住房间数增加最多的两个城市为神农架林区和孝感市，分别为0.53间和0.40间；平均每户住房间数减少最多的城市为恩施州，减小了0.23间，另外黄冈、鄂州、宜昌该项数据也有所减少，其余城市平均每户住房间数都增加。

表 4-5-2　平均每户住房间数时空对比

地　区	平均每户住房间数（间）		
	2010年	2015年	2020年
湖北	2.84	3.21	2.96
武汉市	2.29	2.57	2.45
黄石市	2.97	3.37	3.02
十堰市	2.65	3.24	2.79
宜昌市	3.03	2.92	3.00
襄阳市	2.92	3.30	3.05
鄂州市	3.06	3.00	3.05
荆门市	2.87	3.17	3.10
孝感市	2.87	3.24	3.27
荆州市	2.85	3.38	3.00
黄冈市	3.66	3.80	3.56
咸宁市	3.40	4.01	3.51
随州市	2.78	3.06	2.90
恩施州	3.74	4.11	3.50
仙桃市	3.12	3.95	3.20
潜江市	2.93	3.97	3.13
天门市	3.41	3.94	3.72
神农架林区	2.69	3.72	3.22

数据来源：根据2015年湖北省1%人口抽样调查数据和第六、七次湖北省人口普查数据整理。

(三)从住房来源看,房屋租赁比例增加 13.20%,住房拥有率显著减小

湖北省城镇家庭住房租赁率从 7.16%增加到 13.20%,上涨了 6.04 个百分点,住房拥有率从 89.62%下降到 80.14%,减少了 9.48 个百分点。房屋租赁比例明显增加,住房拥有率显著减小。全省 17 个市住房租赁率相比 2015 年有所增长,上涨率最高的是恩施州,为 17.95%,其次是神农架林区,为 12.05%;租赁率上涨幅度最小的是天门市,仅为 1.18%,其次是孝感市,为 2.37%。各地区住房拥有率相比 2015 年均有所下降,下降最多的是恩施州,为 19.52%,其次是十堰市,为 15.35%;拥有率下降幅度最小的是鄂州市,仅为 1.52%,其次是天门市,为 2.23%。(见表 4-5-3)

表 4-5-3 各地区住房租赁率对比

分 组	租 赁 率		拥 有 率	
	2015 年抽样普查	"七普"	2015 年抽样	"七普"
湖北	7.16%	13.20%	89.62%	80.14%
武汉市	17.42%	20.88%	74.75%	67.23%
黄石市	4.56%	12.12%	91.30%	81.29%
十堰市	5.02%	11.37%	92.51%	77.16%
宜昌市	7.81%	15.32%	89.83%	80.84%
襄阳市	5.98%	11.53%	92.55%	83.34%
鄂州市	3.18%	6.26%	91.17%	89.66%
荆门市	5.43%	9.05%	91.75%	88.15%
孝感市	3.73%	6.10%	95.70%	89.35%
荆州市	3.17%	8.60%	95.89%	88.43%
黄冈市	2.15%	7.32%	97.33%	89.19%
咸宁市	3.58%	9.28%	94.68%	88.44%
随州市	2.79%	6.69%	94.22%	89.48%
恩施州	4.82%	22.77%	91.14%	71.62%
仙桃市	1.85%	4.33%	97.76%	93.69%
潜江市	0.52%	5.15%	98.11%	90.24%

续表

分组	租赁率		拥有率	
	2015年抽样普查	"七普"	2015年抽样	"七普"
天门市	0.49%	1.67%	98.72%	96.48%
神农架林区	0.00%	12.05%	97.96%	83.72%

数据来源：根据2015年湖北省1%人口抽样调查数据和第六、七次湖北省人口普查数据整理。

四、建议

(一) 完善住房设施设备，提升居民居住体验

从前文对住房基础设施设备拥有和使用状况的分析来看，湖北省整体的城镇家庭基础设施设备较为先进且完善程度高，但是仍然有部分城市该方面水平较低，如随州市、孝感市和黄冈市的城镇家庭在日常生活设施设备方面相对欠缺或落后，具体体现在所使用的厕所为非水冲式卫生厕所、家中未通自来水、未使用清洁型燃料（燃气和电）进行炊事活动，这些均会导致居民的居住体验较差，长此以往会对居民的身体和心理健康造成消极影响。因此，这些城市相关部门应该对各自所管辖市内住房条件低的城镇家庭进行详细的调查和记录，进行深入的微观研究，对具体问题制定具有针对性的改善措施，以实现城镇家庭住房设施设备的进一步完善，在住房设施设备水平高的区域，应该在现有的基础上对成果进行巩固，通过上述方法来缩小居民的住房条件差异，实现湖北省全域城镇家庭住房条件的全面提高，提升居民的居住体验。

(二) 改造城镇老旧建筑，提高住房安全程度

从前文对城镇家庭住房承重结构类型的分析来看，湖北省居民住房的承重结构主要为钢及钢筋混凝土结构与混合结构，安全程度高。其中孝感市，襄阳市，黄冈市和恩施州在这方面状况相对较差，用到砖木结构、竹草土坯结构和其他结

构的住户占比较多。这种类型的住房大多是年代久远的建筑，处于老旧小区、城中村、旅游区或处于一些极具民族特色的区域，尽管这些住房的安全程度相对较低，不属于现代化产物，但是它们往往承载着城市的历史文化和记忆。针对以上现实情况，建议对老旧建筑的改造从多角度进行评估和分类，对于不同小区不同建筑采用不同的改造方式，不能全部用"拆"来解决问题。首先将住房安全放在第一位，对于危房及安全程度评定较低建筑进行必要的拆除重建，合理安置原住民，重建的建筑尽量让原住民继续居住，让邻里亲情继续保留。另外建议改善老旧小区和城中村居民的居住条件，改造升级房间的内部结构，精心建设和改善基础设施以适应现代化生活的需要，对于脏乱差的小区环境，建议物业加强管理和整治，营造良好优美的社区环境。对于承载城市文化历史的建筑，建议在保留文化建筑整体风貌的基础上，提高建筑的品质，增加和改善基础设施，增强街区的实用功能，增添人民幸福感。

（三）着重发展保障性租赁住房，保证低收入家庭住房质量

从前文分析结果来看，2010年到2020年湖北省城镇家庭住房租赁率有所上涨，但住房租赁率相较于住房拥有率仍然处于较低水平。目前我国房价只涨不跌，"住房难"问题日益突出，尤其武汉市这样的大城市人口净流入量大、新市民和青年人数多，住房的供需矛盾突出。因此，要想提高居民生活质量水平及居住水平，需要着重发展保障性租赁住房，建立租购并举的住房制度。造成住房租赁水平较低的原因主要为我国居民根深蒂固的住房观念及租赁市场发展的不成熟，对此具体措施为提倡住房合理消费，鼓励广大中低收入家庭分流租房市场，同时加强房屋租赁市场法制建设和监督管理，提高租赁住房的居住质量，改善租赁住房的居住品质，保障住房租赁者权益。在房屋购买方面，坚持"房子住而不炒"，及时出台购房限制政策和调控政策，最终达到中、高收入家庭买得起房，中低收入家庭租得起好房的效果。

第五部分
人口老龄化与老年健康

报告一　湖北省人口老龄化现状、趋势及应对策略研究

人口问题是我国全局性、长期性、战略性问题,党中央历来高度重视我国人口发展形势的变化,始终坚持以人民为中心的发展思想,始终坚持走具有中国特色的应对老龄化道路。2019年党中央国务院印发了《国家积极应对人口老龄化中长期规划》,确立了"积极应对、共建共享、量力适度、创新开放"的基本原则。党的十九届五中全会进一步明确,我国实施积极应对人口老龄化的国家战略,将老龄事业发展纳入统筹推进"五位一体"总体布局和协调推进"四个全面"战略布局。积极应对老龄化作为国家战略,成为中华民族伟大复兴的中国梦和我国第二个百年奋斗目标的重要考量。

作为我国中部地区工农业大省,人口因素是湖北省实现"中部崛起"和推动长江经济带高质量发展的重要推动力。根据第七次全国人口普查数据,截至2020年11月1日,湖北省60岁及以上人口规模为1179.50万人,占常住人口比例为20.42%,高于全国18.70%的平均水平,全省老年人口总量规模大,老龄化程度不断加深,已呈现出中度老龄化的基本态势①。人口老龄化成为湖北省社会发展和社会治理层面的基本省情。

"十四五"时期我国将进入新的发展阶段,面对日益严峻的人口老龄化问题,我们更应深刻感悟和奋力践行习总书记视察湖北时提出的"四个着力""四个切实"的重要指示,按照湖北省"建成支点、走在前列、谱写新篇"的区域发展战略

---

① 通常来说,当一个国家或地区60岁及以上人口占比超过10%时,意味着进入老龄化;处于20%~30%之间,为中度老龄化;超过30%,则进入重度老龄化社会。本研究以60岁以上人口占比作为判别老龄化程度的重要依据。

任务要求，在准确识别人口老龄化基本特征和动态发展演化趋势的基础上，通过积极有效的政策措施，优化人口结构，在积极应对人口老龄化形成的挑战同时，牢牢把握主动，抢抓发展机遇，用好用活人口发展政策，为实现湖北省经济社会高质量发展，形成"一主引领、两翼驱动、全域协同"的区域发展新格局提供坚强保证。

基于此，本研究拟通过对湖北省第七次全国人口普查数据的整理分析，以新发展理念审视人口发展新格局、新趋势和新问题，客观总结全省人口老龄化的现状和主要特征，分析省内人口老龄化区域差异，利用人口数据分析工具预测全省人口老龄化的未来发展趋势。为准确把脉湖北省人口发展形势，积极应对老龄化；为夯实应对人口老龄化的社会财富储备，改善人口老龄化背景下的劳动力有效供给；为打造高质量的养老服务和产品供给体系，强化应对人口老龄化的科技创新能力，为加强人口老龄化问题社会治理，构建养老、孝老、敬老的社会环境；为推进老年人力资源开发利用，实现更高质量和更加充分就业，服务全省经济社会发展大局提供决策参考。

一、湖北省人口老龄化现状与趋势

（一）湖北省人口老龄化发展现状

湖北省老龄化现状呈现基数大、占比高以及增速快的特点。2020年湖北省第七次全国人口普查（以下简称"七普"）结果显示，湖北省常住人口中60岁及以上人口为1179.50万人，占比20.42%，比2010年增加了6.49个百分点，老龄化程度在中部六省①中排名第一。2020年，湖北省65岁及以上人口为842.43万人，占常住人口的14.59%，比2010年增加5.50个百分点。具体来看，湖北省老龄化现状主要呈现以下具体特征：

1. 从城市分布看，超70%的地市处于中度老龄化社会

从各地区老龄化程度看，2020年全省17个城市中，12个市州进入中度老龄

---

① 中部六省是指湖北、山西、安徽、江西、河南和湖南。

化社会,60岁及以上人口占比超20%;仅5个市州尚处轻度老龄化社会,分别是十堰市、鄂州市、咸宁市、武汉市和黄石市(见图5-1-1)。武汉市人口老龄化程度相对较低,60岁及以上人口占比17.23%,显示其作为国家中心城市、长江经济带核心城市、中部崛起战略支点,对全省乃至全国劳动年龄人口具有较强的集聚能力,是湖北省极少数人口净流入的城市。2020年,武汉市流动人口为94.54万人,比2010年增加12.97万人,增长了48.97%。

2020年,天门市成为湖北省老龄化程度最严重的省直辖县级市,60岁及以上人口数量达29.90万人,占常住人口的比重为25.81%。天门市作为省直辖的县级市,地处武汉城市圈,天门东距武汉城区仅90公里。伴随交通基础设施和城市配套的完善,加之落户限制的放开,武汉对处在武汉城市圈内部的人口、乃至全省人口的虹吸效应在进一步加强,加剧了天门等市州的人口流失。

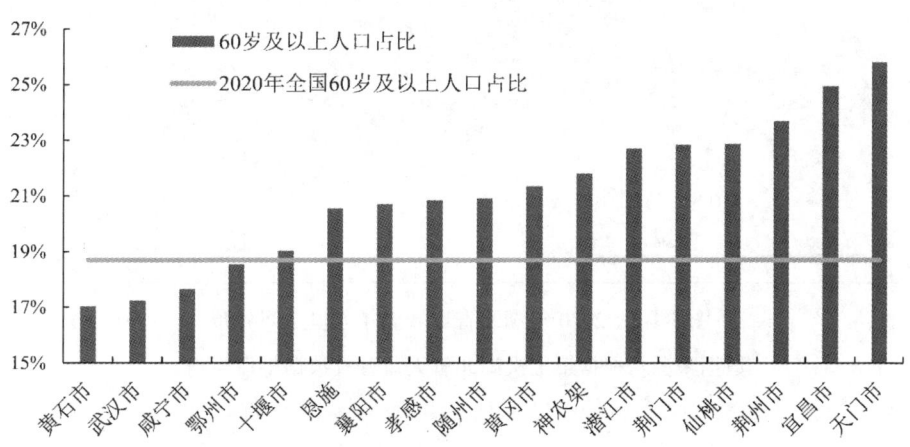

图5-1-1 2020年湖北省各地市60岁及以上人口占比

数据来源:根据第七次湖北省人口普查数据整理绘制。

2. 从地理区域看,武陵山片至江汉平原连片地区老龄化程度最高

武陵山片区横跨湖北省西南部,涵盖恩施州和宜昌市部分县区,经济相对落后。江汉平原产业发展主要以农业为主,农业发达,工业落后,对劳动年龄人口集聚能力弱,人口外流严重。整体来看,武陵山片至江汉平原连片地区主要包括

恩施、宜昌、荆州、仙桃、潜江以及天门。根据"七普"数据，上述地区60岁及以上人口占比分别为20.55%、24.95%、23.69%、22.87%、22.70%和25.81%，均高于全国(18.70%)和全省(20.42%)的平均水平。在全省老龄化程度最为严重的五个城市(天门、宜昌、荆州、仙桃、荆门)中，武陵山片至江汉平原连片地区占据四个席位，是湖北省老龄化最为严重的地区。(见图5-1-2)

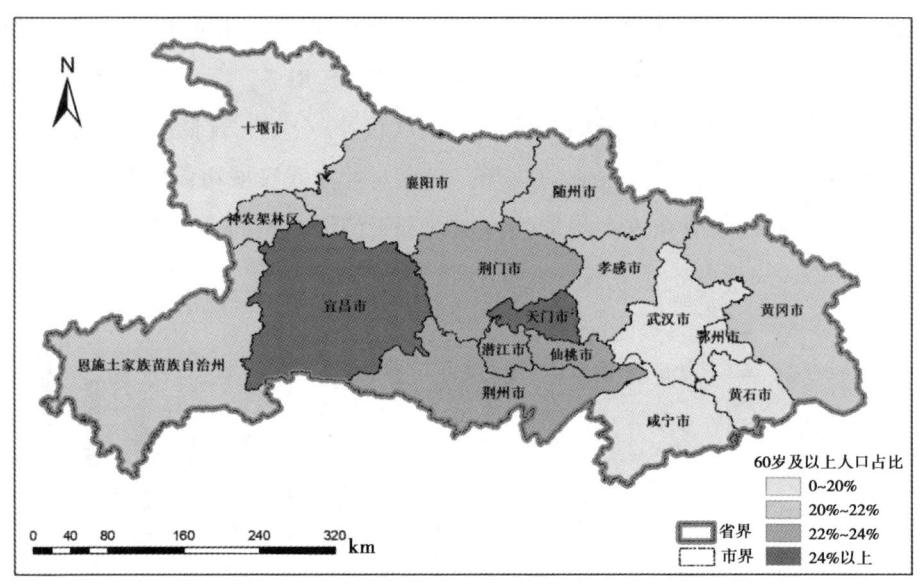

图 5-1-2　2020年湖北省市域老年人口空间分布
数据来源：根据第七次湖北省人口普查数据整理绘制。

3. 从行政区划看，县级及以下区域老龄化程度明显高于市辖区

2020年，全省62个县(县级市、省直辖县级单位)60岁及以上人口比重的均值为22.76%，仅有11个县级行政区域60岁及以上人口比重低于20%，占县级行政区域总量的17.74%。相较而言，全省41个市辖区60岁及以上人口比重的均值为19.37%，有22个市辖区60岁及以上人口比重低于20%，占市辖区总量53.67%(见图5-1-3)。

市辖区作为区域经济发展中心，经济活力强劲，对劳动年龄人口的集聚能力

强,人口老龄化程度相对较轻。"七普"数据显示,湖北省市辖区内人户分离人口为571.24万人。与2010年第六次人口普查(以下简称"六普")相比,市辖区内人户分离人口增加378.84万人,增长了196.91%。

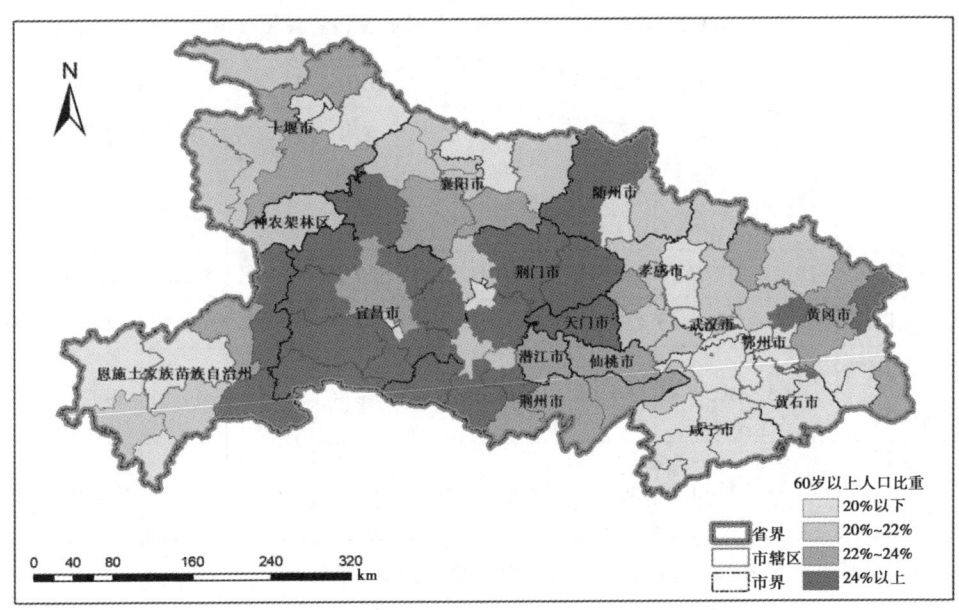

图 5-1-3　2020年湖北省县域老年人口空间分布

数据来源:根据第七次湖北省人口普查数据整理绘制。

4. "一主两翼"战略规划区块常住人口与老龄化人口呈现分异变化,老年人口空间分布重心继续向"宜荆荆恩"区块滑动

从全省的经济空间布局来看,作为湖北省"一主两翼"新发展格局中的"头雁"和南北部列阵——武汉城市圈、"宜荆荆恩"城市群和"襄十随神"城市群的老龄化格局呈现出了不同趋势的变化的特征。东部的武汉城市圈老龄化程度在全省处于最低,且低于全省的平均水平;北线的"襄十随神"城市群老龄化程度次之,已从"六普"时低于全省的平均水平转变为十分接近全省的平均水平;南线的"宜荆荆恩"老龄化程度一直相对最高,且与全省平均水平的差距在拉大。全省老年

人口重心继续向"宜荆荆恩"区块滑动。这与武汉城市圈近年来常住人口的快速增长，而"宜荆荆恩"城市群和"襄十随神"城市群常住人口收缩有关。具体见表5-1-1所示。

表5-1-1 湖北省"一主两翼"人口规模和老龄化程度

区域	面积（万平方公里）	2020年			2010年			人口变化		
		常住人口（万人）	老年人口（万人）	占比（%）	常住人口（万人）	老年人口（万人）	占比（%）	常住人口（万人）	老年人口（万人）	占比（%）
全省	18.59	5775.26	842.43	14.59	5723.77	520.29	9.09	51.49	322.14	5.5
武汉城市圈	5.82	3186.63	433.78	13.61	3024.29	272.99	9.03	162.34	160.79	4.59
"襄十随神"城市群	5.63	1058.44	154.57	14.6	1107.95	95.86	8.65	-49.51	58.71	5.95
"宜荆荆恩"城市群	7.14	1530.19	255.03	16.67	1591.54	160.71	10.10	-61.35	94.32	6.57

数据来源：根据第六、七次湖北省人口普查数据整理。

（二）未来湖北省人口老龄化发展趋势：2022—2050年

1. 老龄化进程加速推进，湖北省将于2030年步入重度老龄化社会

受人口外流和生育水平转变双重影响，湖北省人口老龄化进程正在加速推进。预计到2030年，全省60岁及以上人口将达到1694.28万人，占常住人口的比重达到30.96%，正式进入重度老龄化社会。预计到2050年，60岁及以上人口将增至1972.23万人，比2020年增长792.72万人，增幅为67.21%；60岁及以上人口占常住人口的比重预计达到44.22%，比2020年提高23.8个百分点。

2027年、2040年是湖北省老年人口增长拐点。2027年始，65岁及以上老年人口数量及比重加速增长。中华人民共和国成立后，我国先后经历三次"婴儿潮"，分别是新中国成立后（1949—1958年）、三年自然灾害结束后（1962—1975

年)以及两次"婴儿潮"出生队列进入婚育年龄后(1981—1997年)。2027年正值我国第二次"婴儿潮"出生队列人口步入65岁年龄段。而2040年之后,湖北省65岁及以上人口的增速将逐渐放缓。需要特别指出的是,2042年之后,湖北省65岁及以上人口数量将(见图5-1-4)缓慢下降,而65岁及以上人口占比却仍将增长,这表明湖北省进入人口负增长阶段。

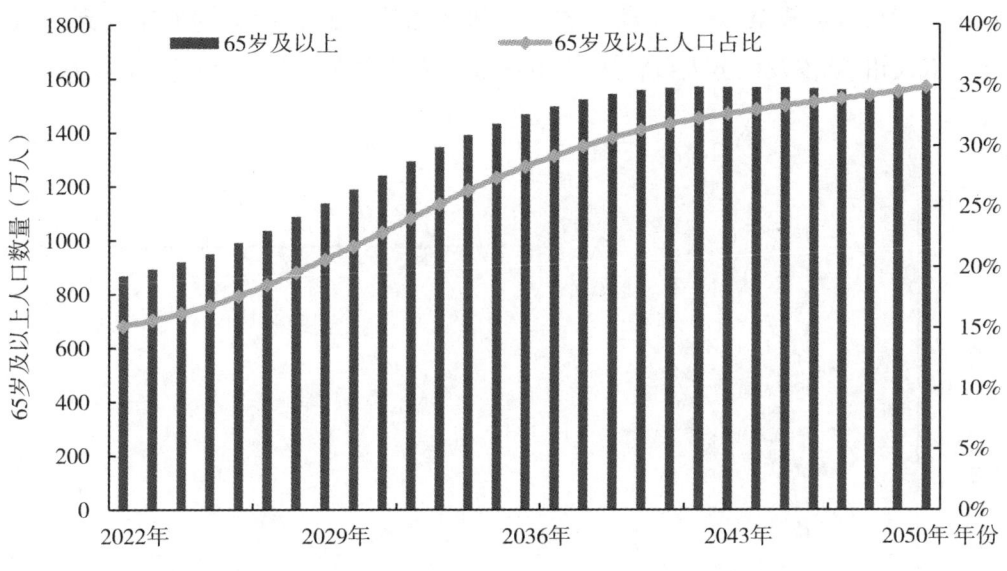

图5-1-4　2022—2050年湖北省65岁及以上人口发展趋势

数据来源:根据第七次湖北省人口普查数据整理。

2. 荆州、宜昌等市将于2024年左右率先进入重度老龄化社会

人口预测结果显示,湖北省将在2030年进入重度老龄化社会,届时60岁及以上人口数量将从2020年的1 178.50万人增至1 694.28万人,增幅达43.77%,占常住人口的比重也将达到30.96%。由图5-1-5可知,最早进入重度老龄化社会的三个城市分别是荆州、宜昌和天门,将分别在2024年、2025年、2025年步入重度老龄化社会,届时60岁及以上人口比重将分别达到30.46%、31.56%和31.41%。黄石市、恩施州和咸宁成为截至2050年最晚进入重度老龄化社会的三

个城市,均将在2033年步入重度老龄化社会,届时60岁及以上人口占比将分别达到30.11%、30.35%以及30.21%。

到2050年,湖北省60岁及以上人口数量将达到1 972.23万人,占常住人口的比重将达44.22%。分城市来看,全省除武汉市外,其余市州在基本实现社会主义现代化前皆步入重度老龄化社会。武汉市作为国家中心城市、长江经济带核心城市,对全省人口具有较强的虹吸效应,人口流动呈现净流入状态。预测结果显示,武汉市是截至2050年湖北省仍未进入重度老龄化社会的城市。到2050年,武汉市60岁及以上人口将达到603.10万人,占常住人口的比重为29.97%。

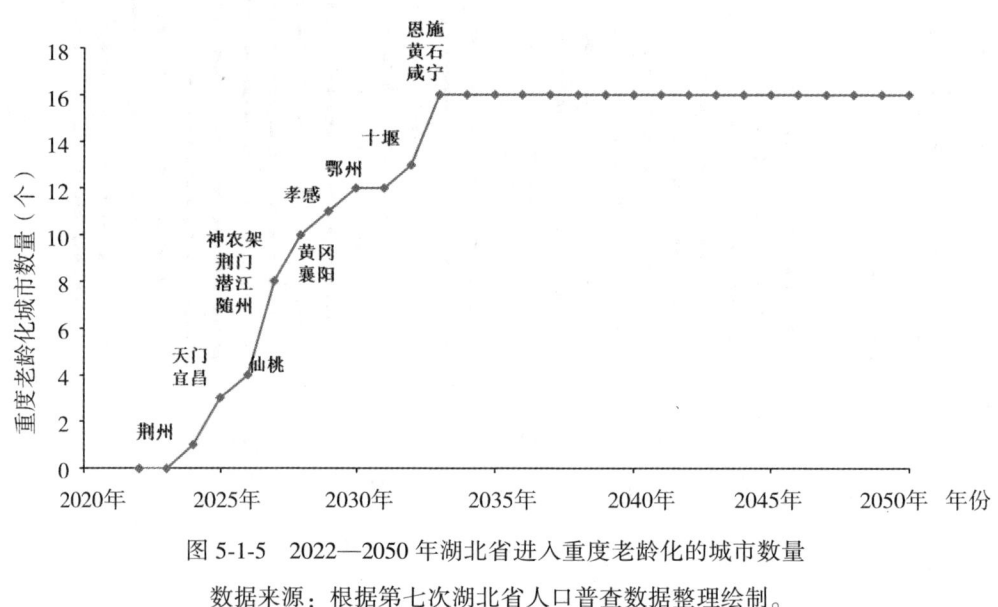

图5-1-5　2022—2050年湖北省进入重度老龄化的城市数量
数据来源:根据第七次湖北省人口普查数据整理绘制。

3. 老年人口高龄化趋势加重,2036年左右进入加速增长阶段

伴随生活质量的提高和现代医疗技术的进步,预期寿命正逐年呈上升趋势,高龄老人也将日益增多。根据中南财经政法大学人口与健康研究中心预测结果,2022—2050年,湖北省老年人口高龄化趋势将愈发明显。到2050年,全省80岁及以上老年人口数量将从2020年的133.56万人增长至2050年的658.42万人,

年均增长17.50万人,年均增幅达13.10%。80岁及以上老年人口比重也将由2020年的2.30%增长至2050年的14.76%,增加12.46个百分点。从预测结果看,2036年是湖北省高龄老人加速增长的时间节点。高龄老人健康状况与身体机能相对更差,失能情况更加严重。老年人口高龄化趋势将加重家庭照料负担,也对社会养老服务供给提出了新的挑战。(见图5-1-6)

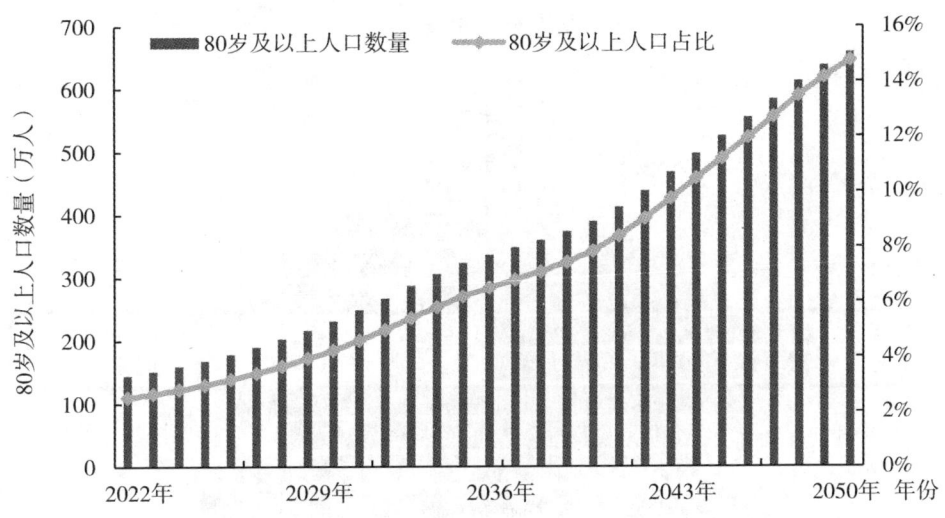

图5-1-6 2022—2050年湖北省老年人口高龄化发展趋势

数据来源:根据第七次湖北省人口普查数据整理绘制。

二、湖北省人口老龄化对社会发展提出新挑战

(一)"婴儿潮"走向"老龄潮",劳动人口锐减,老年人口激增的双重困境将制约湖北省二〇三五远景目标实现

1963年开始的十年"婴儿潮"是我国历史上出生人口最多的生育高峰时期,全国累计生育近2.6亿人,湖北省累计生育超1 000万。当前,"婴儿潮"出生群体是各行各业的中坚领导力量,但即将步入老年生活。人口预测结果显示(图5-1-7),湖北省2022年50~59岁总人口为1038万人(即1963—1973年出生人

群),随着该群体从2023年开始陆续进入老年群体队列,2028年湖北省老龄化水平将达到28.71%。2033年该群体全部进入老龄阶段时,湖北省老龄化水平将达33.73%,其中,该群体占总体老年人口比例为51.3%。劳动人口锐减以及老年人口激增的双重压力,将对湖北省社会经济发展乃至二〇三五远景目标的实现造成严重阻碍。具体而言:

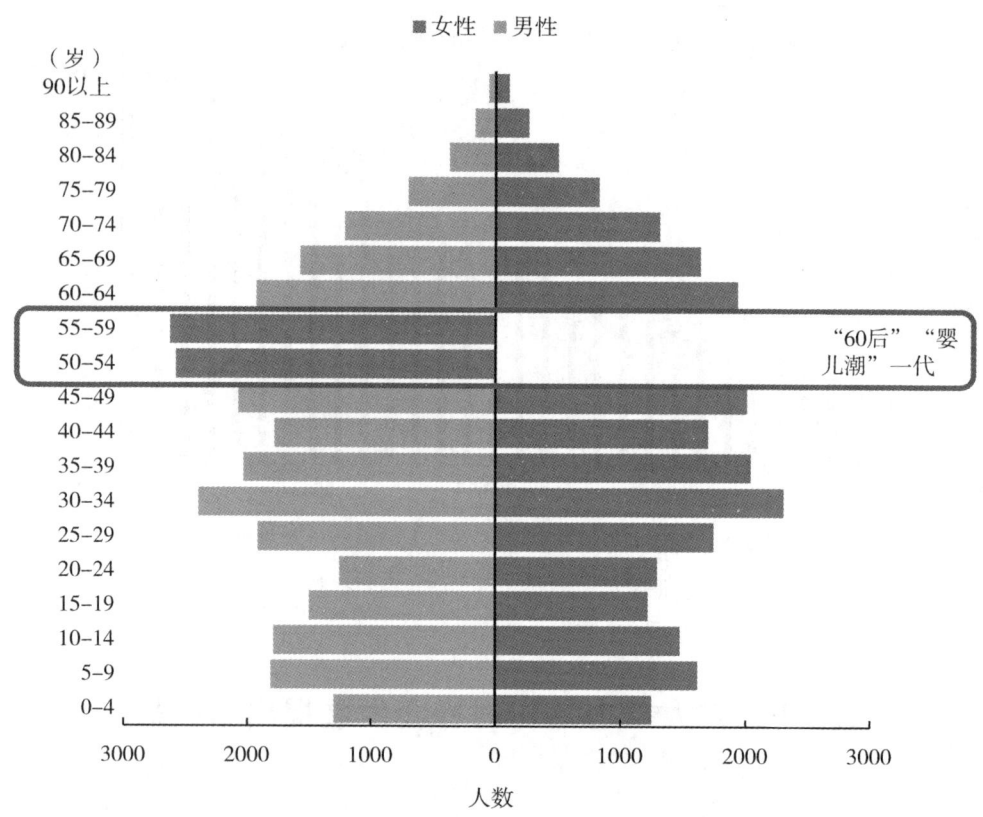

图 5-1-7 2022年湖北省人口金字塔

数据来源:根据第七次湖北省人口普查数据整理绘制。

第一,2035年湖北省劳动年龄人口缩减超600万,将制约湖北省"制造强省"建设进程。《湖北省国民经济和社会发展第十四个五年规划和二〇三五年远景目标纲要》(以下简称《纲要》)指出,坚持以实体产业为经济着力点,深入推进制造强省建设,大力发展汽车、建筑、冶金、纺织服装等制造业。然而,随着大批"60后"由劳动人群逐渐转变为受赡养人群,制造业发展面临困境。据中南财经政法大学人口与健康研究中心测算,2020年湖北省劳动力人口数为3815万人,2030年将缩减至3072万人,2035年则将进一步减少234万人。制造业作为劳动密集型产业,尽管产业转型能化解一部分劳动力减少带来的负面影响,但劳动力供给绝对数量的快速缩减将提升湖北省制造业用工成本,降低湖北省参与国内大循环省际竞争时的比较优势,进而阻碍制造业的跨越式发展。

第二,快速老龄化影响湖北省区域高质量协调发展,对"宜荆荆恩"城市群的冲击更为明显。湖北省《纲要》指出,要加快宜昌市省域副中心城市建设,推动"宜荆荆恩"城市群发展,促进湖北省"两翼"高质量协调发展。然而,人口发展预测结果显示,"宜荆荆恩"城市群核心城市宜昌以及重要节点城市荆州均将分别在2025年和2024年进入重度老龄化阶段(60岁以上人口占比30%以上)。相比之下,"襄十随神"中的襄阳和十堰分别于2028年和2032年进入重度老龄化,武汉城市圈的中心城市武汉则始终未进入重度老龄化。重度老龄化对劳动力供给的削弱以及对社会服务需求的激增将首先冲击"宜荆荆恩"城市群,进而阻碍湖北省高质量协调发展进程。

(二)从"留守农村"到"留守城市",空巢老人现象成为城乡新常态

当前,我国流动文化持续盛行,湖北省作为人口流动大省,人口流动规模不断扩大。"七普"数据显示,湖北省流动人口为1276.4万人,对比"六普"增长了74.22%;同时受20世纪70年代末开始的独生子女政策影响,老年人群空巢化已成为湖北省人口老龄化的重要特征。2015年湖北省老年人口就已经达到1009.2万人,其中城市地区纯老年户占老年人口总数的7.12%,农村地区为9.46%。

一方面,城市空巢老人不断增加,多样化、多层次、高质量的养老服务有待推进。从2015年人口抽样调查数据来看,武汉、黄冈的城市空巢老人数占比高于农村,同时两个地区的城镇化率排名全省第一和第二(见图5-1-8)。这意味着随着城镇化水平的上升,城市地区空巢老人将不断增多且占比提高。然而,城市社区居家养老服务供给失衡,内容单一、形式落后,医养结合的养老方式受限于经济条件目前尚难以普及。此外，相较于农村来说，城市中的人际关系较为淡漠，空巢老人社会支持网络单薄，也缺乏社会参与。因此无论是物质上还是精神需求上，城市空巢老人都没有得到较好的满足。

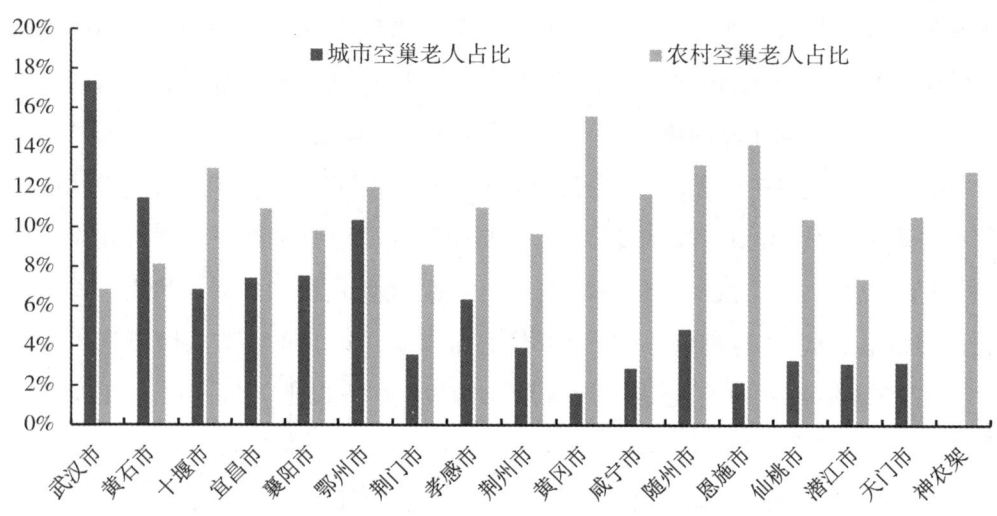

图 5-1-8　2015 年湖北省各城市的城乡空巢老人数量占比

数据来源：根据 2015 年湖北省 1% 人口抽样调查数据整理绘制。

另一方面，农村空巢老人依然占据较大比重，身心照护服务供不应求。伴随老龄化城乡倒置现象持续，农村老年人家庭的空巢化和高龄化加剧，传统的家庭养老负担不断增大，空巢老人面临日益严峻的老无所养困局，而农村地区社会养老资源、公共养老机制却普遍稀缺。截至 2020 年底，全省社区居家养老服务设施在城市几乎实现全覆盖，覆盖率达到了 96%，而农村地区仅为 67%。农村空巢老人经济收入低、健康状况差、文化水平低；农村地区医疗照护、文娱设施较为缺乏。无论是自身条件还是外部环境，都让该群体陷入养老困境。

（三）城乡养老资源供需倒挂严重，农村基本医疗服务供给不足

第一，湖北省养老资源供需呈现明显的城乡倒置现象。据 2015 年人口抽样调查数据，湖北省城市地区老年人口为 299 万人，镇及农村地区老年人口达 708

万人,乡村地区老年人口为城市地区的2.37倍。但从养老服务供给来看,省民政厅数据显示,城市地区养老机构床位数为65 423张,乡村地区仅有29 114张,城市地区老年人口人均养老机构床位数为乡村地区的5.33倍。分地区来看,武汉、鄂州、黄石等地区老年人口人均床位数超12张,襄阳、宜昌两个省域副中心城市人均床位数也超过7张,而恩施、黄冈、荆州等农业人口占比较高,人口流出较为严重的地区,养老机构床位供给严重不足,养老压力沉重。(见图5-1-9)。

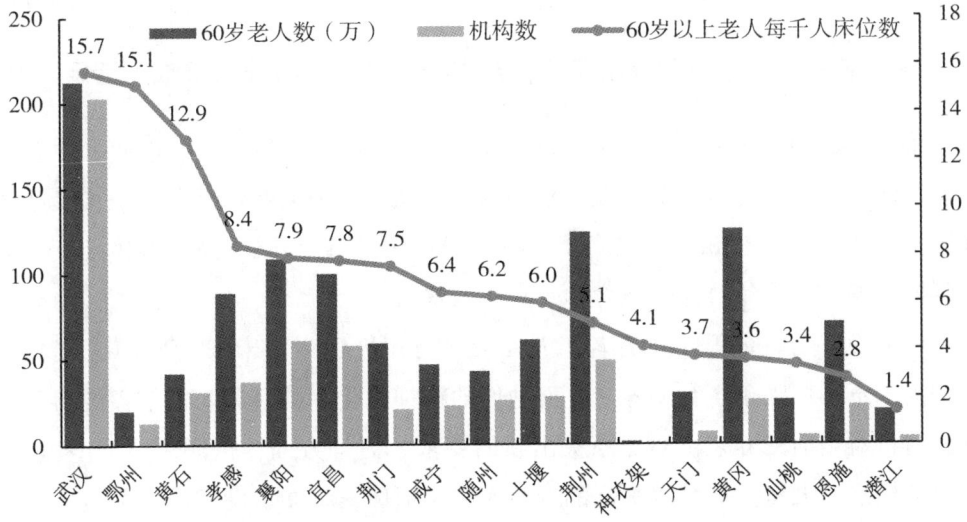

图5-1-9 湖北省各地市养老服务供需分布情况

数据来源:根据2015年湖北省1%人口抽样调查数据整理绘制。

第二,从医疗服务来看,湖北省农村医疗条件落后于邻近省份。据《农业与农村发展调研报告2019(华中卷)》数据(见表5-1-2),湖北省平均每村诊所数仅为1个,且标准化诊所尚未普及,平均每村医生数仅有1.43人,较河南省少1人。在农村地区面临老龄化程度不断加深,空巢老人比例不断提高的背景下,农村基本养老服务供给不足将进一步拉大城乡发展的失衡。

表 5-1-2　华中地区农村医疗条件情况

省份	平均每村诊所数量(个)	平均每村标准化诊所数量(个)	平均每村医生数量(人)	对大病农户有补助的村数量占比
河南省	1.54	1.00	2.4	51.43%
湖北省	1.00	0.89	1.43	42.86%
湖南省	1.56	1.14	1.67	63.89%
总计	1.37	1.01	1.83	52.83%

数据来源：根据《农业与农村发展调查报告2019(华中卷)》整理。

(四)老有所为体系建设不完善，老年群体多样化精神需求难以满足

第一，2020—2030年湖北省老年人口平均受教育年限提升1.66年，生存型养老转向发展型养老是大势所趋。据测算，湖北省2030年老年人口平均受教育年限达7.43年，较2020年提高1.65年，随着受教育年限更高的群体陆续进入老年期，湖北省老年群体受教育水平将持续提升。

一方面，受教育程度高的老年人社会参与积极性强，未来"高知化"老年群体的需求不再局限于生存型养老，但他们的精神文化和社会参与需求需要得到关注，这将对当前的养老供给体系提出新的要求。另一方面，按照现行60岁退休的年龄标准，大量受教育水平高的老年人过早退休，将冲击湖北省人力资本。特别是一些依赖知识经验的职业，老年人的退休将造成人力资本浪费。据测算，2020—2030年湖北省大约有65.14万专业技术人才退休，但湖北省尚未搭建完善的老年人才市场和老年人才信息库，来承接和释放巨大的老年人才红利。

第二，湖北省老龄健康人口占比68%，预期寿命持续延长，老有所乐需求日益增长。2015年人口抽样调查数据显示，68%的老年人健康状况良好，生活不能自理的老人仅占4%，大量健康的老年人依然具备参与社会活动的身体条件。2018年湖北省人均预期寿命达到76.95岁，远高于当前60岁的退休标准。随着人民生活水平的提高和医疗卫生事业的进步，预期寿命还将继续提高，这也意味着老年人将有更长的退休时光。

一方面，湖北省老年群体消费潜力巨大，但老龄产业发展导向较为单一。据携程网数据,湖北省60岁以上老年用户出行旅游订单总数排名全国前十,但湖北省大健康产业规划以医药和器械制造等为主,与老年人日益多元化、个性化的需求不相匹配,健康养老产业发展结构存在不足。另一方面,湖北省老年教育需求日益增长,但各类涉老教育机构常常一位难求。例如2021年湖北省老年大学线上报名通道开启后,6 000多个学员名额3天便被抢空,其中新生2 600余人。

(五)湖北省养老负担压力位居全国前列,企业职工养老基金收不抵支

第一,"制度内赡养比"位居全国第六、中部第一,职工养老保险基金支付压力大。2020年末,湖北省参加城镇职工基本养老保险人数为1 744.69万人。其中,参保职工1 147.85万人,参保离退休人员596.84万人,分别比2010年增长53.23%、98.09%。从制度内赡养比看,根据2020年城镇职工基本养老保险参保职工人数和参保离退休人数测算的制度内赡养比为1.92,这表明每1位离退休人员的收入需要1.92个参保人员的缴费支撑,湖北省制度内养老负担位居全国第六、中部第一,仅次于东北三省、内蒙古和重庆。(见图5-1-10)

从经济发展水平看,2020年湖北省人均GDP为7.52万元,排名全国第九。2020年,人均GDP排名全国第一的北京市,制度内赡养比为4.71。对比来看,湖北省"未富先老"问题较为突出。预测结果显示,预计到2035年,湖北省"制度内赡养比"将达到1.10,养老金支付压力巨大。从养老金收支看,企业职工养老保险基金收不抵支,基金可持续性面临挑战。2020年,湖北省企业职工养老保险基金收入3 115.73亿元,支出3 144.45亿元,入不敷出问题日渐显现。

第二,未来十年湖北省老年人口年均增加超60万人,医保基金负担加重。尽管医保基金累计结余在小幅增长,但省医疗保障局于2019年发布的《防范化解医疗保险基金运行重大风险工作方案》显示,湖北省5个地市医保基金出现当期赤字。根据中南财经政法大学人口与健康研究中心测算结果,2015—2020年湖北省老年人口年均增加不足30万人,2022—2035年湖北省老年人口年均增加超60万人。相比中青年群体,老年群体对医疗服务的需求明显更高。人口老龄化对医疗保障制度的影响主要体现在两个方面:一方面,老龄化使医疗保险基金供给不断减少;另一方面,老龄化使医疗保险基金支出不断增加。随着人口老龄化程度逐渐加深,老年人医疗费用将大幅度增长,给医疗保险制度的持续稳健运行

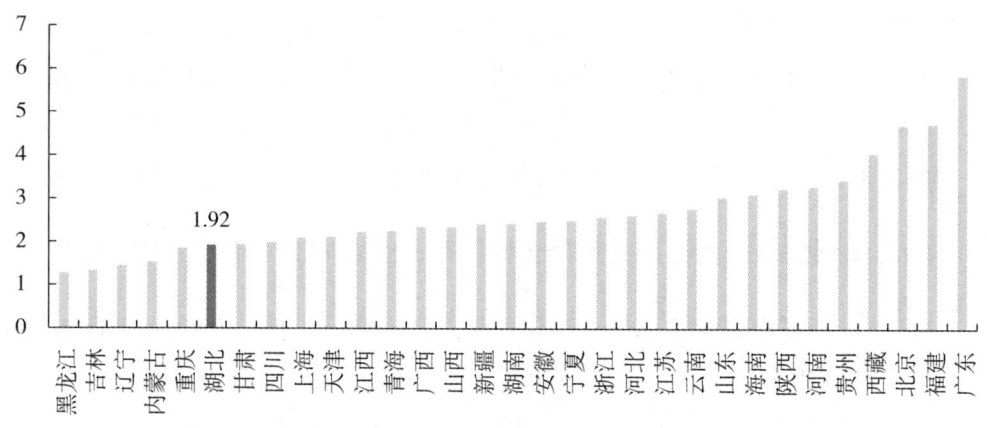

图 5-1-10 2020 年全国(港澳台除外)各省市制度内赡养比

数据来源：根据第七次湖北省人口普查数据整理绘制。

带来巨大挑战。

(六)人口高龄化加剧老年健康问题，失能老人保障体系亟待完善

习近平总书记曾在福建调研医改惠民情况时指出，"健康是 1，其他是后面的 0，没有 1，再多的 0 也没有意义"。随着社会经济发展和医疗技术的进步，我国人均寿命已达 77 岁，但健康预期寿命仅为 68 岁，这意味着老年人有近 10 年在带病生存。老年失能问题是老年健康问题的"重中之重"，中心通过分析中国老年人健康长寿跟踪调查数据发现，当前我国老年失能问题存在以下几点特征：第一，老年失能率随年龄增长快速上升。我国低龄老人失能率为 4%，中龄老人失能率由 6% 逐渐增加至 15%，高龄老人失能率在 20% 以上[1]，老年人口年龄每增加 5 岁，失能率上升 1.12 倍[2]。第二，城市老人失能率明显高于农村老人。主要原因是城市老人体力劳动时间较少，且医疗水平增加了该群体带病生存时间。第三，女性失能率高于男性，主要原因是女性死亡率较低，女性老人余寿较

---

[1] 王金营，李天然. 中国老年失能年龄模式及未来失能人口预测[J]. 人口学刊，2020，42(05)：57-72.

[2] 陶立群. 我国老年慢性病现状及发展趋势[J]. 老龄问题研究，2006(3)：17-29.

长，导致大多数女性老人处于失能状态。

具体到湖北省老年健康状况，较为突出的问题体现在如下几个方面：

第一，农村老年人不健康比重是城市的1.8倍，在中部六省中位居第二。"七普"数据显示，湖北省城市和农村老年人中不健康的占比分别为9.59%和17.32%，均高于全国平均水平。从城乡对比看，农村老年人不健康比重是城市的1.8倍，这主要是因为农村地区的医疗卫生服务水平和设施建设相较城市落后。从区域对比来看，在中部六省中，湖北省农村老年人不健康比例在中部六省中仅次于山西（23.33%）（见图5-1-11），城市老年人不健康比例仅次于安徽（11.04%）。老年人不健康比重越高，意味着湖北省面临医疗卫生服务的需求也越高，政府在医疗卫生等社会保障方面的支出压力将会增加。

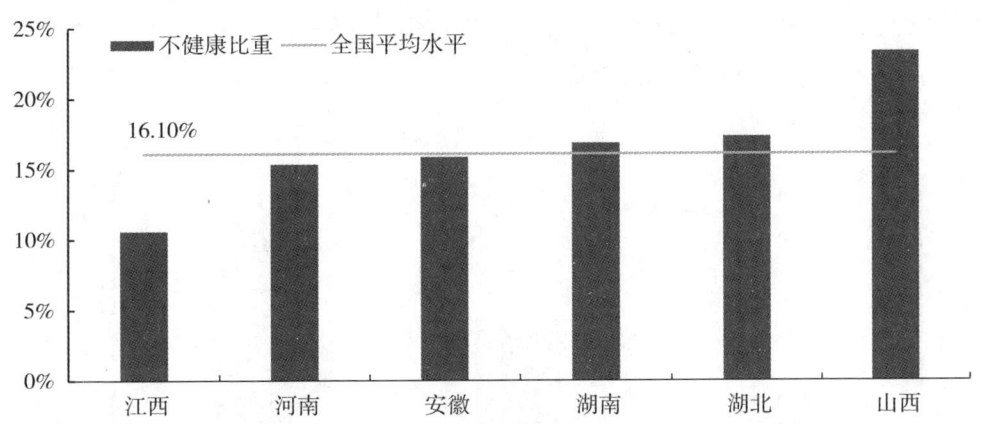

图5-1-11 中部六省农村60岁及以上人口不健康占比
数据来源：根据第七次湖北省人口普查数据整理绘制。

第二，62.54%的农村老年人患慢性病，老年人失能风险大。调研数据显示，湖北省62.54%的农村老年人患有至少一种慢性病。从慢性病类型看，患病人数最多的是高血压，占比49.06%；其次是骨质增生、冠心病、气管炎和糖尿病，分别占比19.81%、18.87%、15.64%、12.26%。对比2013年《湖北省慢性病及其危险因素监测报告》数据看，湖北省农村老年人糖尿病患病率呈上升趋势，由2013年的10.3%增至2015年的12.26%。从区域对比看，湖北省农村老年人慢性疾病率高于同为中部省份的河南省(61.16%)。高比重的农村患病老年人，给农村医疗服务供给提出了新的挑战。

慢性病是老年人失能的重要风险因素，高患病比例将催生更多的失能老年人。基于中国老年人健康长寿影响因素跟踪调查数据的预测结果显示，未来15年湖北省65岁及以上人口中的失能老年人数量将从2020年的81.72万人增至2035年的156.37万人，增幅达91.35%。高龄化将加剧老年人失能问题，随着年龄增加，老年人生活自理能力快速恶化，尤其是80岁以上的高龄老年人失能风险迅速升高。预测结果显示(见图5-1-12)，湖北省80岁及以上人口的失能率均在20%以上，高于同期低年龄段老年人的失能比例。到2035年，湖北省80岁及以上老年人的失能率将达22.75%，即每5位高龄老年人中，就有1位是失能老年人。随着社会经济的发展和医疗卫生水平的进步，2025—2035年，湖北省80岁及以上人口中的失能人数虽在增加，但比重呈现出缓慢下降的趋势，医疗卫生技术的发展改善了老年人失能状况。

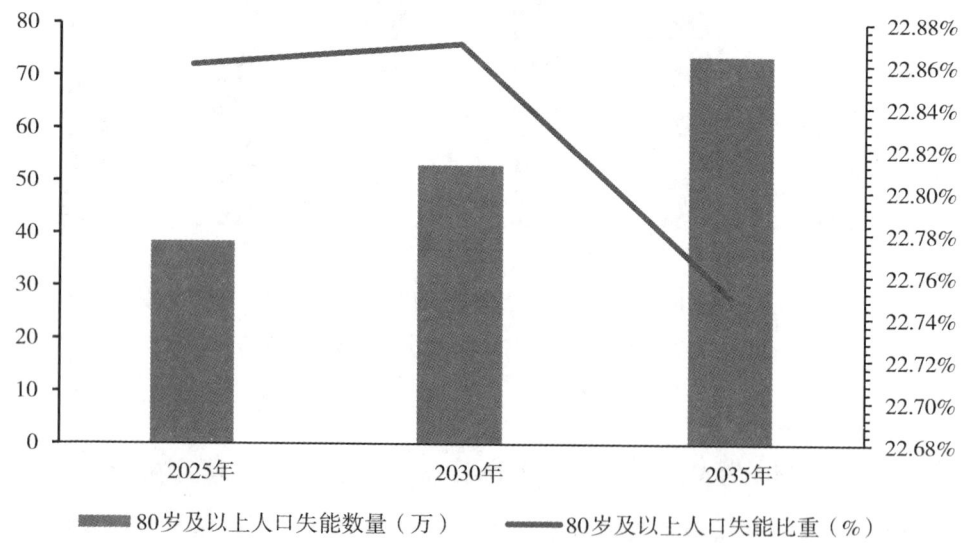

图 5-1-12　未来15年湖北省高龄老人失能规模变化趋势
数据来源：根据第七次湖北省人口普查数据整理绘制。

第三，老年心理健康问题突出且缺乏重视。老年人是抑郁症高发的重点人群，我国老年人抑郁症患病率达 25.6%。伴随城镇化不断推进以及传统家庭养老模式和代际关系的变迁，老年群体尤其是农村老年群体的心理健康问题日益突出。同时，疫情防控政策进一步限制了老人与外出创业务工子女的团聚机会，放大了老年群体患心理疾病的隐患。中南财经政法大学人口与健康研究中心团队近年对农村家庭的调查发现，人口大规模流动和针对流动人口社会保障政策的完善彻底改变了农村老人传统生活方式。一方面，村落人口大规模减少使老人习惯的串门聊天等社交方式日渐缩减；另一方面，以往农二代外出创业务工会将子女留在农村，老人能够与孙辈相互陪伴，但近年外出打工的父母更倾向于将子女带在身边，即便子女进入初高中，也会由父母一方在乡镇、县城陪读，这基本切断了老人与至亲间的感情联系。

在缺乏正确引导措施的背景下，心理问题不仅制约着老人的健康生活，甚至会导致自杀等事件的发生。一项围绕江汉平原的田野调查发现，20 世纪 80 年代农村老人自杀占农村自杀总人数的 24%，2010 年左右已占到 80% 左右，自杀在当地被视为正常甚至合理的事，自杀的主要原因有子女不孝、孤独、病痛折磨等几种。

然而，现阶段各级政府普遍将"托底"作为农村养老服务供给的基本功能定位，重点关注老人物质需求和躯体健康状况，一定程度上忽略了老人的心理健康问题。在社会转型不断深入以及可补充或全面替代的养老模式尚未建立的双重背景下，老年群体心理健康问题将成为阻碍积极老龄化国家战略的突出重点。

第四，医养结合服务体系建设尚不完善。医养结合服务模式是我国实践健康老龄化的重要手段，但医养结合机构的运行状况存在诸多问题。一方面，医养双方责任界定不明确。目前的医养结合服务机构大多由养老机构改制而来，尽管养老机构与医院或卫生服务中心签订了合作协议，但相关内容缺乏法律依据，当医养服务机构内发生医疗事故时，养老机构与医疗机构间的责任划分易引起纠纷，养老机构首先要面临老人家属的巨大压力。

另一方面，医养结合服务机构的上转、下转通道不畅。失能老人的照料是医养结合机构的重点服务内容，但即便是以"医"为主的机构也无法提供老人重症或临终状态需要的医疗服务。一家医养结合机构负责人表示，一个失能老人卧床后的两到三年便可能进入临终状态，在该阶段必须转到专业机构开展相应的照护服务，养老机构自身无法承担这种风险。然而，目前大多医养结合服务机构尚未建立与大型医院之间的绿色转诊制度，同时机构自身也不具备临终关怀、安宁疗护的能力，这便导致医养结合末端服务的缺失。对于康复效果良好，向下转诊的老人而言，下级医疗机构的药品品种较少，上级机构开具的药方在下级医疗机构难以购买，这种现象在农村地区尤为明显。

此外，当前的医保报销制度也限制着医养结合机构的持续发展。一些医养服务机构并不具备医保资质，即便具备医保资质，也仅限于报销医务室门诊看病的治疗费用，老人在护理院的各项治疗费用均需个人承担，这导致医养结合机构的不均衡发展。在我们调研的一家医养结合服务机构中，该机构多年来均使用护养院的收入来弥补护理院的亏损，机构的长期可持续发展存在严重问题。

三、积极应对湖北省人口老龄化的对策建议

(一) 积极应对人口老龄化，健全完善老龄工作顶层设计

第一，强化"政府—家庭—市场"三元治理结构优势。强调家庭的养老"守门人"责任，夯实尊老孝老的中国优势，扩展和延续家庭养老功能，明确以家庭为基本福利单元，探索家庭养老的税收豁免或优惠政策，重视对困难家庭的托底支持关怀。激发市场的支撑和推动作用，优化老龄产业市场竞争环境，建立健全老龄产业相关产品和服务的标准规范，破除不利于老龄事业科学发展的体制机制障碍，引导建立低龄老人参与社会生产活动的市场机制，抢先谋划低龄老年人力资源开发。

第二，构建与人口老龄化相适应的现代经济化体系。推动积极应对人口老龄化与创新驱动发展、现代化经济体系、乡村振兴、城乡融合等国家战略和重大举措深度融合，抢抓进入重度老龄化前的机遇期，把握新时代老年人对美好生活向往的需求，加强科技创新，拓展实施老龄相关的科技前沿产业项目。充分利用物联网、人工智能等技术红利，提高劳动年龄人口劳动参与和生产效率，进一步收获人口数量、素质、健康等综合红利。

第三，树立全生命周期和全人群的大健康观。深入分析各年龄段人口需求与价值，转变"重医疗、轻预防"的传统医疗理念，从老年群体及50~59岁人群出发，逐步建立覆盖全人群的健康动态监测与评估体系。把握"健康中国"建设契机，形成以社区管理为主，以健康促进为目标，构建慢性病预防、疾病治疗、健康管理的整合型健康服务体系。

(二)抢占老龄产业链高点，探索建设老年劳动力供给体系

第一，大力开拓老龄经济蓝海。深入研究湖北省老龄产业发展优势，推进智慧养老、老年医学、老年器械及设备、养老金融等高附加值老龄产业发展，放宽老龄产业营商环境，推动老龄产品市场提质扩容，加大老龄产业人才队伍建设。将老龄产业培育为湖北省拉动内需、扩大就业、促进经济高质量发展的新动能。

第二，积极开拓老龄工作岗位。顺应国家发展趋势，在宜昌、荆州等老龄化程度较为严重的地区开展延迟退休先行先试举措。营造尊老敬老社会环境，培养"劳动最光荣"的社会文化观念，开辟公益和灵活就业岗位，强化老年人劳动参与和创业积极性。针对美丽乡村及乡村振兴项目，设立一定比例农村老人就业岗位。制定地方性法规保障老年就业人群收入、安全、健康等各项权益，加强超龄劳动者就业保障。

第三，探索优化老幼同养模式。提高"一老一小"政策支持力度，将隔代照料纳入婴幼儿托育服务体系，承认隔代照料的社会价值，释放育龄群体的劳动潜力。开展面向老年群体的社区早教培训，提高老年人育教水平。探索多种形式的隔代照料补贴，将老龄压力化解为推动人口长期均衡发展的老龄红利。

(三)创新紧密型养老服务环境，打造城镇老年健康支撑体系

一是强化"居家+社区"的城镇养老基础作用，打造"紧密医养结合服务"闭环健康管理模式。针对低龄老人群体，抓住未来十年重要窗口期，巩固居家养老基础地位，优化针对居家养老群体的社区支持环境。制定《湖北省居家养老服务条例》及相关配套措施，明确家庭、政府、社会、市场等多方责任，推动养老服务供给标准化建设，强化养老服务供给监管。在老年人占比较大且有条件的社区开展"紧密医养结合服务"试点项目，引入社会力量对老年家庭内部进行适老化、

智能化改造，社区或服务机构承担信息管理、知识普及和护理服务职责，医疗机构承担老年群体健康评估、制定个性化医疗及康复计划职责，打造闭环健康管理模式。

二是推进"为老适老"智慧化社区环境改造，打破养老"数据孤岛"。研究显示，跌倒是导致老人失能的重要原因，同时也是65岁以上老人伤害性死亡的首因，而近一半的老年跌倒发生在家庭以外。针对老年跌倒等相关问题，制定《湖北省老年友好型安全社区标准》，推动各小区按照统一标准逐步进行适老化改造。结合老旧小区改造行动，联合电信运营商及市场力量，推动社区老年基础设施和部件提升改造，打造15分钟"为老适老"生活圈；搭建老年人口数据库、养老服务网和智慧养老服务云平台，老年家庭内部设置应急救援呼叫设备，形成家庭、市场、社会和政府的多方合力，以科技赋能居家和社区养老环境。

三是建立多层级社区医养结合服务体系，围绕失能老人实施"健康上门行动"。老年健康，重在预防。以社区为宣传阵地，制定相关考核标准，加强老年健康教育、预防保健知识及免费体检的宣传力度；联合社会力量，搭建湖北省老年健康动态监测大数据平台，汇总处理全省老人体检及就医数据，实时掌握湖北省老年健康状况；支持有意愿的医院或疗养院向老年医院转型，联合社会力量兴建社区养老服务综合体，推动基层医疗机构建设医养结合服务中心，制定详细推动计划，形成以三甲医院为指导、以老年医院为保障、以养老服务综合体为支撑、以基层医养结合服务中心为根本的多层级社区医养服务体系。针对城镇失能老人，由卫健部门牵头，开展一年两次的"健康上门行动"，提供健康管理和健康指导，增强失能老人获得感。通过签约家庭养老床位应对失能失智床位供给不足问题，制定签约家庭养老床位管理机制，以养老服务综合体/基层医养结合服务中心为社区家庭养老床位提供方，提高家庭医养结合服务专业性。制定失能老人认定标准及客观化、数据化的评定方案，重点完善评估和护理两大环节，加强总控管理和质量监管，稳步推进长期护理险的实施。

（四）建设县域养老服务统筹网络，探索多渠道农村老年健康服务供给形式

一是以县为支点建设农村老年医疗供给体系，推动区域优质医疗资源向农村下沉。充分响应国家"共同富裕"战略目标，着力实现农村及落后地区老人享受高质量医疗健康服务。以武汉、襄阳、宜昌、十堰、荆州、恩施等医疗水平较发达地区为核心，建设环武汉、鄂西北、鄂西南和江汉平原区域性老年健康医疗中心，推动医疗资源向县域乡村地区辐射，县域卫健部门做好县、乡、村三级老年医疗服务统筹工作，梳理老年健康医疗资源供需特点，在区域医疗中心指导下制定"一县一策"解决方案，推动县、乡、村三级养老资源的共建共享、互联互通。把握湖北省"山川协作"建设契机，制订老年医疗健康帮扶方案，以医疗资源下沉、远程医疗、招商引资、人才培训等多种形式，快速优化欠发达地区老年医疗健康服务供给水平，切实提升落后地区老年人幸福感、获得感和健康生活品质。

二是大力发展多元化农村互助养老。制定特色化"农村幸福圈"实施标准，由乡镇政府、村两委组织、实施和管理，以行政村为单位，组建多支助老服务队伍，充分挖掘并发挥农村闲置劳动力以及低龄老人的潜能，引导其通过志愿服务、低偿服务、时间银行的方式，参与助老活动，实现村村都有幸福圈，老人吃饭休闲不用愁；组织邻里乡亲之间结成互助帮扶对子，鼓励农村老人结伴养老；联合社会力量，以慈善救助方式提供住房，集中安置农村孤寡老人，配置服务人员，提供基本生活照料，实现老人的自我管理和自我服务。

三是把握乡村振兴战略契机，着力提升乡村敬老院失能照护和集中供养能力。农村地区失能老人照护服务供给是积极应对人口老龄化战略的实施难点，多部门协同利用好乡村振兴建设契机是重要突破口。着力提升县域老年医疗服务供给，确保每县至少有1家能够开展老年健康综合评估和健康等级划分的综合性医疗机构，逐步培育和推动乡镇卫生院开展医养结合综合服务能力；投入资金、场地、人员提升乡镇敬老院失能照护和集中供养能力，并制定考核标准，实现"小病不出村、失能不出镇"；拓展农村失能老人照养资金来源渠道，以养老专项债、福利公益金、长期护理险等模式筹资并吸引社会资本，共同解决农村失能老人问题。

(五)营造"亲老适老"社会环境，释放老年群体文化价值

第一，引进社会力量，探索学养结合办学模式。发挥政府主导作用，推动终身学习型社会建设。对现行以休闲娱乐为主的老年教育体系进行适应性改革，鼓励企业、社会组织广泛参与老年职业教育事业；探索教育养老多元化办学模式，加大对民营老年教育机构的政策倾斜和支持力度，调动社会力量参与办学积极性；突出社区学养重点，发挥机构学养作用，关注特殊学养人群，强化学养主体联盟，整合利用各类教育资源，有效应对老年教育机构"一位难求"困境，构建幸福指数高、费用低的学养结合新模式，推动老年教育融入养老服务体系。

第二，挖掘老年红色资源，推动老年群体参与社会文化建设。完善相关法规，充分贯彻"寓老年参与于万策"的原则，消除老年人平等参与各项活动的制度障碍。加大对老年社会组织和相关机构的培育支持。进一步发挥老年协会等机构和社会组织作用，加大老年人社会参与专业平台建设力度，拓展老年人社会参与渠道。积极挖掘老年人中的红色资源，鼓励老干部继续发光发热，引导老年志愿者在党史学习、基层治理和乡村振兴中发挥积极作用，为湖北省经济社会发展建言献策。政府部门要给予基层老年体育更为完善的公共服务保障体系，推动社区体育基础设施适老化改造升级，开展社区化和基于社会关系构建的老年体育锻炼和健康促进项目，鼓励老年人参与体育赛事或担任协会职责，让社区老年体育参与形式规范化、内容科学化、时间持久化。

第三，打通"数据鸿沟"，拓展老年人数字化社会参与。加强老年人数字权益的保护，构建老年人数字参与安全网，严厉打击电信网络诈骗行为，保障老年群体参与数字生活安全便利。推进线上与线下产品适老化建设，突出"科技向善"理念。消除老年数字鸿沟，发展老年友好智能技术，加强新媒体与智能设备的适老化设计，简化智能终端操作流程，开发和应用老年友好的硬件、软件功能。加强家庭与社会数字反哺，提高老年人信息能力与素养。家庭层面，鼓励子女向年长一代持续传递数字技能，帮助老年人更好地适应数字化生活。社会层面，整合社区资源，依托社区文化活动中心开展数字能力教育活动，发挥基层党员、社区工作者、志愿者和同辈群体主动帮扶的积极作用，协助老年人学习互联网智能技术。

（六）完善多层次安全型社会保障体系，保障养老、医保基金持续运行

第一，加快探索个人税收递延型商业养老保险试点。参照上海、福建和苏州工业园区的试点经验，在养老保险基金支付压力大的市州率先开展个人税收递延型商业养老保险试点。对个人通过商业养老资金账户购买符合规定的商业养老保险产品产生的支出,允许在一定标准内税前扣除;计入个人商业养老资金账户的投资收益,暂不征收个人所得税;个人领取商业养老金时再行征收个人所得税;优化税前扣除的经办程序,提高服务便利程度。

第二,盘活养老、医保基金结余。清算当前的养老、医保基金结存,并结合人口老龄化趋势对短期和长期支付压力进行系统评估,形成养老、医保基金结存统筹方案。加快推动养老保险基金、医疗保障基金委托投资,拓宽基金的投资及运营渠道和范围,委托资质合规、信用评级高的投资机构利用养老、医保基金结余开展市场投资,实现基金结余保值增值,缓解基金运行压力。

第三,发展商业养老保险,缓解养老、医疗基金支付压力。推动商业保险公司参与养老金融产品的开发,如住房反向抵押养老保险、长期护理保险等;引导商业保险公司参与建设养老社区,如投资养老地产业;鼓励商业保险公司开发商业健康养老保险产品,大力拓展重大疾病、住院等保险产品和服务。

报告二 湖北省城乡空巢老人生活现状研究

一、引言

伴随着城市化进程的快速推进，我国人口年龄结构发生改变，老龄化问题日益突出。社会老龄化程度的加深导致空巢老人数量快速增长，空巢现象已经成为一个不容忽视的社会问题。据全国老龄办统计，目前我国有近三分之二的老人家庭出现空巢现象。空巢老人是指无子女或虽有子女，但子女长大成人后离开老人另立门户，剩下老人独自居住的群体。基于第七次全国人口普查（以下简称"七普"）相关数据，本报告将居住状况为"与配偶同住""独居"和"其他"的60岁及以上老年人口定义为空巢老人。

家家有老人，人人会变老。空巢老人问题不仅是一个家庭内部的问题，更关系到社会稳定和国家的长久发展。为全面和深入了解湖北省空巢老人的生活状况，本报告将基于"六普"和"七普"数据，首先对湖北省城乡空巢老人家庭户变化特征及趋势进行分析，然后分析目前湖北省空巢老人在医疗、养老等方面存在的紧迫现实需求和现实困境，并尝试探寻有效的应对之策，积极推动湖北省老龄化事业的发展。

二、湖北省城乡空巢老人生活现状

2020年第七次全国人口普查，按10%的抽样比例，在每个调查小区抽取住户组，详细填写生育、就业、教育和老年人口健康状况等指标，全省共调查了60岁及以上老年人口118.15万人（除特别说明外，本报告使用的老年人口绝对数为10%抽样汇总数)。通过相关估算,2020年湖北省空巢老人达684.47万人,占全省60岁及以上人口的57.83%,占全省总人口的11.85%。

从城乡构成来看,2020年湖北省城乡空巢老人占比对半,乡村空巢老人占比略高于城镇。具体而言,乡村空巢老人的占比最高,为51.17%;城市空巢老人的占比次之,为31.75%;镇的空巢老人占比最低,为17.09%。接下来,本报告将主要从年龄构成、性别构成、健康状况、婚姻状况、主要生活来源等角度,分城乡对湖北省空巢老人的生活现状进行考察。

(一) 十年间湖北省空巢老人家庭户数量翻番

2010年至2020年,湖北省空巢老人家庭户总数呈现不断上升的趋势,并且其占老年总人口的比重也不断增加。表图5-2-1为2010—2020年湖北省城乡空巢老人家庭户类型变迁情况统计。总的来看,湖北省空巢老人家庭户由2010年的150.98万户增长到2020年的316.57万户,十年间翻了一番多。分城乡来看,城市、镇和乡村的空巢老人家庭户数量都有不同程度的增长。其中,城市空巢老人家庭户的增长幅度最大,为133.36%;镇次之,为122.35%;乡村的增长幅度最小,为91.5%。分家庭户类型来看,空巢老人家庭可以分为单居空巢老人家庭和双居空巢老人家庭。与十年前相比,2020年双居空巢老人家庭户占比由55.9%下降为50.68%,下降了5.22个百分点。原因主要在于镇双居空巢老人家庭占比的下降,其由56.64%下降为47.72%,下降了8.92个百分点。

表 5-2-1　2010—2020年湖北省城乡空巢老人家庭户类型变迁　　单位:万户

	2010年			2020年		
	单居老人	双居老人	合计	单居老人	双居老人	合计
城市	19.37	27.80	47.17	49.23	60.84	110.07
镇	10.80	14.11	24.90	28.95	26.42	55.37
乡村	36.41	42.51	78.92	77.96	73.17	151.13
合计	66.57	84.41	150.98	156.13	160.44	316.57

数据来源:根据第六、七次湖北省人口普查数据整理。

(二)湖北省空巢老人占比空间分布由点及面,迅速扩散

图 5-2-1 展示了 2010 年至 2020 年,湖北省各个县级行政单位空巢老人占老年总人口比重的空间变化状况。2010 年,空巢老人占比较高的地区在湖北省东部(包括武汉市、鄂州市)和西北部(主要是十堰市)零星分布。2010 年至 2020 年,湖北省各个城市的空巢老人占比都出现了不同幅度的增长。其中,占比增长较多的主要是十堰市、鄂州市的部分地区,增长较少的主要是武汉市、恩施州的部分地区。2020 年,湖北省空巢老人占比较高的地区呈块状广泛分布,主要是在湖北省东北部(武汉市、鄂州市、孝感市、随州市)和西部(十堰市、宜昌市)。值得注意的是,鄂州市华容区、梁子湖区,黄石市铁山区,十堰市张湾区、郧西县,恩施州巴东县以及武汉市汉南区 7 个县级行政单位,空巢老人占比首次超过 50%。

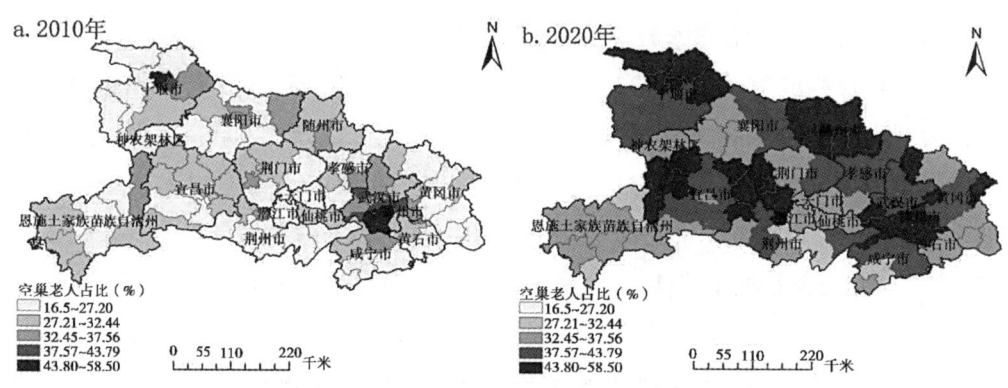

图 5-2-1 2010—2020 年湖北省各市空巢老人占比的空间变化
数据来源:根据第六、七次湖北省人口普查数据整理绘制。

(三)中低龄空巢老人占比过九成,乡村低龄空巢老人占比最高

以 60 岁退休后开始进入老年期对空巢老人进行划分,60~69 岁老年人口称为低龄空巢老人,70~79 岁老年人口称为中龄空巢老人,80 岁及以上老年人口称为高龄空巢老人。表图 5-2-2 为 2020 年湖北省城乡空巢老人年龄构成情况。分

年龄来看,湖北省低龄空巢老人占比为57.5%,显著高于中高龄空巢老人占比。城镇低龄空巢老人占比与乡村相当,乡村低龄空巢老人占比最高,为29.08%。

表5-2-2 2020年湖北省城乡空巢老人年龄构成

(单位:%)

	城市	镇	乡村	总计
低龄(60~69岁)	18.44	9.99	29.08	57.50
中龄(70~79岁)	9.97	5.47	17.31	32.75
高龄(80岁及以上)	3.34	1.63	4.78	9.75
总计	31.75	17.09	51.17	100.00

数据来源:根据第七次湖北省人口普查数据整理。

(四)男女空巢老人占比对半,乡村男性空巢老人占比最高

分性别来看,在高龄空巢老人群体中,男女占比差异几乎对半;中低龄空巢老人群体中,男性占比高出女性3.41个百分点。分城乡来看,乡村男性空巢老人占比最高,为26.73%,比乡村女性空巢老人占比高出2.3个百分点。

表5-2-3 2020年湖北省城乡空巢老人性别构成

(单位:%)

	分年龄				分城乡			
	低龄(60~69岁)	中龄(70~79岁)	高龄(80岁及以上)	总计	城市	镇	乡村	总计
男	29.95	16.88	4.88	51.71	16.13	8.85	26.73	51.71
女	27.55	15.86	4.87	48.29	15.62	8.24	24.43	48.29
总计	57.50	32.75	9.75	100.00	31.75	17.09	51.17	100.00

数据来源:根据第七次湖北省人口普查数据整理。

三、湖北省空巢老人面临的问题

基于湖北省"六普"和"七普"数据,我们对2010年至2020年湖北省城乡空

巢老人家庭户变化特征及趋势进行了分析，并从健康状况、婚姻状况和主要生活来源等角度对空巢老人生活状况进行了描述，发现湖北省空巢老人面临如下生存问题。

(一) 乡村空巢老人健康状况较差

湖北省乡村处于不健康状态的空巢老人占比较高。究其原因，一方面，农村地区经济落后，相关的医保制度和医疗设施都不够完善。虽然我国实行的新型农村合作医疗制度使得农村医疗保障能力有所提高，但是依然存在着报销范围窄、自付比例高、程序复杂等问题。另一方面，农村的医疗条件和医疗水平也相对落后，很多疾病需要到大城市的医院才能确诊和治疗。不完善的医保制度和落后的医疗设施使得很多农村空巢老人不愿意到医院去看病，这就导致了"小病拖大病扛"现象的出现。此外，相较于城市空巢老人，农村空巢老人的家庭经济状况和享受的医疗卫生条件更差，掌握的生活保健知识更少，加之面临着日常生活照料缺位和精神慰藉匮乏的窘境，健康问题更为突出。2020年湖北省城乡空巢老人健康状况详见表5-2-4。

表 5-2-4　2020 年湖北省城乡空巢老人健康状况

（单位：%）

	城市	镇	乡村	总计
健康	55.55	50.20	44.59	49.03
基本健康	35.09	38.03	39.29	37.74
不健康，但生活能自理	7.93	10.41	14.60	11.77
生活不能自理	1.43	1.36	1.51	1.46
总计	100.00	100.00	100.00	100.00

数据来源：根据第七次湖北省人口普查数据整理。

(二) 乡村空巢老人养老保障不稳定

湖北省乡村空巢老人的主要生活来源是劳动收入，其次是靠其他家庭成员供养(见表5-2-5),这表明乡村空巢老人的养老经济来源单一、稳定性差,经济过于依赖他人,而且过度劳动还会增加患病风险。农村空巢老人病后无人照料,容易导致因病致贫或返贫。农村是公共服务的薄弱地区,社会化养老服务体系缺失,除少量敬老院或"五保供养"之外,配偶照护几乎是农村空巢老人体弱力衰时唯一的依靠。然而在子女进城务工的情况下,日常看护和生活照料必然严重不足,风险防御机制的脆弱性丛生,空巢老人养老意外风险发生的概率很大,一旦不能及时防范和排除就会造成丧失劳动和自理能力甚至危及生命的情况。

表5-2-5 2020年湖北省空巢老人主要生活来源

(单位:%)

	城市	镇	乡村	总计
劳动收入	9.01	22.16	41.28	27.77
离退休金/养老金	76.69	39.33	10.31	36.34
最低生活保障金	1.49	3.83	7.22	4.82
财产性收入	0.28	0.42	0.27	0.30
家庭其他成员供养	9.99	28.28	34.97	25.89
其他	2.54	5.98	5.95	4.88
总计	100.00	100.00	100.00	100.00

数据来源:根据第七次湖北省人口普查数据整理。

(三)空巢老人精神慰藉缺乏

从人口学角度而言,老年人本身的社会适应能力相对较弱,而空巢老人缺乏有效的社会支持因素,导致其价值观、思想、认识等方面与社会主流脱节。同时,他们对子女的精神依赖程度较大,但情感却得不到良好寄托。由于子女长期不在身边,空巢老人在生活中没有依靠、精神上失去寄托,精神世界空虚、内心孤独无助,生活中的烦恼也无人倾诉。尤其对于独居空巢老人而言,他们中大多是丧偶老人,长期以来与他人的互动交往频率降低,再加上生活不顺、身体状况不佳等多方面的因素,他们常常会觉得孤独寂寞、情绪低落,逐渐丧失了对生活的希望,甚至产生厌世心理、萌生自杀倾向。2020年湖北省独居空巢老人婚姻状况详见表5-2-6。

表5-2-6 2020年湖北省独居空巢老人婚姻状况

(单位:%)

	男	女	合计
未婚	5.98	0.46	6.43
有配偶	13.56	7.54	21.11
离婚	3.03	1.88	4.91
丧偶	22.45	45.10	67.55
总计	45.02	54.98	100.00

数据来源:根据第七次湖北省人口普查数据整理。

四、相关建议

(一)加强农村基层医疗体系建设

积极改善基层医疗机构的医疗条件、服务水平和服务内容,满足空巢老人的特殊就医需求。具体而言,首先,要尽快完善农村社区的急救机制,提供送医送药上门等服务,努力实现陪同就医和用药指导;其次,要重点关注高龄、长期患病、丧失自理能力的空巢老人,为遭遇突发意外或重大疾病的空巢老人建立临时救助机制,帮助其渡过难关;最后,还要定期联合医疗学会、医学院等社会力量开展针对空巢老人常见慢性病的专业医疗卫生知识宣传救助活动,还可以考虑联合社会力量或购买医疗服务定期送医下乡,帮助空巢老人预防和减轻老年慢性病疾患,从而减少或避免因老年慢性疾病引发的各种内在安全隐患。

(二)健全多元化养老服务体系

在"居家为基础、社区为依托、机构为补充、医养相结合"的养老总方针下,居家养老是农村养老的主流。实现差别化养老，是实现农村空巢老人老有所养的关键所在。一是要鼓励互助式养老模式。鼓励农村空巢老人共同生活、相互扶持，一方面破解空巢老人无人监护、突发危险的困局；另一方面化解空巢老人的孤独感。二是要发展家庭与社区养老相结合的养老模式。以村委会为依托建立日间照料中心、托老所、夜间照护中心等，满足农村空巢老人的全时段养老需求。三是引入智能化技术，搭建智慧养老服务平台，创建"互联网+养老"模式，为农村空巢老人与社会化养老服务供给建起桥梁，满足农村空巢老人的养老需求。

（三）引入有效心理干预机制

为了避免空巢老人的空巢综合征等心理问题，政府应重点承担精神帮扶的责任。具体而言，一是要履行好政府的监管与教育职能，时刻关注空巢老人的心理需要与精神状态。积极为空巢老人提供心理咨询服务，定期开展关爱活动以及组织各类老年文化娱乐活动，让空巢老人积极参与到社会活动中去，满足他们的精神需求，缓解其精神空虚感和孤独感。二是可以由社区或村委会牵头建立棋牌室、活动室等公共基础服务设施，丰富空巢老人的精神生活。

报告三 湖北省城乡老年群体生活来源及变化趋势研究

一、引言

据第七次全国人口普查结果显示,湖北省60岁及以上老龄人口占比达到20.42%,成为中部地区老龄人口最多的省份,已经步入深度老龄化阶段。对于老年群体而言,身体机能的衰退、劳动能力的丧失,让逐步淡出工作领域的他们在生活来源获取方面变得愈加困难。但为保证基本的生活条件,生活来源的获取途径对他们显得尤为重要。在此种情况下,属于弱势群体的老年人主要依靠哪些途径获取生活来源?获取方式的不同对老年群体会有怎样的影响?在城乡二元结构、地区发展不平衡的社会经济背景下,老年群体的生活来源构成又会呈现出怎样的区域特征?这些问题对于构建完善的社会养老保障机制具有重要的研究意义,但却少有相关文献通过分析数据予以研究。

因此,针对以上问题,也为充分了解老年群体的主要生活来源分布情况及城市和乡村的区域特征,进而分析当前老年人经济保障方面存在的问题,本次研究主要使用第七次全国人口普查数据和第六次全国人口普查数据,从湖北省范围分析城乡60岁以上老年群体生活来源当前呈现出的现状特征以及十年来的变化趋势,以期通过对数据的分析研究提出当前的问题及对策建议。

二、现状分析

(一)劳动收入和离退休金/养老金成为绝大部分老年群体的主要生活来源

据第七次全国人口普查显示,在湖北省老年群体的主要生活来源分布中,以离退休金/养老金为主要生活来源的老年群体比重达到 35.69%,家庭其他成员供养为 29.47%,劳动收入为 25.94%,其他均在 5% 以下,老年人更多依靠从业单位发放的离退休金/养老金维持生计,其下依次为家庭其他成员供养、劳动收入(见图 5-3-1)。全省超过三分之一的 60 岁以上老年人依靠离退休金/养老金生活,离退休金成为大部分老年人的主要生活来源。

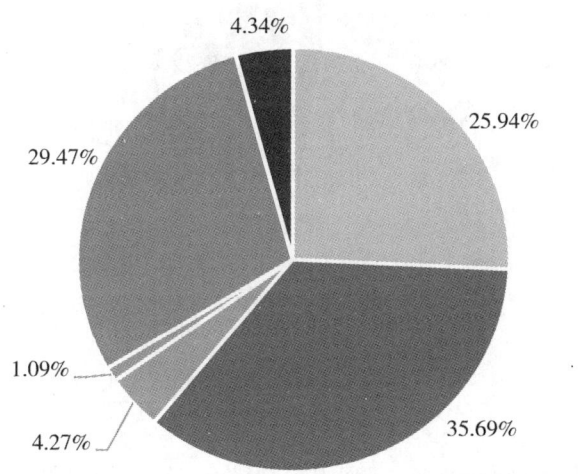

图 5-3-1　湖北省老年群体主要生活来源分布

数据来源:根据第七次湖北省人口普查数据整理绘制。

(二)仅有10%的农村老年人主要依靠离退休金生活,养老保险制度仍待完善

从图 5-3-2、图 5-3-3 可以看出,城市地区依靠离退休金/养老金生活的老年群体比重达到72%,远高于家庭其他成员供养(15%)和劳动收入(9%),而在乡村地区,劳动收入成为四分之一的老年群体的主要生活来源,其次为家庭其他成员供养,比重为38%,最后是离退休金/养老金,比重仅为10%,说明城乡养老保险发展存在严重不平衡,城市地区养老保险制度更为完善,老年人能够获取更多的养老金以满足自身物质生活需要,而农村地区养老保险制度仍较为落后,离退休金/养老金的获取途径少,难度大,额度少,使得当地老年人更多的需要依靠家庭或者自己的劳动来补足生活开支。

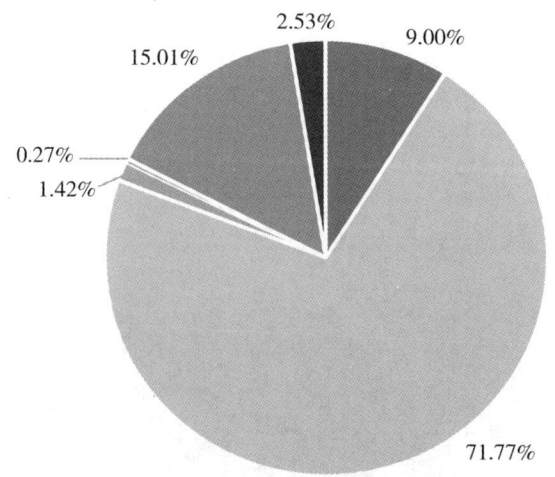

图 5-3-2　湖北省城市地区老年群体主要生活来源分布
数据来源:根据第七次湖北省人口普查数据整理绘制。

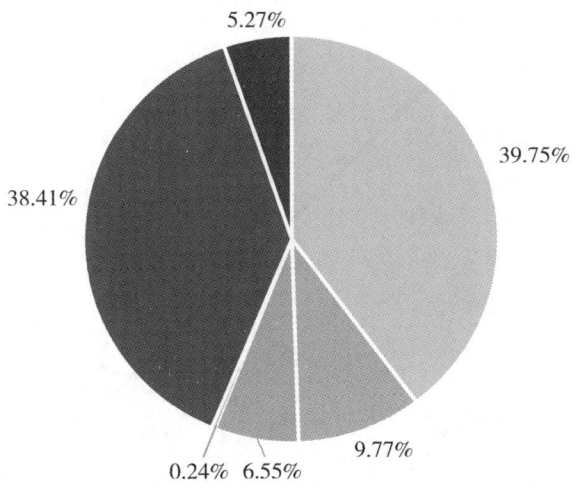

■ 劳动收入　■ 离退休金/养老金　■ 最低生活保障金
■ 财产性收入　■ 家庭其他成员供养　■ 其他

图 5-3-3　湖北省乡村地区老年群体主要生活来源分布
数据来源：根据第七次湖北省人口普查数据整理绘制。

　　城市男性和女性老年群体相较于乡村地区而言劳动参与度更低，更多依赖于离退休金/养老金。从图 5-3-4、图 5-3-5 可以看出，城市男性老年人主要依靠离退休金/养老金生活，以此类所得作为主要生活来源的老年群体比重有 73.4%，城市女性老年人比重为 70.29%，而乡村地区男性老年人和女性老年人分别为 10.92% 和 8.63%，远低于城市地区的比重。但城市地区主要依靠劳动收入生活的男性老年人仅占 12.62%，女性仅占 5.71%；相反，乡村地区主要依靠劳动收入生活的男性老年人比重为 48.54%，女性为 31.11%，远高于城市地区水平，说明城市男性和女性老年人相较乡村地区劳动参与度更低，与整体上城市地区老年群体更多依靠离退休金生活，劳动收入与家庭供养比重低的趋势相符。

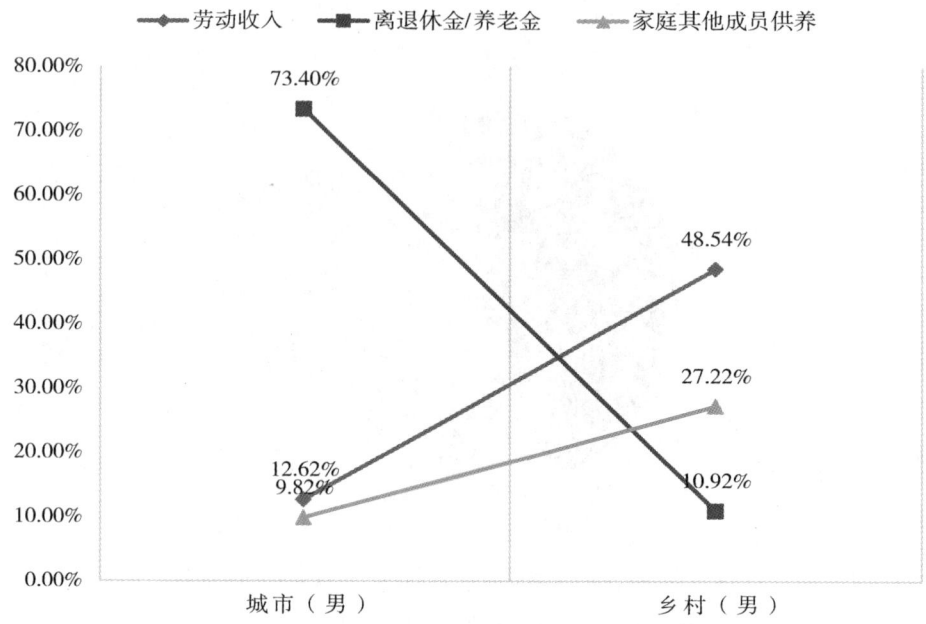

图 5-3-4　城乡男性老年群体主要生活来源占比
数据来源：根据第七次湖北省人口普查数据整理绘制。

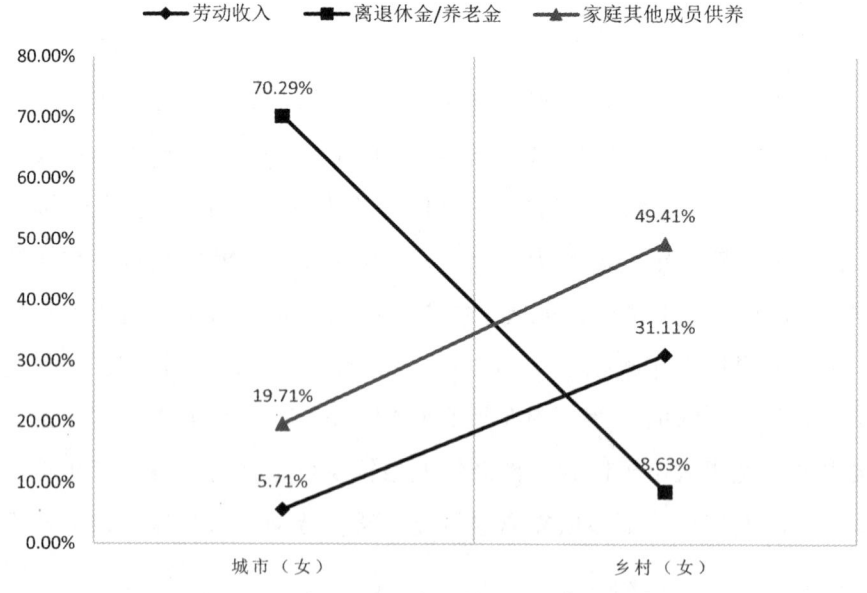

图 5-3-5　城乡女性老年群体主要生活来源占比
数据来源：根据第七次湖北省人口普查数据整理绘制。

（三）近 40%的女性老年人主要依赖家庭供养，女性相较男性独立程度较低

由于男性与女性老年群体在身体素质、传统观念、生活方式等诸多方面存在不同，在老年群体主要生活来源获取方式上男女之间也存在明显的差异。图5-3-6中男女老年群体的主要生活来源情况明显不同，男性老年群体更多依赖于个体劳动收入，比重达到32.86%，而女性老年群体此类比重仅为19.38%，女性劳动参与远不及男性，但在家庭其他成员供养方面，女性比重达到37.89%，远高于男性的20.60%，且家庭其他成员供养是大部分女性老年群体的主要生活来源，说明女性老年群体的主要生活来源更多依靠家庭供养，而不是通过劳动参与和离退休金/养老金满足生活需要，如果缺乏家庭的支撑容易面临较大的风险，便会使其独立程度低于男性老年群体。

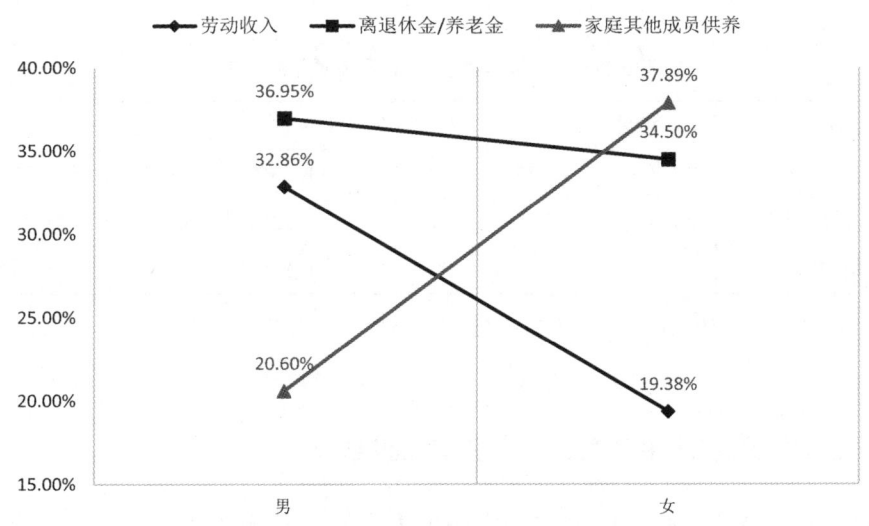

图 5-3-6　老年群体主要生活来源男女比较

数据来源：根据第七次湖北省人口普查数据整理绘制。

（四）仅 2%的 85 岁以上老人依赖劳动收入生活，高龄老人独立性较差

年龄是影响老年群体生活来源的重要因素，由于不同年龄的老年人在劳动能力、家庭状况、就业情况等方面存在差异，因此随着年龄的增加，老年群体的主要生活来源情况分布也会存在较大差异。表5-3-1显示，在总体上依靠劳动收入的人口比重随年龄的增加而迅速降低，离退休金/养老金比重相对均衡，家庭其他成员供养比重迅速提高。在60~64岁阶段还有39.81%的老年人以劳动收入为主要生活来源，但从65岁之后比重开始降低，到70~74岁迅速降低至19.57%，到85岁以上劳动收入比重仅为2.22%；但从家庭其他成员供养方面来看，60~64岁阶段以家庭其他成员供养为主要生活来源的老年人有19.75%，70~74岁比重上升至32.84%，高于劳动收入比重，到85岁及以上迅速提升至50.94%，已经有超过半数的老年人依赖家庭对自己的抚养。可以看出老年群体的生活来源随着年龄增加逐渐向家庭供养方面倾斜，受身体机能、劳动能力等方面限制，高龄老人难以依靠劳动参与获取生活来源，我国尚不完善的养老保障机制也使得离退休金/养老金难以满足高龄老人的生活需要，因而可以发现相较于低龄老人而言，高龄老人的经济独立性较差，难以凭借自身能力获取生活来源。

表5-3-1 老年群体主要生活来源年龄分布

生活来源	60~64岁	65~69岁	70~74岁	75~79岁	80~84岁	85岁及以上
劳动收入	39.81%	30.73%	19.57%	11.53%	4.85%	2.22%
离退休金/养老金	33.43%	35.95%	37.71%	35.92%	38.05%	36.00%
家庭其他成员供养	19.75%	24.73%	32.84%	41.59%	46.46%	50.94%

数据来源：根据第七次湖北省人口普查数据整理。

(五) 地区经济水平越高，社会养老比重越大

社会养老是社会所有成员在一定制度安排下共同赡养老年人的养老保障方式，当前我国的社会养老以社会养老保险制度为主，其中离退休金/养老金是养老保险的重要实现形式。地区经济水平对老年群体生活来源具有不同方向的相关性。地区生产总值是反映一个地区经济水平的重要标准，生产总值越高一般意味着当地的经济水平越高。图5-3-7、图5-3-8显示，随着经济水平的提高，依靠劳动收入和家庭其他成员供养的人口比重有明显的下降，劳动收入从26.69%下降

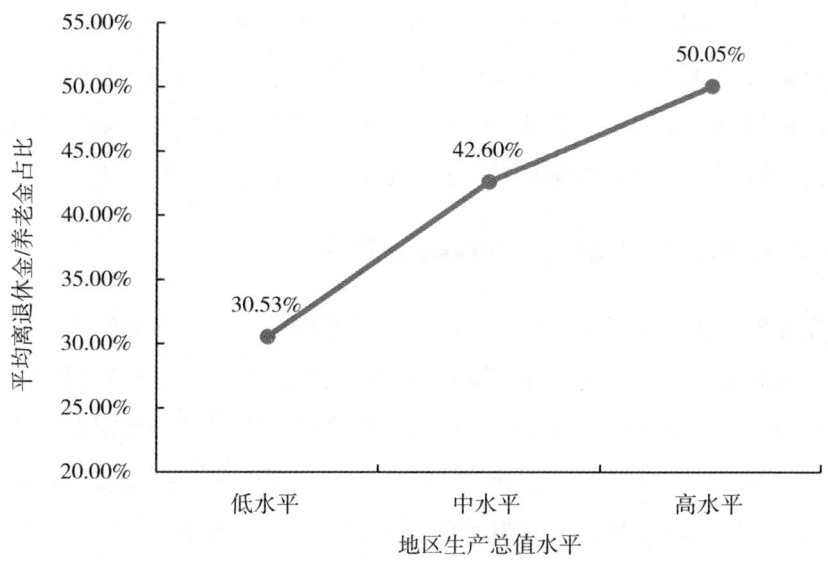

图 5-3-7　离退休金/养老金与地区生产总值水平
数据来源：根据第七次湖北省人口普查数据整理绘制。

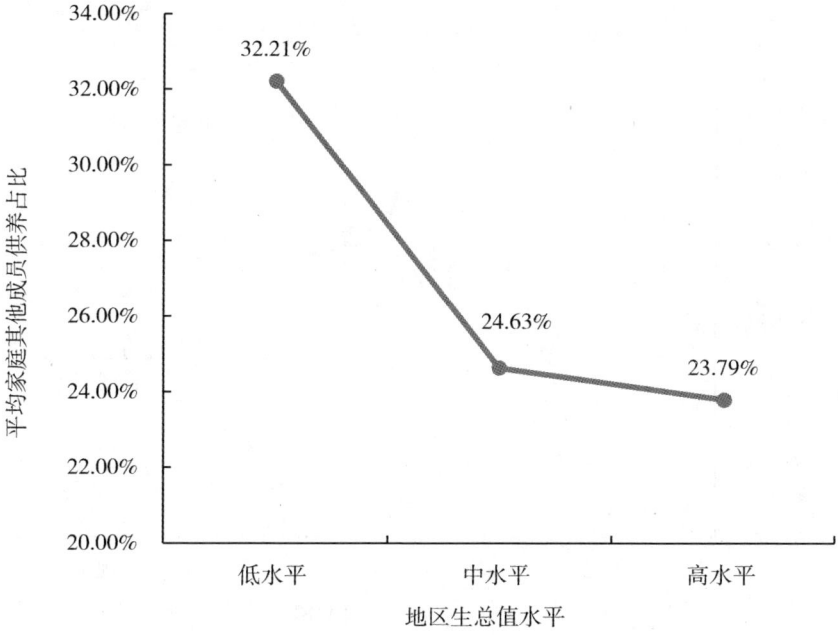

图 5-3-8　家庭其他成员供养与地区生产总值水平
数据来源：根据第七次湖北省人口普查数据整理绘制。

至18.61%,家庭其他成员供养从32.21%下降至23.79%。然而离退休金/养老金呈现完全相反的情况,随着经济水平的提高,离退休金/养老金的比重迅速提高,从30.53%提高至50.05%,说明一个地区的经济水平一定程度影响着当地养老保险的力度,地区经济水平越高,当地的社会养老比重越大。

(六) 地区家庭规模越大,家庭养老比重越大

家庭养老与社会养老是性质不同的两种养老模式,家庭养老侧重于家庭成员对老年人的赡养,以家庭为载体实现代际之间的经济转移。家庭规模的大小会一定程度影响一个家庭对老年人的赡养能力,因而处于不同家庭规模的老年人获取生活来源的方式也会存在差异。从图5-3-9、图5-3-10能够明显看出,依靠家庭其他成员供养的人口比重随着家庭规模的扩大有明显的提高,从12.72%提高至38.56%,提高了近30%,而与之相反,离退休金/养老金比重则随着家庭规模的扩大直接从65.36%降至21.20%,下降了40%,说明家庭规模对家庭养老与社会

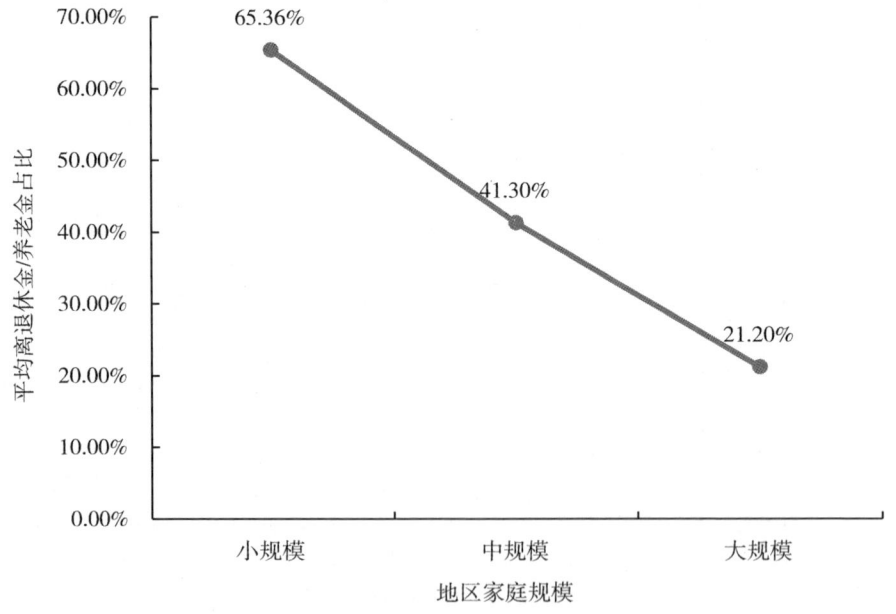

图5-3-9 离退休金/养老金与家庭规模

数据来源:根据第七次湖北省人口普查数据整理绘制。

养老模式的选择具有较大的影响，家庭规模越大，则家庭养老所占的比重也会越大，养老模式也会向家庭养老方面倾斜。

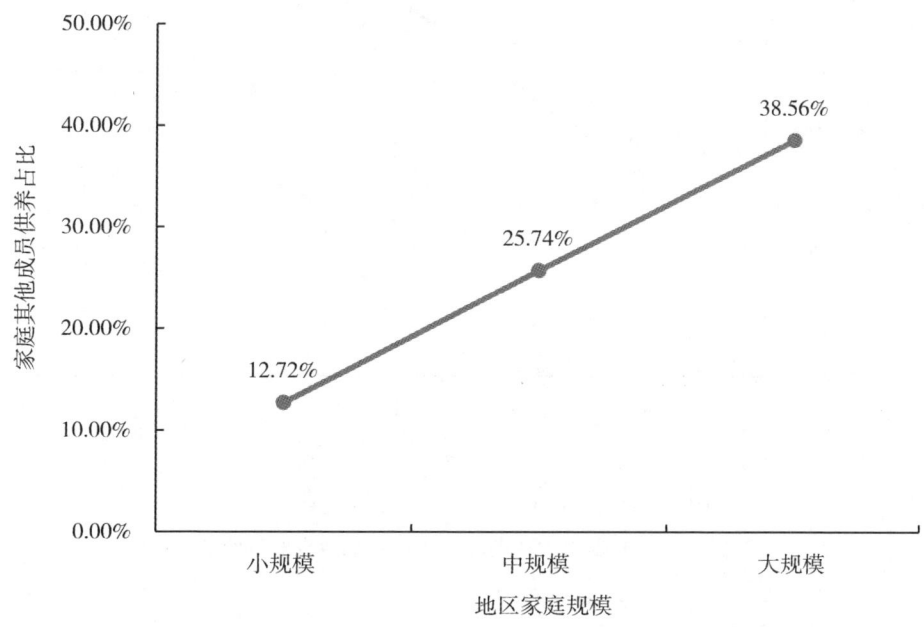

图 5-3-10　家庭其他成员供养与家庭规模

数据来源：根据第七次湖北省人口普查数据整理绘制。

（七）农业就业人口比重与主要依靠劳动收入的农村老年人比重呈现出正向关系

从图 5-3-11 可以看出，地区农业就业人口比重与主要依靠劳动收入的农村老年人比重之间具有明显的线性关系。随着农业就业人口比重的提高，劳动收入也逐渐提高，劳动收入比重从 10.33% 迅速提高至 39.50%，增长近 30 个百分点，说明农业可能是部分农村老年群体的主要从业方式，农业就业人口增加有很大可能意味着有更多农村老年人参与劳动，且大部分属于低龄老年人，他们通过从事农业劳作的方式获取劳动收入以维持生计。

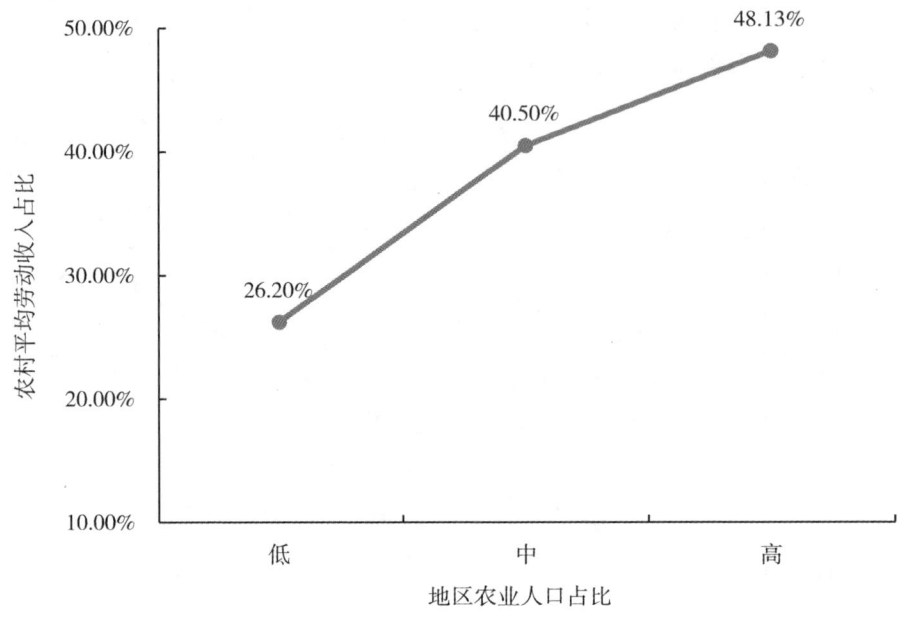

图 5-3-11　地区农业就业人口比重与劳动收入

数据来源：根据第七次湖北省人口普查数据整理绘制。

三、趋势分析

（一）离退休金比重十年来提高 11%，逐渐转变为大部分老年群体的主要生活来源

随着近几年我国不断完善养老保险制度，加大社会养老比重，老年群体离退休金/养老金的比重十年来迅速增长，老年群体生活来源构成发生了明显改变。从图 5-3-12 可以看出，2010 年第六次人口普查时，33.76% 的老年群体主要依靠劳动收入生活，高于离退休金/养老金的 24.21%，但更多老年人还是依靠家庭其他成员供养，比重达到 36.86%，但到了 2020 年，情况发生转变。以劳动收入为主要生活来源的老年人比重降至 25.94%，家庭其他成员供养比重降至 29.47%，相反离退休金/养老金比重循序上升至 35.69%，相较于 2010 年提高了 11%，成为大部分老年群体的主要生活来源。

主要生活来源占比的变化反映出国家层面政策的变化。从改革开放以来，我国便不断加强养老保障制度建设,特别在 2000 年我国正式进入老龄社会,养老问题成为国家关注的重点。2019 年底人力资源社会保障部、财政部印发《关于 2020 年调整退休人员基本养老金的通知》,明确从 2020 年 1 月 1 日起提高基本养老金水平,总体调整水平为 2019 年退休人员月人均基本养老金的 5%。我国企业退休人员基本养老金水平自 2005 年以来已连续上调 16 年,实现"十六连涨"。连续增长的养老金为老年群体生活提供强大支撑,依靠离退休金/养老金的人口比重从 2010 年的 24.21%到 2020 年的 35.69%便反映出随着国家政策的倾斜,离退休金/养老金在老年群体生活保障上发挥着越来越大的作用。但不能忽视的是,仍有近 30%和 26%的老年人还是依靠家庭其他成员供养和劳动收入生活,且十年来的变化幅度相对离退休金/养老金较小,养老保险制度的完善仍是一个漫长的过程。

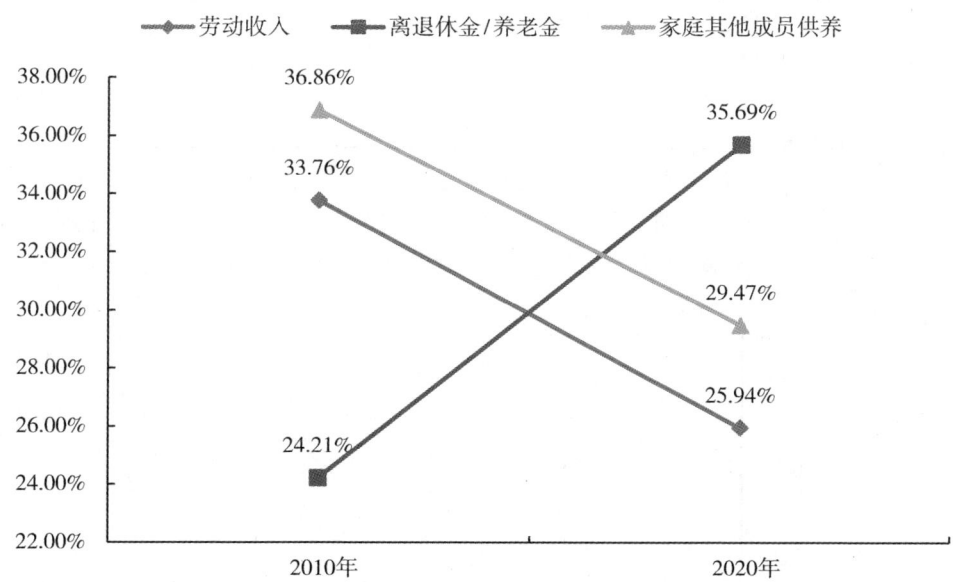

图 5-3-12　2010—2020 年老年群体主要生活来源变化趋势

数据来源:根据第六、七次湖北省人口普查数据整理绘制。

(一)城市地区家庭养老比重下降,十年内从 21.02%下降至 15.01%

城市地区社会养老比重在 2010 年与 2020 年皆高于家庭养老比重,但十年内二者差距拉大。2010 年以家庭其他成员供养为主要生活来源的城市老年人占到城市60岁及以上老年人口的21.02%，离退休金占到66.33%，而到2020年，家庭其他成员供养比重下降至15.01%，离退休金/养老金比重上升至71.77%（见图5-3-13、图5-3-14），反映出随着城市离退休金/养老金额度提高，覆盖范围扩大，城市老年人能够得到更多的社会资助，减少对家庭的依赖。

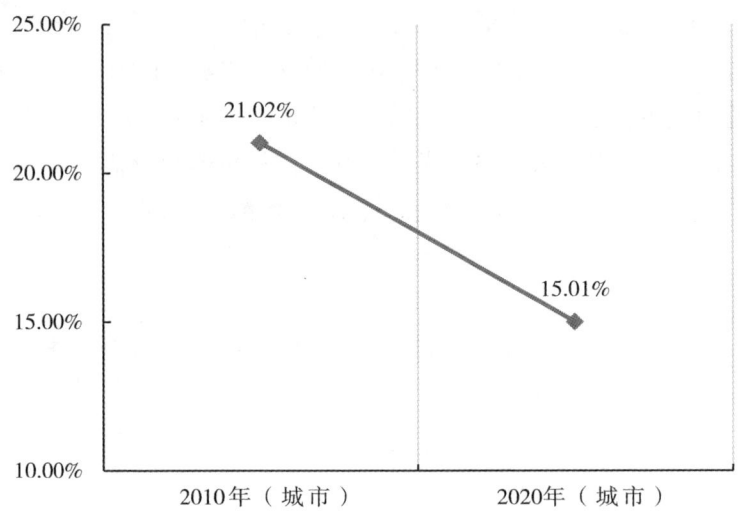

图5-3-13　2010—2020年以家庭供养为主要生活来源的城市老年人比重变化趋势
数据来源：根据第六、七次湖北省人口普查数据整理绘制。

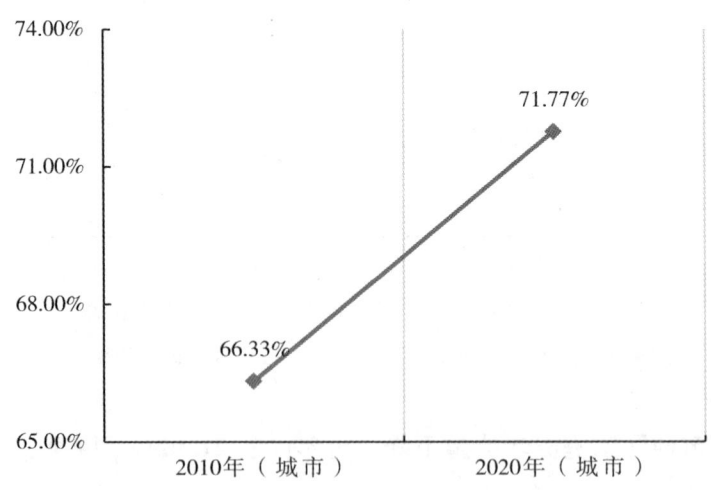

图5-3-14　2010—2020年以离退休金为主要生活来源的城市老年人比重变化趋势
数据来源：根据第六、七次湖北省人口普查数据整理绘制。

（二）依靠劳动收入生活的城市老年群体比重上升，从 **8.48%** 上升至 **9.00%**

以劳动收入作为主要生活来源的老年群体比重在湖北省范围内在十年内虽呈下降趋势，但在城市地区却显示出相反态势。图 5-3-15 显示，2010 年有 8.48% 的城市老年人主要依靠劳动收入生活，但在 2020 年此数据上升至 9.00%，十年内略有提升。劳动收入的高低受到劳动者工作能力、岗位类型等方面因素的影响，而劳动收入的所得情况又会影响其是否能够支撑老年群体的基本生活，因此，城市地区经济发展状况、老年群体健康水平、文化程度等可能是致使情况扭转的重要因素。

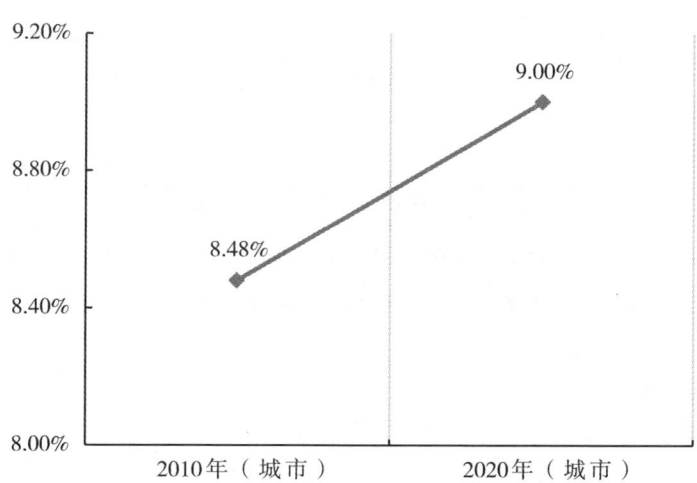

图 5-3-15　2010—2020 年以劳动收入为主要生活来源的城市老年人比重变化趋势

数据来源：根据第六、七次湖北省人口普查数据整理绘制。

（三）以离退休金作为主要生活来源的农村老年人比重从 **4.51%** 上升至 **9.77%**，社会养老在农村的比重上升

从图 5-3-16 可以看出，以离退休金作为主要生活来源的农村老年群体比重在十年内有了明显的提升。2010 年主要依靠离退休金生活的农村老年群体比重仅为 4.51%，低于 5%，而到 2020 年，比重上升至 9.77%，接近 10%。而图 5-3-17 也显示出家庭养老在农村地区的变化趋势。由图 5-3-17 可以看出，依靠家庭其他成员供

养的农村老年群体比重从 2010 年的 42.67%下降至 2020 年的 38.41%，尽管家庭养老仍然属于农村地区主要的养老模式，但离退休金比重的上升以及家庭供养比重的下降，反映出近年来随着湖北省地区不断加强农村地区养老保障制度建设，农村社保制度的不断完善，社会养老的比重在农村地区也呈现稳步上升的趋势。

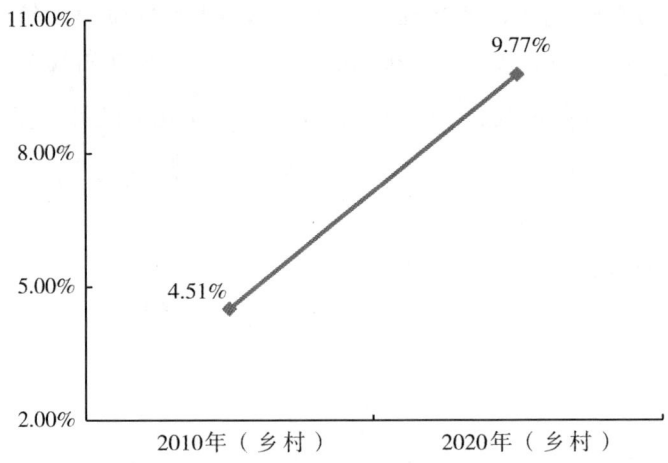

图 5-3-16　2010—2020 年以离退休金为主要生活来源的农村老年人比重变化趋势

数据来源：根据第六、七次湖北省人口普查数据整理绘制。

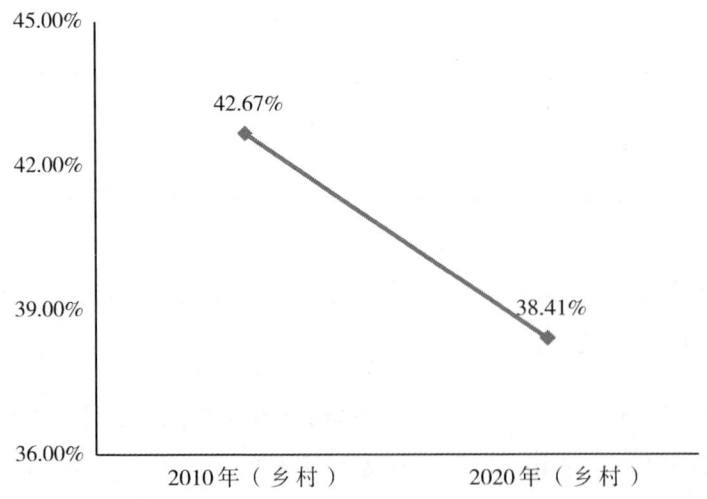

图 5-3-17　2010—2020 年以家庭供养为主要生活来源的农村老年人比重变化趋势

数据来源：根据第六、七次湖北省人口普查数据整理绘制。

(五)"宜荆荆恩"地区离退休金比重十年增长 11.35%,家庭供养比重降幅最大

"一主两翼",即以武汉都市圈为主要发展核心,将"宜荆荆恩"(宜昌、荆州、荆门、恩施自治州)、"襄十随神"(襄阳、十堰、随州、神农架林区)作为"两翼"发展地带,突出武汉资源外溢作用的同时强化区域的协同发展,是湖北省政府在"一主两副"基础上对区域发展规划的深化,是深耕中心城市辐射引领作用,加强区域协调的重要举措。随着"一主两翼"发展规划的铺开,"宜荆荆恩"与"襄十随神"地区发展劲头强势,近几年经济取得迅速发展,各类养老保险制度的完善和养老服务体系的建设对当地老年群体生活来源构成产生了一定的影响。

图 5-3-18 显示,"一主两翼"地区的离退休金/养老金比重在十年内都有提高,武汉都市圈增幅最大,其次为"宜荆荆恩",最后是"襄十随神",但前两者

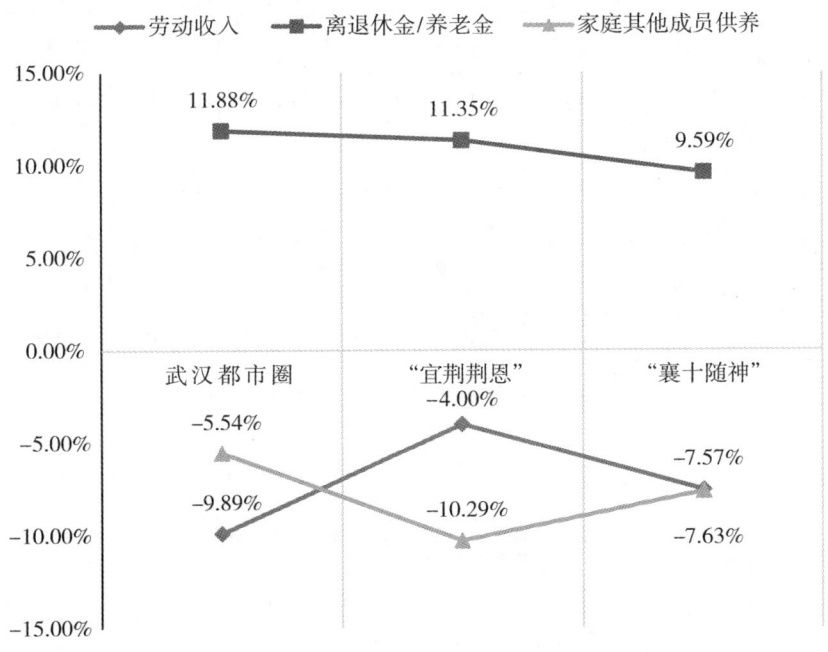

图 5-3-18 2010—2020 年"一主两翼"地区老年群体主要生活来源变化幅度

数据来源:根据第六、七次湖北省人口普查数据整理绘制。

相差不大,"宜荆荆恩"相较2010年已增加了11.35个百分点。而相反,劳动收入和家庭其他成员供养比重在十年内都呈现出下降的状态,"宜荆荆恩"地区家庭其他成员供养比重下降最为明显,十年内下降了10.29个百分点,在三个地区中降幅最大,也显示出在武汉都市圈的辐射带动作用下,"宜荆荆恩"地区社会养老保险制度有了较大改进,家庭养老逐渐被社会养老所取代。但是,与整体情况相似,从表5-3-2可以看出,各地区的城乡之间仍然存在较大差距,其中武汉都市圈的城乡差距最为明显,不论是2010年还是2020年,城市与农村地区离退休金比重皆相差超过60%,且差距十年内缩小速度缓慢,而相较之下,"襄十随神"地区离退休金与家庭供养比重的城乡差距最小,城乡差距有所改善。

表5-3-2 "一主两翼"地区老年人城乡生活来源变化趋势

地区	分组	2010年				2020年			
		劳动收入	离退休金/养老金	家庭其他成员供养	其他	劳动收入	离退休金/养老金	家庭其他成员供养	其他
武汉都市圈	城市	8.20%	69.49%	18.58%	3.73%	7.64%	75.78%	12.64%	3.94%
	乡村	46.18%	5.58%	42.67%	5.57%	33.56%	11.55%	42.40%	12.48%
"宜荆荆恩"	城市	7.97%	62.95%	24.05%	5.01%	10.69%	68.10%	17.12%	4.09%
	乡村	47.43%	4.05%	44.34%	4.19%	48.14%	8.05%	35.17%	8.65%
"襄十随神"	城市	10.27%	57.79%	27.10%	4.85%	12.47%	61.50%	20.67%	5.35%
	乡村	49.95%	3.15%	41.08%	5.82%	42.52%	8.15%	34.59%	14.74%

数据来源:根据第六、七次湖北省人口普查数据整理绘制。

四、对策建议

(一)健全社会保障体系,提升农业转移人口社会保障水平

社会养老保险制度具有强制性的收入再分配功能,是社会养老保障和防止老

年人贫困化的主要措施，发挥着主导作用。但是，囿于长期存在的城乡二元结构，我国城乡老年群体生活来源方面还存在巨大差距，农村社会养老保险制度亟待完善。因此为解决养老城乡差距问题，首先，完善统一的城乡居民基本医疗保险制度，强化基本医疗保险、大病保险与医疗救助三重保障。落实城乡居民基本养老保险待遇确定和正常调整机制，逐步提高农村居民基础养老金标准。其次，提高农业转移人口基本医疗保险、基本养老保险参保率，推动社会保险关系转移接续。积极对接国家社会保险公共服务平台建设，推动基本医疗保险省级统筹，推进养老保险、医保关系跨地区无障碍转移接续，完善异地就医门诊费用直接结算。

（二）实现对老年人社会救助的全覆盖，补充家庭养老的不足

现阶段我国家庭结构及家庭代际关系发生了明显的变化，老年人从子女得到的经济支持不断减少，老年贫困化问题增多，而在现实中这些老年人又得不到有效的救助，主要是因为现在的社会救助是按照家庭单位计算收入的。如果和子女共同计算收入，很多老年人不够低保救助的条件，但是实际上这些老年人是很困难的。因此，在计算经济收入的时候，应该按照老年人自己或老年夫妻的实际收入作为标准，才能真正解决低收入老年人的实际困难。

（三）构建"一主两翼"养老服务体系，带动养老服务事业健康发展

湖北省提出"一主引领、两翼驱动、全域协同"的区域发展规划，各地区成势见效，亦为推进养老服务事业高质量发展提供有利平台。作为"两翼"的"宜荆荆恩""襄十随神"地区应切实完善和优化地区养老机构项目建设布局，充分发挥民政主导和市场调节作用，着力整合社会资源，确立养老服务"一主两翼"发展格局，以中心城市社会福利中心为主体，构建宜昌都市圈、襄阳都市圈中高端社会养老服务辐射窗口，充分发挥武汉市养老工作引领作用，推进"宜荆荆恩""襄十随神"两翼提档升级，尽量满足城镇"三无"老人及城郊五保老人养老服务需求；同时优化部分滞后区域养老机构服务提档升级，整合社会资源，逐步解决社会化养老服务问题。

（四）培育和建立多支柱的养老保障格局

面对快速发展的人口老龄化趋势，除国家层面的制度供给外，还需要发挥家庭、个人及市场等主体的保障作用，形成一个多支柱的老年经济保障体系。首先，应鼓励发展企业年金及建立各种补充性社会保险。其次，应该拓宽渠道，通过进一步发展完善商业养老与商业医疗保险体系等措施，增强对老年人的经济供养能力。自主参加商业保险机构举办的各种养老保险与医疗保险，作为基本社会保险制度的补充，以满足不同层次的需要。政府对于各类补充保险给予相应的政策扶持，并进行监督。

应继续提倡和巩固家庭养老方式，继续发挥家庭的养老功能，将家庭养老作为养老保障制度的重要组成部分。应加强社会引导、监督与执法，督促子女履行赡养父母的责任，切实维护老年人的合法权益。

报告四　湖北省城市老人健康问题研究

一、引言

20世纪80年代末期，为了应对发达国家所面临的老龄化挑战，世界卫生组织倡议把"健康老龄化"作为应对人口老龄化的发展战略。如今为了有效应对我国人口老龄化，中共中央、国务院于2021年11月颁布的《关于加强新时代老龄工作的意见》再次强调了健康老龄化的重要性，指出要把健康老龄化理念融入经济社会发展的全过程。

当前湖北省正处在人口老龄化加速发展的时期。根据"七普"数据显示，湖北省65岁以上的老年人占比已经达到了14.59%，湖北省已进入深度老龄化社会①。人口老龄化已经成为湖北省可持续发展面临的重大挑战，其中最为严峻的是老年人口的健康问题。如果老年群体健康状况良好，那么人口老龄化可以被视为社会可持续发展的力量和人力资源的增长，如果寿命的延长伴随的是健康上的种种障碍或者能力上的局限，则意味着对国家的医疗保健和社会服务的需求更高，人口老龄化就会成为社会的负担②。因此要了解湖北省老年人健康现状、发展趋势，深入研究老年人健康和变化的影响因素，并以此提出促进老年人健康的措施和建议。

---

① 按照国际通行划分标准，当一个国家或地区65岁及以上人口占比超过7%时，意味着进入老龄化；达到14%，为深度老龄化；超过20%，则进入超老龄化社会。

② 何燕华. 老年人健康权理论逻辑及实现[J]. 湖南师范大学社会科学学报，2020，49（4）：29-38.

二、湖北省城市老年人口健康状况及发展趋势

(一) 十年间湖北省城市老人健康水平呈现出先下降后上升的变化趋势

由表 5-4-1 可知，2010 年到 2020 年湖北省城市老人健康率先降后升，而不能自理老年人占比加速下降。2010 年至 2015 年，湖北省城市老年人的自评健康和基本健康占比出现了轻微下滑，而不能自理老年人占比从 2.04% 降至 1.91%。2015 年到 2020 年，湖北省城市老年人的自评健康和基本健康占比出现较大程度上升，人数占比突破了 90%，而不能自理老年人占比降至 2% 以下。分性别来看，十年间男性健康水平一直高于女性，男性健康状况的变化与总体状况变化趋势一致，而女性不能自理老年人占比在 2015 年有所升高，到 2020 年才有所下降。

表 5-4-1 2010—2020 年湖北省城乡老人健康状况变化趋势

性别	健康状况					
	2010 年		2015 年		2020 年	
	健康和基本健康	不能自理	健康和基本健康	不能自理	健康和基本健康	不能自理
男	89.96%	1.79%	89.60%	1.69%	91.07%	1.82%
女	86.96%	2.27%	86.58%	2.29%	89.81%	1.99%
总体	88.42%	2.04%	88.04%	2.00%	90.41%	1.91%

数据来源：根据 2015 年湖北省 1% 人口抽样调查数据和第六、七次湖北省人口普查数据整理。

(二) 高龄、超高龄老年群体扩大但健康水平下降

2020 年城市老年人中，自评健康和基本健康老人占比随着年龄的增加而不断下降，但其下降速度与 2010 年相比变缓；同样地与 2010 年相比，2020 年该群体中自评不能自理老人占比的上升趋势也有所缓和。虽然整体来看，各年龄组老

年人的健康水平都有一定程度的提升，但值得注意的是，第七次全国人口普查（以下简称"七普"）数据显示城市老年人进入超高龄阶段，身体健康状况加速恶化。如图5-4-1所示，在90到95岁年龄组中，自评健康和基本健康老人占比为61.35%，而到了95到99岁的年龄组阶段，占比下降至49.23%，其下降速度是2010年的四倍，同样地城市老人自理能力也在超高龄阶段出现急剧下降。随着高龄和超高龄老年群体规模的不断扩大，如何控制其健康水平下降速度，需要得到全方位的考虑。

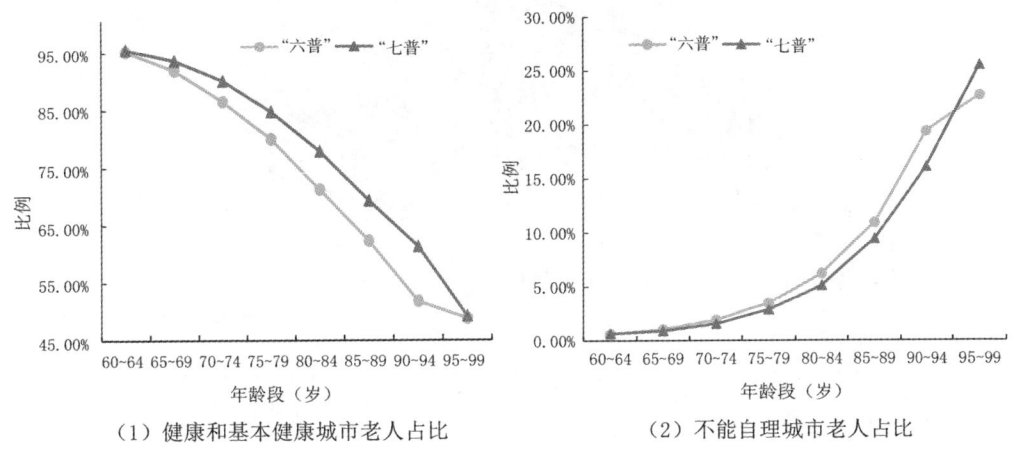

(1) 健康和基本健康城市老人占比　　(2) 不能自理城市老人占比

图5-4-1　2010年、2020年湖北省城市老人健康和基本健康、不能自理状况

数据来源：根据第六、七次湖北省人口普查数据整理绘制。

(三) 湖北省城市老人健康状况的空间分异和变化趋势

图5-4-2展示了2010年至2020年，湖北省各市老人健康率的空间变化状况。2010年老年健康水平较高的是"宜荆荆恩"地区，其中荆门市的健康老人占比在湖北省位列第一，其次是武汉城市圈地区。2010年至2020年，湖北省各市的健康老人占比都有较大幅度的增长，除了神农架林区外，湖北省16个地区中有8个地区的老年人健康占比达到90%以上。在所有地区中，随州市老人健康率增速最快，十年间增长了7.5个百分点，其次是天门市。而鄂东南（主要是咸宁市、

黄冈市）部分地区出现健康率下降的趋势。2020年，湖北省中、西部出现连片高值区，而较低值都集中分布在鄂东边缘地区，其中咸宁市的老人健康占比最低，为86.21%。

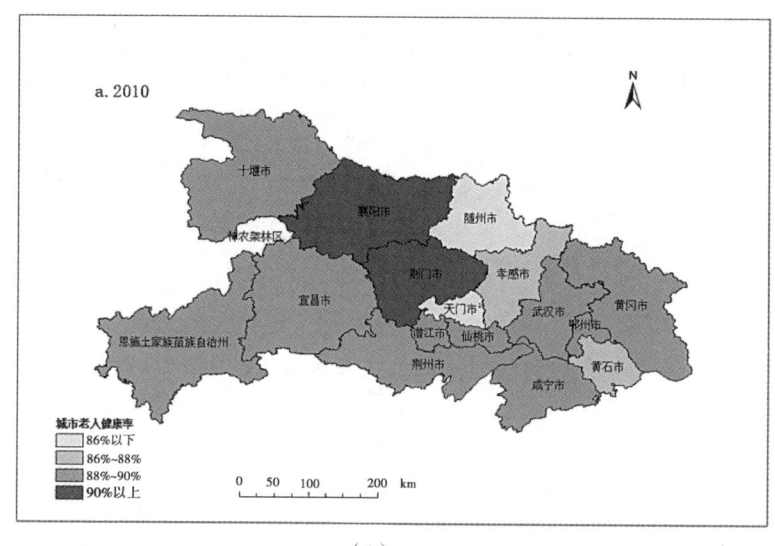

（1）

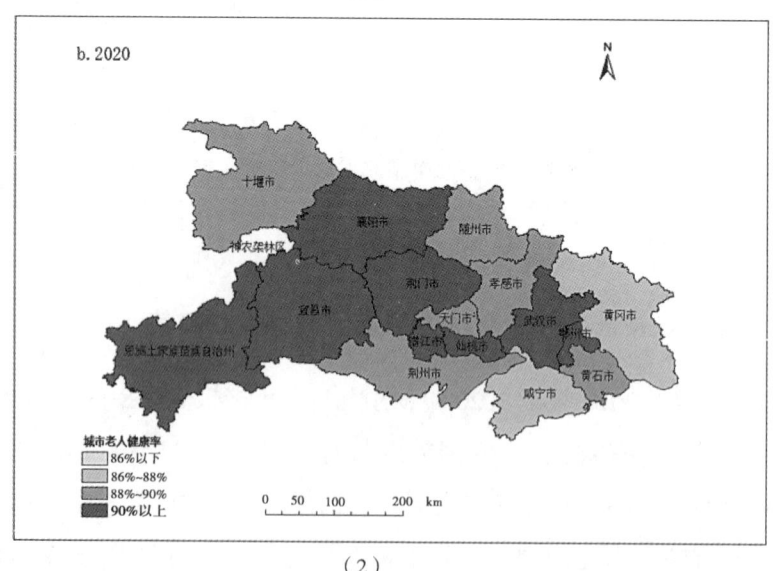

（2）

图 5-4-2　2010—2020年湖北省各地区城市老人健康状况变化趋势
数据来源：根据第六、七次湖北省人口普查数据整理绘制。

三、湖北省城市老人的生活状况和健康水平

(一) 有配偶的城市老人健康状况最佳，而未婚的城市老人健康状况最差且男性健康问题更为突出

总体上来看，有配偶的城市老人比无配偶的城市老人健康水平更高，而无论什么样的婚姻状况，女性健康水平都要高于男性。将"无配偶"划分为具体的"未婚""离婚""丧偶"三种情况，如表5-4-2所示，未婚的老年人自评健康水平最低，并且远远低于有配偶的老年人，二者在老年人自评健康和基本健康占比上相差14.75%，在自评不能自理占比上相差5.57%；其次是丧偶老人，该人群中老人自评健康和基本健康占比稍高于未婚老人，而其中自评不能自理老人占比也稍高于未婚老人，即丧偶老人的自理水平在所有老人中是最差的。

表 5-4-2　2020 年分性别城市老人婚姻及健康状况

婚姻状况	健康状况					
	健康和基本健康占比			不能自理占比		
	总体	男	女	总体	男	女
有配偶	92.82%	92.50%	93.17%	1.25%	1.44%	1.03%
无配偶合计	81.68%	81.12%	81.89%	4.31%	4.44%	4.26%
未婚	78.07%	75.55%	83.09%	6.82%	7.80%	4.86%
离婚	89.10%	87.22%	90.88%	1.36%	1.83%	0.93%
丧偶	80.95%	80.24%	81.17%	4.56%	4.72%	4.50%

数据来源：根据第七次湖北省人口普查数据整理。

(二) 生活来源为低保的老年人口占比下降，但依靠该来源生存的老年人健康状况不断恶化

据"七普"数据显示，湖北省城市地区领取低保的老年人占全省城市老年人

口总量的1.42%,与"六普"数据相比下降了0.8个百分点,而2020年统计的领取最低生活保障金的老人自评健康状况却不容乐观。如表5-4-3所示,2010年至2020年十年间,除了领取低保的老年人中,自评健康和基本健康的老年人占比呈下降趋势外,其他所有类型生活来源的老年人健康水平都有小幅度提升。在领取最低生活保障金的老年人群中,自评健康和基本健康的老年人占比从68.12%大幅下降至63.38%,并且生活不能自理占比从5.24%上升至6.35%。

表5-4-3 2010—2020年不同生活来源城市老人的健康状况

主要生活来源	健康状况			
	"六普"		"七普"	
	健康和基本健康占比	生活不能自理占比	健康和基本健康占比	生活不能自理占比
劳动收入	97.26%	0.10%	98.06%	0.05%
离退休金养老金	90.61%	1.72%	91.53%	1.68%
最低生活保障金	68.12%	5.24%	63.38%	6.35%
财产性收入	89.21%	2.16%	92.87%	1.08%
家庭其他成员供养	80.54%	3.40%	83.46%	3.44%
其他	82.17%	3.15%	87.54%	3.41%

数据来源:根据第七次湖北省人口普查数据整理。

(三)城市养老机构中的老年人健康水平最差,不能自理老人高达34.24%

从城市老人的居住类型来看,我省城市地区大多数的老人都是与配偶同住,其次是选择与配偶和子女同住(见表5-4-4)。在所有居住状况的老年群体中,选择第二种居住方式的老人群体健康水平最高,该群体中健康和基本健康老人数量占比为93.52%。在与子女同住和独居(无保姆)的老人群体中,健康老人占比相差不大,而对比不能自理老人占比,无论因何种原因而独居(无保姆)的老人,其自理能力更强。选择机构养老的老年人占比最少(0.72%),该群体的健康状况最差。对比独居(有保姆)和选择机构养老的老年群体,在机构中养老的不能自理老人占比更高，这说明在我省目前社会文化背景下，机构养老是老年群体的最后选择。

表 5-4-4　2020 年城市老人的居住类型及健康状况

居住类型	不同居住类型占比	健康状况		
		健康和基本健康	不健康但能自理	不能自理
与配偶和子女同住	20.79%	93.52%	5.31%	1.17%
与配偶同住	43.45%	91.99%	6.73%	1.28%
与子女同住	16.11%	86.66%	10.09%	3.24%
独居(有保姆)	0.10%	57.87%	18.14%	23.98%
独居(无保姆)	13.79%	86.45%	12.73%	0.81%
养老机构	0.72%	39.06%	26.69%	34.24%
其他	5.05%	89.30%	7.60%	3.09%

数据来源：根据第七次湖北省人口普查数据整理。

四、湖北省城市老人所面临的健康问题

(一)高龄群体不断扩大，老年护理问题凸显

2010 年湖北省城市地区高龄老人数量约为 18.6 万，而到 2020 年已经上升至大约 45.5 万，随着人均预期寿命的增加，高龄老人群体将会越来越庞大，其健康问题也不容忽视。虽然随着医疗水平的发展，2020 年城市不健康老人数量占比要低于 2010 年。但从高龄人口数量来看，无论是城市不健康老年数量，还是不能自理老人数量。都比十年前翻了一番。老龄老人所普遍面临的一系列失能失智等问题，给我省老年人护理事业规划提出了较大的挑战。

(二)鄂东部分城市地区老人健康水平出现下降趋势

十年间随着经济的发展，湖北省城市老人整体健康水平不断提高，但各地区

老年人健康水平差异仍然较大，黄冈市、咸宁市老人健康水平出现倒退现象。一方面，随着经济的发展，黄冈市和咸宁市的城镇化率不断提高，2020年的城镇化率分别为47.55%和56.74%，属于城镇化的快速发展阶段①。然而当地政府较少制定相关政策去减轻城镇化的负面影响，快速城镇化所带来的生态环境污染，会给老年人带来更多的疾病风险，例如各种慢性病和传染病等。

另一方面，鄂东地区流出人口数量庞大，尤其是黄冈市和咸宁市，随着流动人口的不断增加，各个行业的人才流失，养老服务业发展缓慢，地方养老体系不健全、老年人福利政策单一，这些都是影响两地老年人健康的不利条件；另外随着青壮年劳动力的不断流出，两市的老年人口抚养比②也不断增大，这都影响了该地的养老保险支出水平，并间接影响了老年人的生活条件、医疗保健。

(三) 城市低保老人处境艰难，健康状况不容乐观

基于"六普""七普"数据的对比分析表明，与十年前相比，现在的低保老人群体健康水平呈现下降趋势，并且该群体中生活不能自理老人占比提高了，一方面，动态检测下的低保制度更加严格，经过筛选后的低保老人群体生活状况更加艰难，相应的平均健康水平也降低了。

另一方面，由于城市低保老人自身的背景和原因，存在着诸多身心健康方面的问题。在身体的疾病上，失能半失能既是低保老人随年龄增长与疾病和衰老抗争过程中的伴生现象，也是城乡低保老人的普遍特征；在心理健康方面，因自身老年疾病给家庭带来的经济和照料负担，以及担心因自身低保老人身份对家庭成员声誉影响，都会给其带来很大的心理压力。尤其是那些在城市中无社会支持网络、无配偶的低保老人更会陷入到生活拮据、身心健康状况差的困境中去。

(四) 养老机构尚不能满足老人需求，床位空置率高

现存的养老机构依然不能满足老人日益增长的养老服务需求，养老机构床位

---

① 国际上一般将城镇化进程分为三个阶段：城镇化率在30%以下为初级阶段，30%~70%为中级阶段，70%以上为高级阶段。

② 老年人口抚养比=(65岁以上人口数/劳动年龄人口数)*100%

空置率较高。据湖北省民政厅统计,"十三五"时期,目前,全省养老机构达1968家,养老床位46万张,每千名老年人拥有养老床位39张,城乡社区居家养老服务设施覆盖率分别达到97%以上。然而即便如此,由于养老机构收费标准不明晰、基础设施不完善、服务质量参差不齐,相关养老机构监管和评估制度不健全,这些外在因素很大程度上导致了老人不愿意入住养老机构。据"七普"数据显示,在所有城市老人中,选择入住养老机构的老人仅占0.72%,而其中不能自理的老人就高达34.24%,也就是说老人选择养老机构入住,多因生活不能自理。然而相对应的我省养老机构护理型床位占比偏低,且由于护士责任与待遇"倒挂"的问题,使得护理人员队伍得不到持续的扩充,这些都成为阻碍我省老年服务事业发展的阻碍。

五、对策建议

(一)推进居家社区机构融合养老模式,不断满足老年人身心健康需求

顺应传统居家养老思想,加快推进居家适老化改造,以社区为依托大力发展"嵌入式"社区居家养老服务项目,以机构为补充,推动养老机构品牌化建设。首先,要统筹各方资源,激活适老化改造的多元力量。其次,要加快"嵌入式"社区居家养老服务试点工作,以点带面,提高同类型养老服务项目覆盖面。再次,政府要对养老机构实行市、区分级管理,根据服务内容、质量实行分级定价,不断完善养老服务综合监管机制。另外要重视高龄、失能失智老年群体,合理规划养老机构床位类型,制定好家庭养老床位管理办法。最后要充分挖掘和整合社区资源,引入社会资源,细化各类老人群体物质文化需求,以需求为导向提供多样化的老年服务。

(二)科学推进城镇化进程,多维度构建老年友好型城市

解决好快速城镇化带来的各类问题,让老年人更加健康、有保障地生活。首先,政府要重视城镇化给老年人健康带来的负面影响,采用新型的城市规划与设计理念,加大对城市湿地、水体和大气环境的保护力度,减轻环境污染对健康的

不利影响。其次，随着城镇化的发展，面对劳动力流失、抚养比提高带来的不利影响，一方面要加快推进各类养老保险全国统筹，另一方面可以大力发展银发经济，促进年轻劳动力回流。再次，要为有劳动意愿的老龄人口提供便利的就业环境和机会，实现老有所为，丰富其精神生活，提升健康水平。最后，社区也要有效组织开展老年健康教育，包括宣传健康老龄化观念、健康生活方式，加强老年人对自身疾病的认识等。

（三）加大对困难老年群体政策倾斜力度，完善社会力量协同机制

细分老年群体，根据年龄、生活状况来实施专门的优惠政策，减轻困难老人的身心负担。一方面，要为不同类型的困难老人提供专项补助，完善重大疾病医疗保险救助制度，推进和完善低保标准动态调整、分层分类社会救助等机制。另一方面，城市社区要联合社会力量，建立精准长效帮扶机制。社区与医院、卫生院协同配合，定期开展服务于困难老人的义诊和心理辅导活动；社区与社会组织共同组建志愿者服务队伍，为社区内低保特困、高龄、留守等老年群体提供爱心服务。

报告五 湖北省农村老人健康问题研究

一、引言

人口老龄化是21世纪中国人口发展的主旋律,是社会经济发展的必然结果,也是文明进步的象征。由于农村地区生活水平医疗水平较为低下以及农村养老问题矛盾的加剧,又伴随着我国发展进入新时期新阶段,农村地区的老龄化问题以及老年人口的健康负担越来越严重。人口老龄化本身即指人口生育率降低和人均寿命延长导致的总人口中因年轻人口数量减少、年长人口数量增加而导致的老年人口比例相应增长的动态变化过程。据第七次全国人口普查数据(以下简称"七普"),湖北省目前乡村人口约2100万人,其中在乡村人口中,60岁以上老人约550万人,老年人口比例高达26%。在这个关键的新发展阶段,我们要贯穿习近平总书记新发展理念,正确的看待农村老龄化,协调好老龄化与健康负担的平衡问题。本报告基于"七普"数据,深入分析湖北省农村老龄化与健康负担研究,为实现科学的健康老龄化添砖加瓦。此报告根据"七普"数据,对农村人口的年龄构成、老年人口的健康状况、老龄健康的服务供给以及城乡之间的对比情况进行分析,并描述现状和提出一些参考性建议。

二、湖北省农村老年健康问题变化特征及趋势分析

(一)农村老龄化占比迅速增加,湖北省中部江汉平原地区进入重度老龄化

对比2010年第六次全国人口普查数据(以下简称"六普"),由图5-5-1可知,

2020年湖北省各市(州)60岁以上老年人口增速明显。中部江汉平原地区以及西部地区的老龄人口占比稳步增加,其中,宜昌市老年人口占比已经突破30%。从图5-5-1中还可以发现,2010年湖北省各地的老年人口占比情况较为平均,差距不大;2020年人口数据显示,各地60岁以上老年人口的占比拉开了一些差距,其中,不足20%的黄石市和超过30%的宜昌市可以印证这一观点。老年人口不断增长、占比不断增加,农村老龄化加剧发展是客观趋势,老年人口增多,人口年龄结构改变,给家庭以及社会都带来了相应的健康负担。

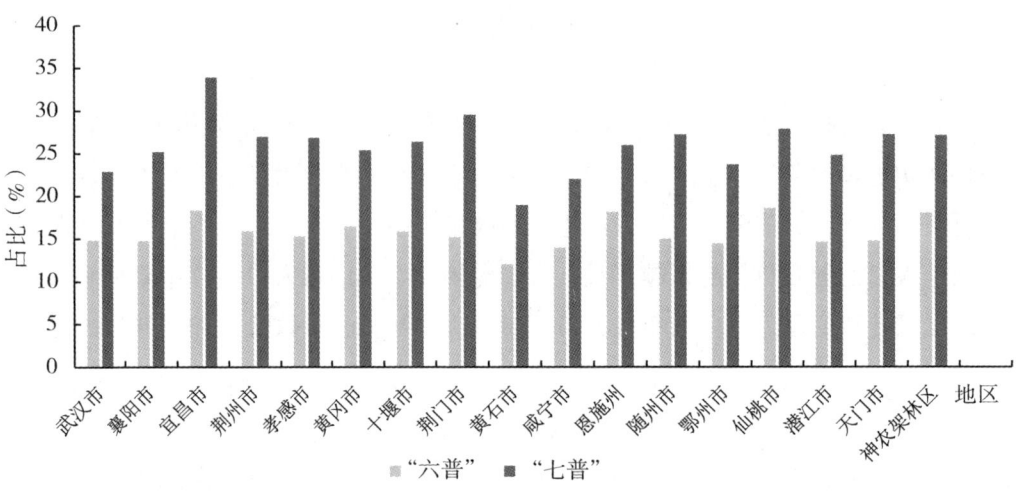

图 5-5-1　湖北省各市(州)近十年60岁以上人口占比情况对比

数据来源:根据第六、七次湖北省人口普查数据整理绘制。

(二)农村高度老龄化趋势加重,30年间,高龄老年人口占比以百倍千倍速度增长

超高龄老人一般是指年龄在85岁以上的老人,且是老年特征最突出的人口。一般来讲,超高龄人口占比越多,整个社会的养老负担和压力就会越大。图5-5-2是关于湖北省近三次人口普查农村地区超高龄人口占比的变化情况,在湖北省2000年第五次人口普查到2020年第七次人口普查这20年期间,85~90岁的老年人口在 2000 年至 2010 年，其占比增加不明显，但在 2010 年至 2020 年，其占比增加迅速，达到了 8.9%；并且在超高龄人口中，占比增长幅度最大的也是在 85~90 岁的年龄段。

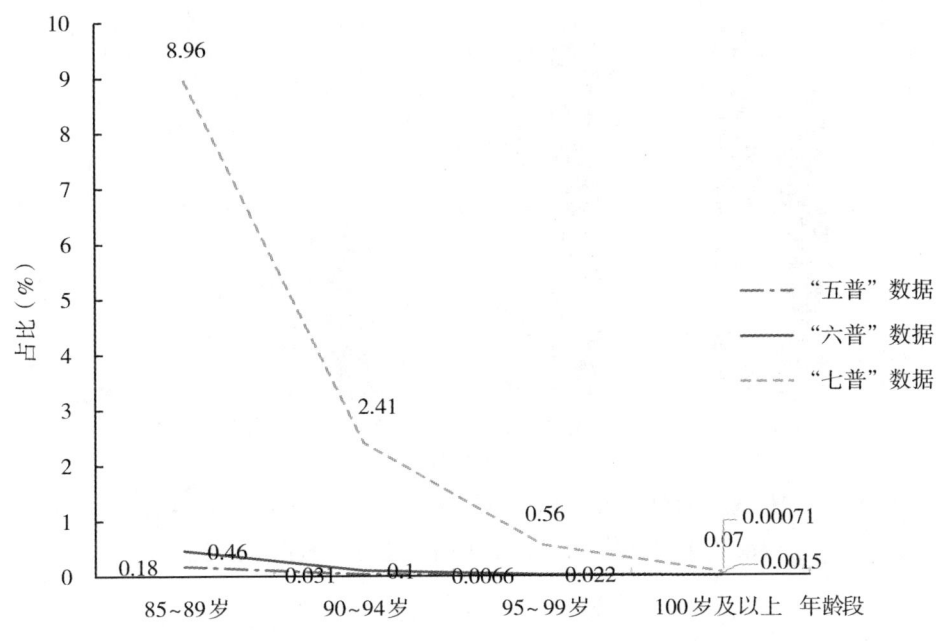

图 5-5-2　湖北省近三次人口普查农村地区超高龄人口占比变化

数据来源：根据第五、六、七次湖北省人口普查数据整理绘制。

（三）农村老年人健康状况好转，在"宜荆荆恩"地区表现更加明显。

就目前来看，农村地区 60 岁以上的身体健康情况基本良好，有一部分老年人的身体健康状况欠佳，但占比不多。从人数来看，身体健康的人口和基本健康的人口都相较于 2010 年都有了明显的增加，而身体不健康的人口，无论生活可以自理还是不可以自理，其人口数量都在明显下降。从占比来看，身体健康的 60 岁及以上老人占比也有了明显增加，而身体基本健康的老年人口占比相较于 2010 年出现了下降的趋势，这也恰恰可以说明老年人口的身体健康情况有所好转（见图 5-5-3）。另外，身体不健康的老年人口无论是人口总数还是占比都在下降,这说明农村地区的生活水平在不断提高,医疗卫生条件在不断提高,老年人的身体健康情况也在不断变好。

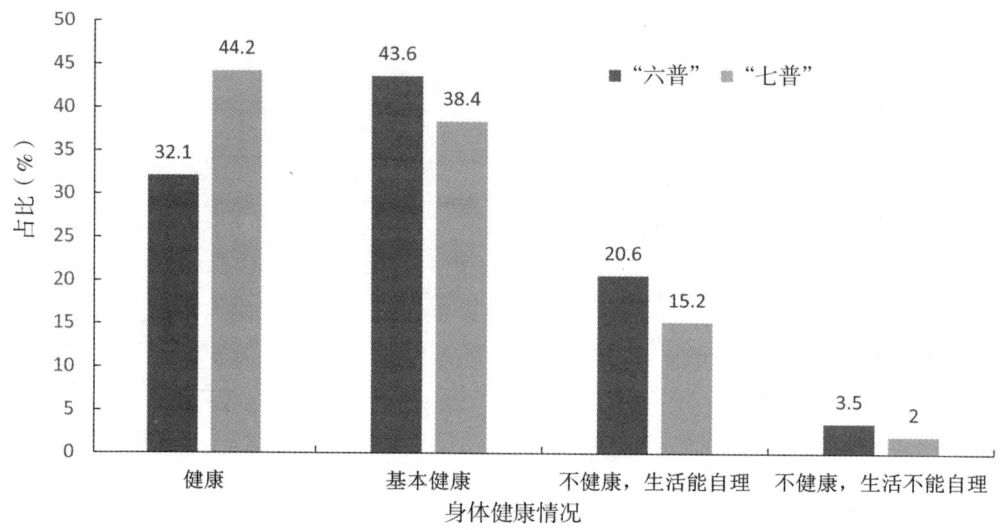

图 5-5-3　湖北省各市(州)近十年内农村地区 60 岁以上老人的身体健康情况对比

数据来源:根据第六、七次湖北省人口普查数据整理绘制。

另外,从人口健康状况地域分布来看,"宜荆荆恩"地区老年人口健康状况变化趋势最为明显。图 5-5-4 中,上图是"六普"数据中各地市 60 岁以上老人身体不健康的人数在空间上的分布(仅包括农村地区,下图同),下图是最新"七普"数据地域分布情况。可以看出,各地市的农村老年健康情况都有了一定的好转。其中,湖北省最外圈的城市群,不健康人数的占比减少趋势最为明显;中部低平区以及小城市的健康状况好转情况不佳。

三、湖北省农村人口老龄化以及老年健康现状分析

(一)农村老年人口比重高达 26%,老龄化严重

农村社会经济发展以及农村医疗条件的改善,生育率和死亡率的不断下降,

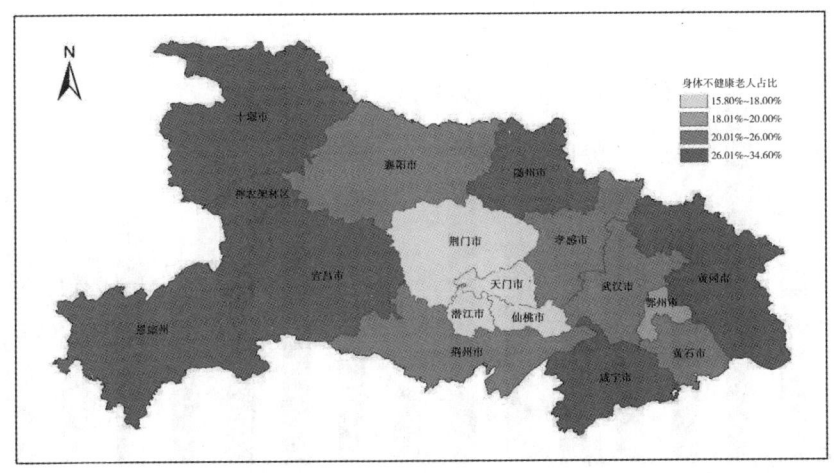

（1）

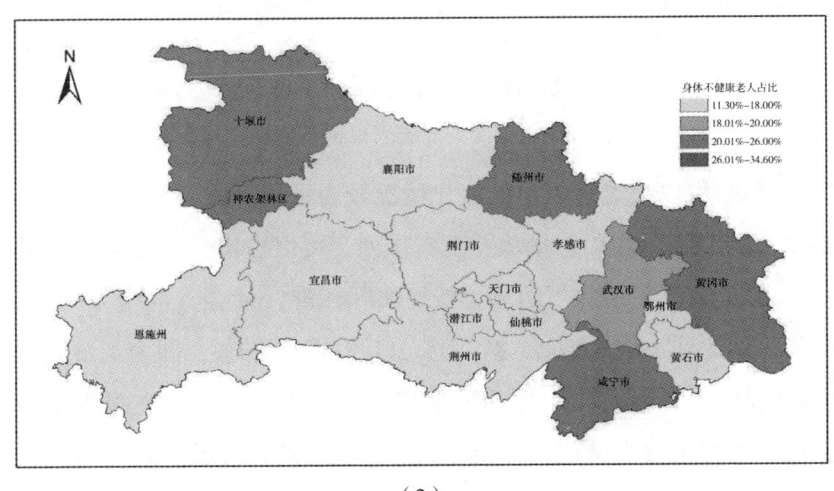

（2）

图 5-5-4　湖北省各市(州)农村地区不健康的老年人口占比空间变化

数据来源：根据第六、七次湖北省人口普查数据整理绘制。

农村老年人口在农村总人口中比例的上升，使农村人口迅速走向老龄化。据最新"七普"数据显示，湖北省全省目前已有 5 572 376 人年龄超过 60 岁，占湖北省农村总人口的 26%；这一比例仍有继续且急剧增加的趋势；其中，从图 5-5-5 可以看出，湖北省"一主两翼"农村地区 60 岁以上老龄人口占比较大；而相较于经济发展较好的地区，湖北省山区 60 岁以上老龄人口占比更小；其他各下辖地级行

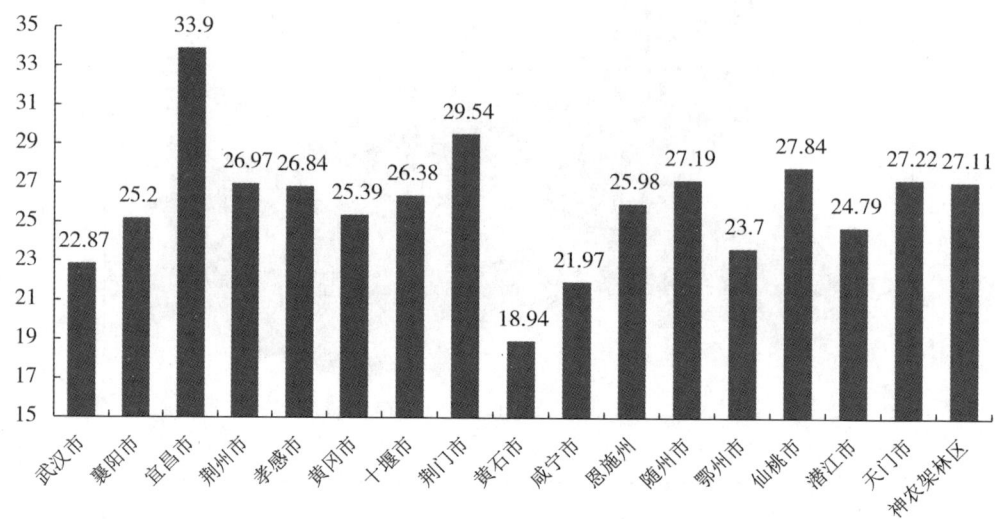

图 5-5-5 各下辖地级行政区农村地区 60 岁以上老人占比情况

数据来源：根据第七次湖北省人口普查数据整理绘制。

政区农村地区 60 岁以上老龄人口的占比情况较为平均。图 5-5-5 中，湖北省各市（州）按照 2021 年最新 GDP 总量从左至右排列，可以看出，农村地区的老年人口占比与 GDP 总量大小关系并不明显。按照国际标准，社会人群中 60 岁以上人口占总人口的比例达到 10%，或 65 岁以上人口占比达到 7%，即为老龄化社会。湖北省各市 60 岁以上老龄人口占比几乎都超过了 20%，因此，本报告认为，湖北省农村各地区老龄化较为严重，已经达到了深度老龄化标准。

（二）中部江汉平原地区高龄化明显，高龄人口占比超 1.5

从地理区域分布来看，超高龄人口地域分布不均。图 5-5-6 显示了湖北省农村地区超高龄人口占总人口的百分比地域分布情况，图中各市（州）从左至右按照 2021 年 GDP 总量排列。2020 年，宜昌市的超高龄人口占比高居首位，占比达到了 1.6%。另外，仙桃市以及神农架林区虽然地理面积较小，农村地区人口总数较少，但超高龄人口的占比分别居第二、三位。经济的不断增长，带来了医疗卫生水平的提升，医疗卫生水平的增长必然会带来人口死亡率的快速下降，从而导致人口寿命的不断延长，超高龄人口数量逐步增加。

报告五　湖北省农村老人健康问题研究

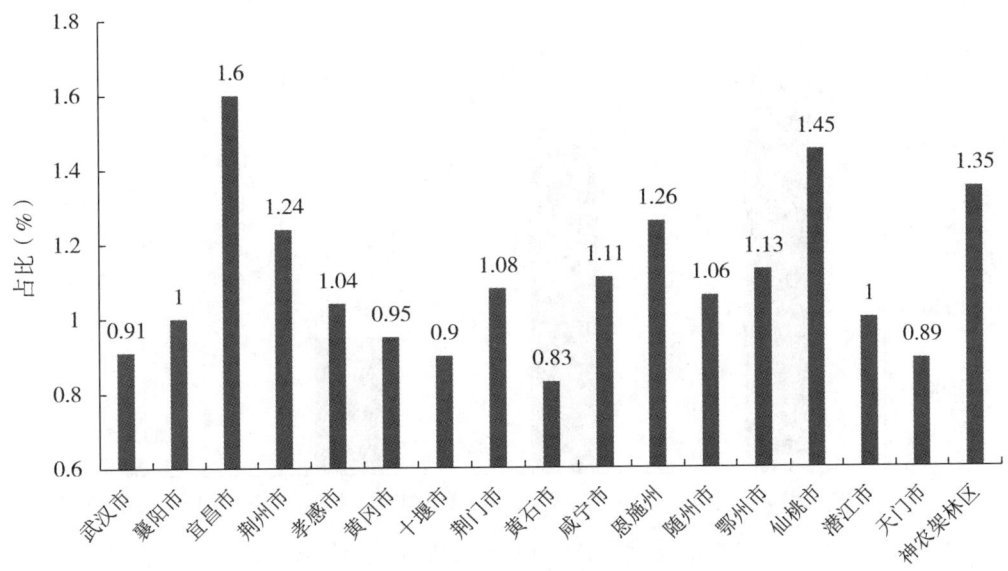

图 5-5-6　湖北省各市(州)超高龄人口地域分布占比情况

数据来源：根据第七次湖北省人口普查数据整理绘制。

(三)农村人口中 60 岁以上老人身体基本健康,超过 90%的健康状况良好的农村老年人口有经济保障

如何让老年人口老有所养、病有所治,提高老年人的健康问题,成为了老龄化问题的关键所在。由图 5-5-7 可以发现,湖北省目前共有 60 岁以上老年人口 560 392 人,健康的老年人口和基本健康的老年人口分别为 247 960 人和 215 379 人。因此,目前来看,湖北省农村地区老年人口的健康状况基本良好。对于不健康但生活可以自理的老年人口,主要通过经济帮扶、贫困补助、医疗保险等形式给予健康保障；对于不健康且生活不能自理的老年人口,不仅要给予经济上的帮助,还要给予精神上的慰问与关心。

表 5-5-1 是湖北省各地农村地区 60 岁以上老年人的身体健康情况,可以发现,身体健康和基本健康的老年人多半有经济保障,有劳动收入的老年人身体健康的人数最多,只有失业保险金的老年人身体健康的人数很少。生活来源仅仅是失业保险金的老年人,生活水平低下,身体健康状况也不能保证。另外,在身体

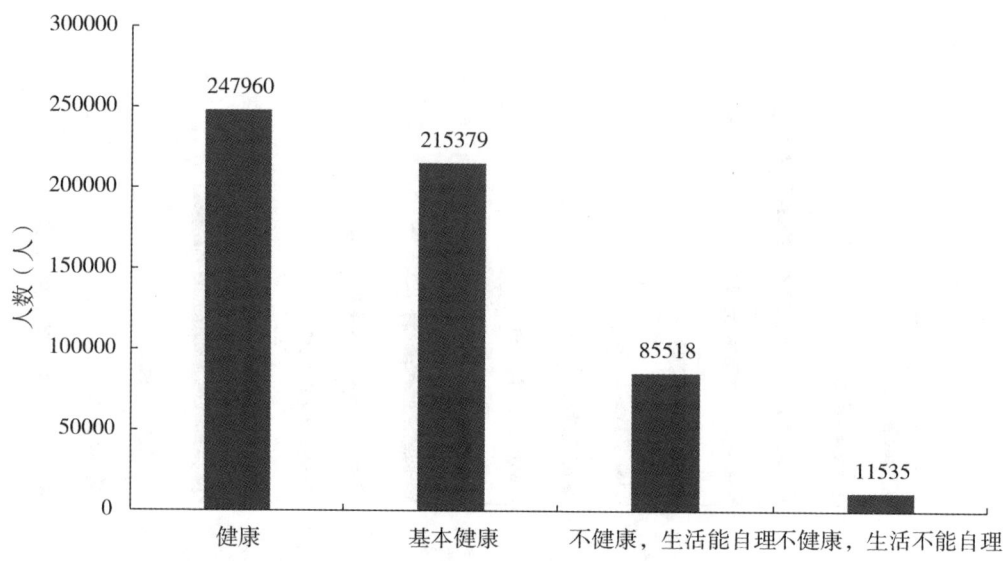

图 5-5-7 湖北省农村地区 60 岁以上老人健康情况

数据来源：根据第七次湖北省人口普查数据整理绘制。

不健康的老年人当中，很意外的是由家庭其他成员供养的老年人最多，其次是靠领取最低生活保障金为主要生活来源的老年人。

表 5-5-1 湖北省各地农村地区 60 岁及以上老年人口生活来源以及身体健康情况

主要生活来源	健康状况			
	健康	基本健康	不健康，但生活能自理	不健康，且生活不能自理
劳动收入	142 310	72 934	7 366	154
离退休金/养老金	22 884	23 296	7 494	1 052
最低生活保障金	6 121	13 528	14 699	2 381
失业保险金	4	11	5	2
财产性收入	634	544	158	17
家庭其他成员供养	63 788	92 775	51 351	7 354
其他	12 219	12 219	4 445	575

数据来源：根据第七次湖北省人口普查数据整理。

(四)从就业来看,农村地区健康服务供给严重不足,城乡差距明显

农村老年人口占比逐年增加,且长寿化发展趋势明显,寿命延长,身体健康状况有待加强。因此,可以从农村地区的就业情况发现老年人口健康供给水平。数据表明,各市(州)年 GDP 总量排名靠后的几个地区,农村健康服务供给情况不容乐观,甚至出现零供给的情况。

另外,除了农村地区老年人口健康服务供给有着明显的地域差距外,数据还表明,在城乡之间也存在着明显差距。图 5-5-8 是各市(州)健康服务供给情况的城乡对比数据,可以看到,武汉城市圈的城市健康服务供给比较充足,且城乡差距最大。以省会武汉市为例,从事健康服务职业的人数城乡差距达十倍以上,这也能够说明,经济发展水平越高的地方,老年人口的健康负担越大。

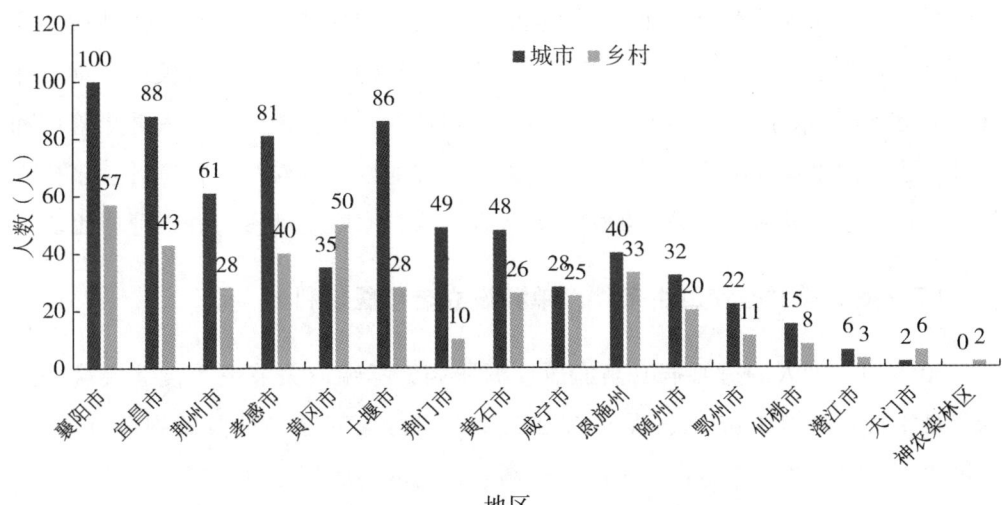

图 5-5-8　各市(州)从事健康服务职业人数的城乡对比情况
数据来源:根据第七次湖北省人口普查数据整理绘制。

最新人口普查数据公布了 60 岁以上老人的居住状况,其中,有一项数据是农村地区住在养老机构的老年人口数量,这是相对于十年前的人口普查数据的新调查。养老机构是专门针对老年人口的生活起居、身体健康而设立的机构,养老机构的发展以及越来越高的民众接受度和入住率可以表明，农村地区老年人口的健康负担在变小。数据显示出黄冈市和十堰市农村地区60岁以上老人住在养老机构的人数最多，"一主两翼"地区的养老机构发展较平稳。因此，并不是老年人口越多的地方，住进养老机构的老年人就越多，这与经济发展水平以及老年总人口并无直接关系。

四、建议

（一）多渠道增加农村老年健康服务供给，提高农村老年人服务和管理水平

要提高老年人健康服务和管理水平，就要在农村地区加强老年健康知识宣传和教育，提升老年人健康素养。要构建政府、社会、家庭参与的农村老年健康供给体系，县级或乡镇医院要加大下乡惠农的力度，加强老年人群重点慢性病的早期筛查，开展老年口腔健康、老年营养改善、老年痴呆防治和心理关爱行动。此外，应继续利用好国家基本公共卫生服务项目这一平台，做好老年人健康管理和慢性病患者健康管理服务。同时，要大力开展专业性、针对性、持续性、多样性的健康宣传和促进活动，进一步引导老年人本人、家庭主动参与健康管理活动。

（二）提高农村医疗卫生条件，单独设立老年医学科

60岁以上老人的冠心病、高血压、糖尿病、哮喘或关节炎等慢性疾病的患病率是年轻人口的3~7倍，提高农村老年人口健康问题关键要做到病有所医，通过政策倾斜以及人才引进，不断地提高农村地区的医疗卫生条件。要让农村的老年人口能够直接在家门口看病。通过对农村患有疾病的老年人建档、定期随访跟踪调查病情、提供药物辅助治疗，对老年人口的慢性病以及常见的老年病提供专门治疗。同时，可以针对老年人常见的疾病加强综合性医院老年医学科建设，引进老年医学高素质专业人才，大量培养健康师以及养老服务或护理员，通过不断地专业知识培训，不断提高农村老年人口的健康服务供给能力和水平。

(三)完善健康保险体系,提高农村老年人口的健康保障

养老的核心理念是养护老人的健康,不仅仅是提供医疗防病治病的救助,而是需要更多元化的健康促进及服务需求,因此要大力宣传新型农村合作医疗,扩大新农合的医疗报销范围,提供老年重大疾病医疗保障,探索建立与当前农村经济社会发展水平、各方承受能力相适应的稳定可持续的农村保险机制。由政府、人口部门明确政府、社会部门、家庭所缴养老金、医疗保险金的系数,政府相关部门还可以与各大商业保险公司进行政务合作,通过政策支持与资金帮扶等方式,设立针对农村老年人口的保险专项制度,最大限度地促进农村老年人口医疗保障的完善发展。

(四)加大财政专项资金向农村地区倾斜,缩小城乡之间健康供给的差距,保证农村地区老年人口的健康水平稳步提升

目前城市地区,尤其是经济发展水平较高的武汉市、襄阳市和宜昌市等地区的健康服务供给较充足,在保证城市地区现有水平的情况下,应不断加大对农村地区的健康服务供给专项帮扶。政府应该加强对农村地区养老社会服务化的组织引导与推动,加强舆论宣传,专门出台制定对农村老年人口健康供给的扶持和优惠政策,给予社会上一些健康服务机构一定的财政补贴与贷款以及税收等方面的政策倾斜,提高政策吸引力,以调动社会力量和民间资本参与农村老年人口健康服务供给事业的积极性,将资金资源吸引到农村地区,保留到农村地区,一步步提高农村健康服务水平,缩小其城乡差距。

报告六　湖北省老年残疾人与残障老年人福利整合研究

残疾人和老年人是我省民生福祉的重点保障对象，人口老龄化的加速推进使得我省"残疾老龄化"与"老年残障化"问题突出。就内涵而言，"残疾老龄化"是指伴随着人口寿命的延长，越来越多的残疾人进入老年生命周期而成为"老年残疾人"；而"老年残障化"则指由于高龄化、不健康老龄化趋势所引致的老年人慢性病患病率和失能失智率提高，从而加大了老年群体因老致残、因病致残而成为残障老年人的风险。可以说，无论是老年残疾人还是残障老年人，都是弱势群体中的弱势群体。

老年残疾人和残障老年人同属于处于身心障碍状态的老年人，其最大差异表现为残障发生的时间点不同：老年残疾人在成为老年人之前就处于身心障碍状态；而残障老年人原本是相对于"残疾人"而言的"健康人"，是在进入老年期后因病、因老而成为身心有障碍的人群。数据显示，2020年湖北省60岁以上的老年残疾人达到68.95万人，占全省残疾人总数的42.17%[①]。而根据2020年人口普查数据推测，目前我省老龄化比例达到20.42%（居全国第10位），失能老人接近100万人。无论是老年残疾人还是残障老年人，均处于"老年"与"残疾"的双重困境，其养老保障与社会福利是我省民生事业应当重视的问题。

老年残疾人和残障老年人作为福利对象的同属性与异质性特征，导致相关福利政策设计存在相互交叉、难以整合的问题。老年残疾人延续享受作为残疾人的相关福利待遇，而残障老年人则适用于民政、卫健系统的认定标准与相应的福利

---

① 中国残疾人联合会. 全国残疾人人口基础库主要数据[Z/OL]. https://www.cdpf.org.cn/zwgk/zccx/ndsj/zhsjtj/2020zh/6c948f9d97194a93a0d6e1ba23d32000.htm.

体系。事实上，无论是老年残疾人还是残障老年人，他们同样面临"老年"和"残障"的双重弱势特征，在养老方面存在一些共同的福利需求。如何以此为出发点，厘清老年残疾人和残障老年人的现实需求，整合现有福利资源，优化相关福利政策，是老龄化背景下推动我省社会福利事业发展所面临的重要问题。

一、老年残疾人与残障老年人福利体系所存在的问题

(一)认定标准无法衔接

在实践中，我省老年残疾人的认定工作由省残联负责。根据国家《残疾人残疾分类和分级》，残疾人被分为视力残疾、听力残疾、言语残疾、肢体残疾、智力残疾和精神残疾六类，在不同类别中根据具体情况又被细分为一级、二级、三级、四级。而对残障老年人的认定评级工作则由省民政部门负责。根据国家最新发布的《长期护理失能等级评估标准(试行)》，残障老年人的等级评估包括日常生活活动能力、认知能力、感知觉与沟通能力3个一级指标17个二级指标，依据总得分被判定为0~5级。

当前，我省各地对残障老年人的评估指标又存在一定差异。例如，武汉市出台的《武汉市养老服务需求评估试行办法》从日常生活活动、精神状态、感知觉与沟通、社会参与以及经济状况与居住状况，来综合确定老年人的需求类型与护理等级，作为其享受政府养老服务补贴资格等所需依据。而荆门市作为湖北省唯一被纳入全国15个长期护理保险制度试点城市，其出台的《荆门市长期护理保险失能等级评定标准(试行)》主要依据"活动能力评估量表"与"认知感知评估量表"来确定失能评估的等级。

由于老年残疾人和残障老年人的评估指标存在明显差异，导致两个群体的认定标准难以衔接。而评估等级是确定福利待遇的关键，在不同的认定标准下，针对老年残疾人与残障老年人两个群体分设了相应的福利体系，并由不同的行政部门主管(残联、民政和卫健委、医保局)，这也是导致我省福利政策与资源无法整合的重要原因。

(二) 养老资源尚未整合

我省针对老年残疾人和残障老年人的福利资源主要包括现金、服务两大类，由于群体归属不同，相关福利政策"碎片化"问题突出。在现金型福利上，我省老年残疾人主要享受"困难残疾人生活补贴"与"重度残疾人护理补贴"在内的"两项补贴"；残障老年人则享受"经济困难高龄老年人补贴""经济困难失能老年人补贴""高龄津贴"等各类老年补贴。以武汉市为例，对于同时符合特殊困难老年人养老服务补贴、重度残疾人护理补贴等相关服务补贴政策条件的，按照"就高不就低"原则，只享受其中一项补贴，不能重复享受。在服务型福利上，老年残疾人以入住残疾托养机构、特困供养机构等公办性质的集中住养性服务机构为主，实行兜底原则；而残障老年人可享受到的福利服务相对模糊，大部分轻度失能的老年人接受居家照护与社区为老服务，少部分重度失能且经济困难的老年人入住公办养老院等机构。老年残疾人与残障老年人的大部分福利需求存在交叉重叠，包括生活供养、生理照护、辅具配给、无障碍化和心理辅导等方面，但目前相关养老保障与福利政策仍是分设的，这就造成福利资源缺少整合、利用效率低下。

(三) 福利行政相对分散

虽然老年残疾人和残障老年人被统一涵盖在以民政为主导的老年福利体系之中，但在我省的工作实践中，残联与民政两部门在老年残疾人与残障老年人固有的福利行政中的功能地位不尽相同。针对残障老年人的福利行政由"民政主导、卫健和医保配合、残联辅助"，而针对老年残疾人的福利行政事实上则形成了"残联主导、民政协作"的格局。由于业务主管部门不同，各部门之间制度分设、财务分割，导致养老服务资源难以得到整合，严重影响了福利资源的配置效率。统筹治理需要从二者共同的福利需求出发，进一步联动福利行政供给方，以实现"福利整合"，打造共建共享的福利治理共同体。

二、优化老年残疾人与残障老年人福利体系的政策建议

(一) 探索残疾人分级分类标准与失能护理等级评估标准的衔接方案

目前，民政部将老年人长期护理失能等级分为基本正常(0级)、轻度失能(1级)、中度失能(2级)、重度Ⅰ级(3级)、重度Ⅱ级(4级)、重度Ⅲ级(5级)，难以与残疾人分类和分级标准进行衔接。而老年残疾人是一个异质性较强的群体，根据致残原因和残疾程度的差别，老年残疾人的生活自理能力存在一定的差异，对照料服务的需求也明显不同。轻度的听力残疾、言语残疾对基本生活影响不大，视力残疾、肢体残疾对参与社会活动的影响相对较大，而精神残疾和智力残疾者则基本丧失自理能力，甚至可能会对社会造成不良影响。因此，实现老年人能力评估、长期护理保险失能等级评估标准与残疾人残疾分类和分级标准的衔接，是进行福利整合的前提条件。

2020年新修订的《特困人员认定办法》明确规定："残疾等级为一、二、三级的智力、精神残疾人，残疾等级为一、二级的肢体残疾人，残疾等级为一级的视力残疾人应当认定为无劳动能力"，其自理能力较差应被视为重度失能老人并成为长期护理的重点服务对象。参考失能等级评估标准，依据致残原因与残疾程度，可以对老年残疾人的失能等级进行分类，如表5-6-1所示。当然，在具体的衔接实践中，我省应考虑多类残疾并存的现象，按照"就高不就低"的原则加以评定。

表 5-6-1 残疾人分类分级标准与失能等级评估标准的衔接方案

残疾分类	残疾分级与失能等级衔接			
	一级	二级	三级	四级
视力残疾	重度Ⅰ级	中度失能	轻度失能	基本正常
听力残疾	中度失能	轻度失能	轻度失能	基本正常
言语残疾	中度失能	轻度失能	轻度失能	基本正常

续表

残疾分类	残疾分级与失能等级衔接			
	一级	二级	三级	四级
肢体残疾	重度Ⅱ级	重度Ⅰ级	中度失能	轻度失能
智力残疾	重度Ⅲ级	重度Ⅱ级	重度Ⅰ级	中度失能
精神残疾	重度Ⅲ级	重度Ⅱ级	重度Ⅰ级	中度失能

注：参考《特困人员等级认定办法》等级评估标准编制。

（二）整合各类养老服务资源，构建差异化的养老服务体系

当前我省针对老年人、残疾人的现金补贴政策名目繁多，但每项政策的补贴金额较低且利用效率不高，政策碎片化问题突出。我省应基于老年残疾人与残障老年人的共同需求，对养老服务资源及相关政策进行整合。当前我省针对老年残疾人与残障老年人的福利保障仍以传统的现金补贴为主，应借鉴北京、江苏等地经验，尝试探索通过政府购买服务方式代替传统的现金补贴，采用发放养老服务券等形式，为符合条件的老年人入住养老机构、接受社区居家养老服务或者签约委托亲友、邻里服务提供支持；采用发放生活服务券等形式，为有需求的失能老人提供助餐、助洁、助购等日常便民服务。根据评估等级针对不同失能程度的老年人提供差异化的照料服务，充分激活、发掘与整合社区非正式福利资源，强化对老年残疾人与残障老年人在内的弱势者的社会支持。

不同失能程度的老年人在照料需求上存在明显差异，应按照福利接受者的不同需求类型与特征进行群体划分，提供精准化的福利供给。对于评定结果为基本正常或轻度失能的老年人，应充分发挥家庭在养老中的积极作用。此类老年人的主要需求是部分生活照顾和极少的康复保健服务，因此可选择由家庭成员或邻里给予部分生活照料。我省的相关政策应重视家庭在老年人福利供给中的基础性作用，出台老年与残障家庭支持政策，提升家庭支持能力。老年人可指定一名亲友或邻居提供照护服务，并与居民委员会、服务提供者签订三方服务协议，明确服务内容、频次等，产生的相关费用使用"亲友互助券"进行抵扣。除资金帮扶外，还应针对部分老年残疾人的个性化生理特征与需求，提供生活物资、辅助器具、家庭无障碍设施等实物支持。

对于评定结果为中度失能的老年人,应构建以社区为依托的综合福利保障模式。我省应积极对社区公共设施进行无障碍改造,让老年残疾人与残障老年人在社区接受康复训练、日常照护、精神慰藉等,老人持有的"社区照护券"直接抵扣社区养老服务的费用,不足部分由本人或家庭解决。在现有社区残疾人之家、社区老年照料中心的基础上进一步整合社区场地与设施资源,规划、建设、改造老年与残障人士综合服务中心,整合社区组织、服务机构、志愿者、家庭等各类正式与非正式的福利资源,有针对性地为社区内老年残疾人与残障老年人开展日间照料、生理护理、医疗保健和精神慰藉等多元服务。

对于评定结果为重度失能的老年人,应进一步协同政府与社会、公办机构与民办机构、养老机构与助残机构为其提供高质量的机构养老服务。重度失能的老年人缺乏生活自理能力,需要长期持续性的照料服务。荆门市作为湖北省唯一试行长期护理保险制度的地区,应依托长期护理保险基金,逐步将符合条件的残疾人纳入保障范围。针对贫困、孤残、失独等特困老年人,可将经济帮扶整合于托养服务之中,由老年人所在的街道办事处、居民委员会、托养机构与老人签订四方托养监护协议,老年人持有的"机构托养券"直接抵扣机构养老服务的费用,不足部分由本人或家庭解决。

(三)探索建立民政主导、多方联动的福利行政机制

"统筹推进残疾人福利制度建设"是民政部门的职能之一。作为民生主管部门,民政部门在老年福利领域应始终发挥主导作用,其职能包括:公立托底性质福利机构的管理运营,老年人与残疾人福利政策的拟定,低保、特困供养等救助性福利政策的拟定与经办,护理补贴等福利津贴的经办审核,民办老年机构与残疾人机构的审批、监管,政府购买服务项目的审批与评估,社会工作者等专业人才队伍建设,等等。残联组织应该协助民政部门做好服务老年残疾人与残障老年人的相关工作,其职能包括:残疾人证的协助办理,"两项补贴"等福利津贴的审核与经办协助,老年残疾人或残障老年人的维权,老年残疾人与残障老年人活动的组织开展,等等。除此之外,卫健委应承担老年健康服务,康复、护理服务的政策制定与管理协调等职能,医保部门应承担长期照护保险制度的推进等职

能，交通与城建部门应承担无障碍化建设或改造等职能。

与此同时，我省应形成以民政部为主导、协同其他部门参与，共同推动老年残障的信息化建设，建立多部门联动、联席机制。通过搭建信息化、系统化、跨部门合作的信息网络平台实现信息公开与共享，增进各部门联动协作，提高资源利用率与福利行政效率。例如，针对老年残疾人或残障老年人的"两项补贴""低保金""高龄津贴""养老金""失能老人补贴"等现金性福利给付情况进行归集，加快形成基础性数据库，各相关部门均可查询并协同管理，以理顺福利对象的一揽子现金福利计划。

报告七 湖北省人口预期寿命现状及预测研究

预期寿命是评价国家和地区居民健康状况、社会经济发展和人群生存质量的重要指标,既能反映该地区居民预期寿命的长短,也可说明人群的健康水平。无论是健康中国战略还是积极应对人口老龄化国家战略都离不开对未来健康水平的监测评估,而平均预期寿命正是连接和判断国家战略进展情况的重要统计指标和分析工具。

本课题基于2020年全国人口普查数据及历次全国人口普查数据、统计年鉴等数据,使用生命表算法、Lee-Carter模型、沙利文等研究方法,对湖北省人口预期寿命的现状进行测算并对其人口发展面临的问题和挑战进行分析,同时分析了影响湖北省人口预期寿命的因素,并对平均预期寿命的变化趋势进行预测,最后综合以上分析,提出了促进湖北居民健康、加强地方政府公共卫生和基本医疗服务、应对人口老龄化、缓解养老压力、促进经济社会稳定发展的一系列对策建议。

一、湖北省第七次人口普查预期寿命现状

本部分首先结合历次全国人口普查数据和世界银行的数据对湖北省的人均预期寿命发展特点及趋势进行分析,然后主要根据湖北省第七次全国人口普查数据,对湖北省人口预期寿命的现状和特点进行归纳和分析,并进一步考虑不同市州、不同性别,以及城乡镇之间的差异。

(一)湖北省2020年人口预期寿命现状

1. 总人口预期寿命

基于湖北省第七次全国人口普查数据,计算得到人均预期寿命为78.74岁,略

高于国家统计局公布的人均预期寿命(78岁)。本研究的人均预期寿命根据生命表算法而得,其中0岁死亡率和1~4岁死亡率基于表5-7-1的数据进行了一定的调整。

表5-7-1 不同统计口径下的死亡率指标

统计口径	指标			
	人口死亡率	婴儿死亡率	1~4岁死亡率	5岁以下儿童死亡率
湖北省第七次全国人口普查原始数据	6.63‰	1.85‰	0.25‰	0.53‰
湖北省统计局	7.67‰	—	—	—
湖北省卫健委	—	2.87‰	—	3.71‰
国家统计局	7.07‰	5.4‰	—	7.5‰

数据来源:根据湖北省统计局、湖北省卫健委、国家统计局公开数据和第七次湖北省人口普查数据整理。

如图5-7-1所示,湖北省人口预期寿命在过去30年间增长了10.75岁,但是2010—2020年预期寿命的增幅明显小于2000—2010年以及1990—2000年的预期寿命,预期寿命增长速度整体而言有放缓的趋势。

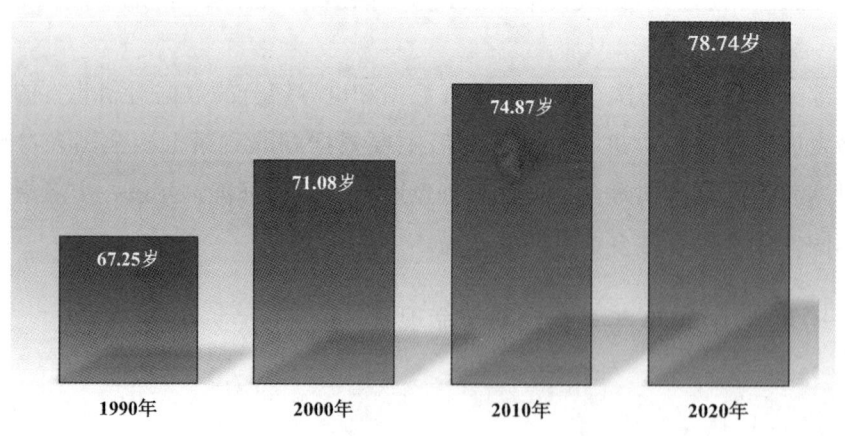

图5-7-1 湖北省历次人口普查预期寿命
数据来源:根据国家统计局公开数据整理绘制。

图 5-7-2 为中国 1960 年至 2020 年的预期寿命变化趋势图,结合图 5-7-1 可知,湖北省人均预期寿命的增长情况也是完全符合这一规律的。

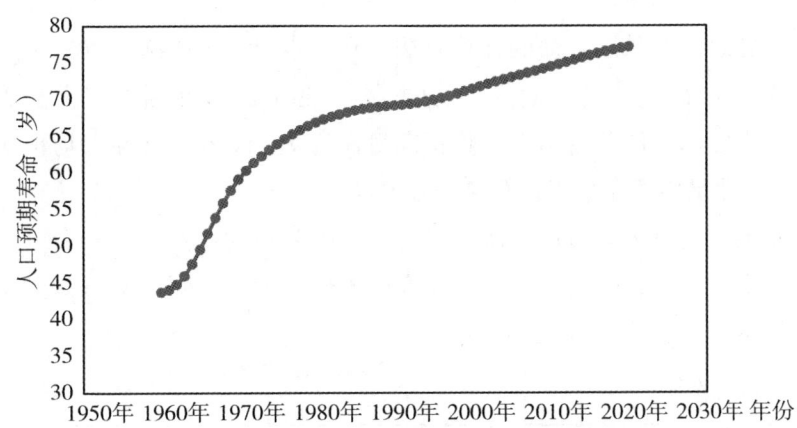

图 5-7-2 中国历年出生时人口预期寿命
数据来源:根据世界银行公开数据整理绘制。

其次,通过与全国及其他省份的横向对比(见图 5-7-3),可以发现,湖北省

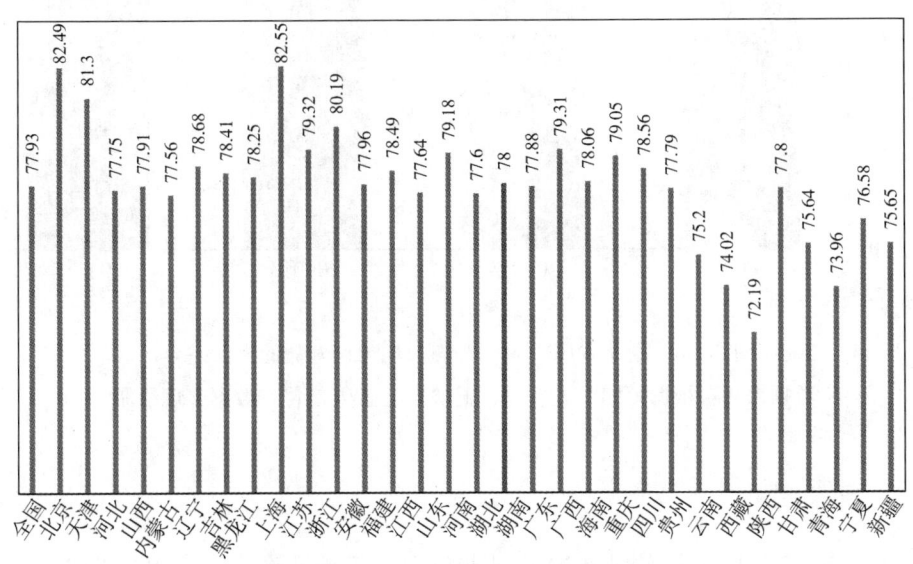

图 5-7-3 2020 年全国及各省人均预期寿命
数据来源:根据国家统计局公开数据整理绘制。

人均预期寿命在全国处于中等水平,但仍然居于中部六省之首。

2. 分性别预期寿命

与湖北省总人口预期寿命的计算方法一致,本报告生成湖北省男性人口生命表和女性人口生命表。根据"七普"数据测算湖北省2020年男性与女性的人均预期寿命。结果显示,湖北省男性人均预期寿命为76.44岁,女性人均预期寿命为81.28岁,女性预期寿命比男性预期寿命高4.84岁。

进一步地,通过纵向对比历次人口普查数据公布的男女预期寿命可知,湖北省女性预期寿命的增长幅度平均而言要高于男性,随着时间的推进,男女预期寿命的差距有增大的趋势(见图5-7-4)。

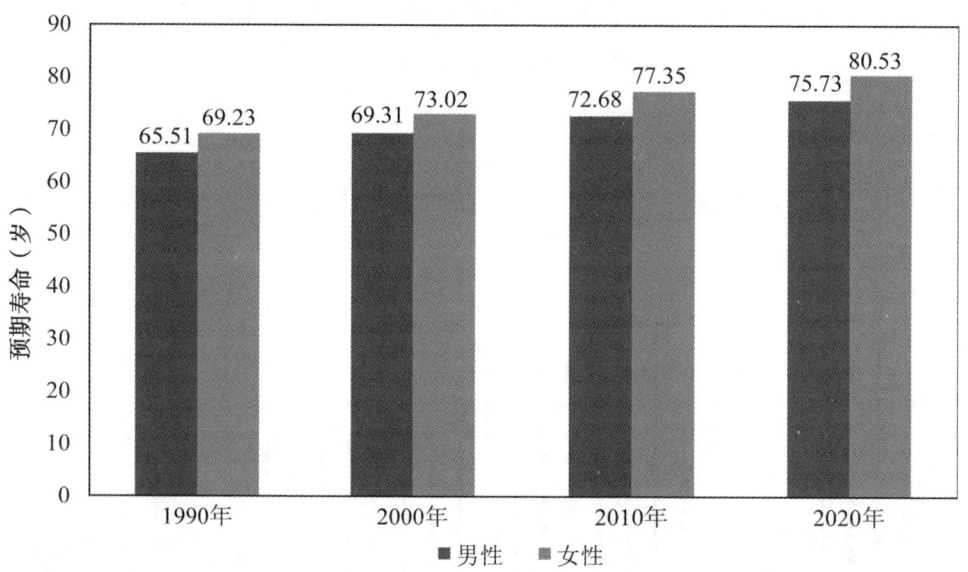

图5-7-4 湖北省历次人口普查人均预期寿命的男女差异
数据来源:根据第四、五、六、七次湖北省人口普查数据整理绘制。

3. 分城乡镇的预期寿命

由表5-7-2可以清楚看到2020年湖北省总人口预期寿命存在明显的城乡差异,预期寿命高低的排序依次是市、镇、乡,分别为80.63岁、79.09岁、76.65岁,这符合人们对市、镇、乡死亡水平的一般认识,也符合死亡水平的一般规律。

表 5-7-2　2020 年湖北省分市镇乡的人口死亡水平

指　标	总　人　口		
	市	镇	乡
期望寿命(岁)	80.63	79.09	76.65
婴儿死亡率(‰)	3.70	5.20	8.34

数据来源：根据第七次湖北省人口普查数据整理。

注：此处婴儿死亡率数据是通过国家统计局公布的婴儿死亡率数据调整后而得。

4. 分市州人均预期寿命

由于湖北省第七次人口普查数据给出的是各市州的人口数而非平均人口数，所以需要对各市州的平均人口数进行再计算，而又由于湖北省第七次人口普查数据中并没有给出各市州单岁组人口数，所以本研究只能通过使用各年龄组的人口数和死亡人口数来粗略计算其平均人口数，据此得出各市州的预期寿命如图5-7-5所示。

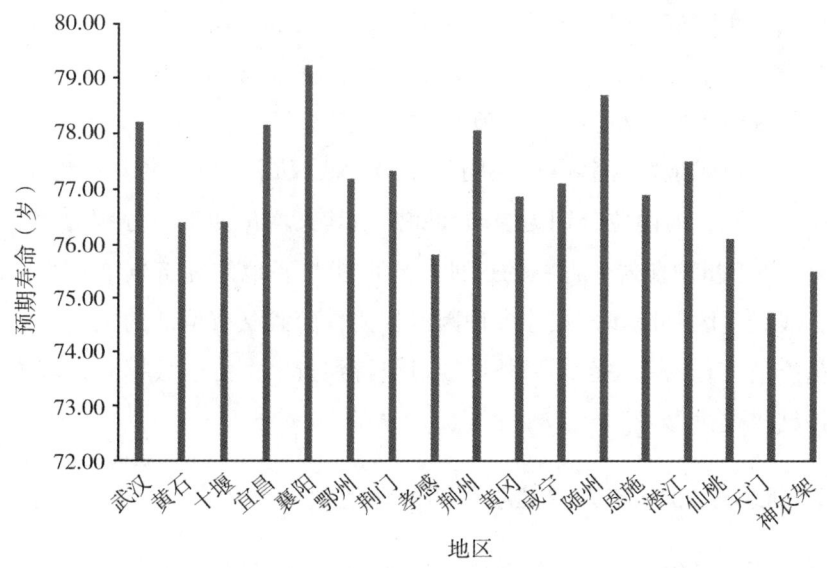

图 5-7-5　2020 年湖北省人口普查分市州人均预期寿命
数据来源：根据第七次湖北省人口普查数据整理绘制。

通过粗略计算可知，2020年湖北省各市州预期寿命存在明显差异。其中，襄阳市人均预期寿命最高，为79.25岁，超过了湖北省总人口预期寿命；其次为随州，为78.70岁；武汉排名第三，人均预期寿命为78.21岁。总体而言，各市州预期寿命存在的这种差异可能与各地的经济发展水平、医疗卫生状况、居民生活习惯和方式等多种因素相关，而武汉市偏低的预期寿命可能与2019年底发生的新冠肺炎疫情有着密切关系。另外，特别提醒的是，由于数据和计算方法上存在局限，以上结果并不十分精确，仅供参考。

5. 小结

基于湖北省第七次人口普查数据分析可知，湖北省2020年人均预期寿命特点如下：

第一，总人口预期寿命为78.74岁（略高于国家统计局公布的数据78岁）。总体而言，湖北省人均预期寿命在全国处于中等水平，但仍居于中部六省之首。

第二，男女预期寿命存在明显差异，其中，男性预期寿命为76.44岁，女性预期寿命为81.28岁，女性预期寿命比男性预期寿命高4.84岁（男女预期寿命与国家统计局公布的数据相比略高，但是男女差距基本一致）。

第三，乡预期寿命也存在明显差异，预期寿命高低的排序依次是市、镇、乡，分别为80.63岁、79.09岁、76.65岁。

第四，各市州预期寿命也存在明显差异。武汉市人均预期寿命为78.21岁，在全省排名第三，前两位分别为襄阳和随州，其人均预期寿命分别为79.25岁和78.70岁。各市州预期寿命存在的这种差异可能与各地的经济发展水平、医疗卫生状况、居民生活习惯和方式等多种因素相关，而武汉市偏低的预期寿命可能与新冠肺炎疫情有着密切关系。另外，项目组特别指出，由于数据和计算方法上的局限，该结果仅供参考。

(二) 湖北省2020年人口健康预期寿命现状

前文分析人口预期寿命延长指向人口平均寿命的延长，但是寿命延长往往与身体机能和认知功能的下降相依存，这也就出现了人活得越长，不健康的人口越多的情况。而单一的死亡率水平指标并不能反映人口的健康状况，更不能反映人们的生命质量水平。因此，为了更好地反映人口的生命质量水平，我们在测量生命长度的同时，还需要一个能测量生命质量的指标，即健康预期寿命。

本研究使用的第七次人口普查数据为横截面调查数据，因此将采用Sullivan方法进行测算。具体测算过程即首先基于2020年第七次湖北省人口普查长表中的数据得到60岁以上老龄人口处于不同健康状况下的人数及占比，然后与生命表结合起来计算出不同健康状态下健康预期寿命，以此对湖北省老龄人口健康现状特点进行分析总结，并进一步考虑湖北省老龄人口不同年份、性别之间的健康预期寿命差异。

1. 60岁老龄人口健康预期寿命

表5-7-3所示为基于湖北省第七次人口普查数据计算的2020年湖北省不同年龄老年人口的健康状况分布情况。

表5-7-3 2020年湖北省不同年龄别老年人健康状况分布

年龄别 （岁）	总人口 合计 （人）	健康 人数 （人）	占比 （%）	基本健康 人数 （人）	占比 （%）	不健康，但生活 能自理 人数 （人）	占比 （%）	不健康，且生活 不能自理 人数 （人）	占比 （%）
60~64	347 394	227 610	0.66	98 846	0.28	18 445	0.05	2 493	0.01
65~69	333 362	184 894	0.55	117 508	0.35	27 442	0.08	3 518	0.01
70~74	229 049	98 884	0.43	95 948	0.42	30 288	0.13	3 929	0.02
75~79	137 895	46 704	0.34	60 658	0.44	26 671	0.19	3 862	0.03
80~84	80 337	21 058	0.26	34 644	0.43	20 702	0.26	3 933	0.05
85~89	40 357	8 597	0.21	16 235	0.40	12 084	0.30	3 441	0.09
90~94	10 658	1 826	0.17	3 862	0.36	3 371	0.32	1 599	0.15
95~99	2 233	326	0.15	684	0.31	738	0.33	485	0.22
100+	244	26	0.11	69	0.28	75	0.31	74	0.30

数据来源：根据第七次湖北省人口普查数据整理。

结合表 5-7-3 和图 5-7-6 可知，随着年龄的增加，处于不同健康状态下的老年人占比呈现不同的模式。总的来看，随着老年人口年龄的增加，处于健康状态下的老年人占比呈现下降趋势，处于不健康状态下的老年人占比呈现上升趋势；另外，85 岁可能是老年人健康状况发生较大变化的一个关键节点，出现不健康状况甚至是不能自理的状况明显增加，对于家庭或者社会而言，养老负担可能会明显加重。

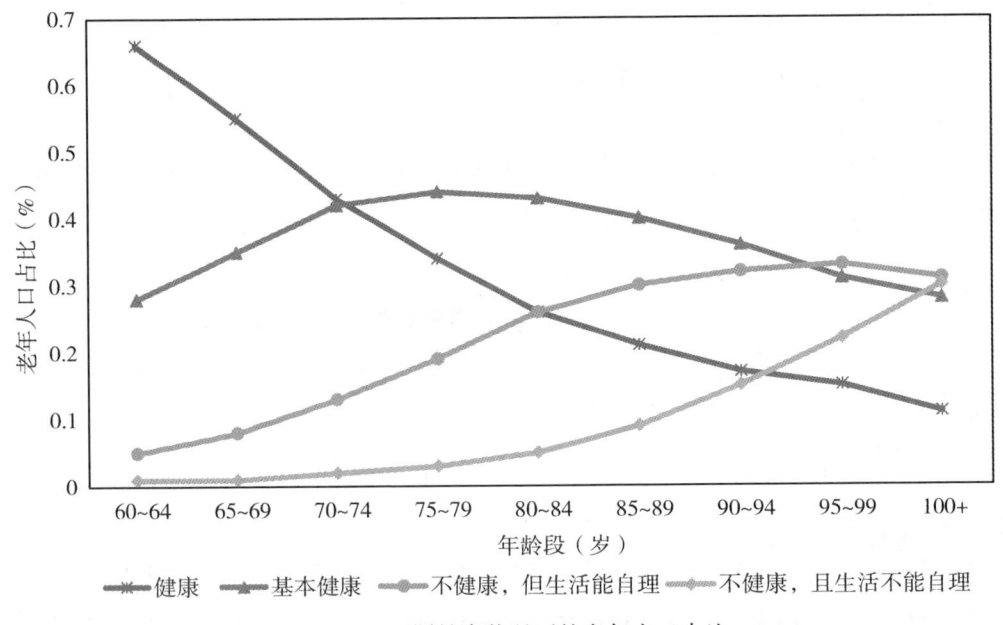

图 5-7-6　不同健康状况下的老年人口占比

数据来源：根据第七次湖北省人口普查数据整理绘制。

基于以上 60 岁以上老年人口年龄别的健康状况分布截面数据和 Sullivan 方法，测算结果如表 5-7-4 所示，2020 年湖北省 60 岁老年人口在剩余的 22 年预期寿命中，处于"健康"状态下的预期寿命约为 10 年，处于"基本健康"状态下的预期寿命约为 9 年，处于"不健康但能自理"状态下的预期寿命约为 3 年，处于"不健康但不能自理"状态下的预期寿命约为半年。

报告七　湖北省人口预期寿命现状及预测研究

表 5-7-4　2020 年湖北省年龄别老年人口不同健康状态下的预期寿命

年龄别（岁）	预期寿命（年）	不同健康状况下的预期寿命（年）			
		健康	基本健康	不健康，但能自理	不健康，且不能自理
60~64	22.00	9.84	8.62	3.23	0.66
65~69	17.92	6.95	7.20	3.12	0.65
70~74	14.12	4.61	5.93	2.93	0.65
75~79	10.79	2.96	4.54	2.64	0.65
80~84	8.01	1.83	3.26	2.25	0.66
85~89	5.89	1.16	2.28	1.83	0.71
90~94	4.62	0.75	1.59	1.47	0.80
95~99	4.07	0.56	1.23	1.32	0.96
100+	2.99	0.32	0.84	0.92	0.91

数据来源：根据第七次湖北省人口普查数据整理。

此外，不同健康状况下老龄人口的预期寿命随年龄变化的趋势和程度也有所差异，如图 5-7-7 所示。"健康"状况下预期寿命随年龄增加快速下降，变化幅度

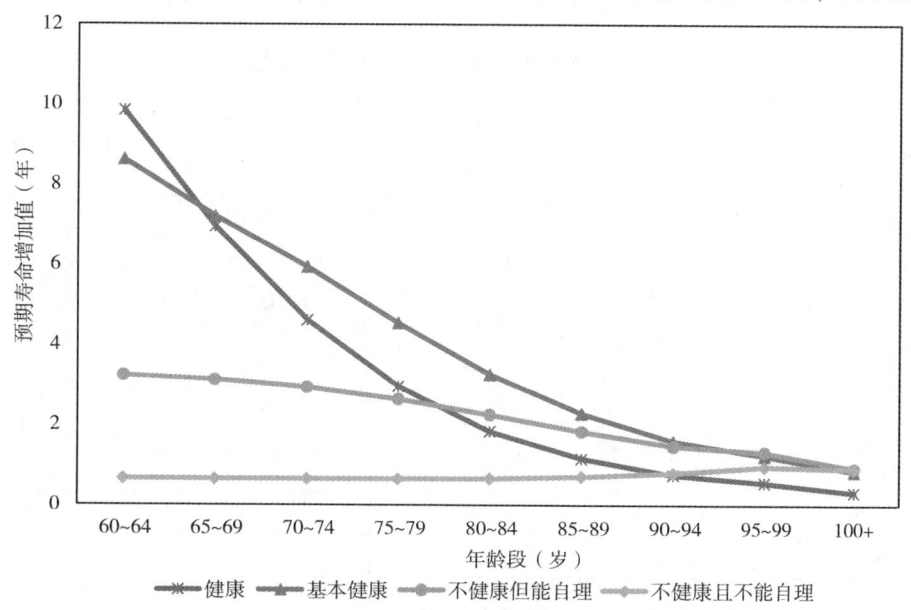

图 5-7-7　不同健康状况下的预期寿命变化趋势
数据来源：根据第七次湖北省人口普查数据整理绘制。

较大,从60岁时的9.84岁下降至100岁时的0.32岁;"基本健康"状况下的预期寿命下降模式与"健康"状况下的模式类似,但是下降速度相对较慢;"不健康,但能自理"状况下的预期寿命也是随着年龄的增加而下降,但是整体变化幅度不大;"不健康,且不能自理"状况下的预期寿命整体而言是随着年龄增加而有所上升,这可能与长寿人群的生理特点有关。

对于健康预期寿命的测算不仅应关注健康预期寿命的绝对值,还应关注健康预期寿命占预期寿命的比例和生命质量指数①。因为健康预期寿命占预期寿命的比重可以反映老年人余寿中处于健康状态下的相对时间长度,健康预期寿命占比越高,反映老年人口的健康状况越好,对医疗照护的需求也越小。而生命质量指数则是同时考虑老年人口寿命健康与长寿在质与量两方面的情况,生命质量指数高则说明老年人口"既健康也长寿",而不是"只长寿不健康"或"只健康不长寿"。

为了简化分析且更直观地了解老年人口健康状况的变化趋势,我们将指标进行合并,然后计算湖北省老年人口健康预期寿命占比情况及老年人生命质量指数。结果如表5-7-5所示。

表5-7-5 健康预期寿命占比及生命质量指数

年龄别(岁)	预期寿命(年)	健康预期寿命占比(%)	不健康预期寿命占比(%)	生命质量指数
60~64	22.00	0.82	0.18	124.32
65~69	17.92	0.79	0.21	85.22
70~74	14.12	0.75	0.25	55.73
75~79	10.79	0.69	0.31	35.37
80~84	8.01	0.64	0.36	21.97
85~89	5.98	0.57	0.43	14.05
90~94	4.62	0.51	0.49	9.36
95~99	4.07	0.44	0.56	7.25
100+	2.99	0.39	0.61	4.89

数据来源:根据第七次湖北省人口普查数据整理。

① 生命质量指数=预期寿命/(1-健康预期寿命比)

结合表 5-7-7 和图 5-7-8，可以发现，湖北省老龄人口健康预期寿命占总预期寿命比例随着年龄的增加而快速下降，从 60 岁时的 82%快速下降至 100 岁时的 39%，而且下降速度随着老年人口年龄的增大而加快。

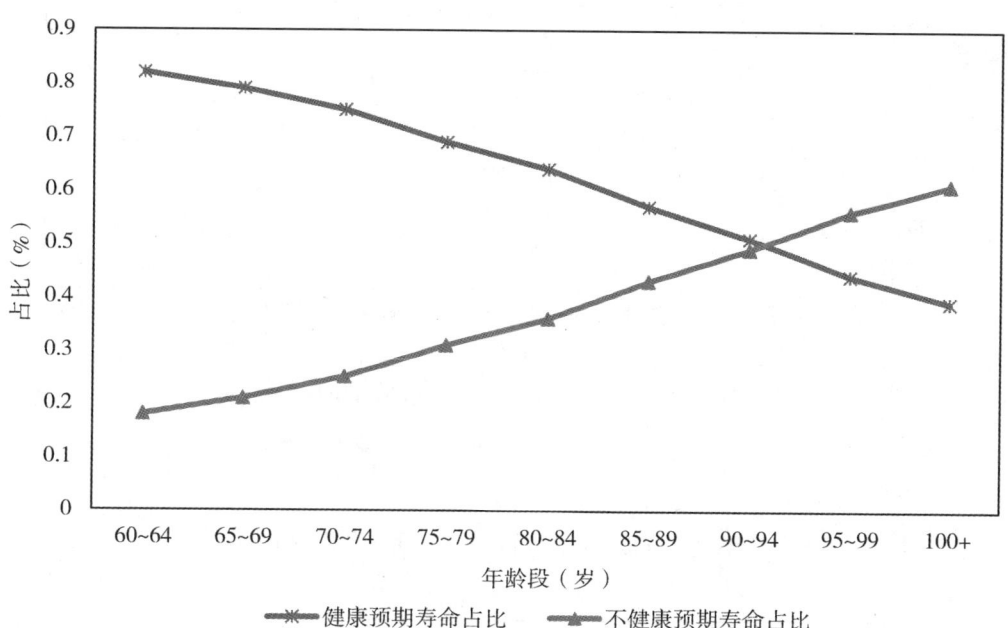

图 5-7-8 健康与不健康状态预期寿命在总预期寿命中的占比

数据来源：根据第七次湖北省人口普查数据整理绘制。

通过图 5-7-9 中可以看出，湖北省 60~84 岁老龄人口的生命质量下降速度很快，但是一旦跨过"长寿年龄"的门槛（85 岁），生命质量下降的速度将明显放缓。

接下来本研究基于第六次人口普查数据计算出 2010 年湖北省老年人口健康预期寿命，并与 2020 年湖北省老年人口健康预期寿命进行纵向对比，进一步了解湖北省老年人口健康预期寿命的变化状况。相较于 2010 年，2020 年湖北省老年人口健康预期寿命显著提高，并且老年人口的健康状况和生命质量都有所改善。见图 5-7-10，相较于 2010 年湖北省老年人口健康预期寿命，2020 年湖北省老年人口健康预期寿命在各个年龄上都有增加，其中 60 岁老年人口健康预期寿命的增加幅度最大，达到了 3.28 岁，平均每年增加约 0.33 岁。这说明在过去十

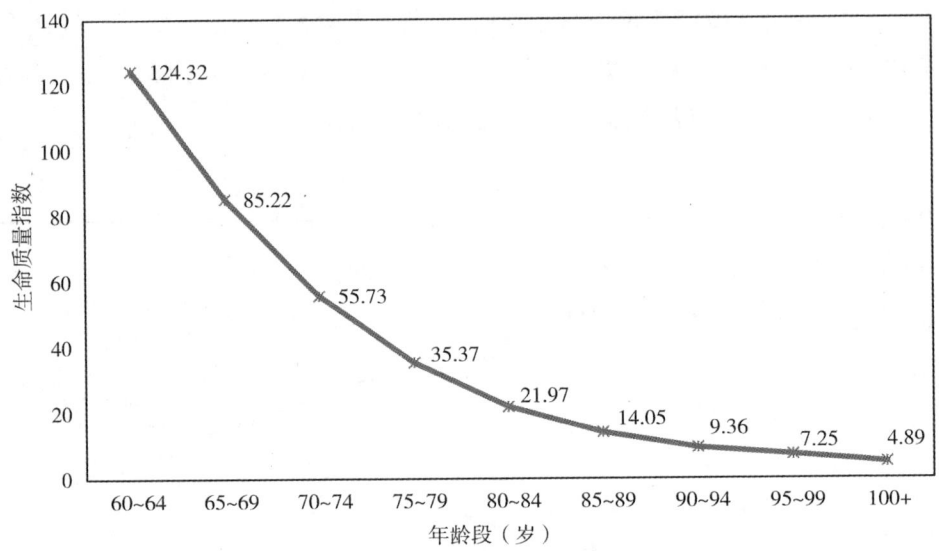

图 5-7-9　2020 年湖北省老龄人口生命质量指数

数据来源：根据第七次湖北省人口普查数据整理绘制。

年，湖北省在提升老年人口健康水平方面的工作取得了一定成效。

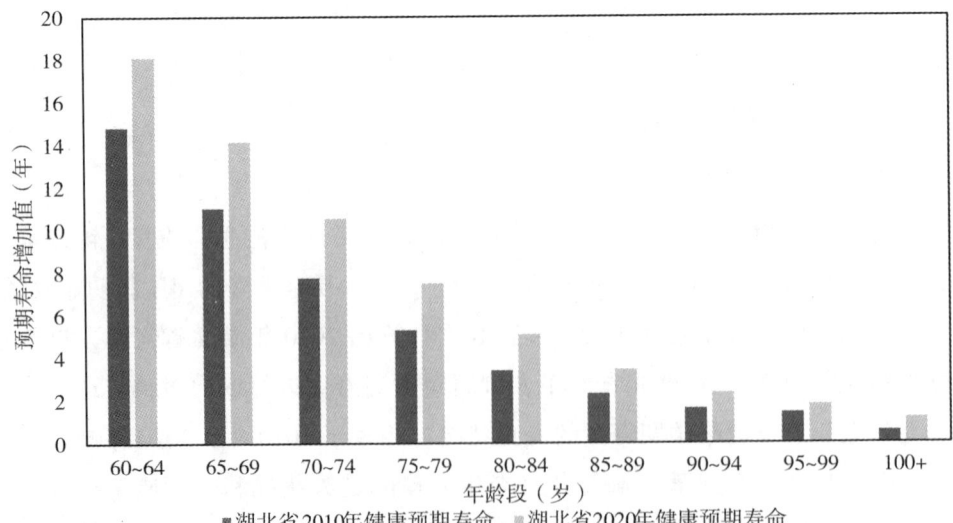

图 5-7-10　湖北省 2010 年与 2020 年健康预期寿命变化

数据来源：根据第六、七次湖北省人口普查数据整理绘制。

进一步分析还可以发现（见图 5-7-11），2020 年湖北省老年人口健康预期寿命不仅在绝对值上高于 2010 年，其健康预期寿命的占比也高于 2010 年，这说明 2020 年湖北省老年人口的健康状况与 2010 年相比，得到了较大提高。此外，关乎老年人口健康状况的关键节点也有明显差异。2010 年时，80 岁之前湖北省老年人口的健康状况相对较好，而之后健康状况相对较差；2020 年时，该节点推迟了 10 年。这侧面说明了经济发展和生活、医疗水平的提高是有效改善老年人口健康状况的重要路径之一。

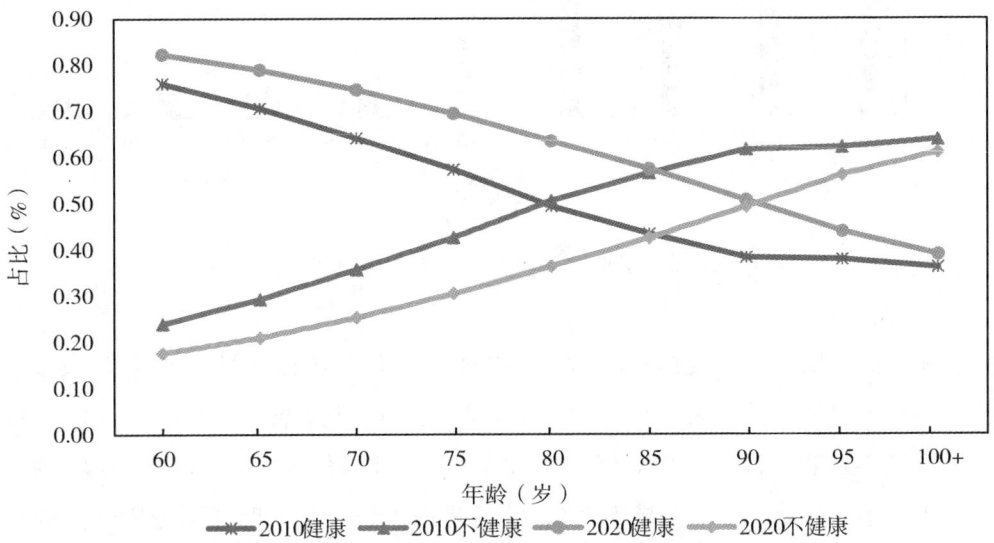

图 5-7-11 湖北省 2010 年、2020 年健康与非健康状态预期寿命在总预期寿命的占比
数据来源：根据第六、七次湖北省人口普查数据整理绘制。

最后，在老年人口的生命质量方面（如图 5-7-12 所示），2020 年湖北省老年人口生命质量指数也明显高于 2010 年，这说明 2020 年湖北省老年人口的生命质量与 2010 年相比，得到了较大提高。

2. 分性别老龄人口健康预期寿命

2020 年湖北省 60 岁及以上老年人口的健康状况、预期寿命以及生命质量呈

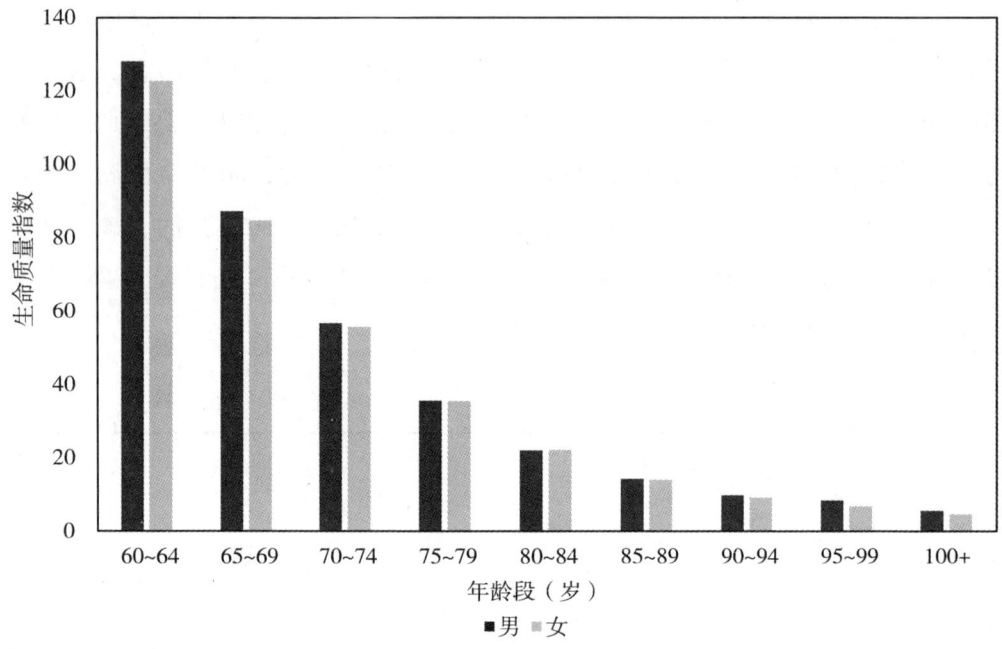

图 5-7-12 湖北省 2010 年、2020 年生命质量指数

现出明显的性别差异。表 5-7-6 和表 5-7-7 所示分别为 2020 年湖北省 60 岁及以上男性老年人口和女性老年人口的健康分布状况。通过数据可以发现，60 岁及以上男性老年人健康状况要相对好于女性老年人（如果同时考虑"基本健康"的状态，男女老年人健康状况差异不大），尤其是进入较高年龄时，不健康的女性老年人占比要明显高于男性老年人。

表 5-7-6　2020 年湖北省 60 岁以上男性人口健康状况分布

年龄别（岁）	总人口 合计（人）	健康 人数（人）	健康 占比（%）	基本健康 人数（人）	基本健康 占比（%）	不健康，但生活能自理 人数（人）	不健康，但生活能自理 占比（%）	不健康，且生活不能自理 人数（人）	不健康，且生活不能自理 占比（%）
60~64	174 678	118 149	0.68	45 824	0.26	9 343	0.05	1 362	0.01
65~69	165 415	95 978	0.58	54 432	0.33	13 189	0.08	1 816	0.01

续表

年龄别 （岁）	总人口 合计 （人）	健康		基本健康		不健康，但生活 能自理		不健康，且生活 不能自理	
		人数 （人）	占比 （%）	人数 （人）	占比 （%）	人数 （人）	占比 （%）	人数 （人）	占比 （%）
70~74	112 844	51 697	0.46	45 218	0.40	14 007	0.12	1 922	0.02
75~79	65 451	23 885	0.36	28 065	0.43	11 753	0.18	1 748	0.03
80~84	35 968	10 168	0.28	15 551	0.43	8 712	0.24	1 537	0.04
85~89	16 392	3 801	0.23	6 722	0.41	4 690	0.29	1 179	0.07
90~94	3 923	694	0.18	1 475	0.38	1 262	0.32	492	0.13
95~99	692	111	0.16	240	0.35	207	0.30	134	0.19
100+	53	9	0.17	13	0.25	15	0.28	16	0.30

数据来源：根据第七次湖北省人口普查数据整理。

表 5-7-7　2020 年湖北省 60 岁以上女性人口健康状况分布

年龄别 （岁）	总人口 合计 （人）	健　康		基本健康		不健康，但生活 能自理		不健康，且生活 不能自理	
		人数 （人）	占比 （%）	人数 （人）	占比 （%）	人数 （人）	占比 （%）	人数 （人）	占比 （%）
60~64	172 716	109 461	0.63	53 022	0.31	9 102	0.05	1 131	0.01
65~69	167 947	88 916	0.53	63 076	0.38	14 253	0.08	1 702	0.01
70~74	116 205	47 187	0.41	50 730	0.44	16 281	0.14	2 007	0.02
75~79	72 444	22 819	0.31	32 593	0.45	14 918	0.21	2 114	0.03
80~84	44 369	10 890	0.25	19 093	0.43	11 990	0.27	2 396	0.05
85~89	23 965	4 796	0.20	9 513	0.40	7 394	0.31	2 262	0.09
90~94	6 735	1 132	0.17	2 387	0.35	2 109	0.31	1 107	0.16
95~99	1 541	215	0.14	444	0.29	531	0.34	351	0.23
100+	191	17	0.09	56	0.29	60	0.31	58	0.30

数据来源：根据第七次湖北省人口普查数据整理。

表 5-7-8 所示为 2020 年湖北省老年人口分性别健康预期寿命。数据显示，2020 年湖北省 2020 年男性 60 岁老年人口健康预期寿命为 17.17 岁，女性 60 岁老年人口健康预期寿命为 19.09 岁。这说明 2020 年湖北省女性老年人口健康预期寿命要稍高于男性。这可能与我们的统计口径有关，我们将处于"基本健康"状态下的老年人都归类至"健康"的组别当中，因此发现女性老年人口的健康预期寿命要稍高一些。

表 5-7-8　2020 年湖北省老年人口分性别健康预期寿命

年龄别（岁）	男性（年）			女性（年）		
	健康	不健康	总预期寿命	健康	不健康	总预期寿命
60~64	17.17	3.26	20.44	19.09	4.56	23.65
65~69	13.43	3.16	16.59	14.90	4.40	19.30
70~74	10.04	3.01	13.05	11.05	4.15	15.19
75~79	7.18	2.78	9.96	7.80	3.77	11.57
80~84	4.91	2.49	7.41	5.24	3.27	8.51
85~89	3.41	2.25	5.66	3.46	2.76	6.22
90~94	2.45	2.14	4.59	2.29	2.36	4.65
95~99	2.10	2.23	4.33	1.66	2.30	3.96
100+	1.36	1.91	3.27	1.10	1.78	2.88

数据来源：根据第七次湖北省人口普查数据整理。

表 5-7-9 所示为 2020 年湖北省老年人口分性别健康预期寿命占比及其生命质量指数。总体而言，2020 年湖北省男性老年人口的生命质量要稍高于女性。

表 5-7-9　2020 年湖北省分性别健康预期寿命占比及其生命质量指数

年龄别（岁）	男性			女性		
	预期寿命（年）	健康预期寿命占比（%）	生命质量指数	预期寿命（年）	健康预期寿命占比（%）	生命质量指数
60~64	20.44	0.84	128.00	23.65	0.81	122.68
65~69	16.59	0.81	87.19	19.30	0.77	84.65
70~74	13.05	0.77	56.63	15.19	0.73	55.69

续表

年龄别（岁）	男 性			女 性		
	预期寿命（年）	健康预期寿命占比(%)	生命质量指数	预期寿命（年）	健康预期寿命占比(%)	生命质量指数
75~79	9.96	0.72	35.66	11.57	0.67	35.55
80~84	7.41	0.66	22.01	8.51	0.62	22.15
85~89	5.66	0.60	14.24	6.22	0.56	14.02
90~94	4.59	0.53	9.83	4.65	0.49	9.17
95~99	4.33	0.49	8.40	3.96	0.42	6.81
100+	3.27	0.42	5.59	2.88	0.38	4.67

数据来源：根据第七次湖北省人口普查数据整理。

从图 5-7-13 还可以发现，尽管女性的存活时间较长，但其整体的健康状况较男性而言并不是很好。

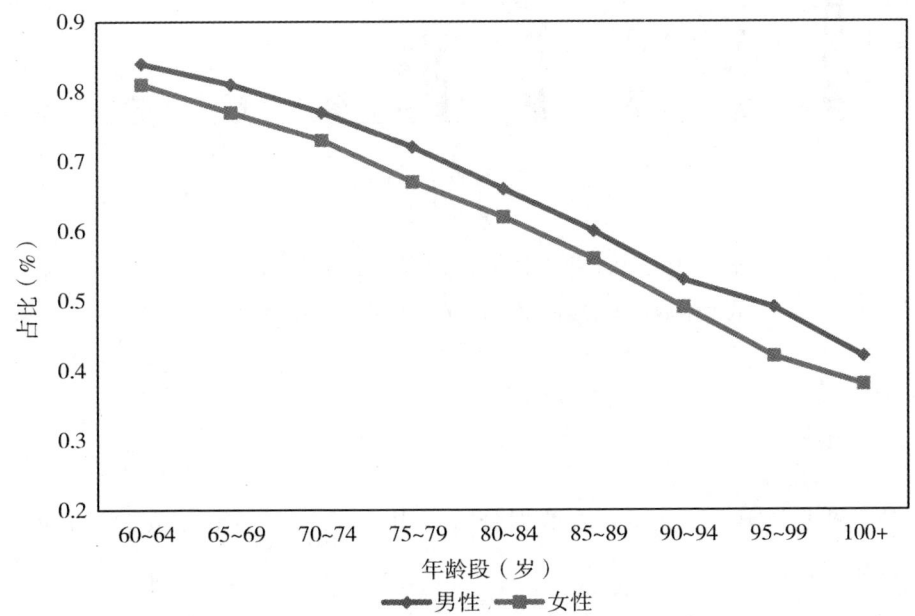

图 5-7-13 2020 年湖北省分性别健康预期寿命占比
数据来源：根据第七次湖北省人口普查数据整理绘制。

进一步地，我们还可以发现不同年龄段的老龄人口生命质量的性别差异也稍有不同，如图 5-7-14 所示。在 60～64 岁低龄老年人口中，男性老年人的生命质量明显高于女性老年人；但是在其他年龄段，男性老年人和女性老年人的生命质量差异不大。

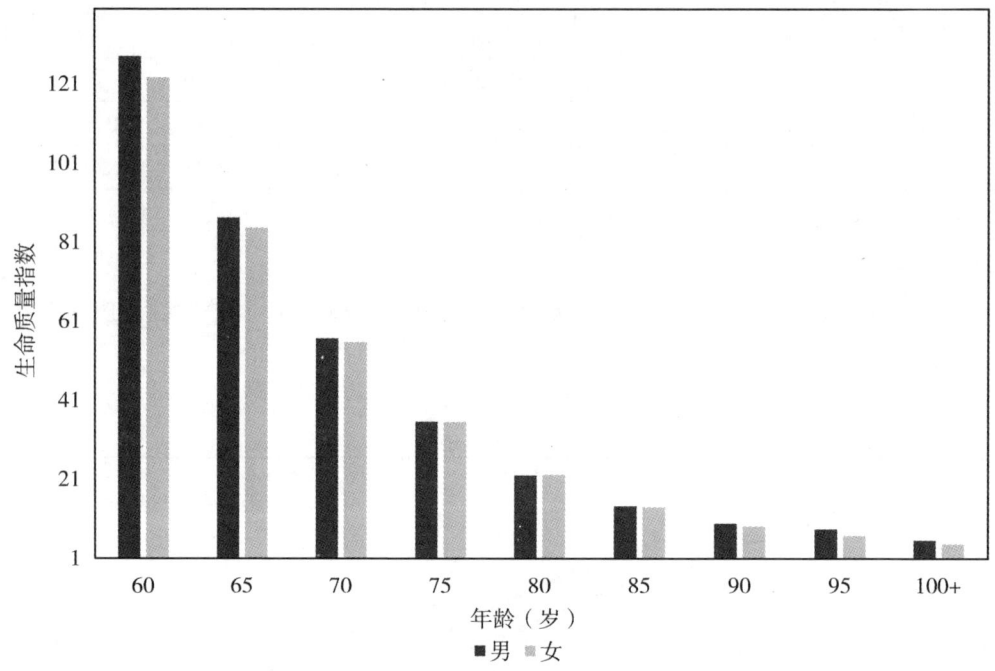

图 5-7-14　2020 年湖北省老龄人口分性别生命质量指数
数据来源：根据第七次湖北省人口普查数据整理绘制。

3. 小结

基于湖北省第七次人口普查数据分析可得，湖北省 2020 年人口健康预期寿命特点如下：

第一，2020 年湖北省 60 岁老年人口处于"健康"状态下的预期寿命约为 10 年，处于"基本健康"状态下的预期寿命约为 9 年，处于"不健康，但能自理"状态下的预期寿命约为 3 年，处于"不健康，但不能自理"状态下的预期寿命约为半年。

第二,2020 年湖北省老年人口生存质量随着年龄的增加而降低。

第三,近十年湖北省的健康预期寿命无论是绝对长度还是生存质量都有所提升。

第四,湖北省男性老年人口的生存质量优于女性。

二、湖北省人口发展特征及面临的问题与挑战

(一)整体人口预期寿命延长,但存在明显的内部差异

1. 整体人口预期寿命延长,已突破 78 岁

伴随着社会经济的发展,湖北省整体人口预期寿命在不断提高,2020 年湖北省总人口预期寿命平均为 78.74 岁,在全国处于中等水平;湖北省人口预期寿命在过去 30 年间增长 10.75 岁,且随着时间的推进,增长速度有所放缓。与人口预期寿命延长相伴随的是老龄化程度的加剧,但是另一方面也有利于社会充分利用日益庞大的老年劳动力资源、延长人口红利。

2. 湖北省人口预期寿命存在明显的性别差异

2020 年湖北省男性人均预期寿命为 76.44 岁,女性人均预期寿命为 81.28 岁,女性人均预期寿命比男性人均预期寿命高 4.84 岁。过去三十年间,湖北省女性人口预期寿命的增长幅度平均而言要高于男性,而且随着时间的推进,男女预期寿命的差距有增大的趋势。这种在预期寿命上存在的性别差异与男女基因、生活习惯和方式、社会结构等多重因素有关,这提示政府在提供优质均等的医疗卫生保健服务的同时,应充分考虑性别因素并制定提高男性人口预期寿命的一些方案措施,比如,加强对男性保持健康生活方式和习惯(如少烟少酒)的宣传教育。

3. 湖北省人口预期寿命存在明显的城乡差异

湖北省人口预期寿命存在明显的城乡差异，预期寿命高低的排序依次是市、镇、乡，分别为80.63岁、79.09岁、76.65岁。其中市和镇的差距较小，不足1岁；镇和乡的差距较大，达到2.44岁，市和乡的差距较大，达到3.98岁。此外，就婴儿死亡率而言，湖北省市、镇、乡的婴儿死亡率依次上升，这是影响其人口预期寿命城乡差异的直接原因之一。

4. 湖北省人口预期寿命存在明显的区域差异

在湖北省各市州中，襄阳市人均预期寿命最高，为79.25岁，超过了湖北省总人口预期寿命；其次为随州，为78.70岁；武汉位列第三，人均预期寿命为78.21岁；宜昌、荆州次之，人均预期寿命分别为78.15岁和78.06岁；潜江、荆门、鄂州和咸宁四市的人均预期寿命基本上保持在77岁的水平上；恩施、黄冈、十堰、黄石、仙桃基本保持在76岁的水平上；孝感、神农架的人均预期寿命处于相对较低的水平，大约保持在75岁的水平上；天门的人均预期寿命最低，为74.72岁。值得一提的是，武汉市2020年较低的人口预期寿命与新冠肺炎疫情带来的较高死亡率有关。

因此，继续提高湖北省人口预期寿命的战略目标，应将工作重心放在大力推动落后地区人口健康水平的改善上。一方面，这些地区(如天门)由于人口预期寿命起点较低，因而存在较大的上升空间，更有可能在相同的资源投入下实现更高的增长；另一方面，这样做还有利于进一步缩减不同地区人口健康水平的差距，真正践行公平、共享的发展理念，实现人人享有卫生保健的发展目标。

(二)健康预期寿命不容乐观，生存质量问题亟待关注

1. 60岁老年人口健康预期寿命仅约10年

2020年湖北省60岁老年人口健康预期寿命不容乐观。具体而言，处于"健康"状态下的预期寿命约为10年，处于"基本健康"状态下的预期寿命约为9年，处于"不健康，但能自理"状态下的预期寿命约为3年，处于"不健康，但不能自

理"状态下的预期寿命约为半年。老年人的健康预期寿命直接影响着老年人的生存质量以及社会保障制度体系的构建、医疗卫生资源的配置、养老资源及养老产业等方面的发展。目前湖北省60岁老年人口健康预期寿命只有10年,这将对湖北省的养老服务资源和医疗服务资源提出一定挑战,提高或者改善老年人口生存质量应该成为当前的工作重点之一。

2. 老年人口生存质量随着年龄的增加而降低

从不同健康状况人口占比而言,随着老年人口年龄的增加,处于健康状态下的老年人占比呈现下降趋势,处于不健康状态下的老年人占比呈现上升趋势;85岁可能是老年人健康状况发生较大变化的一个关键节点,出现不健康状况甚至是不能自理的状况明显增加,对于家庭或者社会而言,养老负担可能会明显加重;从反映老年人口生存质量的指标来看,随着老年人口年龄的增加,其健康预期寿命占总预期寿命比例随着年龄的增加快速下降,90岁是关乎老年人口生存质量的一个关键节点;随着老年人口年龄的增加,生命质量指数下降,老年人口的生命质量指数在60~84岁这一阶段迅速下降,但在85岁以后,下降速度放缓。这提示政府在相关养老政策的制定上要尤其关注85岁及以上高龄老人的健康状况及生存质量。

3. 湖北省男性老年人口的生存质量优于女性

湖北省老年人口的生存质量存在明显的性别差异,尽管女性的预期寿命和健康预期寿命都比男性更长,但其处于不健康状况下的时间也相对较长,老年人口健康状况反而较男性差。其中,60岁男性健康预期寿命占总预期寿命84%,生命质量指数达到128.01,60岁女性健康预期寿命占总预期寿命81%,生命质量指数仅为122.68。这提示政府在相关公共政策(如长期照护服务)的制定上应当纳入性别意识,以消除或者减弱老年女性的终身"累积劣势"效应。

4. 湖北省老龄化形势严峻,养老服务质量亟待提高

本报告计算的健康预期寿命反映出湖北省老年人的生存质量问题亟待关注,而解决该问题的措施是嵌套在一系列养老服务政策和制度体系之内的。通过结合

其他数据反映出的湖北省人口老龄化问题，有助于完善湖北省养老公共服务制度、提高养老公共服务效率。

湖北省老龄化程度相对较高，根据第七次全国人口普查数据，湖北省60岁及以上人口占比为20.42%，高于全国平均水平(18.70%)。而且，失智失能老人基数较大，一份来自湖北省老龄办和中南财经政法大学联合完成的调查报告[①]显示，2015年湖北省失能老人有81万人，预计到2020年，全省失能老人将达到105万人。失能失智对老年人的身体、心理都会造成严重影响，并且降低了其生活质量、增加了经济负担，因此，失智老人照护成为了当前的一大难题。湖北省政府应积极应对湖北省人口老龄化现状，建立健全老年人长期照护服务体系，注重解决失能失智老年人、残疾人等特殊人群的养老需求，从认知、情感和行为全方面进行护理，构建良好的敬老、孝老、养老的政策体系和社会环境。

此外，根据湖北省疾病预防控制中心2016年11月公布的主要慢性病及危险因素监测数据[②]显示，湖北省人群高血压、血脂异常、糖尿病和肥胖患病率持续增加，主要慢性病患者持续增多。随着老龄化的加深、疾病模式以及饮食结构的改变，慢性病在老年人身上已呈现出高发态势。根据中国死因监测数据，慢性病占中国老年人群死因的91.2%，脑血管疾病、恶性肿瘤、心脏病、糖尿病、高血压、呼吸系统疾病等是造成60岁以上老年人群期望寿命损失的重要原因，精神障碍也已进入老年人死因的前十位。老年人的心理健康是多种经济社会因素共同作用的结果，老年人的身体健康、子女及其陪伴状况、经济条件、知识水平、社会参与程度、对退休生活的适应能力等都会影响到心理健康。但是，目前湖北省老年慢病长期照护尚未引起重视，心理健康的服务体系也尚不健全、起步较晚且发展不均衡，人才队伍专业化程度不高和社会参与不足的问题亦导致对老年人心理健康重视不够。政府应充分发挥社区、社会组织在老年慢病管理及社会心理服务体系建设中的重要作用，通过政府购买服务等形式，支持引导社区和社会组织积极参与老年人慢病及心理健康教育、咨询等服务，完善社区、社会组织、社会工作者三社联动机制，不断提高服务的专业化水平。

---

① http://hb.ifeng.com/news/fygc/detail_2015_06/20/4028059_0.shtml
② https://wjw.hubei.gov.cn/bmdt/ywdt/xccd/201910/t20191030_154752.shtml

(三)健康老龄化、积极老龄化战略实施挑战与机遇并存

1. 全生命周期照护体系不健全,老年时期累积劣势凸显

2022年《政府工作报告》提出:"积极应对人口老龄化,优化城乡养老服务供给,推动老龄事业和产业高质量发展。"随着湖北省人口预期寿命的延长和人口老龄化的纵深发展,推动全生命周期健康服务体系的建设不仅是社会治理必须考量的一个新视野,也是探索老龄化社会治理的一个新路径。人们在老年期的能力和现状的巨大差异很可能是由于伴随其整个生命过程中的日积月累的健康不平等所导致的。

传统健康服务模式向全生命周期健康服务模式的转变是经济发展方式转型的必然要求。《湖北省卫生健康事业发展"十四五"规划》强调要"促进妇女儿童健康,针对婚前、孕前、孕期、产后、新生儿、婴幼儿、学龄前、学龄期等各阶段特点,向妇女儿童提供优质高效、全生命周期的医疗保健及常见病防治服务"。另外,还强调要严格"落实母婴安全五项制度,提升危重孕产妇、新生儿救治服务能力,预防和减少孕产妇和婴儿死亡"。在全生命周期健康服务体系下,还要注重对成年男性和老年人的健康管理。比如,早期的健康干预应将低龄男性群体列为重要的管理和服务对象;在准老年人群中特别是男性群体中广泛普及健康管理意识(如戒烟戒酒等良好的生活习惯)与健康管理技能,从构建完善的体医结合的健康管理和服务模式的视角,对常见慢性疾病进行早期诊断和干预,从全生命周期、全人群视角完善预防、治疗、健康管理三位一体融合发展的慢性病防控机制,从而达到"治未病"的良性健康管控服务体系构建的目标。

2. 社会养老保障水平仍需提升,照护社会环境亟待提高

随着社会发展和人口预期寿命的延长,老龄化已经成为不可避免的趋势,政府工作中对于老年人的生活保障的关注度也越来越高。当前养老相关政策旨在建立健全的养老服务体系,推动养老事业和养老产业协同发展,保障老年人的生活。对于湖北省的高龄老人,除了享受养老金和高龄补贴以外,还可以享受旅

游、医疗、交通、长寿补贴等优待。但是，如何在有限的社会资源下更大限度地提升老年人的老年生活保障水平，依然是值得关心的问题。

此外，养老照护的社会环境也亟待提高。当前我国城市居民建筑设计强调经济实用，不利于失能老人居家生活；七层以下老旧社区建筑多没有电梯，社区道路及其他公共建筑的无障碍设施配套也不完善，对于失能、高龄老人的生活和出行带来极大不便；对于农村地区的老年人，由于养老相关的公共服务设施严重匮乏，老年生活质量亟待改善。

伴随着城镇化的推进，未来城镇老年人口规模不断增长并超过农村的趋势成为必然。因此，社区养老社会化是城镇工作的重点，政府应加快社区老年照料服务体系的建设，加强老年服务业的政策扶持和公共投入、加强疾病医护、生活服务、精神慰藉、文化体育、老年参与社会等硬件和软件的建设。另一方面，相较于城市地区，中国农村发展的实际是在老年友好型社区的创建和社会参与的组织实施方面都还相对薄弱。因此，为农村老年人创造一个有利于获取外部帮助的友好型环境和公共政策支持体系，使老人获得更加完备的公共健康和社会保障服务，鼓励老人维持较好的家庭互助网络和社会资本支持，有效激发老年人自我照顾、自我服务和自我发展的复原能力，是实施积极老龄化的重要举措。

3. 老龄文化旅游业现开发较少，老龄文化产品创新不足

伴随着人口预期寿命的延长和老龄化社会的发展，丰富老年人精神文化生活、推动老年人参与社会文化活动，实现"文化养老"，应成为湖北省践行积极老龄化国家战略的重要举措之一，但是目前我省老龄文化旅游业开发仍然较少，老龄文化产品的创新也稍显不足。

首先，湖北省应大力开发老龄文化旅游业。据世界旅游组织调查数据显示，旅游业每直接收入1元，相关产业的收入就增加9元，旅游消费对地区经济具有巨大的拉动作用。湖北是我国旅游大省，2021年，湖北省旅游总收入居全国第8位，旅游经济总量位居全国前列。《中国县域旅游竞争力报告2021》显示，湖北丹江口市、恩施市、秭归市三地上榜中国县域旅游综合竞争力百强县市，湖北钟祥市、利川市、郧西县、通山县等四地上榜中国县域旅游发展潜力百强县市。与

此同时，备受老年人青睐的红色旅游资源也非常丰富，在全国重点打造的100个红色旅游经典景区中，湖北省强势占据8席。然而，2021年全省共有561家旅行社，而专做老年旅游的只有3家。湖北省老年旅游市场消费不够活跃。事实上，根据第七次人口普查数据，全省60岁以上老年人口数占总人数的20.42%，占比较高。可见，随着城乡老年人收入水平的提高，老年人旅游消费市场还是大有潜力的。

其次，湖北省应全力提升老龄文化产品的创新性。由于经济社会发展具有阶段性特点，以前致力于解决老年人最基本的养老和医疗保障问题，在"未富先老"的情况下，对老龄文化产业的培育不足。同时，湖北省老龄化进程还与城乡二元结构、文化资源分配不均衡等问题连在一起。另一方面，面对快速到来的银发潮，市场"文化养老"供给能力不足，体现为对老年文化需求缺乏准确判断和深度挖掘，简单照搬国外经验，产品服务水土不服等。但是老龄文化产业仍处于探索期，缺乏成熟的运作模式和盈利模式，资本进入意愿有限。面对人口快速老龄化的形势，随着经济社会发展特别是新型工业化、城镇化以及信息化的快速推进，中国养老产业将迎来一个大发展、大繁荣的黄金时代。湖北养老产业的发展离不开全社会各方的共同努力，国家的法律法规和地方政府的支持和政策引导显得格外重要，省内养老机构和企业应该看清形势，抓住商机，顺势而为，占领养老产业发展的战略制高点，成为世界养老产业市场的领导者。随着互联网产业的发展会催生层出不穷、丰富优质的老龄文化产品和服务，湖北省或会实现线上线下相结合，拥有更多元化的品类细分。

三、湖北省人口预期寿命预测(2021—2035年)

(一)湖北省四次人口普查数据的调整

1. 1990年平均人口的计算

由于人口死亡率的计算一般都是以平均人口数为基础计算的，而1990年的人口普查数据中并没有给出平均人口数，因此，在对1990年死亡率进行计算之前，我们首先需要计算出 1990 年的平均人口数。

2. 湖北省四次人口普查死亡率数据的调整

为了得到准确的死亡率，本研究根据不同来源下的死亡率指标(见表 5-7-10)对湖北省婴儿死亡率、1~4 岁死亡率以及其他年龄段的死亡率进行粗略调整，以减小对湖北省 2021—2035 年进行预期寿命预测时的误差。

表 5-7-10　湖北省分时期不同来源的死亡率指标

时　期	其他指标			
	全国婴儿死亡率	全国 5 岁以下儿童死亡率	国家公布全国人口死亡率	湖北省公布人口死亡率
1990 年	50.2‰	61.00‰	6.67‰	7.30‰
2000 年	32.00‰	39.70‰	6.45‰	6.01‰
2010 年	13.10‰	16.40‰	7.11‰	6.02‰
2020 年	5.40‰	7.50‰	7.07‰	7.67‰

数据来源：根据国家统计局和湖北省统计局公开数据整理。

基于以上死亡率数据，本研究对湖北省人口普查原始死亡率进行调整，之后进行预期寿命的计算，结果如表 5-7-11 所示。

表 5-7-11　湖北省分时期基于不同数据计算所得预期寿命

时　期	预期寿命		
	普查原始数据预期寿命(岁)	调整后普查数据预期寿命(岁)	国家公布湖北省预期寿命(岁)
1990 年	68.45	67.09	67.25
2000 年	72.59	71.42	71.08
2010 年	78.41	75.09	74.87
2020 年	80.54	78.74	78.00

数据来源：根据国家统计局数据和第四、五、六、七次湖北省人口普查数据整理。

(二) 预测可靠性的历史数据检验

为了检验湖北省人口预期寿命预测方法的可靠性,本研究基于湖北省 1990 年、2000 年、2010 年三年调整后的死亡率数据建立预测模型,首先比较 2020 年分年龄别死亡率的实际值和预测值,然后再根据模型预测的死亡率计算出 2020 年人口的预期寿命,将预测结果与官方公布的平均预期寿命进行比较。

图 5-7-15 所示为 2020 年死亡率的预测值(max 为 95% 置信区间下的预测上限、mean 为 95% 置信区间下的预测中值、min 为 95% 置信区间下的预测下限)以及实际值。

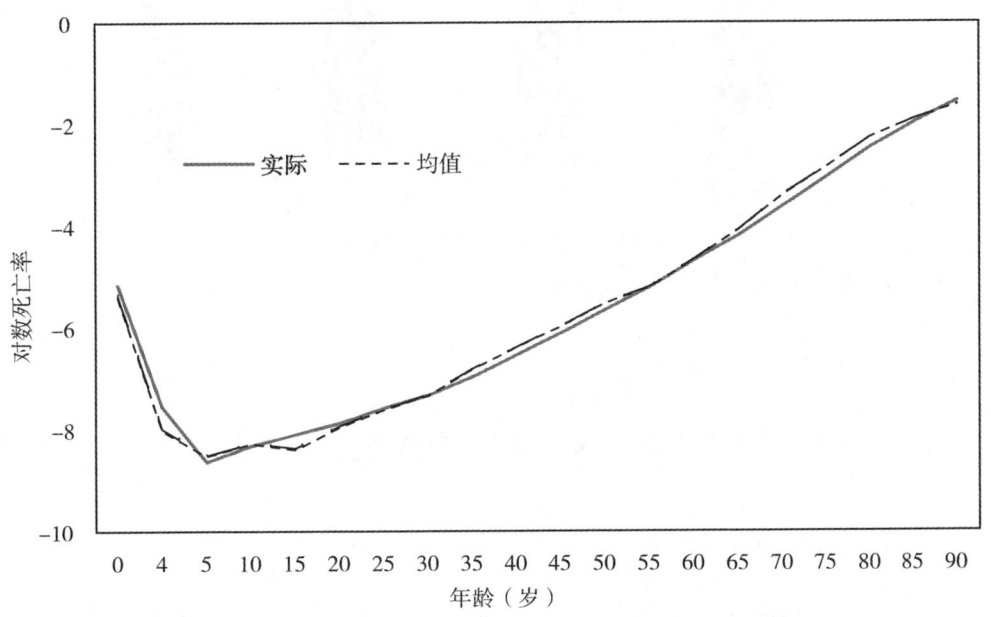

图 5-7-15　2020 年实际死亡率和预测死亡率的对比图

数据来源:根据第四、五、六、七次湖北省人口普查数据整理绘制。

接下来比较 2020 年湖北省人口预期寿命实际值和预测值的差异,图 5-7-16 所示为 2020 年官方公布预期寿命和本研究根据预测的死亡率计算出的 2020 年预期寿命在 95% 置信度下的预测范围。

基于上述对比可以看出，本报告基于 Lee-Carter 改进后的模型以及调整后的历史死亡率数据所进行的预测效果是比较好的。因此我们有理由相信接下来 2021—2035 年预期寿命的预测结果是相对可靠的。

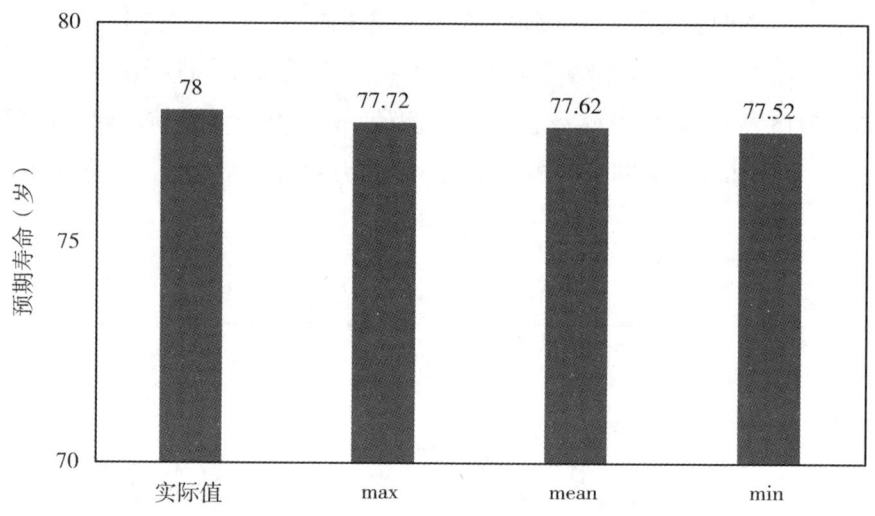

图 5-7-16　2020 年实际预期寿命和预测预期寿命的对比图

数据来源：根据国家统计局公开数据和第四、五、六、七次湖北省人口普查数据整理绘制。

（三）2021—2035 年湖北省人口预期寿命预测

1. 总人口预期寿命预测

表 5-7-12 提供了湖北省 2021—2035 年预期寿命的预测值及其置信区间，以及中值下每年的增长速度①。从表中可以发现，湖北省人口的预期寿命呈上升趋势，2021—2035 年湖北省人口预期寿命从 79.02 岁增长到 82.40 岁，十五年的时间里增长了 3.38 岁，平均每年增长 0.225 岁。在增长速度方面，人口预期寿命的增长速度随着时间的推移而逐渐放缓，从最初的以每年 0.26 岁的速度增长下

---

① 本部分的预测结果虽然提供了置信区间的上下限值，但将重点以中值为准进行分析。

降到以每年 0.22 岁的速度增长。

表 5-7-12　历年人口预期寿命预测值

年份(年)	预期寿命置信区间(岁)			中值下的增长值
	中值	下限	上限	
2021	79.02	78.93	79.12	—
2022	79.29	79.15	79.42	0.26
2023	79.55	79.38	79.71	0.26
2024	79.80	79.62	79.99	0.26
2025	80.05	79.85	80.26	0.25
2026	80.30	80.08	80.52	0.25
2027	80.55	80.31	80.78	0.24
2028	80.79	80.54	81.03	0.24
2029	81.03	80.77	81.28	0.24
2030	81.26	80.99	81.53	0.24
2031	81.49	81.21	81.77	0.23
2032	81.72	81.43	82.01	0.23
2033	81.95	81.65	82.25	0.23
2034	82.18	81.87	82.48	0.22
2035	82.40	82.08	82.71	0.22

数据来源：根据第四、五、六、七次湖北省人口普查数据整理。

图 5-7-17 呈现了湖北省和全国 1990—2020 年人口预期寿命平均每年的增长速度幅度和变化模式，即湖北省平均人口预期寿命的增长幅度要高于全国，而且变化模式整体上都表现出先上升后下降的趋势。

2. 分性别人口预期寿命预测

表 5-7-13 所示为湖北省 2021—2035 年分性别的平均人口预期寿命预测值及其置信区间。数据显示，在未来十五年，湖北省男性和女性预期寿命都在不断增加，但增长速度逐渐下降。从 2021 年到 2035 年，湖北省男性预期寿命将由

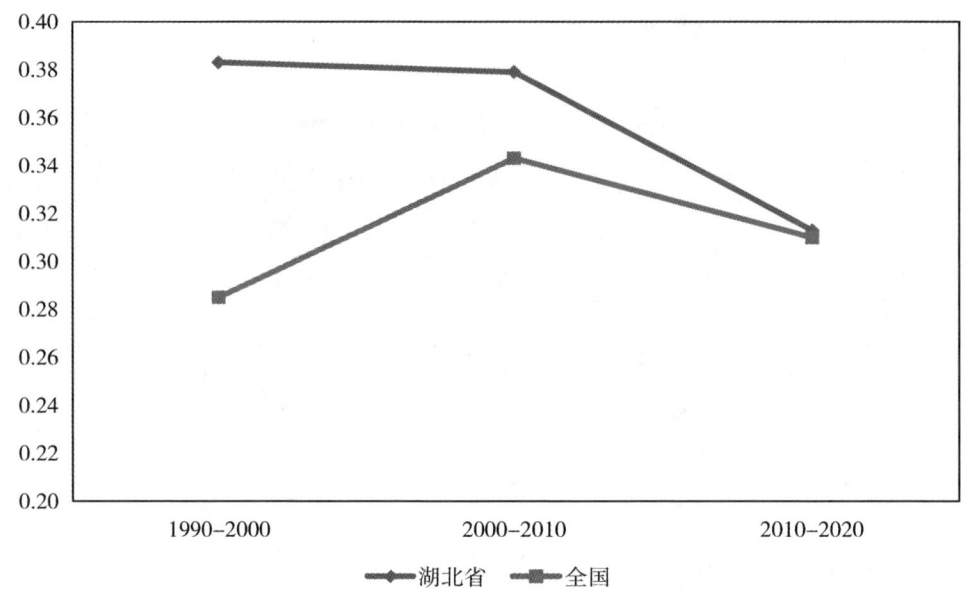

图 5-7-17 全国、湖北省总人口预期寿命增速

数据来源：根据第四、五、六、七次湖北省人口普查数据整理绘制。

76.72 岁增长 80.16 岁，增长幅度为 3.44 岁，平均每年增长 0.229 岁；女性预期寿命由 81.55 岁增长至 84.58 岁，增长幅度为 3.03 岁，平均每年增长 0.202 岁。进一步分析，可以发现，男性与女性的预期寿命差异会随着时间的推移而有所减小，从最初 2021 年相差的 4.83 岁下降到 4.42 岁，男性与女性预期寿命的差异在未来 15 年内将逐渐缩小。

表 5-7-13 湖北省总人口分性别预期寿命预测

年份（年）	预期寿命预测（岁）							
	男性				女性			
	预期寿命置信区间			中值下增长值	预期寿命置信区间			中值下的增长值
	中值	下限	上限		中值	下限	上限	
2021	76.72	76.31	77.12	—	81.55	81.15	81.93	—
2022	76.98	76.41	77.54	0.26	81.79	81.24	82.32	0.24

续表

年份（年）	预期寿命预测(岁)							
	男性				女性			
	预期寿命置信区间			中值下增长值	预期寿命置信区间			中值下的增长值
	中值	下限	上限		中值	下限	上限	
2023	77.24	76.55	77.92	0.26	82.03	81.37	82.66	0.24
2024	77.50	76.70	78.27	0.26	82.27	81.51	82.98	0.23
2025	77.75	76.87	78.60	0.25	82.50	81.66	83.27	0.23
2026	78.00	77.04	78.92	0.25	82.72	81.82	83.55	0.22
2027	78.25	77.22	79.24	0.25	82.94	81.99	83.82	0.22
2028	78.50	77.41	79.54	0.25	83.16	82.16	84.08	0.22
2029	78.74	77.59	79.84	0.24	83.37	82.33	84.33	0.21
2030	78.98	77.78	80.13	0.24	83.58	82.50	84.58	0.21
2031	79.22	77.97	80.41	0.24	83.79	82.67	84.82	0.21
2032	79.46	78.71	80.70	0.24	83.99	82.84	85.05	0.20
2033	79.69	78.36	80.98	0.24	84.19	83.01	85.28	0.20
2034	79.93	78.55	81.25	0.23	84.39	83.18	85.50	0.20
2035	80.16	78.75	81.52	0.23	84.58	83.34	85.72	0.19

数据来源：根据第四、五、六、七次湖北省人口普查数据整理。

3. 分城乡镇人口预期寿命预测

表5-7-14所示，未来十五年，湖北省城乡镇人口预期寿命均逐渐延长，但仍然表现出城市高于城镇，城镇高于乡村的模式。通过对比，不难发现，乡村人口预期寿命的增速最快，城市人口其次，城镇人口的增速相对来说最慢。

表 5-7-14　湖北省分城乡镇预期寿命预测

年份(年)	预期寿命预测(岁)											
	城市				城镇				乡村			
	预期寿命置信区间			增长值(中)	预期寿命置信区间			增长值(中)	预期寿命置信区间			增长值(中)
	中值	下限	上限		中值	下限	上限		中值	下限	上限	
2021	80.85	79.48	82.12	—	79.26	78.35	80.10	—	76.97	76.71	77.23	—
2022	81.07	79.12	82.82	0.22	79.42	78.13	80.58	0.16	77.28	76.92	77.64	0.31
2023	81.29	78.90	83.37	0.22	79.59	78.01	80.96	0.16	77.60	77.15	78.03	0.31
2024	81.50	78.75	83.86	0.21	79.74	77.93	81.29	0.16	77.90	77.40	78.40	0.31
2025	81.71	78.65	84.29	0.21	79.90	77.88	81.59	0.16	78.21	77.65	78.75	0.30
2026	81.92	78.58	84.69	0.21	80.06	77.86	81.86	0.15	78.50	77.90	79.09	0.30
2027	82.13	78.54	85.06	0.21	80.21	77.85	82.11	0.15	78.80	78.15	79.43	0.30
2028	82.33	78.51	85.40	0.20	80.36	77.86	82.35	0.15	79.09	78.41	79.75	0.29
2029	82.53	78.51	85.73	0.20	80.51	77.87	82.57	0.15	79.38	78.67	80.08	0.29
2030	82.73	78.52	86.04	0.20	80.65	77.90	82.77	0.15	79.67	78.92	80.39	0.29
2031	82.93	78.54	86.34	0.20	80.79	77.93	82.97	0.14	79.95	79.17	80.70	0.28
2032	83.12	78.57	86.62	0.19	80.93	77.97	83.16	0.14	80.23	79.43	81.00	0.28
2033	83.13	78.61	86.89	0.19	81.07	78.02	83.34	0.14	80.50	79.68	81.30	0.28
2034	83.50	78.65	87.15	0.19	81.21	78.07	83.51	0.14	80.77	79.93	81.59	0.27
2035	83.68	78.71	87.40	0.19	81.34	78.13	83.68	0.13	81.04	80.18	81.88	0.27

数据来源：根据第五、六、七次湖北省人口普查数据整理。

进一步地，我们对乡镇人口预期寿命差异的变化趋势进行分析。如图 5-7-18 所示，未来十五年，湖北省乡村人口预期寿命与城市、城镇人口的差异越来越小，而城镇人口与城市人口预期寿命的差异却有扩大的趋势。

4. 城乡镇不同性别人口预期寿命预测

无论在城市、城镇，还是乡村中，未来十五年，人口预期寿命都仍然存在明显的性别差异。如表 5-7-15 所示，城市人口预期寿命在性别上的差值呈现先扩大后缩小的趋势。

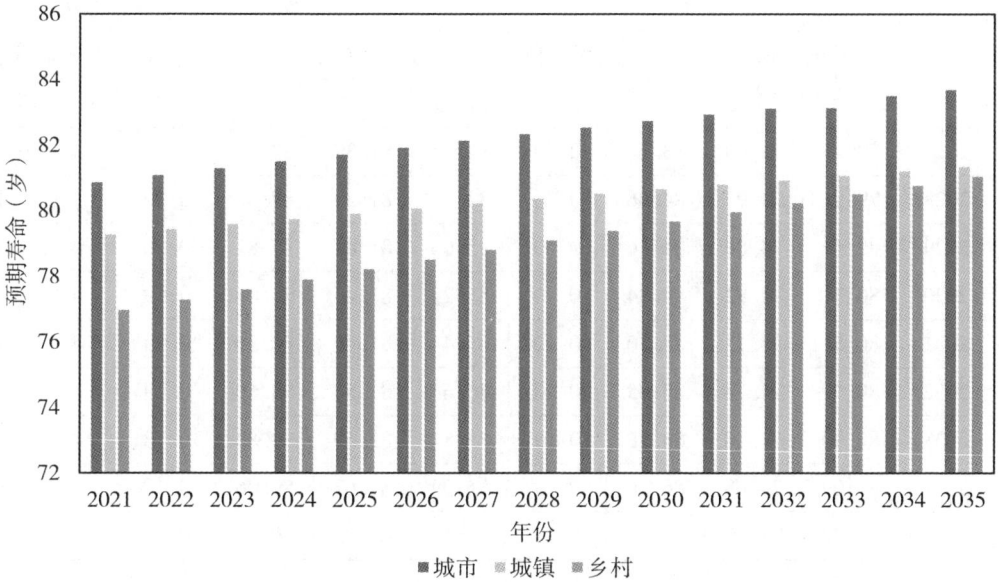

图 5-7-18　湖北省分城乡镇人口 2021—2035 预期寿命预测

数据来源：根据第五、六、七次湖北省人口普查数据整理绘制。

表 5-7-15　湖北省城市人口分性别预期寿命预测

年份 （年）	预期寿命预测（城）								男女预期 寿命差值
	男性				女性				
	预期寿命置信区间			增长值 （中）	预期寿命置信区间			增长值 （中）	
	中值	下限	上限		中值	下限	上限		
2021	78.46	76.73	80.09	—	83.39	82.12	84.54	—	4.93
2022	78.68	76.21	80.93	0.21	83.61	81.81	85.18	0.22	4.94
2023	78.89	75.85	81.61	0.21	83.83	81.63	85.69	0.22	4.95
2024	79.09	75.59	82.19	0.21	84.05	81.51	86.13	0.21	4.95
2025	79.30	75.38	82.71	0.21	84.26	81.44	86.52	0.21	4.96
2026	79.50	75.22	83.19	0.20	84.46	81.40	86.88	0.21	4.96

续表

年份（年）	预期寿命预测(城)									男女预期寿命差值
	男性				女性				
	预期寿命置信区间			增长值（中）	预期寿命置信区间			增长值（中）	
	中值	下限	上限		中值	下限	上限		
2027	79.71	75.09	83.64	0.20	84.67	81.39	87.21	0.20	4.96
2028	79.91	74.98	84.06	0.20	84.87	81.39	87.52	0.20	4.96
2029	80.11	74.89	84.46	0.20	85.06	81.41	87.81	0.20	4.95
2030	80.31	74.82	84.84	0.20	85.25	81.45	88.09	0.19	4.94
2031	80.51	74.77	85.20	0.20	85.44	81.49	88.35	0.19	4.94
2032	80.70	74.73	85.55	0.20	85.63	81.54	88.60	0.19	4.93
2033	80.90	74.70	85.88	0.19	85.81	81.60	88.83	0.18	4.92
2034	81.09	74.68	86.20	0.19	85.99	81.67	89.06	0.18	4.90
2035	81.28	74.67	86.51	0.19	86.17	81.75	89.28	0.18	4.89

数据来源：根据第五、六、七次湖北省人口普查数据整理。

如表5-7-16、表5-7-17所示，城镇人口预期寿命在性别上的差值呈现先扩大后缩小的趋势。乡村人口预期寿命在性别上的差值呈现先扩大后缩小的趋势。

表5-7-16　湖北省镇人口分性别预期寿命预测

年份（年）	预期寿命预测(岁)									男女预期寿命差值
	男性				女性				
	预期寿命置信区间			增长值（中）	预期寿命置信区间			增长值（中）	
	中值	下限	上限		中值	下限	上限		
2021	76.95	74.76	78.94	—	81.75	81.31	82.17	—	4.80
2022	77.08	73.94	79.83	0.13	81.91	81.29	82.47	0.15	4.82
2023	77.22	73.33	80.50	0.13	82.06	81.31	82.73	0.15	4.84
2024	77.35	72.84	81.07	0.13	82.20	81.35	82.95	0.15	4.86
2025	77.48	72.41	81.56	0.13	82.35	81.41	83.16	0.14	4.87

续表

年份(年)	预期寿命预测(岁)								男女预期寿命差值
	男性				女性				
	预期寿命置信区间			增长值（中）	预期寿命置信区间			增长值（中）	
	中值	下限	上限		中值	下限	上限		
2026	77.61	72.04	82.01	0.13	82.48	81.47	83.34	0.14	4.88
2027	77.74	71.71	82.41	0.13	82.62	81.55	83.52	0.14	4.88
2028	77.86	71.40	82.79	0.13	82.75	81.63	83.69	0.13	4.89
2029	77.99	71.13	83.14	0.13	82.88	81.71	83.84	0.13	4.89
2030	78.12	70.87	83.47	0.13	83.01	81.79	83.99	0.13	4.89
2031	78.24	70.64	83.77	0.13	83.13	81.88	84.14	0.12	4.89
2032	78.37	70.42	84.07	0.12	83.25	81.97	84.27	0.12	4.88
2033	78.49	70.22	84.35	0.12	83.37	82.06	84.40	0.12	4.88
2034	78.62	70.03	84.61	0.12	83.49	82.15	84.52	0.11	4.87
2035	78.74	69.85	84.86	0.12	83.60	82.24	84.64	0.11	4.86

数据来源：根据第五、六、七次湖北省人口普查数据整理。

表 5-7-17 湖北省乡村人口分性别预期寿命预测

年份(年)	预期寿命预测(岁)								男女预期寿命差值
	男性				女性				
	预期寿命置信区间			增长值（中）	预期寿命置信区间			增长值（中）	
	中值	下限	上限		中值	下限	上限		
2021	74.66	72.95	76.33	—	79.67	79.23	80.10	—	5.02
2022	74.96	72.54	77.32	0.30	79.99	79.37	80.58	0.32	5.03
2023	75.26	72.30	78.15	0.30	80.30	79.55	81.01	0.31	5.04
2024	75.55	72.15	78.92	0.30	80.60	79.75	81.40	0.30	5.05

续表

年份（年）	预期寿命预测（岁）								男女预期寿命差值
	男性				女性				
	预期寿命置信区间			增长值（中）	预期寿命置信区间			增长值（中）	
	中值	下限	上限		中值	下限	上限		
2025	75.85	72.04	79.64	0.30	80.90	79.97	81.77	0.30	5.05
2026	76.15	71.98	80.35	0.30	81.19	80.19	82.13	0.29	5.04
2027	76.45	71.95	81.05	0.30	81.47	80.41	82.47	0.29	5.03
2028	76.74	71.95	81.77	0.30	81.75	80.64	82.79	0.28	5.01
2029	77.04	71.96	82.49	0.30	82.03	80.86	83.11	0.27	4.99
2030	77.34	71.99	83.25	0.30	82.30	81.09	83.42	0.27	4.96
2031	77.64	72.03	84.04	0.30	82.56	81.32	83.71	0.27	4.92
2032	77.94	72.08	84.87	0.30	82.82	81.54	84.00	0.26	4.88
2033	78.24	72.15	85.75	0.30	83.08	81.77	84.28	0.26	4.84
2034	78.55	72.22	86.70	0.30	83.33	81.99	84.56	0.25	4.78
2035	78.85	72.31	87.73	0.31	83.58	82.21	84.83	0.	4.72

数据来源：根据第五、六、七次湖北省人口普查数据整理。

5. 总结

预期寿命是反映社会进步的指标之一，延长人类的健康预期寿命是全球国家疾病负担减轻、生存质量提高、经济发展和社会文明进步的标志。我们可以通过对湖北省人口预期寿命的预测，了解湖北省社会发展水平及人口发展的老龄化趋势，对湖北省未来的人口发展政策提供重要数据参考和借鉴。本部分基于Lee-Carter模型预测得到如下结论：

第一，总体而言，未来十五年，湖北省人口的预期寿命继续呈上升趋势。2021—2035年人口预期寿命从79.02岁增长至82.40岁。在增速方面，人口预期寿命的增长速度随着时间的推移而逐渐放缓，从最初的以每年0.26岁的速度增长下降到以每年 0.22 岁的速度增长。

第二，未来十五年，湖北省人口预期寿命仍然存在明显的性别差异，男性和女性预期寿命都是随着时间的推移而增大，并且增长速度都逐渐下降。

第三，未来十五年，湖北省城、镇、乡人口预期寿命均逐渐延长，但仍然存在明显差异。

第四，未来十五年，湖北省城、镇、乡人口预期寿命仍然存在明显的性别差异，乡村人口预期寿命的年均增长性别差异最大，其次为镇，城市最小。

四、政策建议

(一)提高湖北省人口健康水平、践行健康中国战略的对策建议

1. 聚焦妇幼健康状况，保障全生命周期健康水平

儿童健康是全民健康的基础，生命早期 1000 天尤其关系到个体成年后的健康水平。这一阶段对于婴幼儿的照顾和疾病预防可以最大限度促进儿童健康成长，并对成年阶段的健康有深远影响，进而促进生命全过程的健康保障。提高湖北省人口健康水平，首先应从妇幼健康服务和婴幼儿照护服务抓起。

2. 优化医疗卫生服务，提升健康服务效率

医疗卫生资源的有效配置能够提高人民的健康水平，是健康公平和社会主体公平的重要体现。实现公共医疗资源的合理配置是提升人口预期寿命的重要保障。具体来讲，可以从加大基层医疗服务财政投入和提升医疗卫生资源配置效率两个方面着力。

3. 全面普及健康教育知识，推行健康文明生活方式

践行健康文明的生活方式，预防慢性疾病，践行"预防为主"理念是维护和促进人民健康最基础和最重要的因素。具体来讲，可考虑从开展全民健康教育和完善环境健康体系两个方面着力。

(二)应对湖北省人口老龄化问题、践行健康老龄化和积极老龄化战略的对策建议

1. 完善医养结合体系,建立长期护理制度

(1)强化政府主导作用。各职能部门应建立联动合作机制,成立以主要业务部门,如卫健委、民政局、社保局等在内的多部门联动合作机制,保证医疗养老等政策的衔接性;基层职能部门履行好本职工作,切实推动政策的落实,并通过制定本土化的、可操作性的政策引导规范医养服务领域的市场准入制度,减少审批流程,优化审批程序,为政策推行排除行政障碍。

(2)构建医养结合人才培育体系。加强多层次养老服务梯队建设,创新养老服务培养模式。政府应大力支持高校和职业院校增设养老服务相关专业与课程,探索校企合作的一对一培养模式,扩大人才培养规模,并完善相关毕业生的就业保障;对于在职养老服务人员,政府应当扩大职业技能培训规模,通过政府购买服务等方式扩大职业技能培训规模,提高在职养老服务人员的专业水平和技能;完善养老服务从业人员薪酬激励制度,提高养老护理人员的薪酬待遇和社会地位,为其居住落户、子女入学等方面给予政策补贴,激发养老护理人员的积极性,并吸纳更多人才投入到养老服务中。

(3)加快建立长期护理制度。首先应调整长期护理保险享受对象的认定标准,让更多失能失智老人得以享受长期护理保险,减轻老人的养老经济负担;政府应当发挥基本公共服务兜底作用,为失能失智老人提供基本生存需要的健康养老服务;完善基本医疗保险的配套制度,将符合条件的医养结合机构纳入医保定点,提高医养结合结构的医保定点率;政府整合现有资金资源,拓宽筹资渠道,构建多元化养老支付体系,充分发挥个人捐款、团体企业捐赠等社会化筹资渠道拓宽筹资渠道,探索包括政府购买、服务外包在内等多种形式,鼓励社会力量参与医养结合服务市场,承担养老服务支付成本。

2. 提升农村养老服务质量,缩小城乡养老差距

(1)完善家庭养老服务体系。首要需要解决的问题就是增强家庭养老的能

力；如，加大对农村剩余劳动力就地创业、就近就业的政策扶持力度，为有意愿留在家乡安居乐业的农村人口创造条件；加大对农村资金和科技的投入力度，鼓励企业雇佣低龄健康老年人参与农业活动，促进农业增产、农民增收，切实提升农村地域经济，有效改善农村生活环境与养老环境。其次是强化家庭养老观念，完善村级家庭养老有关法律，规范家庭养老行为：一方面，从物质、生活照料和精神慰藉等多方面对子女赡养老人义务进行规范，鼓励子女借助多种途径与老人保持联络，关注老人的心理健康状况，另一方面，加大对不孝敬老人、虐老等行为的严处，切实保障农村老人权利。最后需要政府制度保障以实现家庭养老的可持续性：如，建立健全农村养老保障制度，扩大养老覆盖面和保障水平；完善家庭养老激励制度，调动农村家庭养老的积极性，可效仿日本或韩国对赡养父母的人给予住房补贴、税收减免、医保定点补贴等优惠政策。

(2)完善社会养老服务体系。家庭养老具有独特优势，但也存在不可忽视的缺陷。实现家庭养老与社会养老的有效衔接将在很大程度上解决农村养老的难题，建设政府主导，多元主体共同作用的过渡性农村互助养老和完善多层次社会化养老服务体系对于实现农村社会养老具有重要意义。政府应当发挥引导作用，以系列优惠政策吸引社会多元主体参与到农村社会养老当中，为农村养老服务注入新的活力。就农村互助养老模式而言，健全农村互助养老法律法规是确保农村互助养老得以实施的前提，其内容包括但不限于明晰政府职责，对农村互助养老资金的使用运营过程的监督实施等。建立政府、村两委、村民、老年群体多元主体参与的联合机制，政府应当积极向社会组织与农村社会组织购买服务，做好引导和规范，鼓励、培育和扶持社会组织等力量参与互助养老服务建设；鼓励各州市符合农村互助养老条件的农村地区因地制宜开展农村互助养老服务模式探索。

3. 关注老年心理健康，健全心理健康服务体系

(1)营造关爱老人的家庭氛围。子女代际支持中的情感支持和经济支持能够调节老年人的消极情绪，进而有助于老人保持心理健康(张芬等，2022)。政府应营造孝老敬老的社会氛围，鼓励在外务工的子女与空巢老人勤联系多沟通，及时关注老人的精神状况和心理情况。

(2)建立健全老人心理健康服务体系。组建心理学家和医学家为主体的湖北

省老年健康委员会,统一规划指导老年人心理健康保障工作,以专业知识为解决老人心理健康问题提供坚实保障;社区养老模式的完善对于日增多的城市空巢老人家庭至关重要,完善社区老人心理健康服务体系具有重要作用;建设老年活动中心,为老人提供便捷的学习和沟通交流平台,定期组织老人开展老年文体活动,加大对老年心理健康知识宣传教育,为老人参与社会活动创造条件;社区工作者需充分调动社区志愿者的积极性,党员牵头,组织社区志愿者参与到老人关怀等志愿活动,并鼓励有一定专业能力的志愿者向老人开展心理咨询服务;发挥市场作用,通过系列优惠政策引导心理健康类社会组织参与老人心理健康关怀,鼓励社会组织与社区合作,在社区开设专门的心理咨询室或老人心理健康咨询热线,由专业人员对老人的心理问题进行诊断和疏解,排解老人的心理问题,让他们体会到来自社会的关怀。

此外,受制于社会结构性资源的匮乏,农村老人的心理健康状况要差于城市老人(郭爱妹,2011)。改善农村老人的心理健康问题对于提升农村老人生活质量,提高整体健康预期寿命具有重要意义。加强政府引导,加大财政、税收等经济政策支持,大力培育和发展公益性团体等社会组织参与到农村老年心理健康服务中去,为农村老人提高心理健康知识宣传,为农村提供可持续的高效率的社会服务产品供给;加大对乡村卫生服务站的投入力度,鼓励心理健康专业人才下基层、进农村,完善专业人才下沉的激励制度,搭建农村老年心理健康服务平台,提高乡村卫生服务站解决老人心理问题的水平;给予企业税收等方面的优惠,鼓励高新技术企业发展促进农村老年心理健康服务的产品和应用,以技术反哺农村老人,让他们享受科技的红利。

4. 完善银发经济市场,推动老龄产业融合发展

(1)完善养老服务产业体系。加强养老服务产业专业人才培养,缓解增长的失能老人与稀缺的养老护理专业人才之间的矛盾,完善医养结合人才培育体系;加大老龄服务产业优惠政策落实力度,各相关部门如民政部、市场监督部门需要联合协作,加强对老龄服务产业资源的合理配置,实现老龄服务产业的健康发展;随着信息化水平的不断提高,互联网、大数据、5G等老龄服务信息技术产品将会有广阔的市场前景,因此应鼓励高新技术企业、高校合作研发智能化老龄

产品，促进成果的有效转化与产业发展，更好地满足老龄服务需求。

（2）支持和培育银发产业发展。加大对老年消费市场的研究，按照年龄结构、城乡群体和性别差异对老年人进行目标群体的划分，依照老年人对不同产业的消费需求，明确扶持大力发展老龄产业，并对银发消费规模和趋势进行动态追踪以便制定更加有针对性的帮扶政策；通过税收减免、贷款融资等优惠政策，大力扶持尚在起步阶段的老年产业，引导更多企业和社会组织参与到老年市场中来；培育并扶持老年产业龙头企业、吸引中小企业、优化产业内部结构与关系以形成良性竞争的市场格局；加大市场监管，建立健全老年服务企业的准入、退出和监管机制，以严格的质量检查和安全保障制度行使市场监管权，提高企业的违法成本，为老年产业的高质量发展保驾护航；湖北省老年协会组织等社会力量应充分发挥作用，协助政府制定行业规范，促进老龄服务产业健康发展；老人的需求多样且相互联系，加强产业融合发展和混合经营将成为老龄产业未来趋势。加强产业统筹协调，鼓励产业间的分工合作，促进文化、旅游、教育、体育等产业的创新融合发展，对于老龄产业链的发展具有重要意义。